杜甫评传

下卷

陈贻焮 著

生活·讀書·新知三联书店

Copyright © 2022 by SDX Joint Publishing Company.
All Rights Reserved.

本作品版权由生活·读书·新知三联书店所有。
未经许可，不得翻印。

图书在版编目（CIP）数据

杜甫评传／陈贻焮著．—北京：生活·读书·新知三联书店，2022.3 （2024.1 重印）
（当代学术）
ISBN 978 – 7 – 108 – 07168 – 2

Ⅰ．①杜…　Ⅱ．①陈…　Ⅲ．①杜甫（712-770）－评传　Ⅳ．① K825.6

中国版本图书馆 CIP 数据核字（2021）第 103774 号

目　录

第十六章　赢得千秋"工部"名

一　兴犹未尽　1009

二　入幕之初　1021

三　吏隐与假归　1031

四　"束缚酬知己"　1040

五　长安险些儿再度陷落　1047

六　"已拨形骸累"　1053

七　孔雀的愤懑和悲怆　1061

八　去蜀初程　1068

九　病滞云安　1077

第十七章　孤舟一系

一　莺啭鹃啼时节　1086

二　"且就土微平"　1095

三　"形胜有余风土恶"　1100

四　"闭目逾十旬，大江不止渴"　1112

五　一雨便成秋　1122

六 凉爽了活动就多些 1131

七 诗的自传和列传 1140

八 深浑苍郁的《诸将》 1145

九 "清秋宋玉悲" 1150

十 沉实高华的《秋兴》 1156

十一 借浇垒块的《咏怀古迹》 1164

十二 追寻兴衰之迹的《洞房》诸篇 1170

十三 诗歌中的寓言和随笔 1176

十四 "即事会赋诗" 1185

十五 倔强犹昔 1197

第十八章 丛菊两开

一 一春搬了两次家 1204

二 双 喜 1217

三 村居琐记 1225

四 "淹留为稻畦" 1237

五 "青眼只途穷" 1250

六 "两章对秋月,一字偕华星" 1265

七 "大或千言,次犹数百" 1269

八 闲情付小诗 1275

九 "万里悲秋常作客" 1283

十 "破甘霜落爪,尝稻雪翻匙" 1293

十一 "俯仰俱萧瑟" 1300

十二　天气像心情一样多变　1308

第十九章　江汉风帆

一　"正月喧莺未，兹辰放鹢初"　1317

二　夔艺雌黄　1326

三　乘兴而来　1341

四　"苦摇求食尾，常曝报恩鳃"　1347

五　失望而去　1355

六　"江深刘备城"　1358

七　"昔闻洞庭水，今上岳阳楼"　1367

第二十章　潇湘夕霁

一　自岳之潭　1372

二　岳麓游踪　1383

三　"望衡九面"　1388

四　回雁峰前的歌哭　1396

五　新知旧雨会潭州　1404

六　赋《变律》者之变　1414

七　"终日忍饥西复东"　1420

八　"落花时节又逢君"　1425

九　"杀气吹沅湘"　1437

十　赞学与谢馈　1446

十一　"羁旅病年侵"　1450

跋　葛晓音　1465

作者赘语　1475

再版后记　1477

三联版跋　葛晓音　1478

第十六章 赢得千秋"工部"名

一 兴犹未尽

老杜于广德二年（七六四）暮春携眷回到草堂。在上章已简述了这年春季的军国大事。接着我们看到这一年五月以后的大事是这样发展的。

五月，郭子仪以安、史昔据洛阳，故诸道置节度使以制其要冲；今大乱已平，而所在聚兵，耗蠹百姓，表请罢之，并从他所担任的河中节度使罢起。

六月，敕罢河中节度及所辖耀德军。子仪复请罢关内副元帅，不许。仆固怀恩至灵武，收合散亡，其众复振。皇上厚抚其家。癸未，下诏，称赞他"勋劳著于帝室，及于天下。疑隙之端，起自群小，察其深衷，本无他志；君臣之义，情实如初。但以河北既平，朔方已有所属，宜解河北副元帅、朔方节度等使，其太保兼中书令、大宁郡王如故。但当诣阙，更勿有疑。"怀恩竟不从。

七月，己酉，李光弼卒。

八月，丙寅，以王缙代光弼都统河南、淮西、山南东道诸行营。郭子仪自河中入朝，会泾原奏仆固怀恩引回纥、吐蕃十万众将入寇，京师震骇，诏子仪帅诸将出镇奉天。皇上召问方略，答道："怀恩无能为也。"问："何故？"答："怀恩勇而少恩，士心不附，所以能入寇者，因思归之士耳。怀恩本臣偏裨，其麾下皆臣部曲，必不忍以锋刃相向，以此知其无能为也。"辛巳，子仪出发赴奉天。甲午，加王缙东都留守。

九月，己未，剑南节度使严武破吐蕃七万众，拔当狗城。关中虫蝗、霖雨，米斗千余钱。仆固怀恩前军至宜禄，郭子仪遣右兵马使李国臣，去增援前被派往邠州御敌的其子朔方兵马使郭晞。邠宁节度使白孝德败吐蕃于宜禄。

十月，怀恩引回纥、吐蕃至邠州，白孝德、郭晞闭城拒守。庚午，严武拔吐蕃盐川城。仆固怀恩与回纥、吐蕃进逼奉天，京师戒严，诸将请战，郭子仪不许，说："虏深入吾地，利于速战，吾坚壁以待之，彼以吾为怯，必不戒，乃可破也。若遽战而不利，则众心离矣。敢言战者斩！"辛未夜，子仪出阵于乾陵之南。壬申未明，敌众大至。敌始以子仪为无备，欲袭击之，忽见大军，惊愕，遂不战而退。子仪使裨将李怀光等带领五千骑追击，至麻亭而还。敌至邠州，丁丑，攻之，不克；乙酉，敌涉泾水而遁。怀恩开始南下进犯时，河西节度使杨志烈发兵五千，对监军柏文达说："河西锐卒，尽于此矣，君将之以攻灵武，则怀恩有返顾之虑，此亦救京师之一奇也！"文达遂率众攻摧砂堡、灵武县，都攻下，进攻灵州。怀恩闻讯，自永寿急归，使蕃、浑二千骑夜袭文达，大破之，士卒死者近半。文达率余众归凉州，哭而入。志烈迎着他说："此行有安京室之功，卒死何伤！"士卒怨其言，未几，吐蕃围凉州，士卒不效力；志烈奔甘州，为沙陀所杀。沙陀姓朱耶，世居沙陀碛，因以为名。

十一月，丁未，郭子仪自行营入朝，郭晞在邠州，纵士卒为暴，节度使白孝德患之，以子仪故，不敢言；泾州刺史段秀实自请补都虞候，孝德从之。既署一月，郭晞军士十七人入市取酒，用刀刺酿酒者，破坏酿酒器皿，秀实带兵围住，取十七人首，以橐扦之，插在市门示众。郭晞一营大哗，尽披甲，孝德震恐，召秀实说："奈何？"秀实说："无伤也，请往解之。"孝德派数十人从行，秀实尽辞去，选老而跛者一人带马至郭晞门下。全身披挂的士卒出，秀实笑且入，说："杀一老卒（自谓），何甲也！吾戴吾头来矣。"披甲者惊愕。于是晓喻他们说："常侍（郭晞时带左散骑常侍）负若属邪？副元帅（指郭子仪）负若属邪？奈何欲以乱败郭氏！"郭晞出，秀实责备他说："副元帅勋塞天地，当念始终。今常侍恣卒为暴行，且致乱，乱则罪及副元帅；乱由常侍出，然则郭氏功名，其存者几何！"言未毕，郭晞再拜说："公幸教晞以道，恩甚大，敢不从命！"顾叱左右："皆解甲，散还火伍中，敢哗者死！"秀实因留宿军中。郭晞通宵不解衣，保卫秀实，以防士卒杀害他。天明，郭晞随秀实到孝德所在谢罪，请准予改过。邠州由是无患。（可参看柳宗元《段太尉逸事状》）

十二月，乙丑，加郭子仪尚书令。子仪以为："自太宗为此官，累圣不复置，近皇太子亦尝为之，非微臣所宜当。"固辞不受，还镇河中。

是岁，户部奏：户二百九十余万，人口一千六百九十余万。

老杜这次重返草堂，主要是因为严武再度镇蜀，并得到严来信相邀（"几回书札待潜夫"）。前章又提到老杜一行安抵草堂时严武还派人去迎接、照料（"大官喜我来，遣骑问所须"）。揆情度理，在老杜到家后不久，二人当见过面，只是未留下有关诗文，不敢臆断。

暮春初归时，老杜所作赠友篇什，现存《奉寄高常侍》和《赠王二十四侍御契四十韵》。前诗说：

"汶上相逢年颇多，飞腾无那故人何！总戎楚蜀应全未，方驾曹刘不啻过。今日朝廷须汲黯，中原将帅忆廉颇。天涯春色催迟暮，别泪遥添锦水波。"回想开元二十七八年间与您相逢于齐南鲁北汶水之上（详上卷六四页），至今已颇历岁年，您如此飞黄腾达我真无法企及。您前后在楚、蜀两地做淮南、剑南西川节度使，该未完全施展出您的武略吧？说您的文才可与曹植、刘桢并驾齐驱，那也并不为过。今日朝廷需要像西汉汲黯那样直言切谏的人，所以就召您回去当常侍[1]。孔臧《格虎赋》中有"帅将士于中原"的话。要知道，中原的将士早就在想念您这位当今的廉颇了。这会儿我正在天涯伤春叹老，我那流个不停的惜别之泪，简直要增添这离您遥远的锦水的波澜。王嗣奭说："高、杜交契最久，故赠诗不作谀词。'总戎'句，不讳其短。'方驾'句，独称其长。下文但云中原相忆，则西蜀之丧师失地，亦见于言外矣。"（仇注引，今本《杜臆》不载）在前章中，通过有关诗文，我们已深知老杜对高适在西蜀的丧师失地极为不满。如果竟在这诗中读到他违心的"谀词"，那不仅会嫌其庸俗，更会恶其表里不一了。不满丧师失地，是公论；羡飞腾、惜远别，是私谊。赋诗赠别故人，岂宜揭短，岂忍揭短？如此措辞，既敦私谊，又不违公论，这也是老杜为人正直、感情纯真的地方。浦起龙认为这诗写得不大好："公于高，蜀中简寄，非一次矣，起法似太远。'应全未'三字欠妥，'方驾'句夹杂，后半稳当。""总戎"句在语文表达上确有欠妥处。至于说"起法似太远"则可商榷。高今远去，后会难期，因而不免缅怀早年初遇订交往事，这是真情的流露，今日读来仍然感人，岂可因"蜀中简寄，非一次矣"而略去？从总体上看，

---

[1] 《旧唐书·高适传》："（高适为西川节度使，）师出无功，而松、维等州寻为蕃兵所陷，代宗以黄门侍郎严武代还，用为刑部侍郎，转散骑常侍。"《新唐书》本传谓"召还，为刑部侍郎、左散骑常侍"。刑部侍郎正四品下，散骑常侍正三品下。不管有无"转"字，为刑部侍郎时不当兼为散骑常侍。《新唐书·百官志》："左散骑常侍二人，……掌规讽过失，侍从顾问。"今题中既称"常侍"，又用汲黯能直言切谏典故，可见暮春老杜作此诗时高适已返京，并转任常侍了。老杜回成都没赶上为高适送行，故"奉寄"此诗表惜别之意。

这诗写得并不次，我倒比较同意李子德的这个评语："语语沉实，咀之有余味；今人门面雄词，一览辄尽者，徒浮响耳。"

《赠王二十四侍御契四十韵》是首写得颇见工力的五言排律，其中历叙与王契前后交谊，可见出诗人重返草堂后的生活剪影和内心苦闷："会面嗟黧黑，含凄话苦辛。……由来意气合，直取性情真。浪迹同生死，无心耻贱贫。偶然存蔗芋，幸各对松筠。粗饭依他日，穷愁怪此辰。女长裁褐稳，男大卷书匀。渊口江如练，蚕崖雪似银。名园当翠巘，野棹没青蘋。屡喜王侯宅，时邀江海人。追随不觉晚，款曲动弥旬。……出入并鞍马，光辉参席珍。重游先主庙，更历少城闉。石镜通幽魄，琴台隐绛唇。……置酒高林下，观棋积水滨。区区甘累趼，稍稍息劳筋。网聚粘圆鲫，丝繁煮细莼。长歌敲柳瘿，小睡凭藤轮。农月须知课，田家敢忘勤。""渊口"当指今四川灌县的灌口。上元二年（七六一）秋老杜曾到这一带游览，所作《野望因过常少仙》中有"江从灌口来"之句（详第十三章第九节）。蚕崖在灌县。当时这位挂冠的王侍御（"客即挂冠至"）"或当赁故侯废宅为居"(浦注)。老杜重返草堂，虽然得免道路奔波之苦，可没想到却又生出"男女未成婚嫁"(仇注)的新忧虑。正在这穷愁难释的当口，恰好王契来看他，又请他去灌口寓居做客，他当然会欣然应邀、命驾同行了。[2] 在灌口王契赁居的名园中盘桓了

---

[2] 仇兆鳌说："按：朱注因元次山序文有王契姓名，遂以王契为京兆人，奉使来蜀。今玩诗词，公去蜀时，与王相别，及归蜀时，又与王相遇，黄鹤以王契为蜀人者，得之。元结所云者当另是一人。远注：王侍御，当是罢官而居于蜀者，故诗有'客即挂冠至''幸各对松筠'等句。"浦起龙说："元结《别王佐卿序》：癸卯岁（代宗广德元年，七六三），京兆王契佐卿，年四十六。顷云西蜀，对酒欲别。……愚按：朱说为是，……详诗意，侍御亦以京兆人而流寓于蜀者。当公初入蜀时，侍御大约亦以事在蜀，与公相遇。属公有梓、阆之行，侍御寻亦还京，而其意中或颇爱蜀中风土，遂复谢职移家于此。其留止处，盖在导江县（元代废，故城在今四川灌县东二十里）。"朱说得浦阐发，较可信。

十来天，备受款待，宾主相处得很融洽。之后他们又一同骑马回到成都参加宴会，重游了先主庙、石镜、琴台等处，探幽吊古，饮酒下棋。兴犹未尽，接着复重醉于草堂。惜农事正忙，才不得不依依作别。

此外，《寄邛州崔录事》："邛州崔录事，闻在果园坊。久待无消息，终朝有底忙？应愁江树远，怯见野亭荒。浩荡风尘际，谁知酒熟香？"又《王录事许修草堂赀不到聊小诘》："为嗔王录事，不寄草堂赀。昨属愁春雨，能忘欲漏时？"亦可见诗人当时交游与生活之一斑。

作于这时颇为后世传诵的名篇是七律《登楼》：

"花近高楼伤客心，万方多难此登临。锦江春色来天地，玉垒浮云变古今。北极朝廷终不改，西山寇盗莫相侵！可怜后主还祠庙，日暮聊为《梁父吟》。"仇注引吴曾《能改斋漫录》：蜀先主庙，在成都锦官门外，西挟即武侯祠，东挟即后主祠。蒋堂帅蜀，以刘禅不能保有土宇，始去之。前《赠王二十四侍御契四十韵》有"重游先主庙，更历少城闉"之句。少城即张仪城，在大城之西，故称。闉，城内重门。"少城闉"指成都西门。此诗当是游先主庙、武侯祠、后主祠后登西门城楼眺望忧时之作。正当万方多难的时候来此登临，花近高楼使得我这客子格外伤情。锦江春色铺天盖地来了，那玉垒山（在今四川理县东南新保关，为蜀中通吐蕃要道）的风云变幻，恰似古今治乱转化不停。如今乘舆反正、伪帝（李承宏，吐蕃陷京师时所立）投荒，朝廷仍然像北极星一样始终不改；松、维、保三州已陷，西山那边的吐蕃且莫继续侵凌。有感于可怜的后主还有祠庙，我日暮吟哦着《梁父吟》，缅怀那位躬耕陇亩时"好为《梁父吟》"的诸葛孔明。后主信任黄皓而亡国，代宗信任程元振而出亡，尾联因后主祠庙兴叹，语婉意深，见诗人所虑者远、所忧者大。叶梦得《石林诗话》说:"七言难于气象雄浑,句中有力而纡余,不失言外之意。自老杜'锦江春色来天地,玉垒浮云变古今',与'五更鼓角声悲壮,三峡星河影动摇'等句之后,常恨无复继者。韩退之笔力最为杰出,然每苦意与语俱尽。《和裴晋公破蔡州回》诗,所谓'将军旧压三司贵,相国新兼五等崇',非不壮也,然意亦尽于此矣;不若刘禹锡《贺晋公留守东都》云:'天子旌旗分一半,八方风雨会中州',语远而体大也。"

说"西山寇盗莫相侵",实忧其难保不侵。这种对边患的深忧也着重表现在《黄河二首》中。其一叹唐盛时置海西军声势甚大,如今却不能抵御吐蕃的横行:

"黄河北岸海西军,椎鼓鸣钟天下闻。铁马长鸣不知数,胡人高鼻动成群。"其二叹西山三城粮运屡绝,蜀民无粟供应,急望太平:

"黄河南岸是吾蜀,欲须供给家无粟。愿驱众庶戴君王,混一车书弃金玉。"浦起龙说:"二诗为吐蕃不靖,民苦馈饷而作。盖代蜀人为蜀谣以告哀也。"

重归草堂,恰值"杂花生树,群莺乱飞"的暮春时节,加之对严武的御敌安蜀颇有信心,有时老杜兴致也很高,写了一些很美丽的小诗。《绝句二首》,其一说:

"迟日江山丽,春风花草香。泥融飞燕子,沙暖睡鸳鸯。"过去有人讥笑这四句诗跟儿童的对对子没什么区别,这不过是故作解人的皮毛之见。[3] 四句固然是四片景、两副对子,却完全融化在一派

---

[3] 罗大经《鹤林玉露》对此有批驳:"杜少陵绝句云:'迟日……'或谓此与儿童之属对何异!余曰:不然。上二句见两间莫非生意。下二句见万物莫不适性。于此而涵泳之,体认之,岂不足以感发吾心之真乐乎?大抵古人好诗,在人如何看,在人把做什么用。如'水流心不竞,云在意俱迟''野色更无山隔断,天光直与水相通''乐意相关禽对语,生香不断树交花'等句,只把做景物看,亦可;把做道理看,其中亦尽有可玩索处。大抵看诗,要胸次玲珑活络。"可参看。

骀荡的春色之中，了无痕迹。写景秀丽，出语自然，既分割而又浑然一体，艺术上见相辅相成的妙用。仇兆鳌说："杨慎谓绝句者，一句一绝，起于《四时咏》：'春水满四泽，夏云多奇峰。秋月扬明辉，冬岭秀孤松。'是也。今按：此诗一章而四时皆备。又吴均诗云：'山际见来烟，竹中窥落日。鸟向檐上飞，云从窗里出。'是一时而四景皆列。杜诗'迟日……'四句似之。王半山诗：'日净山如染，风暄草欲薰。梅残数点雪，麦涨一溪云。'又从此诗脱胎耳。"其二说：

"江碧鸟逾白，山青花欲燃。今春看又过，何日是归年？"[4]色彩鲜明、反差强烈、印象醒豁，是前二句佳处。后二句抒春尽思归之情，可与同时所作《归雁》"东来千里客，乱定几年归？肠断江

---

[4] 仇兆鳌赘文于此首后综论五绝作法甚详，录以备考："五言绝句，始于汉魏乐府，六朝渐繁，而唐人尤盛。大约散起散结者，一气流注，自成首尾，此正法也。若四句皆对，似律诗中联，则不见首尾呼应之妙。必如王勃《赠李十四》诗：'乱竹开三径，飞花满四邻。从来扬子宅，别有尚玄人。'岑参（误，实是王之涣）《登鹳雀楼》诗：'白日依山尽，黄河入海流。欲穷千里目，更上一层楼。'钱起《江行》诗：'兵火有余烬，贫村才数家。无人争晓渡，残月下寒沙。'令狐楚《从军》诗：'胡风千里惊，汉月五更明。纵有还家梦，犹闻出塞声。'已上数诗，皆语对而意竭，四句自成起讫，真佳作也。若少陵《武侯庙》诗：'遗庙丹青落，空山草木长。犹闻辞后主，不复卧南阳。'其气象雄伟，词旨切划，则又高出诸公矣。莫谓'迟日'一首，但似学堂对句也。至于对起散结者，如卢僎《南楼望》诗：'去国三巴远，登楼万里春。伤心江上客，不是故乡人。'李白《独坐敬亭山》诗：'众鸟高飞尽，孤云独去闲。相看两不厌，只有敬亭山。'柳宗元《江雪》诗：'千山鸟飞绝，万径人踪灭。孤舟蓑笠翁，独钓寒江雪。'又有散起对结起，如骆宾王《易水送别》诗：'此地别燕丹，壮士发冲冠。昔时人已没，今日水犹寒。'宋之问《别杜审言》诗：'卧病人事绝，嗟君万里行。河桥不相送，江树远含情。'孟浩然《宿建德江》诗：'移舟泊烟渚，日暮客愁新。野旷天低树，江清月近人。'杜诗如：'江碧鸟逾白，山青花欲燃。今春看又过，何日是归年？'此即双起单结体也。如：'江上亦秋色，火云终不移。巫山犹锦树，南国且黄鹂。'此即单起双结体也。又有四句似对非对，而特见高古者，如裴迪《孟城坳》诗：'结庐古城下，时登古城上。古城非畴昔，今人自来往。'太上隐者《答人》诗：'偶来松树下，高枕石头眠。山中无历日，寒尽不知年。'则又脱尽蹊径矣。杜诗如：'万国尚戎马，故园今若何？昔归相识少，早已战场多。'此散对浑成之作也。"

城雁，高高正北飞"同读。

又作《绝句六首》。其一说：

"日出篱东水，云生舍北泥。竹高鸣翡翠，沙僻舞鹍鸡。"写宿雨新晴景物，见清爽的感受和喜悦的情怀。《楚辞·九辩》："鹍鸡啁哳而悲鸣。"洪兴祖补注："鹍鸡似鹤，黄白色。"其二说：

"蔼蔼花蕊乱，飞飞蜂蝶多。幽栖身懒动，客至欲如何？"春暖花开，蜂喧蝶舞；处此情境，心身俱懒：写得颇有气氛。其三说：

"凿井交棕叶，开渠断竹根。扁舟轻袅缆，小径曲通村。"仇兆鳌说："见井、渠而起咏。井在棕下，故叶交加；渠在竹旁，故根断截：此属内景。下二则外景也。"又说："吴若本注：交棕，作井绠也。赵曰：蜀有盐井，雨露之水落其中则坏，新凿井时即交棕叶以覆之。按：二说皆非。汲绠用棕毛，不用棕叶。此井在村中，于盐井无涉。"甚是。依稀见草堂内外景物和乡居幽事。其四说：

"急雨捎溪足，斜晖转树腰。隔巢黄鸟并，翻藻白鱼跳。"此写"东边日出西边雨"此雨彼晴和"雨后复斜阳"时雨时晴之景：急雨掠过下面一段溪中（所以说"溪足"），惊起白鱼翻藻跳跃；斜阳从树腰泛出，照见隔巢有两只黄莺并栖枝头。我曾说庾信"树宿含樱鸟，花留酿蜜蜂"一联犹如民间剪纸图案，富装饰趣味。此"隔巢"二句亦然；但有前面所写大景衬托，无纤弱之病。其五说：

"舍下笋穿壁，庭中藤刺檐。地晴丝冉冉，江白草纤纤。"笋穿壁，藤刺檐；地气蒸腾，岸草芊眠：俱是暮春新晴之景。其六说：

"江动月移石，溪虚云傍花。鸟栖知故道，帆过宿谁家？"王嗣奭说："'江动''溪虚'二句似不可解，而景象却好。"水波荡漾，把月光反映到石上一晃一晃；云傍岸花而生，溪流隐在虚无缥缈之中了：总之是写一种美丽的印象，"似不可解"，却不影响欣赏。鸟总是循熟路归林，帆过却不知到何处停泊：因景生情，富人生哲理意味。

这六首诗，犹如六曲屏风，一扇自成画面，合之则见草堂暮春风景和幽居情事。能给人以明丽清新的感受便好，不须计较这些诗用的是五绝正法与否。

转眼到了夏天，老杜闲居无事又作七言《绝句四首》遣兴。其一说：

"堂西长笋别开门，堑北行椒却背村。梅熟许同朱老吃，松高拟对阮生论。"堂西笋成新竹，不便通行，只得另外开门。堂北凿沟，栽了一行花椒树，作为界基，与村子隔开。朱老即南邻那位戴乌角巾的朱山人。老杜以往常去他家喝酒，如今梅子熟了，当然会许他同享啊！有的注家以为阮生或者就是那位家住秦州、送过老杜三十束薤头的阮隐居，恐非；当是此地阮姓后生。自注："朱、阮，剑外相知。"可证。这"松"非泛指，指的是他最心爱的那四棵小松。他避地梓州时经常想念它们："尚念四小松，蔓草易拘缠。"（《寄题江外草堂》）归成都途中想到它们，只希望已经长得很高了："新松恨不高千尺"（《将赴成都草堂途中有作先寄严郑公五首》其四）。"入门四松在"（《草堂》），总算放下了一颗心。想到"四松初移时，大抵三尺强。别来忽三岁，离立如人长"（《四松》），喜不自禁，所以就有了"松高拟对阮生论"的冲动了。其二说：

"欲作鱼梁云覆湍，因惊四月雨声寒。青溪先有蛟龙窟，竹石如山不敢安。"赵次公注："鱼梁，乃劈竹积石，横截中流以取鱼。而溪下有蛟龙窟，故未敢安也。"老杜总把他草堂附近的浣花溪中想象有蛟龙窟，加之四月阴雨水寒，他就不敢下水筑鱼梁取鱼了。写得富于季节感和神秘感。我小时在南方渊深水黑处游泳、捕鱼，总觉得很恐怖。读此诗，令我真切地回忆起这种久已淡忘的感觉。

其三说：

"两个黄鹂鸣翠柳，一行白鹭上青天。窗含西岭千秋雪，门泊东吴万里船。"颐和园临湖院墙，凿牖作各种图形，框取湖光山色，步移景换，见设计者颇具匠心。明乎此，再读第三句便觉有趣。原来老杜早就懂得以窗牖取景了。范成大《吴船录》载："蜀人入吴者，皆自此登舟，其西则万里桥。诸葛孔明送费祎使吴，曰：'万里之行始于此。'后因以名桥。杜子美诗曰'门泊东吴万里船'，此桥正为吴人设。"《漫叟诗话》说："诗中有拙句，不失为奇作。若退之逸诗云：'偶上城南土骨堆，共倾春酒两三杯。'子美诗云：'两个黄鹂鸣翠柳，一行白鹭上青天。'是也。"（《九家集注杜诗》引）

其四说：

"药条药甲润青青，色过棕亭入草亭。苗满空山惭取誉，根居隙地怯成形。"棕亭、草亭之间遍种药材，青色重叠。药满空山，得遂其性，反畏为人所称誉；今种于屋边隙地，条件不好，更缺乏勇气成形（如人参成人形，茯苓成禽兽形之类）了。前几年写的《高楠》说："楠树色冥冥，江边一盖青。近根开药圃，接叶制茅亭。""茅亭"即此诗中的"草亭"，看起来这药圃还在原来的地方。

这组诗也是就幽居所见闲吟遣兴，李子德评："朴甚，然自雅。"

杨慎说，绝句四句皆对，少陵"两个黄鹂鸣翠柳"即是。若不相连属，不过律中四句而已。唐绝万首，如韦苏州"踏阁攀林恨不同，楚云沧海思无穷。数家砧杵秋山下，一郡荆榛寒雨中"，又刘长卿"寂寞孤莺啼杏园，寥寥一犬吠桃源。落花芳草无寻处，万壑千峰独闭门"，二诗绝妙。盖字句虽对，而意则一贯。其余如李峤《送司马承祯还山》云："蓬阁桃源两地分，人间海上不相闻。一朝琴里悲黄鹤，何日山头望白云？"又柳中庸《征人怨》云："岁岁金河复玉关,朝朝马策与刀镮。三春白雪归青冢,万里黄河绕黑山。"又周朴《边塞曲》云:"一队风来一队沙,有人行处没人家。黄河九曲冰先合,紫塞三春不见花。"则稍次。⟨5⟩ 但须指出的是:(一)所举除老杜一首外,其余首句皆押韵,不能用作七律中间四句。(二)说诗人固然可举例探讨七绝"句对意贯"之类问题,但作诗人则首先应从内容而不应从形式出发,该对就对,该散就散。如果有真实感受,对亦意贯;否则,不对意亦不贯。

⟨5⟩ 仇兆鳌引杨说后又进一步发挥说:"升庵所引,此一体也。唐人诸法毕备,皆当参考,以取众家之长。凡绝句散起散结者,乃截律诗首尾,如李白《春夜洛城闻笛》云:'谁家玉笛暗飞声,散入春风花满城。此夜曲中闻《折柳》,何人不起故园情?'张继《枫桥夜泊》云:'月落乌啼霜满天,江枫渔火对愁眠。姑苏城外寒山寺,夜半钟声到客船。'是也。有对起对结者,乃截律中四句,如张仲素《汉苑行》云:'回雁高飞太液池,新花低发上林枝。年光到处皆堪赏,春色人间总不知。'王烈《塞上曲》云:'红颜岁岁老金微,砂碛年年卧铁衣。白草城中春不入,黄花戍上雁长飞。'有似对非对者,如张祜《胡渭州》云:'亭亭孤月照行舟,寂寂长江万里流。乡国不知何处是,云山漫漫使人愁。'张敬忠《边词》云:'五原春色旧来迟,二月垂杨未挂丝。即今河畔冰开日,正是长安花发时。'是也。有散起对结者,乃截律诗上四句,如李白《上皇西巡歌》云:'谁道君王行路难,六龙西幸万人欢。地转锦江成渭水,天回玉垒作长安。'李华《春行寄兴》云:'宜阳城下草萋萋,涧水东流复向西。芳草无人花自落,春山一路鸟空啼。'有对起散结者,乃截律诗下四句,如李白《东鲁门泛舟》云:'日落沙明天倒开,波摇石动水萦回。轻舟泛月寻溪转,疑是山阴雪后来。'雍陶《韦处士郊居》云:'满庭诗景飘红叶,绕砌琴声滴暗泉。门外晚晴秋色老,万条寒玉一溪烟。'是也。有全首声律谨严不爽一字者,如白居易《竹枝词》云:'瞿塘峡口冷烟低,白帝城头月向西。唱到《竹枝》声咽处,寒猿晴鸟一时啼。'贾岛《渡桑干》云:'客舍并州已十霜,归心日夜忆咸阳。无端更渡桑干水,却望并州是故乡。'有平仄不谐而近于七古者,如李白《山中问答》云:'问余何意栖碧山,笑而不答心自闲。桃花流水杳然去,别有天地非人间。'韦应物《滁州西涧》云:'独怜幽草涧边生,上有黄鹂深树鸣。春潮带雨晚来急,野渡无人舟自横。'有平仄未谐而并拈仄韵者,如君山老父闲吟云:'湘中老人读黄老,手援紫藟坐碧草。春至不知湖水深,日暮忘却巴陵道。'李洞《绣岭宫》云:'春草萋萋春水绿,野棠开尽飘香玉。绣岭宫前鹤发翁,犹唱开元太平曲。'有首句不拈韵脚,而以仄对平者,如王维《九日忆兄弟》云:'独在异乡为异客,每逢佳节倍思亲。遥知兄弟登高处,遍插茱萸少一人。'《戏题盘石》云:'可怜盘石临泉水,复有垂杨拂酒杯。若道春风不解意,何因吹送落花来。'"

二　入幕之初

老杜回成都后，当早已见到了严武。但现存最早写到与严武聚会的诗篇是《扬旗》：

"江风飒长夏，府中有余清。我公会宾客，肃肃有异声。初筵阅军装，罗列照广庭。庭空六马入，駊騀扬旗旌。回回偃飞盖，熠熠迸流星。来冲风飙急，去擘山岳倾。材归俯身尽，妙取略地平。虹蜺就掌握，舒卷随人轻。三州陷犬戎，但见西岭青。公来练猛士，欲夺天边城。此堂不易升，庸蜀日已宁。吾徒且加餐，休适蛮与荆。"《新唐书·杜甫传》载："（严）武再帅剑南，表（甫）为参谋、检校工部员外郎。"[6] 但不详具体入幕时间。黄鹤据《扬旗》题下原注"二年夏六月，成都尹严公置酒公堂，观骑士，试新旗帜"，认为此诗当是广德二年夏在幕府中作。谓老杜六月已入幕，可信。诗写严武阅兵和启用新旗的所见所感：长夏风清，公宴肃静。首先阅兵，将士换上一色的新军装，列阵广庭，雄姿焕发。接着由六名骑兵护送大旗入场，由健卒簸将起来。只见回转时如飞盖偃仰，飘忽处如流星迸落，乍来如风驰之急，倏到如山势之倾，马上俯身则旗尾掠地，虹蜺在握而舒卷随人，委实的好看煞人！严公既然如此严于练兵，那么三州可收，巴蜀日宁，诗人也无须效避乱的王粲，"委身适荆蛮"（《七哀》）了。形容簸旗淋漓尽致。对照《将适吴楚留别章使君留后兼幕府诸公得柳字》"眷眷章梓州，开筵俯高柳。楼前出骑马，帐下罗宾友。健儿簸红旗，此乐几难朽。……终作适荆蛮，安排用庄叟"一段，知：（一）唐时使府饮宴，往往以观簸旗

---

[6]《旧唐书》本传载："上元二年冬，黄门侍郎郑国公严武镇成都，奏为节度参谋、检校尚书工部员外郎、赐绯鱼袋。"记此事年份有误。

等军事表演为乐；正式阅兵观簸旗，也开筵宴客。（二）两诗同用王粲"委身适荆蛮"，但一说要走，一说愿留，可见他坚信严武再度镇蜀必能平乱。

这一时期的名作有《丹青引赠曹将军霸》《韦讽录事宅观曹将军画马图歌》《太子张舍人遗织成褥段》等。《丹青引赠曹将军霸》说：

"将军魏武之子孙，于今为庶为清门。英雄割据虽已矣，文采风流今尚存。学书初学卫夫人，但恨无过王右军。丹青不知老将至，富贵于我如浮云。开元之中常引见，承恩数上南薰殿。凌烟功臣少颜色，将军下笔开生面。良相头上进贤冠，猛将腰间大羽箭。褒公鄂公毛发动，英姿飒爽来[7]酣战。先帝天马玉花骢，画工如山貌不同。是日牵来赤墀下，迥立阊阖生长风。诏谓将军拂绢素，意匠惨澹经营中。须臾九重真龙出，一洗万古凡马空。玉花却在御榻上，榻上庭前屹相向。至尊含笑催赐金，圉人太仆皆惆怅。弟子韩幹早入室，亦能画马穷殊相。幹惟画肉不画骨，忍使骅骝气凋丧。将军善画盖有神，偶逢佳士亦写真。即今飘泊干戈际，屡貌寻常行路人。途穷反遭俗眼白，世上未有如公贫。但看古来盛名下，终日坎壈缠其身。"曹霸，谯郡（治今安徽亳县）人。三国魏曹髦（曹操曾孙）后裔，官左武卫将军。擅画马，笔墨沉着，神采生动；也工肖像。成名于开元中，天宝间曾画"御马"，并修补凌烟阁功臣像。论者谓唐代画马，以曹霸及其学生韩幹最为杰出。曹霸是魏武帝曹操的子孙，玄宗末年得罪，削籍为庶人，所以说"于今为庶为

---

[7]《读杜诗说》："'犹'一作'来'。今按：此言二公毛发犹若酣战时也。若作'来'字，则但图英姿，非并图其与人酣战，意不合矣。"作"来"字，不过是说他们像是要来酣战一般，似乎显得更生动。

清门"。申涵光说:"公于昭烈(刘备)、武侯(诸葛亮),皆极推尊。此于魏武(曹操),只以'割据已矣'一语轻述,便见正闰低昂。"虽然如此,但对曹氏的"文采风流"还是很称许的。

卫夫人(二七二—三四九),东晋女书法家。姓卫,名铄,字茂漪,河东安邑(今山西夏县)人。汝阴太守李矩妻,人称"卫夫人"。工书法,师钟繇,正书妙传其法。王羲之少时,曾从她学书。晋代大书法家王羲之,曾为右军将军。曹霸初学卫夫人所传书法,以不及王羲之为憾,所以就改学绘画。这是一种语气委婉,又富于艺术意味的说法。《论语·述而》:"其为人也,发愤忘食,乐以忘忧,不知老之将至云尔。"又:"不义而富且贵,于我如浮云。""丹青"二句即化用其语,意谓曹霸不顾年老,不慕荣利,而潜心于美术创作。《资治通鉴》载,贞观十七年(六四三)二月,戊申,诏图画赵国公长孙无忌等功臣二十四人于凌烟阁,鄂国公尉迟敬德第七,褒国忠壮公段志玄第十。阁在西内三清殿侧。开元中曹霸因善画多次承玄宗召见于南内兴庆宫中的南薰殿。先写修补凌烟阁功臣像。一经重绘,就别开生面:一句总评交代了全过程;然后画龙点睛地以"进贤冠"显"良相",以"大羽箭"显"猛将";而末谓褒公、鄂公毛发飞动,仿佛正在酣战一般,不仅写活了人,也写活了画。写曹霸画马一大段是篇中着力刻画处。"先帝"指玄宗。"玉花骢",名色便好。王嗣奭说:"至'先帝天马'以下,真神化所至,只'迥立阊阖生长风'七字,已夺天马之神,而'惨澹经营',貌出良工用心苦。'含笑催赐金',宛然帝王鉴赏风趣。公之笔又不减于曹之画矣。"申涵光说:"与'堂上不合生枫树'同一落想,而出语更奇。"堂上哪会长出枫树来呢?九重(指宫廷)之上哪会有真龙(指名马)出现?原来是画!可见逼真之至。"圉人",为皇帝掌管养马刍牧的官吏。"太仆",掌管皇帝车马的官吏。"圉人"句意谓惊讶马画得似真，非忌妒画家的受赏。洪迈说："读者或不晓其旨，以为画马夺真，圉人、太仆所不乐，是不然。圉人、太仆盖牧养官曹及驭者，而黄金之赐，及画史得之，是以惆怅。杜公之意深矣。"（《容斋续笔》）此说不足取。

韩幹，蓝田（今陕西蓝田）人，一作京兆（府治在今陕西西安市）人，亦作大梁（今河南开封市）人。少时曾为酒肆送酒，得王维资助，学画十余年。擅绘菩萨、鬼神、人物、花竹，尤工画马。初师曹霸，重视写生，自成风格。天宝中，玄宗召入宫廷，他取材于内厩名马，画"玉花骢""照夜白"等，形象壮健雄骏，独步当时。后官太府寺丞，建中（七八〇—七八三）初尚在。存世作品有《照夜白图》。先肯定曹霸的入室弟子韩幹画马技艺甚高，接着又指出"幹惟画肉不画骨"为其所短，这主要是为了衬托曹霸，但也见出诗人的美学观点。老杜欣赏的、最符合他理想的骏马，在他早年写的《房兵曹胡马》中得到了很好的描绘："胡马大宛名，锋棱瘦骨成。竹批双耳峻，风入四蹄轻。所向无空阔，真堪托死生。骁腾有如此，万里可横行。"在他看来，马的"骏"和"瘦"二者是互为因果的。实际上也是如此，能想象一匹大"肉"马会"风入四蹄轻""所向无空阔""万里可横行"吗？反之，一匹临阵久无敌、与人成大功的千里驹，也是肥不起来的啊。老杜强调画马须"画骨"，主要是要求通过"锋棱瘦骨"的外表表现骏马的"风骨"。李贺的《马诗》其四"向前敲瘦骨，犹自带铜声"之所以好，就在于把骏马的"风骨"表现出来了。

这样说来，张彦远在《历代名画记》中批评老杜"岂知画者"的话就显得不很公允了。《唐朝名画录》载，天宝中，玄宗令韩幹师陈闳画马。帝怪其不同，因诘之。奏云："臣自有师。陛下内厩之马，皆臣之师也。"上甚异之。安史乱前，玄宗是"太平天子"，喜欢大马,把马养得肥肥的,号"木槽马",偶一乘用,"舒身安神,如据床榻"(见《历代名画记》)。既然韩幹以"陛下内厩之马"为师,是个严格的写实派,我们也就不能责怪他惟知"画肉"。当然也不可过于认真,为了袒护韩幹,反过来责怪老杜不"知画"。要知道,这不过是作诗,只想变个法儿夸奖老师,难免委屈了学生。其实,老杜当面夸起韩幹来也是很厉害的,如若不信,请看他的《画马赞》:"韩幹画马,毫端有神。骅骝老大,騕褭清新。鱼目瘦脑,龙文长身。雪垂白肉,风蹙兰筋。逸态萧疏,高骧纵恣。四蹄雷雹,一日天地。御者闲敏,去何难易。愚夫乘骑,动必颠踬。瞻彼骏骨,实惟龙媒。汉歌燕市,已矣茫哉!但见驽骀,纷然往来。良工惆怅,落笔雄才。"末段慨叹曹霸不遇、乱世漂流。从前为佳士写真,如今竟落到替路人画像糊口,还要遭世俗的轻视,可见他的贫困和地位的低下了。浦起龙于"屡貌"句下加注说:"疑当时曹为公写照。"结语借曹霸以自鸣不平,无限感伤。这首诗写得很有气势。《许彦周诗话》说:"老杜作《曹将军丹青引》云:'一洗万古凡马空。'东坡《观吴道子壁画》诗云:'笔所未到气已吞。'吾不得见其画矣;此两句,二公之诗,各可以当之。"

《韦讽录事宅观曹将军画马图歌》也写得很好:

"国初已来画鞍马,神妙独数江都王。将军得名三十载,人间又见真乘黄。曾貌先帝照夜白,龙池十日飞霹雳。内府殷红玛瑙盘,婕妤传诏才人索。盘赐将军拜舞归,轻纨细绮相追飞。贵戚权门得笔迹,始觉屏幛生光辉。昔日太宗拳毛䯄,近时郭家狮子花。今之新图有二马,复令识者久叹嗟。此皆战骑一敌万,缟素漠漠开风沙。其余七匹亦殊绝,迥若寒空杂霞雪。霜蹄蹴踏长楸间,马官厮养森成列。可怜九马争神骏,顾视清高气深稳。借问苦心爱者谁?后有韦讽前支遁。忆昔巡幸新丰宫,翠华拂天来向东。腾骧磊落三万匹,皆与此图筋骨同。自从献宝朝河宗,无复射蛟江水中。君不见金粟堆前松柏里,龙媒去尽鸟呼风。"据此诗,知韦讽家住成都。这诗是老杜在成都韦家观曹霸所画《九马图》有感而作。

宝应元年(七六二),老杜在绵州送韦讽去阆州摄录事,作《东津送韦讽摄阆州录事》(详第十四章第四节)。此次观画后不久,老杜又作《送韦讽上阆州录事参军》,望韦讽坚守清节,秉公执法,除贪救民(详第十三章第十节)。浦起龙说:"上,恐当作赴。[8]公宝应初,先有送韦摄(代理)阆诗,兹岂归后即真(转正),公复送欤?"据《送韦讽上阆州录事参军》"贾生富春秋",知老杜与韦讽关系较深,而韦讽年辈又较晚。此诗咏叹的《九马图》或是曹霸流寓成都时特为韦讽所绘。首借江都王作陪衬,盛赞曹将军画马神乎其技和得名之早。《历代名画记》载,江都王李绪,霍王李元轨之子,太宗之侄,多才艺,善书画,鞍马擅名。"乘黄",古代传说中的神马(见《管子·小匡》"地出乘黄"尹知章注)。按:《山海经·海外西经》:"白民之国……有乘黄,其状如狐,其背上有角,乘之寿二千岁。"仇兆鳌说:"霸所画马未尝如此,特论其神骏耳。"此外还有"赞画之妙,至于夺真"之意。《明皇杂录》:上所乘马,有玉花骢、照夜白。《画鉴》:曹霸《人马图》,红衣美髯奚官牵玉面骓,绿衣阉官牵照夜白。《长安志》:龙池,在南内南薰殿北、跃龙门南。本是平地,垂拱后因雨水流潦成小池,后又引龙首支渠溉之,日以滋广,弥亘数顷深至数丈,常有云气,或见黄龙出其中,故名。《雍录》;明皇为诸王时故宅,在京城东南角隆庆坊,宅有井,

---

[8] 萧涤非说:"按上,犹赴也,唐人多赴上连文。唐书来瑱传:以瑱充淮西申、安十五州节度观察使,瑱上表称淮西无粮馈军,请待收麦毕赴上。是其证。浦氏疑上当作赴,非。"

井溢为池。亦传有黄龙出其中。《新唐书·百官志》：内官有婕妤九人，正三品；才人七人，正四品。"曾貌"一段，大意是说，曹霸往昔为玄宗画照夜白，酷似龙马，故能感应龙池之龙随风雷而至；于是"圣心"大悦，赏赐殊丰，贵戚权门亦竞相求画。王嗣奭说："拜赐以归，而'纨绮追飞'，乃'贵戚权门'之求画也。此倒插法，唯公最善用之；而注谓追飞为从者，亦非也。"甚是。但以为"出盘、诏索，正索其貌'照夜白'也"，则不知所云。其实"婕妤"句是说刚遭婕妤传诏内府赏赐，又派才人去催索，意在表现玄宗对曹霸画马的赞赏、惊喜之情。这句用的也是个倒插法。太宗六骏，刻石于昭陵北阙之下（详上卷四二〇页）。第五匹叫"拳毛䯄"，平刘黑闼时所乘。《杜阳杂编》：代宗自陕返京，命以御马九花虬并紫玉鞭辔赐郭子仪。九花虬，即范阳节度使李怀仙所贡，额高九寸，拳毛如麟。亦有狮子骢，皆其类。曹植《名都篇》："走马长楸间。"古人种楸树于大道两侧，所以说"长楸间"。"昔日"一段，是说曹将军新画《九马图》中有两匹马最为突出，就像当年太宗的拳毛䯄和今天郭子仪的狮子骢一样，教人看了赞叹不已。这都是一以敌万的战马，居然活灵活现地出现在涂抹着漠漠风沙的画绢上。其余七匹也很不一般，它们毛色有红有白，远衬寒空，犹如霞雪相杂。长楸间霜蹄得得，马官和养马人排列成行。据此则此图大概可想。《世说新语·言语》：支道林（名遁）常养数匹马。或言和尚畜马不合适。支道林说："贫道重其神骏。""可怜"一段，是说这九匹可爱的马昂首屏息，都争着显示自己的神骏姿态，并用东晋的支遁来抬举韦讽的爱马。

《艺苑掇英》一九七八年第三期刊有相传是韩幹画的《神骏图卷》（原件藏辽宁省博物馆）。杨仁恺撰文介绍说，此卷原有的宋代花绫前隔水上，有金书正楷《韩幹神骏图》五字，金粉脱落，细看仍可辨认,字形接近宋人风格。图卷画支遁爱马的一个场面。绢本,工笔重彩。岸上石坡,支遁正面坐于石台之上,向着迎面踏水而来的骏马;马上坐披发童子,手执棒状毛刷,似从水中洗浴后奔驰归来。支遁对坐一人,高冠博带;旁立西域侍者,臂上立一雄鹰,增加了平静中不平静的气氛。描绘技巧极高,造型能力达到既准确又生动的境界。构图别开生面。本来主题人物是支遁,而重点却落在骏马身上,突出的是马不是人,但也着意刻画了人物的思想性格。马从水面踏波浪而行,不因其肥而掩盖它特有的骨骼,也不因其硕大奔驰起来给人以笨重的感觉;倒是踏行水面,有身轻如燕的效果。这幅画卷被宋人指认为韩幹之作,多少有他的根据。如支遁和马童的形象,眉清目秀,下颌肥而上额狭窄,嘴唇薄小,这是中唐的时代画风,在敦煌石窟的壁画中可以得到许多印证。西域侍者的造形,也是从壁画那里脱化而来。因此,尽管此图的作者不是韩幹,而他的真实姓名又无从查考,就画论画,实在是五代年间流传下来的技巧精湛的名作。——我认为这图对欣赏老杜这两首诗多少是有帮助的:(一)即使它不是韩幹的真迹,也可以从这颇富唐风的肥马中揣想出韩幹"画肉"的大致情状;而"画肉"并非必笨必重,也有可能兼具"风骨",获得身轻如燕的效果。(二)可增加支遁爱马的形象感受。"新丰宫",指华清宫,在今陕西临潼县城南骊山西北麓。有温泉,名华清池。唐玄宗每年携杨贵妃到此过冬,常在此沐浴。王洙注:明皇幸骊山,王毛仲以厩马数万从之,每色为一队,相间若锦绣。《穆天子传》:天子西征至阳纡之山,河伯冯夷之所都居,是惟河宗氏,天子沉璧致礼。河伯乃与天子披图祝典,用观天子之宝器,曰天子之宝。《玉海》引《水经注》云:玉果、璇玑、烛银、金膏等物,皆河图所载,河伯所献,穆王视图,乃导以西迈。史载元封五年,汉武帝自浔阳浮江,亲射蛟江中,获之。河神献宝，谓玄宗西奔入蜀。无复射蛟，谓时已晏驾。《旧唐书·玄宗本纪》：玄宗亲拜五陵，至桥陵，见金粟山岗（在今陕西蒲城县城东北三十里）有龙盘凤翥之势，复近先茔，对侍臣说："吾千秋后宜葬此地，得奉先陵，不忘孝敬矣。"后即葬此，是为泰陵。《汉书·礼乐志》："天马徕，龙之媒。"故以"龙媒"喻名马。《杜臆》解末段颇得作者用心："后来别用一意作结，若与画马不相蒙；亦因画马想及真马，又因曾貌照夜白想及玄宗之世，始而腾骧三万，终而龙媒尽空，不胜盛衰之感焉。马之盛衰，国之盛衰也，公阅此图，有不胜其痛者矣。后段之妙，在'皆与此图筋骨同'，才与画马相关。"

《太子张舍人遗织成褥段》是一首讽喻性极强的诗：

"客从西北来，遗我翠织成。开缄风涛涌，中有掉尾鲸。逶迤罗水族，琐细不足名。客云：'充君褥，承君终宴荣。空堂魑魅走，高枕形神清。'领客珍重意，顾我非公卿。留之惧不祥，施之混柴荆。服饰定尊卑，大哉万古程。今我一贱老，短褐更无营。煌煌珠宫物，寝处祸所婴。叹息当路子，干戈尚纵横。掌握有权柄，衣马自肥轻。李鼎死岐阳，实以骄贵盈。来瑱赐自尽，气豪直阻兵。皆闻黄金多，坐见悔吝生。奈何田舍翁，受此厚贶情？锦鲸卷还客，始觉心和平。振我粗席尘，愧客茹藜羹！"《北堂书钞》引《异物志》：大秦国（罗马帝国）以野茧丝织成氍毹，以群兽五色毛杂之，为鸟兽人物草木云气，千奇万变，唯意所作。《广志》云：氍毹，白氎毛织之，近出南海，即织毛褥。"织成褥段"，或即此类。肃宗上元二年（七六一），以李鼎为凤翔尹。"岐阳"，岐山之阳，即指凤翔。李鼎之死，史书上没有记载。

《资治通鉴》载：宝应元年（七六二），建辰月（三月）肃宗召山南东道节度使来瑱赴京师；瑱乐在襄阳，其将士亦爱之，乃讽所部吏上表留之。行至邓州，复令还镇。荆南节度使吕諲、淮西节度使王仲升及中使往来者言"瑱曲收众心，恐久难制"。上乃割商、金、均、房别置观察使，令瑱止领六州。会谢钦让围王仲升于申州数月，瑱怨之，按兵不救，仲升竟败没。行军司马裴茙谋夺瑱位，密表瑱倔强难制，请以兵袭取之，上以为然。癸巳，以瑱为淮西、河南十六州节度使，外示宠任，实欲图之。密敕以茙代瑱为襄、邓等州防御使。五月，来瑱闻徙淮西，大惧，上表说："淮西无粮，请俟收麦而行。"又讽将吏留己。代宗（上月即位）欲姑息无事，壬寅，复以瑱为山南东道节度使。六月，襄邓防御使裴茙屯兵谷城，既得密敕，即帅麾下二千人沿汉水往襄阳；己巳，阵于谷水北。来瑱以兵逆之，问其所以来。答道："尚书不受朝命，故来。若受代，谨当释兵。"来瑱说："吾已蒙恩，复留镇此，何受代之有！"因取敕及告身示之，裴茙惊惑。来瑱与副使薛南阳纵兵夹击，大破之，追擒裴茙于申口，送京师，赐死。八月，乙丑，来瑱入朝谢罪，上优待之。九月，庚辰，以来瑱为兵部尚书、同平章事、知山南东道节度使。当初来瑱在襄阳，权宦程元振有所请托，不从；及为相，元振谮瑱言涉不顺。广德元年（七六三），正月，壬寅，来瑱坐削官爵，流播州，赐死于路，由是藩镇皆恨元振。来瑱之死，虽说为程元振所谮，但挟众以要君，哪能免祸？所以老杜在这首诗中说："来瑱赐自尽，气豪直阻兵。"一位姓张的侍从太子的官员，从西北来到成都，送了老杜一条织着鲸鱼水族图案的西洋"高档"褥段，说铺上它，可以老摆酒，可以吓走空堂里的妖怪，躺着也安稳。老杜当然很感谢客人的这一番美意，只可惜自己不是公卿，留着它怕惹来不祥，把它陈设起来跟草堂整个环境也很不协调。他想，将服饰定出尊卑之分，这是古往今来最伟大的法度。如今像我这样的贫贱老头儿，除了置件粗布短袄就别无所求了。这种龙宫里来的光彩夺目的宝物，谁要是垫着睡了坐了定然要闯祸。可叹那些身居要路津的人，当此战乱未平之际，由于掌握了权柄，却只顾自己着轻裘跨肥马尽情享受。李鼎死在凤翔，实在是因为他骄贵太过。来瑱赐死于流放途中，还不是由于他气豪仗着有军队。听说都是黄金多了，因而产生事后的追悔和惋惜。我这样的田舍翁，要是接受了这份厚礼，又该怎么办？把这锦鲸褥段卷起来退还客人，才觉心安理得。掸掸我那粗席子上的尘土，请客喝野菜汤真使我感到很惭愧！——我们可以说老杜有根深蒂固的封建等级思想，也可以认为他的说教不过是为了巩固封建秩序。可是读后总感到有点蹊跷：他要是觉得那条西洋褥段太奢华了，与自己的身份不相称，婉言谢绝就是；何必小题大作，甚至还扯出不久前因骄奢丧命的李鼎和来瑱来当"反面教员"呢？带着这样的问题，再来看下面这段钱谦益的话，便觉颇有道理了："史称严武累年在蜀，肆志逞欲，恣行猛政，穷极奢靡，赏赐无度。公在武幕下，此诗特借以讽喻，朋友责善之道也。不然，辞一织成之遗，而侈谈杀身自尽之祸，不疾而呻，岂诗人之意乎？《草堂诗笺》次于广德二年，在严郑公幕中之作。当从之。"如此说来，这诗就比一般所谓"在借以规讽当局忘形奢侈的达官们"还要更富于现实针对性了。

三 吏隐与假归

史传既记述了严武恣行猛政、穷极奢靡的罪恶，也说由于他连战连捷，"蕃虏亦不敢犯"，对安定巴蜀做出过贡献。严武再度镇蜀，首战吐蕃，破七万众，拔当狗城，在这年九月。但从六月老杜写严武设宴阅兵、启用新旗的《扬旗》看，备战的工作早就在进行了。松、维、保三城失陷，对成都威胁甚大；要想安定巴蜀，必须将吐蕃驱逐出西山。为了达到这一目的，老杜作为幕府参谋，曾经写了《东西两川说》向严武提出自己的看法和建议：（一）蜀中汉兵和邛雅子弟（指此二州内羌族等地方武装）本足抵御吐蕃。（二）"三城失守，罪在职司，非兵之过也，粮不足故也"。当时兵马使缺人[9]，宜速择裨将抚驭羌汉之兵，无使邛雅子弟偏充边备。（三）待新兵马使到任，则当令松、维、蓬、恭、雅、黎、姚、悉等八州兵马皆受其统辖，无使部落酋长专擅威权。（四）当招谕獠人，抚恤流民。（五）当约束诛求，平均赋役，选用贤良守令。这些意见都很中肯，可见他对西山防务的重视。因此，当他听说将军董嘉荣已率部开赴西山前沿防秋，不觉欢欣鼓舞，作《寄董卿嘉荣十韵》，勉其奋勇杀敌，建立奇功：

"闻道君牙帐，防秋近赤霄。下临千仞雪，却背五绳桥。……会取干戈利，无令斥候骄。居然双捕虏，自是一嫖姚。……云台画形像，皆为扫氛妖。"

董嘉荣不详。不管他是不是朝廷新授剑南兵马使，他总得受严武节制，他的开赴前沿防秋也当听命于严武。《资治通鉴》卷二二四载："初，剑南节度使严武奏将军崔旰为利州刺史；时蜀中新乱，山贼塞路，旰讨平之。及武再镇剑南，赂山南西道节度使张献诚以求旰，献诚使旰移疾自解，诣武。武以为汉州刺史，使将兵击吐蕃于西山，连拔其数城，攘地数百里；武作七宝舆迎旰入成都以宠之。"可见严武部署西山反击战的大致情况。初秋七月，严武自己也来到了西山前沿的军城，作《军城早秋》说：

"昨夜秋风入汉关，朔云边月满西山。更催飞将追骄虏，莫遣

---

[9] 原剑南兵马使为徐知道。徐于宝应元年（七六二）七月反，八月为其下所杀。故缺。

沙场匹马还。"汉右北平太守李广勇敢善战，威震边庭，匈奴称之为"飞将军"。这里借以称誉崔旰等骁将。在九月大捷之前两个月，严武已旗开得胜、斩获无算了。这诗写得何等的有气魄！老杜在成都幕府收读即奉和一章说：

"秋风袅袅动高旌，玉帐分弓射虏营。已收滴博云间戍，欲夺蓬婆雪外城。"（《奉和严郑公军城早秋》）"滴博"即的博岭，在维州。"蓬婆"，山岭名，即大雪山（详仇注）。末二句望严武乘胜直追，收复失地。和章不如原唱，蒋弱六却说："严诗一味英武，此更写得精细，有多少方略在，而颂处仍不溢美。"非为笃论。黄生说："'云间'，言其高。'雪外'，言其远。'滴博''蓬婆'，地名，极粗硬，却得'云间''雪外'四字调适之，眼中口中全然不觉，运用之妙如此。"可悟修辞炼句之法。

入秋以来，老杜写了一些反映幕府生活、抒发内心苦闷的诗篇。他的《立秋雨院中有作》说：

"山云行绝塞，大火复西流。飞雨动华屋，萧萧梁栋秋，穷途愧知己，暮齿借前筹。已费清晨谒，那成长者谋。解衣开北户，高枕对南楼。树湿风凉进，江喧水气浮。礼宽心有适，节爽病微瘳。主将归调鼎，吾还访旧丘。"《诗经·豳风·七月》："七月流火。""火"，古星名，又称"大火"，也就是"心宿二"，每年阴历七月开始偏西下行。《史记·留侯世家》："臣请借前箸为大王筹之。"立秋日下雨，老杜幕府事毕，回宿舍休息。当他处于雨声飘瓦、梁栋生秋、树湿风凉、江喧雾涌的凄清境地，不觉引动了身世之悲。他深愧日暮穷途，有负知己厚望。偌大年纪，当个参谋，每天早上得花许多功夫上衙门进谒，却不能为府主想出多少良策助其成功。在这里颇受礼遇心情倒舒畅，季节凉爽了病也稍微好一些。主将来日入朝当调和鼎鼐的宰相以后，我仍旧要回老地方去隐居呢。仇兆鳌说："'访旧丘'，复寻花溪也。……黄生谓随武回京。按《破船》诗云：'缅邈怀旧丘'，本指草堂，此可相证。"李子德说："高人入幕，落落难堪，触事写之，自有其致。"老杜视严武为知己、为世交，一旦入幕，立判尊卑。虽说"礼宽"，终须"晨谒"，难堪可想。其实，不须等到立秋，在刚入幕不久，他就在《军中醉歌寄沈八刘叟》中流露出"高人入幕，落落难堪"的这种情绪来了："酒渴爱江清，余酣漱晚汀。软沙欹坐稳，冷石醉眠醒。野膳随行帐，华音发从伶。数杯君不见，都已遭沉冥？"[10]

这种情绪在《院中晚晴怀西郭茅舍》《宿府》等诗中表露得越来越强烈了。前诗说：

"幕府秋风日夜清，澹云疏雨过高城。叶心朱实看时落，阶面青苔老更生。复有楼台衔暮景，不劳钟鼓报新晴。浣花溪里花饶笑，肯信吾兼吏隐名？"秋高气爽，幕府中不管日里还是夜里都很清静，偶尔有淡云疏雨飘过高城吹洒进来。叶子中间熟透了的红果实不时掉落，石阶上的青苔老了又长出新的来。已见夕照上楼台，不劳响亮的钟鼓声来报新晴了[11]。《汝南先贤传》说郑钦吏隐于蚁陂之阳。我虽入幕其实也不过是吏隐，只恐怕浣花溪边现正盛开的菊花不相饶，会笑话我啊！参谋不过是吏，地位够低下的了。为吏而能隐，岂不是在混日子？哪里是怕花笑，明明是自己嘲笑自己呢。《宿府》说：

---

[10] 单复编此诗在广德二年夏，时在严武幕中。顾注：《文苑英华》载畅当作。黄伯愚编为少陵诗。黄山谷在蜀道见古石刻有唐人诗，以老杜"酒渴爱清江"为韵。仇兆鳌认为此诗不乐居幕府而作。上四言草堂醉后，有倚伴自得之兴。下四言军中陪宴，非豪饮畅意之时。沈、刘盖草堂同饮者。王嗣奭解尾联说，饮止数杯，而君不见我之醉已沉冥？十字为句。
[11] 旧注：俗以钟鼓声亮为晴之占，故曰"报新晴"。

"清秋幕府井梧寒，独宿江城蜡炬残。永夜角声悲自语，中天月色好谁看？风尘荏苒音书绝，关塞萧条行路难！已忍伶俜十年事，强移栖息一枝安。"这是一首很有名的诗，前半写景，后半抒情，触景生情，景亦有情，情景交融，感人至深。一个清秋的夜晚，独自住宿在江城的幕府中，蜡烛点残了，井栏边的梧桐阴暗森森。深夜的画角声格外悲凉，我不觉自言自语，当空的月光这么好有谁来与我同看？战乱连绵家乡的音信早已断绝，关塞萧条要想旅行可真难！打安史乱起这十年（七五五—七六四）来多少的苦事我都忍受了，如今勉强自己当个幕友，不过像《庄子·逍遥游》中那巢于深林的鹪鹩，暂借一枝安身罢了。王嗣奭说："'永夜角声悲''中天月色好'为句，而缀以'自语''谁看'，此句法之奇者，乃府中不得意之语。"又说："余初笺将三四联'悲''好'连上为句法之奇，今细思之，终不成语。盖'悲''好'当作活字看。"近人选本多采前说，私意后说较当。黄生以为"角声之悲，如人自语"，恐非。

老杜厌居幕府、思归草堂的心情在别的诗中也或显或隐地有所表露。比如《独坐》就明显表示垂老居官、不如隐退之意："沧溟恨衰谢，朱绂负平生。仰羡黄昏鸟，投林羽翩轻。"《倦夜》虽然只是一般地写秋夜不眠所见和乱世之忧，却也能见出诗人屈居幕府、无情无绪的精神状态："竹凉侵卧内，野月满庭隅。重露成涓滴，稀星乍有无。暗飞萤自照，水宿鸟相呼。万事干戈里，空悲清夜徂。"随着逐渐接触到官场实际，又必然要跟严武从朋友一下子变为上下级关系，老杜前一阵因严武重来镇蜀而激起的热情和希望正在衰减、淡漠。不久，为了探家，为了遣闷，他曾请假回了一趟草堂，作《到村》说：

"碧涧虽多雨，秋沙亦少泥。蛟龙引子过，荷芰逐花低。老去参戎幕,归来散马蹄。稻粱须就列,蓁草即相迷。蓄积思江汉(仇氏以为即所谓'江汉思归客'),疏顽惑町畦。暂酬知己分,还入故林栖。"秋天下过大雨,浣花溪的淤泥多冲走了,沙岸很干净。《西京杂记》载,瓠子河决,有蛟龙从九子,自决中逆上入河,喷沫流波数十里。这次涨水,涧中荷芰花叶低垂、倒伏,该是蛟龙引子打那儿经过了[12]吧!上了年纪还要强打精神去军府当参谋,今天且骑马回来散散心。庄稼没人种,到处长满灌木乱草,真需要我重新回到农夫的行列。我早就想离蜀东下去江汉流域;可是一见到这些田埂菜畦,我的去志不免又有点惶惑、动摇了。待我暂在幕府报答了严公知遇之恩,我还是要辞归草堂栖隐的。——可见老杜当时也不是没起过终老于浣花草堂的念头。

回到草堂的头两日,雨一直没停。秋天一下雨,天气突然变冷了。想加衣,撩起衣带看了看大红袍,打开箱子取出黑毛皮衣又瞧了瞧。想到既未能报国,又不得归田,心里真不是滋味。世情如此浇薄,最好的办法就是睡大觉;现今西山的盗贼尚未平定,当参谋的哪敢忘了为主将分忧?只有暂回草堂与这些新近给秋雨沾湿、洗净的松菊相对,差可使远游客子得到一点安慰。老杜的《村雨》写的就是他回草堂后头两日的这样一些所见所感:

"雨声传两夜,寒事飒高秋。揽带看朱绂,开箱睹黑裘。世情只益睡,盗贼敢忘忧?松菊新沾洗,茅斋慰远游。"

《过故斛斯校书庄二首》,可能就作于这次请假暂回草堂的这几天。斛斯校书名融,行六,是老杜草堂南边的邻人。前几年所作《江畔独步寻花七绝句》其一"走觅南邻爱酒伴,经旬出饮独

---

[12]《杜臆》"涧经雨洗,泥去沙存,荷芰之根不固,而天风吹之便倒,乃状之以'蛟龙引子过,荷芰逐花低',真奇语也。"可参看。

空床"原注："斛斯融，吾酒徒。"又《闻斛斯六官未归》讽刺斛斯融往南郡江陵府要来为人写作碑文的润笔，却通通拿去喝了酒，不管家人死活（详第十三章第八、十节）。可见斛斯融的为人以及他同老杜的交谊。这诗题下原注说："老儒艰难，病于庸蜀，叹其殁后方授一官。"老杜过其庄园，叹其身世，故作诗哀之亦复自哀。其一说：

"此老已云殁，邻人嗟未休。竟无宣室召，徒有茂陵求。妻子寄他食，园林非昔游。空余穗帷在，淅淅野风秋。"此老已逝，邻人叹息不已。贾谊自长沙征见，汉文帝方受釐坐宣室，问以鬼神之事。司马相如家居茂陵，病甚，汉武帝遣使往求其书，至则相如已死；问其妻，得遗书，言封禅事。斛斯六生前未能如贾生幸得宣室之召[13]；死后方授一官，与相如死后始得武帝遣使往茂陵求其书一样可悲。他的妻子儿女已去别处谋生，园林跟过去来游时完全变了一个样。只剩下那门窗上的败穗残帷，在凉飕飕的秋风中飘动。其二说：

"燕入非旁舍，鸥归只故池。断桥无复板，卧柳自生枝。遂有山阳作，多惭鲍叔知。素交零落尽，白首泪双垂。"杨伦说，首二句见再三识认意。再三辨认，才肯定燕之所入并非旁人的房舍，鸥之所归原来就是那个老池塘，可见这庄园变化之大了。李子德说："过其庄，思其人，不独比邻相依，怆然见身世之感矣。"

这时前后[14]，老杜得知老友苏源明（《怀旧》原注："公前名预，避御讳，改名源明"）、郑虔去世的噩耗，很悲伤，作《怀旧》

---

[13] 召问神鬼，其实对为政并无裨益。所以李商隐的《贾生》说："宣室求贤访逐臣，贾生才调更无伦。可怜夜半虚前席，不问苍生问鬼神。"
[14]《哭台州郑司户苏少监》有"凶问一年俱""清秋大海隅"之句可证。

《哭台州郑司户苏少监》表示哀悼之意。后诗中有扇对[15]四句："得罪台州去,时危弃硕儒;移官蓬阁后,谷贵殁潜夫。"至德二载(七五七)十二月,郑虔坐陷贼官贬台州司户参军,老杜赠诗有云:"便与先生应永诀,九重泉路尽交期!"(详上卷四五三页)郑虔的必卒于贬所,早在预料之中。"时危弃硕儒",对朝廷的严谴郑虔提出大胆的批评。胡夏客说:"此云'移官蓬阁后,谷贵殁潜夫',《八哀诗》咏苏源明云'长安米万钱,凋丧尽余喘',则苏死果以饥欤?"《资治通鉴》载:"(广德二年,九月)关中虫蝗、霖雨,米斗千余钱。"这年长安闹饥荒倒也不假。苏源明生前官至从四品上的秘书少监,当不至于活活饿死;凶年或影响其生活而致死,则有可能。

老杜的弟弟杜颖,曾任临邑(今山东临邑)主簿,老杜早年游齐鲁时曾迂道去探望过他。安禄山乱起,老杜得到他逃亡到平阴(今山东平阴)后捎来的信,知道他尚在人世,就写了《得舍弟消息二首》抒发乱离悲苦之情(详上卷三五三页)。乾元元年(七五八)冬末,老杜自华州回东都探望亲友,正在记挂杜颖的时候,忽得他的来信,高兴之余,又产生了欲见不能、己情莫达的苦闷,于是就作《得舍弟消息》聊自排遣(详上卷五三〇、五三一页)。今年秋天,没想到杜颖竟不畏艰险,长途跋涉,来成都探望兄嫂。小住几天以后,杜颖便辞归山东,老杜手足情深,不忍遽

---

[15]《苕溪渔隐丛话》:"律诗有扇对格:第一句与第三句对,第二与第四对。如少陵《哭台州郑司户苏少监》云'得罪……潜夫'。东坡《和郁孤台》诗云:'解后(邂逅)陪车马,寻芳谢朓洲,凄凉望乡国,得句仲宣楼。'"又唐人绝句亦用此格,如'去年花下留连饮,暖日夭桃莺乱啼;今日江边容易别,淡烟衰草马频嘶'之类是也。"两事对举,每易形成此格。如《诗经·小雅·采薇》:"昔我往矣,杨柳依依;今我来思,雨雪霏霏",即含有此格因素。若有生活实感,妙手偶得,不无佳句;但此格较一般对仗更呆板,为旧体诗者不宜硬作。

别,作《送舍弟颖赴齐州三首》。其一写暂见即别之憾:

"岷岭南蛮北,徐关东海西。此行何日到?送汝万行啼。绝域惟高枕,清风独杖藜。时危暂相见,衰白意都迷。"又是王嗣奭讲得最好:"岷岭在南蛮之北,徐关在东海之西,由岷抵徐,道路甚远,故行非时日可到,泪亦无时不流;'万行',非一时之啼也。'惟高枕',犹云'忆弟看云白昼眠';'独杖藜',谓弟不俱也。时则危,见则暂,身则衰白,再见难期,故意都迷。悲极不堪再读。'南蛮北''东海西',属对工巧。"

其二写别后思念之情:"风尘暗不开,汝去几时来?兄弟分离苦,形容老病催。江通一柱观,日落望乡台。客意长东北,齐州安在哉?"望他再来,战乱不息,真能再来么?《诸宫故事》载,南朝宋临川王刘义庆镇江陵,于罗公洲立观,甚大而惟一柱。《一统志》载,观在松滋县东丘家湖中。《成都记》载,望乡台为隋蜀王秀所建。前想弟去所经,后为己留所在。蒋弱六说:"明明在东北,却忽忽如不知,即所谓'衰白意都迷'也。"理解有误。其实是说自己常神驰东北,而迷魂却不知齐州(今山东济南)竟在何处。其三伤别离望重逢,又念及诸姑、两弟:

"诸姑今海畔,两弟亦山东。去傍干戈觅,来看道路通。短衣防战地,匹马逐秋风。莫作俱流落,长瞻碣石鸿。""诸姑"当指会稽贺扰(已卒)的夫人。诸姑犹诸侯、诸生,虽一人亦得云诸。会稽即今浙江绍兴,近海,故称"海畔"(详上卷六〇页)。老杜有四弟:杜颖、杜观、杜丰、杜占(详上卷二七页)。杜占相随入蜀,现在草堂,此"两弟"当指杜观、杜丰。《乾元中寓居同谷县作歌七首》其三说:"有弟有弟在远方,三人各瘦何人强?"今据此诗知三人都在山东。"碣石",山名(有二,皆在今河北省境内),此借指山东一带。鸿雁比兄弟。老杜既担心杜颖战乱归途的安全，又忧诸弟流落他方而难以团聚，他精神负担之重、愁闷之深可以想见。

四 "束缚酬知己"

杜颖远道前来探视，或者正当老杜请假在草堂休息；或在幕府，亦当相偕回家。此后，他又重返幕府供职去了。现集中尚存十余首作于这年深秋至岁暮的诗篇，从中稍可窥见老杜居幕掠影。

深秋的一天，严武在成都使府北池临眺、饮宴，老杜与诸僚属相陪，作《陪郑公秋晚北池临眺》说：

"北池云水阔，华馆辟秋风。独鹤元依渚，衰荷且映空。采菱寒刺上，踏藕野泥中。素楫分曹往，金盘小径通。萋萋露草碧，片片晚旗红。杯酒沾津吏，衣裳与钓翁。异方初艳菊，故里亦高桐。摇落关山思，淹留战伐功。严城殊未掩，清宴已知终。何补参军乏，欢娱到薄躬。"这年九月，严武破七万众，拔当狗城。从"淹留战伐功"和纵情宴乐的情形揣测，这次游池饮宴当在大捷之后。北池云水空阔，豪华的亭馆很豁亮，秋风习习。水渚边还有依依不舍的独鹤在闲踱，一望无际的枯荷掩映远空。这时郑国公严武在宾从的簇拥下，旌旗招展地来到池边，原来这里已准备了别出心裁的娱乐节目。提调见宾主一到，一声令下，那些被选拔来参加比赛的人，便分队将船划到池中，在寒刺（菱角扎手，故云）上采菱，在淤泥中踏藕，然后用金盘盛着打小路上送来助兴请赏。府主高兴，不只犒劳了采菱、踏藕的人，还赏酒给看渡口的小吏喝，赏衣裳给钓鱼的老头儿穿。——前半记临眺等情事如此；"'素楫''杯酒'二联，写出大官气象"（王嗣奭语）。后半叙陪宴情景：见此异方的菊花刚刚吐艳，想到故乡的梧桐该叶落而枝高，不觉牵动了关山之思。至于郑公您,虽同样在蜀地淹留,但已建立了赫赫战功,那情况就完全不同了。不到关城门戒严时分便结束宴会,可见"乐而有节,则郑公亦非纵佚游而忘敌忾者"(同上)。没料到我这不称职的参谋,承您带挈,也分享了这莫大的欢娱。

《成都记》载,摩诃池在张仪子城内,隋蜀王秀取土筑广子城,因为池。一胡僧见了说:"摩诃宫毗罗。"胡语摩诃为大,宫毗罗为龙,谓此池广大而有龙,因名摩诃池。池在成都东南十二里。[16]一天老杜陪严武在摩诃池上乘船游览,分韵赋诗,作《晚秋陪严郑公摩诃池泛舟得溪字》说:

"湍驶风醒酒,船回雾起堤。高城秋自落,杂树晚相迷。坐触鸳鸯起,巢倾翡翠低。莫须惊白鹭,为伴宿青溪。"发端醒豁。《杜臆》说:"'高城秋自落',谓高城难越,秋若从空而落。"语大奇,若细加玩味,便觉秋色萧森,充塞天地(可参看上卷一八〇页)。前几年居草堂有"宿鹭起圆沙"(《遣意》其二)之句。今见白鹭,心想这兴许就是曾经陪伴他在浣花溪住宿过的那些,就不忍惊动它们了。旧注多以此诗委婉寓有乞归意。

这时严武请名手在他厅堂内的粉壁上画了一幅很大的《岷山沱江图》,高兴得很,就邀客观赏,并分韵赋诗赞美之。老杜作《奉观严郑公厅事岷山沱江画图十韵得忘字》说:

"沱水流中座,岷山到北堂。白波吹粉壁,青嶂插雕梁。直讶松杉冷,兼疑菱荇香。雪云虚点缀,沙草得微茫。岭雁随毫末,川蜺饮练光。霏红洲蕊乱,拂黛石萝长。谷暗非关雨,枫丹不为霜。秋城玄圃外,景物洞庭旁。绘事功殊绝,幽襟兴激昂。从来谢太傅,丘壑道难忘。"沱水、岷山皆在蜀地,此借以泛指蜀山蜀水。

〈16〉苏轼《洞仙歌》小序:"一日大热,蜀主与花蕊夫人夜纳凉摩诃池上,作一词。"即此池。

朱注:"毫末"谓笔毫之末;"练光"谓素练之光,兼用"澄江静如练"意。《晋书·谢安传》:谢安放情丘壑,虽受朝寄,然东山之志,始末不渝。以此典作结,于人于画均极惬当。邵子湘说:"刻画秀净,巧不伤雅。"此诗一读便知其佳,不须剖析。杨万里以为"杜集排律多矣,独此琼枝寸寸是玉、梅檀片片皆香",则嫌言过其实。另有入冬后所作《观李固请司马弟山水图三首》[17],虽间有佳句,如"寒天留远客,碧海挂新图""群仙不愁思,冉冉下蓬壶"(其一),"野桥分子细,沙岸绕微茫"(其三)等,但各就其整体而论,皆不及此诗。

老杜同严武等分韵所赋之诗尚有《严郑公阶下新松得沾字》:"弱质岂自负,移根方尔瞻。细声侵玉帐,疏翠近珠帘。未见紫烟集,虚蒙清露沾。何当一百丈,欹盖拥高檐。"《严郑公宅同咏竹得香字》:"绿竹半含箨,新梢才出墙。色侵书帙晚,阴过酒樽凉。雨洗娟娟净,风吹细细香。但令无剪伐,会见拂云长。"张上若说:"松竹皆公自喻幕中效职之意,不能无望于郑公之培植也。"幕僚当然各有职守,但同时又须以清客身份奉陪府主登临游览、饮酒赋诗。"在人矮檐下,不得不低头。"对于心气颇高的老杜来说,这种处境,真是够他受的了。这年秋天他写的《遣闷奉呈严公二十韵》,就是这种处境下他内心苦闷的稍稍倾吐:

"白水鱼竿客,清秋鹤发翁。胡为来幕下,只合在舟中。黄卷真如律,青袍也自公。老妻忧坐痹,幼女问头风。平地专敧倒,分曹失异同。礼甘衰力就,义忝上官通。畴昔论诗早,光辉仗钺雄。宽容存性拙,剪拂念途穷。露裛思藤架,烟霏想桂丛。信然龟触

---

[17] 仇兆鳌说:"李固当是蜀人,其弟曾为司马,能写山水图。公至固家,固挂其图于壁,而请公题之也。"杨伦说:"详诗意,所画当是海上仙山图。"

网,直作鸟窥笼。西岭纡村北,南江绕舍东。竹皮寒旧翠,椒实雨新红。浪簸船应坼,杯干瓮即空。藩篱生野径,斤斧任樵童。束缚酬知己,蹉跎效小忠。周防期稍稍,太简遂匆匆。晓入朱扉启,昏归画角终。不成寻别业,未敢息微躬。乌鹊愁银汉,驽骀怕锦幪。会希全物色,时放倚梧桐。"到这儿来以前我是个水边的钓鱼人,今年清秋时节我变成鹤发翁了。干吗要到幕下来,本来我只配待在船中啊。限期要办完这许多黄卷[18]簿书,镇日里我穿着青袍[19]总是在办公。老妻担心我屁股坐起趼,幼女问我犯没犯偏头风。连在平地走路也跟跟跄跄,跟同僚们又往往意见不同。体衰力竭之所以心甘情愿来就职,主要是乔在至交义不容辞。早先曾同您论诗谈文,而今您仗钺雄镇一方可真光辉。由于您的宽容我保存了拙性,您推举[20]我出自穷途。可是我总思念草堂那裹露的藤架,想着那蒙烟的桂树丛。我果真是闯进网中的龟[21],简直做了从笼中窥视外间的鸟[22]。那浣花村真是个好地方,西岭远远地蟠在村北,南江弯弯地绕过村东。竹子皮天寒时依旧发翠,花椒子经雨新近全都变红。那条刚修好的破船该又给风浪打得开坼了,我不在家酒杯干了酒瓮也空了。篱笆倒了给过往行人走成了路,花果树木任凭砍柴的孩子大动斧斤。我把自己束缚在僚属的规矩中来酬报知己,一再蹉跎为的是对您效小忠。虽涉世亦念周防,而生性终伤太简。清晓朱门大开我入府上班,到黄昏画角吹过我才归舍。回不成草堂别业,我怎

---

[18]《唐会要》:天宝四载十一月,敕御史依旧置黄卷,书阙失。此借黄卷喻簿书。
[19]浦起龙按:"公时已赐绯,而云青袍者,谓供事之便服也。"
[20]原文"剪拂"是洗涤拂拭的意思。比喻荐誉、推崇。《文选》刘峻《广绝交论》:"至于顾盼增其倍价,剪拂使其长鸣。"李善注:"湔拔(祓)、剪拂,音义同也。"此处姑译作"推举"。
[21]《史记·龟策列传》:"今龟使来抵网,而遭渔者得之。"
[22]《鹖冠子》:"笼中之鸟,空窥不出。"

敢偷闲将息微躬。像乌鹊愁填银汉，像劣马怕鞴锦鞍，我也怕受羁绊；但望您成全我的体面[23]，不时放我回去逍遥自适，闲倚梧桐。周必大《二老堂诗话》说："杜子美为剑南参谋，《遣闷呈严郑公》诗云：'束缚酬知己，……未敢息微躬。'韩退之为武宁节度使推官，《上张仆射书》云：'使院故事：晨入夜归，非有疾病事故，辄不许出。抑而行之，必发狂疾。'乃知唐制：藩镇之属皆晨入昏归，亦自少暇。如牛僧孺待杜牧之，固不以常礼也。"制度如此，不得责严武简慢，亦不得怪老杜偃蹇。黄生说："公与严公始终睽合之故，具见此一诗。盖公在蜀，两依严武，其于公故旧之情，不可谓不厚。及居幕中，未免以礼数相拘，又为同辈所潜，此公所以不堪其束缚，往往寄之篇咏也。"这诗写得很恳切，能真实反映诗人屈居幕府的生活和心情，颇有意义。

当年老杜在朝做左拾遗，与之关系较密切、其后又同坐房党前后遭贬的要员，除了严武，就要数贾至了。事过境迁，没想到严武竟成了两度镇蜀、威震西陲的节度使，而诗人又齐巧"与严公始终睽合"。至于贾至，境况也不坏："宝应二年（即广德元年，七六三）为尚书左丞。……广德二年，转礼部侍郎。"（《旧唐书·贾至传》）"（广德二年，九月，）尚书左丞杨绾知东都选，礼部侍郎贾至知东都举。两都分举选，自此始也。"（《旧唐书·代宗本纪》）就在写《遣闷奉呈严公二十韵》前后不久，老杜听说贾至正在知东都举，就托前往赴举的唐诚，寄诗贾至致意：

"……南宫吾故人，白马金盘陀。雄笔映千古，见贤心靡他。念子善师事，岁寒守旧柯。为我谢贾公，病肺卧江沱。"（《别唐十五诫因寄礼部贾侍郎》）寥寥数语，既叙了旧日的交谊，称誉了对方的荣遇

---

[23] "会希全物色"，《杜臆》解为"幸全体面"。

及其才德，暗为唐的应举先容，又带及自家病中卧疾近况，真可谓言简意赅，措辞得体，而又深含无限感慨。

秋尽冬来，老杜又请假暂归草堂，作《初冬》说：

"垂老戎衣窄，归休寒色深。渔舟上急水，猎火著高林。日有习池醉，愁来梁父吟。干戈未偃息，出处遂何心！"不妨想象一下，老杜穿着窄狭的军服回浣花村草堂休假，这景况当然不是《垂老别》中那个"男儿既介胄，长揖别上官"、强抑悲痛、愤而参军的老人所能相比，但也是够可怜、够令人啼笑皆非的了。冬天空气干燥，林中多枯枝落叶，没提防给猎人的火把点着了。诗人顺手拈来这样一个带偶然性的细节，就把冬天的景象渲染出来，"让人看完以后，一闭上眼睛，就可以看见那个画面"。《将赴成都草堂途中有作先寄严郑公五首》其二中即以习家池自比草堂（详第十五章第十一节）。此"习池"亦然。"梁父"，一作梁甫，山名，在泰山下，死人聚葬之处。"《梁甫吟》，盖言人死葬此山，亦葬歌也。"（《乐府诗集·梁甫吟题解》）今所传古辞，写齐相晏婴以二桃杀三士，传为诸葛亮所作。《登楼》"日暮聊为《梁父吟》"，是说他日暮吟哦着《梁父吟》，缅怀那位躬耕陇亩时"好为《梁父吟》的诸葛亮。此诗"愁来梁父吟"，直译为："忧愁时且来梁父山吟哦"，表达的仍是吟《梁父吟》以缅怀诸葛亮之意。但须指出的是："梁父吟"三字，不得像近日刊行的一些版本那样，将之标点成《梁父吟》。因为这是首五言律诗，若如此标点，便与上句不相对仗；而且，即使单把这句勉强解释成"发愁时且来一曲《梁父吟》"，总不免显得滑稽可笑。

不久，老杜又从草堂回到幕府供职。过了冬至，白天开始变长了，他见新的一年即将来临，而自己却依然滞留剑南，不得还洛阳与兄弟们团聚，心里感到很难过，就吟成《至后》，想借以遣闷。谁知不吟也罢，一吟更觉凄凉：

"冬至至后日初长，远在剑南思洛阳。青袍白马有何意？金谷铜驼非故乡。梅花欲开不自觉，棣萼一别永相望。愁极本凭诗遣兴，诗成吟咏转凄凉。"庾信《哀江南赋》："青袍如草，白马如练。"前已讲到，老杜当时已赐绯，但平日办公时仍着青袍："青袍也自公"（《遣闷奉呈严公二十韵》）；而且也有马骑："归来散马蹄"（《到村》）。可见借"青袍白马"来指幕府生活倒也现成（从朱注）。"金谷"，古地名，在今河南洛阳市东北。《水经注·穀水》："金谷水出太白原，东南流历金谷，谓之金谷水。"晋石崇筑园于此，世称金谷园。汉铸二铜驼，置于洛阳宫前南街，东西相向，高九尺《晋书·索靖传》："靖有先识远量，知天下将乱，指洛阳宫门铜驼，叹曰：'会见汝在荆棘中耳！'"这里以金谷、铜驼指洛阳，隐寓荆棘铜驼之叹。"非故乡"，不是说洛阳不是他故乡，而是说故乡经乱已非昔貌。《诗经·小雅》有《常棣》篇，旧说以为周公宴兄弟之诗，遂用为欢宴兄弟、敦笃友爱的乐歌。诗中以常棣比兄弟："常棣之华，鄂不韡韡。""鄂"通"萼"。"棣萼"出此，亦用以比兄弟。这诗写得较俚俗，旧注家有疑为赝作。我看倒很符合老杜当时的心情。邵子湘以"疏老"二字评此诗。诗入"老"境，难免于"疏"。大作家也有欠佳之作，岂得以优劣论真伪？

今年春天，旧识贺兰铦"远赴湘吴春"，老杜作《赠别贺兰铦》惜别（详第十五章第十节）。年底，他又作《寄贺兰铦》，写乱后相逢之感，言远方惜别之情："朝野欢娱后，乾坤震荡中。相随万里日，总作白头翁。岁晚仍分袂，江边更转蓬。勿云俱异域，饮啄几回同。"他俩都经历了大唐帝国从"朝野欢娱"到"乾坤震荡"的盛衰剧变，流离道路，到老又在离京洛万里的剑南重逢，这就无怪他对贺兰的感情如此深厚了。首联实谓当时玄宗朝以纵乐酿祸，寓意深刻。不久，王侍御去东川，老杜参加了在放生池⁽²⁴⁾举行的饯别宴会，作《送王侍御往东川放生池祖席》，发端借之顺便向梓州诸旧游表示了敬意："东川诗友合，此赠怯轻为。"末谓当此冬尽春来之际，但愿早归，以慰衰疾："梅花交近野，草色向平池。倘忆江边卧，归期愿早知。"老杜入蜀以来诗中涉及王侍御的不少，举出名字的有前几年带着酒同高适一起去草堂相访的王抡（详第十三章第十一节），有今年暮春邀老杜去他的灌口寓居做客的王契。两年后的大历元年（七六六），老杜作《哭王彭州抡》。仇注："公初到成都时，有《王侍御抡许携酒至草堂》诗，王盖先以御史罢官，后在严武幕中，又迁彭州刺史而卒也。"这时王抡既入幕，当别有官衔。此王侍御或是王契。

诗既已写到腊月梅开时节，人无分雅俗，都将准备过年了。但不知王侍御这时急着去东川有何贵干。

五　长安险些儿再度陷落

永泰元年（七六五）正月，癸巳朔，改元，赦天下。戊申，加陈郑、泽潞节度使李抱玉凤翔、陇右节度使，以其从弟殿中少监抱真为泽潞节度副使。抱真以山东有变，上党为军事要冲，而荒乱之余，土瘠民困，无以赡军，乃登记户口，每三丁选一壮者，免其租、徭，发弓箭，使农隙习射，岁暮检阅武备，进行赏罚。三年得精兵二万，既不费廪给，府库充实，遂雄视山东。由是天下称泽潞步兵为诸道之最。（《资治通鉴》胡三省注：为李抱真以泽潞兵横制诸叛张本。）

二月，戊寅，党项寇富平，焚中宗定陵殿。

三月，壬辰朔，命左仆射裴冕、右仆射郭英乂等文武之臣十三

⁽²⁴⁾仇注："唐肃宗诏：天下临池带郭处，置放生池，凡八十一所。颜真卿为碑。"

人于集贤殿待制。左拾遗洛阳独孤及上疏道："陛下召冕等待制以备询问，此五帝盛德也。顷者陛下虽容其直而不录其言，有容下之名，无听谏之实，遂使谏者稍稍钳口饱食，相招为禄仕，此忠鲠之人所以窃叹，而臣亦耻之。今师兴不息十年矣，人之生产，空于杼轴。拥兵者第馆亘街陌，奴婢厌酒肉，而贫人羸饿就役，剥肤及髓。长安城中白昼椎剽，吏不敢诘，官乱职废，将堕卒暴，百摈獠剌，如沸粥纷麻，民不敢诉于有司，有司不敢闻于陛下，茹毒饮痛，穷而无告。陛下不以此时思所以救之之术，臣实惧焉。今天下惟朔方、陇西有吐蕃、仆固之虞，邠、泾、凤翔之兵足以当之矣。自此而往，东洎海，南至番禺，西尽巴、蜀，无鼠窃之盗而兵不为解。倾天下之货，竭天下之谷，以给不用之军，臣不知其故。假令居安思危，自可厄要害之地，俾置屯御，悉休其余，以粮储扉屡之资充疲人贡赋，岁可减国租之半。陛下岂可持疑于改作，使率土之患日甚一日乎！"皇上不能用。（这疏对当时现实的黑暗、军政的腐败、形势的险恶有所反映，很有参考价值。）丙午，以李抱玉同平章事，镇凤翔如故。庚戌，吐蕃遣使请和，诏元载、杜鸿渐与盟于兴唐寺。代宗问郭子仪："吐蕃请盟，何如？"答道："吐蕃利我不虞，若不虞而来，国不可守矣。"乃相继遣河中兵戍奉天，又遣兵巡泾原以侦察之。春天不下雨，米每斗千钱。

四月，丁丑，命御史大夫王翊充诸道税钱使。河东道租庸、盐铁使裴谞入奏事，皇上问："榷酤之利，岁入几何？"谞久久不答。皇上又问，答道："臣自河东来，所过见菽粟未种，农夫愁怨。臣以为陛下见臣，必先问人之疾苦，乃责臣以营利，臣是以不敢对也。"皇上向他表示道歉，拜他为左司郎中。辛卯，剑南节度使严武卒。严武两镇剑南，厚赋敛以穷奢极侈；梓州刺史章彝小不副意，召而杖杀之；然吐蕃畏之，不敢犯其境。其母数戒其骄暴，不听；及死，其母说："吾今始免为官婢矣！"

五月，癸丑，以右仆射郭英乂为剑南节度使。

七月，壬辰，以郑王李邈为平卢、淄青节度大使，以李怀玉知留后，赐名正己。时承德节度使李宝臣、魏博节度使田承嗣、相卫节度使薛嵩、卢龙节度使李怀仙，收安、史余党，各拥劲卒数万，治兵修城，自署文武将吏，不供贡赋，与山南东道节度使梁崇义及李正己皆结为婚姻，互相勾结。朝廷专事姑息，不能复制，虽名藩臣，羁縻而已。藩镇割据之势已经形成了。

九月，仆固怀恩诱回纥、吐蕃、吐谷浑、党项、奴剌数十万人同时入寇，令吐蕃大将尚结悉赞摩、马重英等从北路往奉天，党项帅任敷、郑庭、郝德等从东路往同州，吐谷浑、奴剌之众从西路往盩厔，回纥继吐蕃之后，怀恩又以朔方兵继之。郭子仪派行军司马赵复入奏说："虏皆骑兵，其来如飞，不可易也。请使诸道节度使凤翔李抱玉、滑濮李光庭、邠宁白孝德、镇西马璘、河南郝庭玉、淮西李忠臣各出兵以扼其冲要。"代宗从之。诸道多不即时出兵；李忠臣正与诸将击球，得诏，亟命出发。诸将及监军都说："师行必择日。"忠臣发怒道："父母有急，岂可择日而后救邪？"即日率军上路。仆固怀恩中途得急病而返；丁酉，死于鸣沙。大将张韶代领其众，别将徐璜玉杀张韶，范志诚又杀璜玉而领其众。怀恩拒命三年，再次引胡人入寇，为国大患，代宗还替他掩饰，前后敕制未尝言其反；听说他已死，竟同情他说："怀恩不反，为左右所误耳！"吐蕃至邠州，白孝德拒城坚守。甲辰，皇上命宰相及诸司长官于西明寺行香设素馔，奏乐。（大敌当前，还做法事，可见代宗的愚昧昏庸。）这一天，吐蕃十万人到奉天，京城震恐。朔方兵马使浑瑊、讨击使白元光先已戍守奉天，敌军刚列营，浑瑊即带领骁骑二百出击，身先士卒，所向披靡。浑瑊挟敌将一人跃马而还，跟随的骑兵没有中锋镝的。城上士卒望见，勇气始振。乙巳，吐蕃进攻，敌死伤甚众，数日，收兵还营；浑瑊夜里引兵袭击，杀千余人，前后与敌战二百余合，斩首五千级。丙午，罢讲经；召郭子仪于河中，使屯泾阳。己酉，命李忠臣屯东渭桥，李光进屯云阳，马璘、郝庭玉屯便桥，李抱玉屯凤翔、内侍骆奉仙、将军李日越屯盩厔，同华节度使周智光屯同州，鄜坊节度使杜冕屯坊州，皇帝自己领六军屯苑中。庚戌，下制亲征。辛亥，鱼朝恩请索城中，括士民私马，令城中男子都穿黑衣，组成民兵，城门皆塞二开一。士民大骇，逾垣凿窦而逃者甚众，吏不能禁。朝恩欲护送皇上去河中避吐蕃，恐群臣议论不一，一天亮，百官入朝，站班许久，阁门不开，朝恩忽带禁军十余人操白刃而出，宣言："吐蕃数犯郊畿，车驾欲幸河中，何如？"公卿都惊愕不知所对。有个刘给事，独出班抗声说："敕使（唐人对宦官的称谓）反邪？今屯军如云，不戮力扞寇，而遽欲胁天子弃宗庙社稷而去，非反而何？"朝恩惊沮而退，此事就此作罢。自丙午至甲寅，大雨不止，故敌不能进。吐蕃移兵攻醴泉，党项西掠白水，东侵蒲津。丁巳，吐蕃大掠男女数万而去，所过焚庐舍，践踏庄稼殆尽。周智光引兵阻击，破敌于澄城北，因往北追赶到鄜州。周智光素来与鄜坊节度使杜冕不和，遂杀鄜州刺史张麟，活埋杜冕家属八十一人，焚坊州庐舍三千余家。

十月，吐蕃退到邠州，遇回纥，又联合入寇，辛酉，至奉天。癸亥，党项焚同州官廨、民房而去。丙寅，回纥、吐蕃合兵围泾阳，子仪命诸将严设守备而不战。晚上，回纥、吐蕃屯北原，丁卯，复至城下。这时，回纥与吐蕃闻仆固怀恩死，都争着当头，互不相容，分营驻扎。这情况给郭子仪探听到了，他就派牙将李光瓒等，去游说驻扎在城西的回纥，希望他们同唐军共击吐蕃。回纥不信，说："郭公固在此乎？汝绐我耳。若果在此，可得见乎？"光瓒还报，子仪说："今众寡不敌，难以力胜。昔与回纥契约甚厚，不若挺身往说之，可不战而下也。"诸将请选铁骑五百随往，子仪说："此适足为害也。"郭晞扣马谏阻道："彼，虎狼也；大人，国之元帅，奈何以身为虏饵！"子仪说："今战，则父子俱死而国家危；往以至诚与之言，或幸而见从，则四海之福也！不然，则身没而家全。"（《资治通鉴》胡三省注：子仪之审处利害而权其轻重者如此。）以鞭击郭晞的手说："去！"遂与数骑开门而出，使人传呼道："令公来！"回纥大惊。其大帅合胡禄都督药葛罗，可汗之弟，执弓按箭立于阵前。子仪免胄释甲投枪而进，回纥诸酋长相顾说："是也！"皆下马罗拜。子仪亦下马，上前执药葛罗手，责备道："汝回纥有大功于唐，唐之报汝亦不薄，奈何负约，深入吾地，侵逼畿县，弃前功，结怨仇，背恩德而助叛臣，何其愚也！且怀恩叛君弃母，于汝国何有？今吾挺身而来，听汝执我杀之，我之将士必致死与汝战矣。"药葛罗说："怀恩欺我，言天可汗已晏驾，令公亦捐馆，中国无主，我是以敢与之来。今知天可汗在上都，令公复总兵于此，怀恩又为天所杀，我曹岂肯与令公战乎！"子仪因而开导说："吐蕃无道，乘我国有乱，不顾舅甥之亲，吞噬我边鄙，焚荡我畿甸，其所掠之财不可胜载，马牛杂畜，长数百里，弥漫在野，此天以赐汝也。全师而继好，破敌以取富，为汝计，孰便于此！不可失也。"药葛罗说："吾为怀恩所误，负公诚深，今请为公尽力，击吐蕃以谢过。然怀恩之子，可敦兄弟也，愿舍之勿杀。"子仪答应了。站立两旁的回纥观者稍往前挪动，子仪的随从也往前进，子仪挥手要他们后退，因取酒与回纥酋长共饮。药葛罗要子仪先举酒发誓，子仪洒酒于地起誓说："大唐天子万岁！回纥可汗亦万岁！两国将相亦万岁！有负约者，身陨阵前，家族灭绝。"杯传至药葛罗，他也酹地说："如令公誓！"

于是诸酋长皆大喜说:"向以二巫师从军,巫言此行甚安稳,不与唐战,见一大人而还,今果然矣。"子仪送了三千匹彩,酋长分以赏巫。子仪终于订约而还。吐蕃闻讯,夜晚引兵逃走。回纥遣派其酋长石野那等六人入见天子。药葛罗帅众追吐蕃,郭子仪派白元光帅精骑参加。癸酉,战于灵台西原,大破之,杀吐蕃以万计,得所掠士女四千人。丙子,又破之于泾州东。丁丑,仆固怀恩将张休藏等投降。辛巳,诏罢亲征,京城解严。仆固怀恩叛乱之事到此才算最后结束。乙酉,回纥胡禄都督等二百余人入见,前后赠赉缯帛十万匹;府藏空竭,税百官俸以给之。

闰十月,剑南节度使郭英乂,因严武卒后西山都知兵马使崔旰曾与所部共请朝廷除大将王崇俊为节度使,怀恨在心,至成都数日,即诬崇俊以罪而诛之。召崔旰回成都,旰辞以备吐蕃,未可归。英乂愈怒,绝其粮草供应以困之。崔旰转徙入深山,英乂亲自带兵攻之,声称助崔旰拒守吐蕃。恰值大雪,山谷深数尺,兵马冻死很多。崔旰乘机出击,郭英乂大败,收余兵,才到千人而还。英乂为政,严暴骄奢,不恤士卒,众心离怨。玄宗离蜀回长安,以所居行宫为道士观,仍铸金为真容。郭英乂爱其竹树茂美,奏为军营,因搬走真容自己住进去。崔旰宣言郭英乂反,不然,何以搬走真容而自居其处?于是带了五千余人袭击成都。辛巳,战于城西,英乂大败。崔旰遂入成都,屠杀了英乂全家。英乂单骑奔简州。普州刺史韩澄杀英乂,将首级送给崔旰。邛州牙将柏茂琳、泸州牙将杨子琳、剑州牙将李昌巙各举兵讨崔旰,蜀中大乱。

对唐王朝来说,这是又一个很危险的年头。要不是郭子仪机智忠诚,敢于冒死去争取回纥,代宗很可能再次出亡,长安很可能第三次沦陷。

对老杜个人来说,这是又一个生活转关的年头。要是这年严武不死，他当不会携眷离开成都；要是严武死后他仍留在成都，他又会再一次碰上蜀中大乱了。

六 "已拨形骸累"

老杜当是回草堂过的年。永泰元年（七六五）正月初三，他作《正月三日归溪上有作简院内诸公》[25]说：

"野外堂依竹，篱边水向城。蚁浮仍腊味，鸥泛已春声。药许邻人剐，书从稚子擎。白头趋幕府，深觉负平生。"这诗写江村风景、新正物候、闲居情趣，以及老趋幕府而有负立朝素志之叹。"蚁浮"指新酿好尚未过滤的酒酿上浮的糟。前四句洒脱而有情致。《杜臆》："公有'分曹失异同'之语，似与诸公不合而归；此诗殊无芥蒂，可以占公之养。……此诗只言溪上之乐，如鸟脱笼，自是衷语。"

不久春暖花开，诗人在草堂作《敝庐遣兴奉寄严公》说：

"野水平桥路，春沙映竹村。风轻粉蝶喜，花暖蜜蜂喧。把酒宜深酌，题诗好细论。府中瞻暇日，江上忆词源。迹忝朝廷旧，情依节制尊。还思长者辙，恐避席为门。"野水平桥，春沙映竹；风轻蝶喜，花暖蜂喧：对此良辰美景，最宜把酒深酌，题诗细论。我从府中归家休假，此时此境就最想念您这位词场盟主了。往昔在朝中我忝在相知之列；如今您作为一方节制之尊的府主，又多情地容我依附。大前年您曾枉驾草堂相访，我还盼望您能再来。相传汉朝

---

[25] 仇注："公诗题凡记日者皆涉节候，此指立春日也，故云'腊味''春声'。"未知确否，待精于历法者考订。揆情度理，老杜当是在家过的年，故诗题应如下标点：《正月三日，归溪上有作，简院内诸公》，不得理解为正月三日始归溪上。

的陈平家贫以席为门,但门外多长者车辙。自愧无陈平之才,只恐怕长者的车驾会避开寒舍那席子做的门呢!"风轻粉蝶喜,花暖蜜蜂喧",不假丽辞巧思便写出春意盎然之景、之感受,颇堪赏玩。

去年暮春老杜刚回草堂时就说要修理房屋。一位姓王的录事曾经答应给他一笔修理费,一时没送到,他就老实不客气写诗去催:"为嗔王录事,不寄草堂赀。昨属愁春雨,能忘欲漏时?"(《王录事许修草堂赀不到聊小诘》)屋漏不修没法住,王录事既然答应了,又有诗来催,钱总是会送去的,去年草堂当初步有所整修。于今已做了大半年带工部员外郎头衔的节度参谋,多少会有些积蓄,他就趁春日在家休假之便,又扩建了一些房屋,作《营屋》[26] 说:

"我有阴江竹,能令朱夏寒。阴通积水内,高入浮云端。甚疑鬼物凭,不顾剪伐残。东偏若面势,户牖永可安。爱惜已六载,兹晨去千竿。萧萧见白日,汹汹开奔湍。度堂匪华丽,养拙异考槃。草茅虽薙葺,衰疾方少宽。洗然顺所适,此足代加餐。寂无斤斧响,庶遂憩息欢。"上元元年(七六〇)卜居草堂时种的竹子,到如今已有六个年头,早长成一片竹林。竹林拂云蔽日,浥露和烟,从浣花溪边直到屋后陂池,全都笼罩在它那青翠欲滴的浓阴里,即使在炎热的夏天,这里也会生出森森凉意。我真疑心这片竹林有鬼物依凭,从来不敢砍伐摧残。眼下为了营造房屋,让门窗开向东方,一个早上就把我多年心爱的竹子砍了千竿。(后在夔州所作《客堂》中也说:"平生憩息地,必种数竿竹。"他原来还是很爱竹的啊!可见"新松恨不高千尺,恶竹应须斩万竿"不过是一时借物抒愤的话。)这下子白日露出来了,浣花溪滔滔的流水也可以见到了听到了,倒也豁亮!(柳宗元《钴𬭩潭西小丘记》:"……即更取

---

[26] 黄鹤注:当是永泰元年正月,归溪上时营屋而作。

器用，铲刈秽草，伐去恶木，烈火而焚之。嘉木立，美竹露，奇石显。由其中以望，则山之高，云之浮，溪之流，鸟兽之遨游，举熙熙然迥巧献技，以效兹丘之下。"其境界、情趣与此有相通处，两相参读，颇觉有趣。）《诗经·卫风·考槃》赞美贤者隐处涧谷之间说："考槃在涧，硕人之宽。"我盖的房屋并不华丽，栖身养拙而已，哪能同《考槃》中那贤者的隐居相比。虽然是割来的茅草盖的顶，住在里面养病倒也宽绰有余。能过上潇洒自适的日子，足以抵得上每顿饭菜的营养好。匠人们的锛子斧子为啥都突然寂无声响，原来是新扩建的草堂已竣工，我庶几乎得以在此憩息自娱了。

前几年长期不在家，草堂无人照料，到处都长满了荨麻。荨麻是多年生草本植物，叶子对生，卵形，开穗状小花，雌雄同株，茎和叶子都有细毛，皮肤接触时能引起刺痛。这是一种很讨厌的草。老杜要想在新扩建的草堂"庶遂憩息欢"，就得彻底把它铲除掉。他的《除草》题下原注："去荨草也。"写的就是这样的一次除草战斗：

"草有害于人，曾何生阻修。其毒甚蜂虿，其多弥道周。清晨步前林，江色未散忧。芒刺在我眼，焉能待高秋？霜露一沾凝，蕙叶亦难留。荷锄先童稚，日入仍讨求。转致水中央，岂无双钓舟？顽根易滋蔓，敢使依旧丘。自兹藩篱旷，更觉松竹幽。芟夷不可阙，疾恶信如仇！"这种对人有害的草，"何尝尽在辽远，虽肘腋间亦有之"（《读杜心解》）。它比蜂虿还毒，路上到处都生满了。清早在前面林子里走走，因为有了它，江边的景色虽好，却不能驱散我心中的烦忧。这简直像芒刺在眼，必须马上铲除它，哪能等到高秋。"若待秋则霜雪（露）一沾，蕙与荨草同一衰落，亦美恶俱尽矣"（赵次公语）。于是我扛着锄走在前头率领孩子们去刨它的根，到太阳下去了我还在到处寻求。"《周礼》：薙人，掌杀草，有水火之化。以钓舟载而置之，此水化也。"（晏殊语）把铲除的荨麻都载送到水中央堆压起来沤死，难道我就没有一两条钓舟？（一两条钓舟总会有的，起码去年暮春诗人归家后咏叹的那条"破船"早该修好了。）之所以这样处置，是因为这些顽强的蘖根容易滋蔓，决不敢让它们留在原来的山丘。从此以后篱边空旷了，更加觉得松竹清幽。看起来除草是决不可缺少的啊，今儿个我果真做到了疾恶如仇！——这诗好就好在记事中有寄托，既见诗人的生活剪影，又见他疾恶如仇的刚肠。申涵光说："'芒刺在我眼，焉能待高秋'，丰裁凛然，除奸当如鸷鸟击物，少迟则生变矣。调停之说，误身误国，所云'霜雪（露）一沾凝，蕙草亦难留'也。'顽根易滋蔓，敢使依旧丘'，去恶务尽，三致意焉。少陵一生，目睹小人之害，故痛恨如此。末只一语点破，正意多则反浅。"其政治寓意显然。

这时又作《春日江村五首》。其一说：

"农务村村急，春流岸岸深。乾坤万里眼，时序百年心。茅屋还堪赋，桃源自可寻。艰难昧生理，飘泊到如今。"王嗣奭说，老杜再归草堂而未入幕府以前，本将躬耕，观其赠王侍御有"农月须知课，田家敢忘勤"语可见，盖欲以此为生理。今自幕府归，正当春日，村务农，岸岸深流，见蜀人各以农为业，而江深便于灌田，故即此起兴。继以"乾坤万里眼"，未尝不思故乡；而岁月如流，百年几何！功业既不可见，即故乡亦不可期，故又云"时序百年心"。然有茅屋可赋，有桃源可寻，力耕可以卒岁，乃追思自弃官以来，备历艰难，不知生理，故漂泊以至于今。其二说：

"迢递来三蜀，蹉跎有六年。客身逢故旧，发兴自林泉。过懒从衣结，频游任履穿。藩篱颇无限，恣意向江天。"迢递万里，来蜀六年。客中幸逢故人重镇，得以衣结履穿、草堂自适，亦大不易。⁽²⁷⁾其三说：

"种竹交加翠，栽桃烂熳红。经心石镜月，到面雪山风。赤管随王命，银章付老翁。岂知牙齿落，名玷荐贤中。"汉代尚书台的令、仆、丞、郎，日给赤管大笔一双。汉代的银印，背龟纽，其文曰章，刻曰某官之章。顾注：唐时无赐印者，公时已赐绯，因其有随身鱼袋而言。一个牙齿脱落的破老头，居然名列荐贤表中而幸得朝廷赐以赤管银章，可悲亦复可笑。《读杜心解》："题诗之'石镜'，'月'又'经心'；烽火之'雪山'，'风'还'到面'：此正重来之景事也。下叙入幕授官。结联有自顾失笑意，所以决辞无悔耳。"其四说：

"扶病垂朱绂，归休步紫苔。郊扉存晚计，幕府愧群材。燕外晴丝卷，鸥边水叶开。邻家送鱼鳖，问我数能来。"带病回草堂休养，拖着朱绂在紫色的莓苔上漫步。"东偏若面势，户牖永可安。"我新近营造了房屋，已做好终老此间之计。既然自愧才具不及幕府诸公，又何必迟迟不去。飞燕外晴丝舒卷，沙鸥边水叶齐开。邻家送鱼鳖给我，问我能不能经常回来。杨伦说："此首方及今谢职来归。"在我看来，与其认为这时老杜已经辞职，毋宁说他只不过是暂时在家"泡病号"。要是真已辞了职，他还"垂朱绂""归休"，那他的"官架子"和"官瘾"就未免太大了。陶渊明不愿束带见督邮，叹道："我岂能为五斗米折腰向乡里小儿！"就即日解绶去职，赋《归去来》。"绶"是丝带，"绂"是丝绳，都是古代做官的人用来系印章的。要是陶渊明去职赋《归去来》时还"束带""垂

⑵⁷ 浦起龙说："三、四，指第一次来蜀初置草堂时。'逢故旧'，如高适辈皆是。'自林泉'，即《寄题草堂》诗所云：'卜居必林泉'者，明言初次营居也。下半泛言置草堂后历来游眺之事，非专指目前也。解者俱泥定严公再镇后说，便与下首犯复，且未玩'逢'字、'发'字本义也。其误在看待'有六年'句。"亦有所见，可参看。

绶",就像老杜"归休"(归家休养,并非归家休官)时"垂朱绂"一样,那岂不可怪岂不可笑么?莫说陶归陶、杜归杜,道理总是一样的啊!无论是先"泡病号"然后再正式辞职,还是"自家心口商量""宜隐而不宜仕"(《杜臆》),但有一点可肯定:不久他果真正式辞职了。其五说:

"群盗哀王粲,中年召贾生。登楼初有作,前席竟为荣。宅入先贤传,才高处士名。异时怀二子,春日复含情。"王粲(一七七—二一七),汉末文学家,字仲宣,山阳高平(今山东邹县)人。以博洽著称。他从十七岁起就往荆州避乱,依刘表多年。后归曹操,为丞相掾,赐爵关内侯;迁军谋祭酒。魏国建立,拜侍中。由于"遭乱流寓,自伤情多"(谢灵运语),他的诗赋情调较悲凉,但能反映当时社会的动乱和人民的苦难,在"建安七子"中成就最高。代表作有《七哀诗》三首、《登楼赋》等。贾谊(前二〇〇—前一六八),西汉政论家、文学家。洛阳(今河南洛阳东)人。时称贾生。年十八,以能诵读诗书、善文章,为郡人所称誉。廷尉吴公荐于文帝,被任为博士。不久迁太中大夫,为大臣周勃、灌婴等排挤,贬为长沙王太傅。后为梁怀王太傅。他曾多次上疏,批评时政。建议用"众建诸侯而少其力"的办法,削弱诸侯王势力,巩固中央集权;主张重农抑商,"驱民而归之农";并力主抗击匈奴贵族的攻掠。当他贬为长沙王太傅时,为赋以吊屈原,"亦以自谕"。贾谊贬长沙四年,文帝忽然思念他,把他征还长安,召见于宣室。适逢文帝刚举行了祭祀,因问以鬼神的本原,贾谊详细地做了回答。二人一直谈到夜半,文帝听得入神,不觉在座席上往对方挪动。接见过后,文帝说:"吾久不见贾生,自以为过之,今不及也。"他的代表作有《鹏鸟赋》《过秦论》等。钱注:"《郡国志》:长沙南寺贾谊宅,亦陶侃宅在焉。殷芸《小说》:湘州有南寺，东有贾谊宅。宅有井，小而深，上敛下大，状似壶，即谊所穿。井傍局脚石床，容一人坐，即谊所坐也。出盛弘之《荆州记》。又云：谊宅今为陶侃庙。时种甘犹有存者。出庾穆之《湘州记》。《襄沔记》：繁钦宅、王粲宅，并在襄阳，井台尚存。"贾谊故宅在今湖南长沙市西区福胜街三条巷。原名贾太傅祠，现仅存祠屋一间。祠前巷侧古井尚存，称太傅井，又称长怀井，因杜甫"长怀贾谊井依然"的诗句而得名。这诗以古人自况："公避乱蜀中，作诗言志，甚有类于王粲；而老授郎官，未蒙见召，叹不得为贾生。至于卜宅花溪，留名后世，则自信古今同调矣。"（仇注）第十三章第一节中曾经提到，老杜卜宅花溪，并不打算在此久住，可是他当初栽幼松时确乎有为千载以后的人留纪念之意："欲存老盖千年意，为觅霜根数寸栽。"因此，说浣花草堂是老杜筚路蓝缕为后代创建的"公园"，也未尝不可。今读"宅入先贤传，才高处士名"，更可证实老杜果真自信名高，能像贾谊、王粲一样留宅后世。了解这，才能懂得：（一）诗人三年奔走梓阆之间总不能忘怀于他那四棵手植的小松，重返草堂见它们尚在即作诗一再咏叹，这决不只出于对松树的爱好；（二）今春已决计辞幕，自知终将去蜀，却仍然竭力"营屋"扩建草堂，这也决不只是为了一家暂时居住啊。

又有《长吟》说：

"江渚翻鸥戏，官桥带柳明。花飞竞渡日，草见踏青心。已拨形骸累，真为烂漫深。赋诗新句稳，不觉自长吟。"仇注："按杜斿云：此诗'已拨形骸累，真为烂漫深'，知初辞幕府之作。楼钥谓'束缚酬知己'，形骸之累已极，到此始得烂漫长吟耳。"据此知老杜于请假归草堂休养后不久已正式被批准辞幕，时在花飞柳暗的春末。"赋诗"二句即后来所作《解闷十二首》其七"新诗改罢自长吟"意。诗人"已拨形骸累"，现在又可优哉游哉、长吟遣兴了。

而《绝句三首》，就是这种长吟遣兴之作。其一说：

"闻道巴山里，春船正好行。都将百年兴，一望九江城。""青春作伴好还乡"，要是能顺流而下那该有多好啊！其二说：

"水槛温江口，茅堂石笋西。移船先主庙，洗药浣花溪。"温江一名杨柳河，岷江的分支，在今四川温江县西南，东距成都五十里。石笋街在成都西门外。草堂与邻近各风景名胜有水相通，有兴坐着船去玩玩，或在浣花溪洗洗刚刨出的药材，这日子过得倒蛮惬意！其三说：

"漫道春来好，狂风大放颠。吹花随水去，翻却钓鱼船。"杨伦说："此首神韵绝似太白。"与太白《横江词》"人道横江好，侬道横江恶。一风三日吹倒山，白浪高于瓦官阁"等诗同吟，颇觉有趣。

在幕府供职，十分拘束，一心一意只想辞归。哪知一旦辞归，闲来无事，忧乱思乡的内心苦闷又重新涌现了出来：

"肃肃花絮晚，菲菲红素轻。日长惟鸟雀，春远独柴荆。数有关中乱，何曾剑外清。故乡归不得，地入亚夫营。"（《春远》）春到人间是早春。如今春正将远离人间而去，岂不是暮春么？"红"指花，"素"指絮。颔联见过客的稀少和村居的僻静。今年二月，戊寅，党项寇富平（今陕西富平县），焚中宗定陵殿。三月，庚戌，吐蕃遣使请和；郭子仪为了加强防备，乃相继遣河中兵戍奉天（今陕西乾县），又遣兵巡泾原（乾元中置泾原节度使，治泾州，今甘肃泾川县治）以侦察之。这时蜀中仍未完全解除吐蕃的威胁。故后两联发留蜀未必安、还乡不可得的浩叹。周亚夫（？—前一四三）是西汉名将。文帝时，匈奴贵族进攻，他以河内守为将军，防守细柳（今陕西咸阳西南），军令严整。这里以"亚夫营"喻郭子仪的进驻奉天，无论于人于事都很贴切。不说亚夫扎营于故乡之地，而说故乡之地已进入了亚夫军令严整的营盘,更增强了戎马倥偬的气氛。

这种忧乱思归的苦闷积压在心头实在太长久了,像一个火星儿能引起瓦斯爆炸一样,只要开了个头,就会情不自禁、热泪纵横地倾泻出来:

"天边老人归未得,日暮东临大江哭。陇右河源不种田,胡骑羌兵入巴蜀。洪涛滔天风拔木,前飞秃鹜后鸿鹄。九度附书向洛阳,十年骨肉无消息。"(《天边行》)"前飞"句犹《同谷七歌》其三"有弟"首中的"前飞鸳鹅后鹙鸽",因鸟起兴,叹鸟群遂而已孤飞。老杜有四弟,只杜占相随,其余三人都在山东。去秋杜颖来成都探望即归,故老杜易生此感叹(详本章第三节)。"骨肉"指诸弟诸姑。这诗可说是《同谷七歌》的续篇,写得很感人。

七 孔雀的愤懑和悲怆

老杜前冬去春,本拟买舟东下,恰值严武再度镇蜀,对之多少抱有幻想,就改计携家重返成都,后入幕,终因不堪拘束而辞归。绕了一大圈,空欢喜一场,哪知又转到原来的地方重新筹划去蜀的事,这真是够窝囊的了,更何况这大半年的幕府生活又给他留下了很不愉快的印象。他的《莫相疑行》吐的就是居幕时憋着的一肚皮恶气:

"男儿生无所成头皓白,牙齿欲落真可惜。忆献三赋蓬莱宫,自怪一日声烜赫。集贤学士如堵墙,观我落笔中书堂。往时文采动人主,此日饥寒趋路旁。晚将末契托年少,当面输心背面笑。寄谢悠悠世上儿,不争好恶莫相疑。"王嗣奭据《遣闷奉呈严公二十韵》"分曹失异同",认为老杜"似与诸公不合而归",而他与同僚不合的原因有三:"与严公故交,一也;才高,二也;部郎官尊，三也。犯此三忌，宜致参商。"所论甚是。老杜犯此三忌，又屈居幕府、受制于人，就势必要遭到同僚中轻薄之徒的嫉妒和轻视了。"晚将末契托年少，当面输心背面笑。"这不是对世俗颓风一般性的慨叹，这是他供职期间尔虞我诈人事纠葛的实录。天宝十载（七五一）正月，玄宗祠太清宫、太庙，祀南郊。老杜作三大礼赋，投延恩匦以献，玄宗见了很赏识，使待制集贤院，命宰相试文章。由于李林甫从中作梗，老杜当时虽然只得到个"送隶有司，参列选序"的候补资格，但这在他个人的经历上仍然是件引以为殊荣的大事（详第六章第四节）。于今受到轻薄后生的挤对，他气不过，忍不住搬出这一殊荣来傲视对方，难免有点"我们先前——比你阔的多啦！你算是什么东西！"的阿Q精神，念在被迫还击，情有可原，不须深责[28]。

《赤霄行》也写屈居幕府的愤慨：

"孔雀未知牛有角，渴饮寒泉逢抵触。赤霄玄圃须往来，翠尾金花不辞辱。江中淘河吓飞燕，衔泥却落羞华屋。皇孙犹曾莲勺困，卫（当作鲍）庄见贬伤其足。老翁慎莫怪少年，葛亮《贵和》书有篇。丈夫垂名动万年，记忆细故非高贤。"孔雀属鸟纲，雉科。我国产的为绿孔雀。雄鸟羽色绚烂，以翠绿、亮绿、青蓝、紫褐等色为主，多带有金属光泽。尾上覆羽延长成尾屏，上具五色金翠钱纹，开屏时尤为艳丽。雌鸟无尾屏，羽色亦较逊。在我国仅见于云南西南部和南部。供展览，羽毛为装饰品。《楚辞·九叹·远游》：

---

[28] 仇注："胡夏客云：'往时文采动人主，此日饥寒趋路旁'，虽怀抱如斯，亦品地有失。凡诗，必说忧君忧国，太迂；但言愁饥愁寒，太卑。杜公不免有此二病。今按：公之忧君国根于至性，愁饥寒出于真情，若欲避此而泛言景物，反非本来面目。宜子之说，'未为少陵知音'。"愁饥寒出于真情，不觉其卑；而引"往时文采动人主"一事为殊荣，则未免俗而近迂。

"譬若王侨之乘云兮，载赤霄而凌太清。"玄圃亦作"悬圃"，传说中昆仑山巅名，谓仙境。淘河即鹈鹕，亦称伽蓝鸟、塘鹅。鸟纲，鹈鹕科。大型鸟类。羽多白色，翼大而阔。四趾间有全蹼相连。下颔底部有一大的皮囊，称喉囊，能伸缩，可用以兜食鱼类。性喜群居，主要栖息在沿海湖沼、河川地带。《庄子·秋水》：鸱得腐鼠，鹓雏过之，仰而视之曰："吓！"注：吓，怒而拒物声。此言燕从江上来，淘河疑争其鱼而吓之。《汉书·宣帝记》：帝初为皇孙，喜游侠，尝困于莲勺卤中。如淳曰：为人所困辱。莲勺县（故城在今陕西渭南县东北七十里）有盐池，纵广十余里，乡人名为卤中。《左传》成公十七年：齐国子相灵公以会，高、鲍处守。及还，孟子诉之曰："高、鲍将不纳君。"秋，刖鲍牵而逐高无咎。仲尼曰："鲍庄子之智不如葵，葵犹能卫其足。"注：葵倾叶向日，以蔽其根[29]。《三国志·蜀书·诸葛亮传》：陈寿所上《诸葛亮集》目录，凡二十四篇，《贵和》第十一。这诗写得很古怪，而其大旨仍可窥探。孔雀不知道牛有犄角，口渴了在寒泉喝水没提防给牛顶了。孔雀宁愿受辱而不肯损坏它的羽毛，因为它要曳着这绚烂的金花翠尾来往于天上和仙山。江中的淘河鸟怕飞过的燕子抢它的鱼吃就大喝一声"吓"！燕子给吓掉了衔着回去砌窠的泥，就羞回华堂居住了。连皇孙也曾在莲勺卤中遭到过困辱，那个鲍庄子智不如葵竟保不住自己的脚。老头儿可千万别怪罪小青年，诸葛亮集子里不是有《贵

---

〔29〕秦凤岗《谈谈葵藿》（载《人文杂志》一九八二年第五期）说：《杜诗散绎》将"葵藿倾太阳"中的"葵"译为向日葵，误。因为这里所说的"葵"系戎葵，亦名胡葵、吴葵、一丈红，属锦葵科的宿根草本。《花镜》云："葵，阳草也，一名卫足葵，言其倾叶向阳，不令照其根也。"而向日葵一名西番葵，系菊科一年生草本，原产于美洲南部。在哥伦布发现新大陆之前，世界上其他地方没有向日葵，也没有种植向日葵的任何文字记载。大约在十七世纪初，我国才从南洋引进向日葵。显然杜甫没见过这种植物。录此见葵与向日葵的区别。本书上卷三〇二页也误以"葵"为向日葵，应更正。

和篇》？大丈夫垂名后世动辄万年，要是老为一些小事耿耿于怀就不是道德高尚的人。张戒说："《赤霄行》，子美自以为孔雀，而以不知己者为牛，自当时观之，虽曰薄德可也。自后世观之，与子美同时而不知者，庸非牛乎？"申涵光说："《赤霄行》，胸中有一段说不出之苦，故篇中皆作借形语。"虽然说不出但可听得出，显然是幕中有人排挤他侮慢他，而他的辞幕则出于不屑与小人计较的君子自重。[30] 王嗣奭说："昔人谓公诗无一字无来历，故多有援引不当而意反晦者。如牛触孔雀、淘河吓燕，此从何来耶？"道理当然是对的，但所举后一例稍嫌不当。以往虽无"淘河吓燕"事，但不能否认此自《庄子》鸱吓鹓雏寓言中化出。私意此等间接辞章出处亦须援引；不然，"淘河吓燕"的寓意就不易了解了。时下注释多不注必要的辞章出处，实是大病，应有所改进。

《三韵三篇》显得更加跷蹊。其一说：

"高马勿唾面，长鱼无损鳞。辱马马毛焦，困鱼鱼有神。君看磊落士，不肯易其身。"仇注："此见士有不可夺之志，比而兼赋。"其二说：

"荡荡万斛船，影若扬白虹。起樯必椎牛，挂席集众功。自非风动天，莫置大水中。"仇注："此见大才不可以小用，全属比体。"其三说：

"烈士恶多门，小人自同调。名利苟可取，杀身傍权要。何当官曹清，尔辈堪一笑。"仇注："此为当时趋炎附势者发，语多讽刺。"

---

[30] 黄生说："公以白头趋幕，意为同列轻薄少年所侮，故一则云：'晚将末契托年少，当面输心背面笑。'一则云：'老翁慎莫怪少年，葛亮《贵和》书有篇。'合诸作观之，显是幕中所赋。然从未经人拈出，岂必待其题云《院中感事》而后下注耶？"显是赋幕中事，也可能作于辞幕后不久，不宜遽定为"幕中所赋"。

对于这组诗，有三种不同的理解：（一）讽朝政之失，可以黄鹤为代表："此当是永泰元年作。时代宗信任元载、鱼朝恩，而士之变节者，争出其门。二人在广德、永泰间，其权特盛。详玩末章，其意显然矣。"（二）只是一般感讽，不必深究具体所指，可以浦起龙为代表："三篇乃古杂诗体，不得定为何时所作，亦不必强求其何所指切。左太冲诗云：'振衣千仞冈，濯足万里流。'可仿佛其命意之高。"张上若说："此公自喻一生立身行己不苟处，而古今君子自待之道，不能越此。"亦属此类。（三）主要赋幕中事，可以黄生为代表："三首与《莫相疑行》《赤霄行》，似皆在幕之作。首篇讽严公不能破格待己。中篇即《古柏行》'古来材大难为用'之意。末篇似指幕客有揽权者，而小人争趋之。'何当官曹清，尔辈堪一笑。'盖朝中弊政亦如此。我所嚆目者，官曹之浊乱耳；若尔辈，直付之一笑而已。前二章比也，末章赋也。（黄）鹤……解固得矣，而不知其实因同幕而发。观末韵自有'豺狼当道，安问狐狸'之意。"

我比较赞同黄生说，而具体解释却有所不同。现将浅见与三诗臆说姑妄言之如下：

一、关于某一具体世情人事的咏叹，也很可能具有较普遍的意义和较高的典型性。因此，就这一点而论，上述第一、第二类看法还是有各自的道理的。不过，要是将这组诗放在诗人白头趋幕的这一时期内，与其他抒屈辱之情的篇章参读，就会感到它们之间在情绪上确有相通之处。这就是说，这组诗也当同是屈居幕府时有所激愤而作，不大像只是泛泛地发些为人处世的感叹。

二、黄生谓"首篇讽严公不能破格待己"，颇嫌不甚贴切。私意老杜为同列轻薄少年所侮，竟致愤然辞幕，其纠葛事端则必为府主严武所知。其一高马喷面、长鱼损鳞之喻，岂不是有点像在抱怨严武未能处理好这一纠葛，有损他的面子和身份么？

三、偌大的一艘万斛船，起樯挂席这么郑重这么困难，要不是刮起惊天动地的十二级台风它就没法到深水中去。这"万斛船"，确如《古柏行》中"古来材大难为用"的"古柏"，无非是老杜的自我写照。李白的《行路难》其一说："长风破浪会有时，直挂云帆济沧海。"可怜的两艘大船啊，一艘没能济沧海就给政治风暴吹翻许久了，一艘还在痴心妄想地等待着老天爷刮大风，你们都是够自信够天真的了！正因为老杜如此自信如此自豪地把希望寄托在皇帝身上，当他处于情绪极其激动的状态之下，这就足以傲视严武而讽其"不能破格待己"了。黄生论《正月三日归溪上有作简院内诸公》说："'白头趋幕府，深觉负平生。'平生所志在立朝展效耳。今以白头而趋幕府，所负多矣。公虽感（严）武周旋，然不荐之于朝，而但致之于幕，初与同官，今乃为其僚属，意固不能无望。"入幕之初，已深感委屈；继而不能无望，终于失望；今为轻薄少年所侮，又未能顾全其颜面：果真这样，就难怪老杜对严武有所不满了。

四、根据《新唐书·严武传》所载，"武在蜀颇放肆，用度无艺，或一言之悦，赏至百万。蜀虽号富饶，而峻掊亟敛，闾里为空"，不难想象在这样一个任性、轻信、骄奢、残暴的府主的手下，必然会有坏人出来投其所好，推波助澜，从而形成政出多门、贪污腐化、官曹浊乱的局面。老杜在幕日久，当有所见所感。末篇之作，显然是有很强现实针对性的。

前在第十五章第六节中论及老杜《为阆州王使君进论巴蜀安危表》"必以亲王委之节钺，……加以醇厚明哲之老，为之师傅，则（巴蜀）万无覆败之迹，又何疑焉"一段时，曾指出这种企图恢复分封制度的想法无疑是落后的也是行不通的，但可从而见出他政见的坚持性和他对自己的政治前途尚存幻想。又在该章第十节中指出他不赴朝廷除京兆功曹之召决意下峡东游，却因严武的再度镇蜀而重返成都，其所以如此，不尽出于私人感情和身家可托的考虑，也仍然有着政治上的期望和幻想。虽然《新唐书·严武传》中关于严武"最厚杜甫，然欲杀甫数矣"的记载不可信（详第十四章第二节、该章注〈7〉），但从以上几首诗的探索可以看出，自从去年老杜入幕以来，由于彼此地位的变化，老杜对严武的期望落空了，幻想破灭了，关系紧张了，终于导致老杜今年暮春的托病辞归；而严武也紧接着在四月去世了。到底二人的交情不一般，老杜不便也不愿明显地对严武表示不满，这也许是《三韵三篇》之所以费解的原因吧！

严武死了，不知老杜是没写诗悼念，还是写了没保留下来，总之集中无只字道及。高适于去年（广德二年）三月召还，为刑部侍郎，转左散骑常侍，封渤海县侯。今年（永泰元年）正月卒。噩耗传到成都，老杜听到了很伤感，作《闻高常侍亡》说：

"归朝不相见，蜀使忽传亡。虚历金华省，何殊地下郎！致君丹槛折，哭友白云长。独步诗名在，只令故旧伤。"《汉宫阙记》：金华殿在未央宫白虎殿右，秘府图书皆在此。《汉书·叙传上》：班伯"拜为中常侍，时上方向学，郑宽中、张禹朝夕入说《尚书》《论语》于金华殿中，诏伯受焉"。王隐《晋书》：苏韶任中牟令卒，他伯父的儿子苏节夜里梦见他，说颜回、卜商现今在作修文郎，修文郎凡八人，鬼之圣者项梁成，贤者吴季子。《汉书·朱云传》：汉成帝时朱云请诛安昌侯张禹，成帝怒，欲斩朱云。朱云手攀殿槛，槛折。辛庆忌救之，得免死。后成帝知朱云请诛张禹为忠言，修槛时，命保存原样，以表彰朱云的直言。后用为朝臣敢于直谏的典故。《新唐书·高适传》称适"负气敢言，权近侧目"。又常侍"掌规讽过失，侍从顾问"（《新唐书·百官志》），故有"致君丹槛折"之句。"白云"用陶渊明"《停云》，思亲友也"之意。自从你归朝以后就没再相见，不料入蜀使者忽然传来了你的噩耗。你身历金华，大才惜未尽展；今归地下，修文想共诸郎。你为辅君致治，曾经攀折丹槛；我因哭友永逝，倍觉《停云》情长。你那独步一时的诗名长在，只能使我们这些故交旧识伤悲。——这诗用典多而切，惜不很感人。

老杜对高适在西蜀的丧师失地极为不满（详第十五章第六节），但当高适去春离蜀，却赋诗惜别（详本章第一节），今闻噩耗，复致哀词。可见老杜为人正直，感情纯真，既敦私谊，又不违公论。他对待严武当亦如此。前面讲到，他在幕时显然对严武颇为失望，但一旦去职，事过境迁，矛盾也就算解除了。因此，我们既不能因集中无哀悼严武病故之章而遽疑老杜心中的不快其时犹未释然，也不能因今秋老杜在忠州见船载严武灵柩过境作《哭严仆射归榇》而简单否定二人之间曾经有过隔阂。

八　去蜀初程

严武死了，再在成都待着又有什么意思呢？这年夏天，老杜就毅然决然，携家去蜀，作《去蜀》说：

"五载客蜀郡，一年居梓州[31]。如何关塞阻，转作潇湘游。万事

---

[31] 仇注："题曰《去蜀》，是临去成都而作也。公自乾元二年季冬来蜀，至永泰元年，首尾凡七年，其实止六年耳。所谓'五载客蜀'者，上元元年、上元二年、宝应元年、广德二年、永泰元年也。'一年居梓'者，专指广德元年也。此诗作于永泰元年夏，将往戎、渝之时。黄鹤编在广德二年阆州诗内，恐未然。今从蔡氏编次。"《复旦学报》（社会科学版）一九八四年第一期载陈尚君《杜甫为郎离蜀考》认为："杜甫永泰元年离开成都草堂携家东下，在四月末严武去世以前。……前一年杜甫入严武幕府任参谋时，并不带郎职。杜甫去幕后，严武奏请朝廷任命他为检校工部员外郎，并召他赴京，杜甫因而改变了归隐终老于草堂的初衷，于春夏间买舟东下。"此是新见，可参考。今特补记于此。

已黄发,残生随白鸥。安危大臣在,不必泪长流。"多年的梦想实现了,可是预想中"白日放歌须纵酒,青春作伴好还乡"的狂喜并未涌现,有的只是百感交集的沉重心情。五载客寓成都,一年寄居梓州。关山阻隔,难返长安;无可奈何,只好改变路线去潇湘一带旅游。已生黄发,万事都休;且将残生,交付沙鸥。国家的安危自有大臣考虑,我又何必泪长流。王嗣奭说:"结语乃失意中自宽之词,亦知公之流泪非为一身之私也。"

这时作《喜雨》[32],写久旱下雨之景之情颇佳:

"南国旱无雨,今朝江出云。入空才漠漠,洒迥已纷纷。巢燕高飞尽,林花润色分。晚来声不绝,应得夜深闻。""巢燕"句谓啄泥、觅食之燕遇雨即高飞还巢。尾联喜入夜雨声不止,旱情有希望解除了。黄鹤注:据史,永泰元年,自春不雨,四月己巳乃雨,诗云"巢燕""林花",皆四月间事。但不知老杜一家这时已启程否。好在老杜携家离草堂是坐船,就是已启程,碰到下雨也不会影响行程。仇兆鳌说:"北齐刘逖《对雨》诗云:'重轮宵犯毕,行雨旦浮空。细落疑含雾,斜飞觉带风。湿槐仍见绿,沾桃更上红。无由似玄豹,纵意坐山中。'此摹写雨景入细,杜诗工力,正相敌也。"

老杜一家,大概在草堂附近的万里桥上船,当自有官绅人等、左邻右舍前来送别,不胜怆惶;只因不像以前发秦州、发同谷那样有诗记述(可能对草堂感情太深,离开时五中俱裂,写不成诗,或不敢让诗来助长那已难禁受的离愁),详情就不得而知了。

岷江是长江上游支流,在四川中部。流经灌县出峡,分内外两江,到江口复合,经乐山纳大渡河,到宜宾入长江。灌县以下可通

---

[32] 仇注以为鲍照有《喜雨》诗题。鲍有《喜雨》《苦雨》,但最早以"喜雨"为题赋诗的则是曹植。

航。老杜从万里桥上船走的就是这条水路。不日来到嘉州（治所在今四川乐山县），见到住在这里的一位行四的堂兄，相见喜甚，就在此稍作盘桓，欢聚畅饮，赋《狂歌行赠四兄》说：

"与兄行年校一岁，贤者是兄愚是弟。兄将富贵等浮云，弟窃功名好权势。长安秋雨十日泥，我曹鞴马听晨鸡。公卿朱门未开锁，我曹已到肩相齐。吾兄睡稳方舒膝，不袜不巾踏晓日。男啼女哭莫我知，身上须缯腹中实。今年思我来嘉州，嘉州酒重花绕楼。楼头吃酒楼下卧，长歌短咏迭相酬。四时八节还拘礼，女拜弟妻男拜弟。幅巾鞶带不挂身，头脂足垢何曾洗。吾兄吾兄巢许伦，一生喜怒长任真。日斜枕肘寝已熟，啾啾唧唧是何人？"明代宗臣《报刘一丈书》："且今世之所谓孚者何哉？日夕策马，候权者之门。门者故不入，则甘言媚词作妇人状，袖金以私之。即门者持刺入，而主者又不即出见，立厩中仆马之间，恶气袭衣袖，即饥寒毒热不可忍，不去也。抵暮则前所受赠金者出，报客曰：'相公倦，谢客矣，客请明日来。'即明日，又不敢不来。夜披衣坐，闻鸡鸣，即起盥栉，走马抵门。……"杨伦认为此诗有关听鸡应卯的描写为"宗臣《报刘一丈书》所本"。宗文是否有意取法于杜诗，不得而知，不过二者之间确乎有近似之处，对照讽诵，颇觉有趣。这种以夸大的漫画笔触、辛辣的讽刺语言，写自己在长安时"窃功名好权势"的可笑行径在杜集中不一而足，他如《奉赠韦左丞丈二十二韵》"朝扣富儿门，暮随肥马尘；残杯与冷炙，到处潜悲辛"、《逼侧行赠毕四曜》"自从官马送还官，行路难行涩如棘。我贫无乘非无足，昔者相过今不得。不是爱微躯，非关足无力。徒步翻愁官长怒，此心炯炯君应识。……东家蹇驴许借我，泥滑不敢骑朝天。已令请急会通籍，男儿性命绝可怜"即是。把自己描写得这么可怜这么可笑，这倒不是穷极无聊、跟自己寻穷开心，而是借嘲弄自己宣泄胸中郁悒之气。写四兄的疏放自适，非止称赞对方，且用以为对照，增强自嘲以书愤的艺术效果。"四时八节"不过是指过节。老杜在嘉州没住几天，"四时八节"哪能都遇上？顶多在这里过了个端阳节。施鸿保以（一）"此诗非但腐气，且有俚气，与公诗大不类"、（二）"公在嘉州亦无几时，与'四时八节'句不合"等为理由，认为此诗"疑是晚唐人诗误编公集者"。存疑可也，但仍嫌论据不足，不得贸然断定非老杜之作。

接着又解缆赶路，到犍为县（今四川犍为）的青溪驿停泊歇息，作《宿青溪驿奉怀张员外十五兄之绪》说：

"漾舟千山内，日入泊枉渚。我生本飘飘，今复在何许？石根青枫林，猿鸟聚俦侣。月明游子静，畏虎不得语。中夜怀友朋，乾坤此深阻。浩荡前后间，佳期赴荆楚。"《高力士外传》：李辅国弄权，但经推按，不死则流，黔中道尤多，员外则张谓、张之绪、李宣。李辅国死于宝应元年十月，张之绪复官当在此后。"浩荡"二句是说迟早将在荆楚相会。据此知张之绪时在荆楚。日入泊船，宿于驿前，见石岸枫林猿鸟犹聚侣栖息，而游子却独宿于月明之夜、畏虎不敢出声的孤寂可怖之境，他就更加怀念张十五了。邵子湘说："眼前景语，自然入妙。"

唐戎州，治所在今四川宜宾市。当时这个州的刺史姓杨，见老杜舟行至此，就邀请他参加在东楼举行的宴会。老杜作《宴戎州杨使君东楼》，中有"轻红擘荔枝"句。仇注："黄山谷在戎州有食荔枝诗云：'六月连山柘枝红'，可知荔枝熟于六月也。"《新唐书·地理志》载，戎州土贡有葛纤、荔枝煎。荔枝原产我国南部，以广东、广西、福建、四川、云南、台湾等地栽培最多。这首诗首尾二联颇佳："胜绝惊身老，情忘发兴奇。……楼高欲愁思，横笛未休吹。"

综以上数篇可揣订：（一）老杜一家当于四月底五月初离草堂。（二）端阳节前抵嘉州（今乐山），与族兄杜某一家团聚，稍作盘桓。（三）五月十五月圆前后过青溪驿。（四）五月底六月初舟次戎州（今宜宾市），受到杨刺史的接待。

老杜原先约好与严六侍御结伴下峡，当他到达渝州（今四川重庆市）就在那里等了许久，谁知总不来，只好留下首诗先走了。诗说：

"闻道乘骢发，沙边待至今。不知云雨散，虚费短长吟。山带乌蛮阔，江连白帝深。船经一柱观，留眼共登临。"（《渝州候严六侍御不到先下峡》）到底是在渝州还是以前在别的地方跟严六约定同行的，不大清楚。倒可以知道原约定老杜在此间沙洲边船上等他，他骑马尽快赶了来。——可是我在这儿等了好久，不想你竟像云飞雨散似的无踪无影，害得我长吟短叹白浪费时间。这儿的山绵延到乌蛮[33]一带真广阔哟，连着白帝城（在今四川奉节县城东八里）的江水深又深。你快点赶上吧，当我的船经过荆州一柱观时，我还要留着这双览胜的双眸，同你登临观赏呢！李白每当想人想得出神时，就让大风把他的心刮到对方身旁去："南风吹归心，飞堕酒楼前。""狂风吹我心，西挂咸阳树。"老杜也有同样的"魔法"，可让自己的"天畔登楼眼，随春入故园"（详第十五章第二节）。既然眼可"随春入故园"，当然也可"留眼共登临"了。这不止是诗人想得天真想得出奇，这也是美术家突出某一点以加强表现他某一主观印象的一种手法。比如毕加索在画布上画着个完全侧面坐着的女人，可是半边脸上却长着两只眼睛（油画《叉手坐着的女人》）。这当然不

---

[33] 乌蛮，古族名。唐时主要分布于今云南、四川南部、贵州西部，为东、六诏爨和东蛮的主要居民。

是现实的再现。这是现实在画家心中的投影因受感情和想象的作用而变形的艺术创造。毕加索曾对安德烈·马尔戎说过这样几句话："中国有句格言，最恰当地解释了绘画。不应模仿生活，要像生活那样创作。就好像是自己在生枝，那是自己的枝，而不是现实中的枝。这就是我在做的，不对吗？"不止绘画，诗歌也往往如此。

坐长行船，开头可以观赏两岸风光倒也惬意，时间长了就难免令人感到乏味。老杜坐船坐腻了，心想快到云安（今四川云阳县）了，听说云安出的米酒好，恨不得马上就去喝个痛快，借以解闷：

"闻道云安曲米春，才倾一盏即醺人。乘舟取醉非难事，下峡销愁定几巡。长年三老遥怜汝，捩舵开头捷有神。已办青钱防雇直，当令美味入吾唇。"（《拨闷》）唐时多以"春"名酒，如《唐国史补》卷下载荥阳之土窟春、富平之石冻春、剑南之烧春等。此云安之曲米春亦然。陆游《入蜀记》卷四："问何谓长年三老？云：'梢公是也。'长读如长幼之长。"听说云安曲米春极佳，只要喝一杯就醉了。坐船去喝个酩酊大醉并非难事，我下峡经过那里时一定饮它几巡。梢公们老远就爱上你了，瞧他们开船使舵那麻利劲儿真像有神灵相助似的。我已准备好一色不打折扣的青铜钱[34]付船钱，你们得快点划好让那美味早一点进我的口啊！——这是戏笔，聊见一时兴致，"拘儒执为指摘之端，偏嗜者又附会而巧护之，皆非也"（申涵光语）。

梢公们一来劲儿，船很快到了忠州（今四川忠县）。老杜也真是个老江湖了，他刚在嘉州叨扰了那位行四的堂兄几顿酒食，哪知这会儿又攀上个在这里当刺史的族侄：

---

[34] 黄生说："赵氏以不准折一色见（现）钱为青钱。此倒训矣。青铜质美，故一色行使。其鏒恶者用必准折，故价直以青钱为率也。"

"出守吾家侄,殊方此日欢。自须游阮舍,不是怕湖滩。乐助长歌逸,杯饶旅思宽。昔曾如意舞,牵率强为看。"(《宴忠州使君侄宅》)《世说新语·任诞》载,阮咸与叔父阮籍居道南,诸阮居道北,北阮皆富而南阮贫。《一统志》载,湖滩在万县(今四川万县市)西六十里,其水甚险,春夏水泛,江面如湖。庾信《对酒歌》"王戎如意舞",倪璠注:"《语林》曰:王戎以如意指林公曰:何柱,汝忆摇橹时否?何柱,林公小字也。《世说(新语·任诞)》曰:谢仁祖能作异舞,王公(指王导)熟视,谓客曰:使人思安丰。""王戎,时称安丰。仇注:'阮舍',比侄居。'湖滩',近忠州。……王戎,王导之侄,常以铁如意起舞,言使君昔为如意之舞,故今日仍牵引而相看也。"不是怕湖滩水险,而是特意在忠州湾船,以便来探望他的这位当刺史的、像王戎一样多才多艺的侄儿,这位以阮籍、王导自居,未免托大的族叔,倒是很讲礼貌、很看重宗族情谊的了。做官的老侄台总算赏脸,见面后随即设宴作乐款待,老杜一时兴起,就写了这首诗答谢。"秀才人情纸半张",对于浪迹江湖的人来说也只能如此。

老杜好容易攀上个阔本家,似乎并没有得到多少好处,甚至还出乎意外地受到了冷落。此中消息,可以从《题忠州龙兴寺所居院壁》参悟出来:

"忠州三峡内,井邑聚云根。小市常争米,孤城早闭门。空看过客泪,莫觅主人恩。淹泊仍愁虎,深居赖独园。"王嗣奭说:"市争米者,荒也;城早闭者,盗也。此做客所最苦者。主人当是忠州使君,乃公之侄,而薄情至此耶!所以前(《宴忠州使君侄宅》)诗题不著其名;而诗题院壁,犹见忠厚。'愁虎',借说。"浦起龙说:"前宴侄宅,盛写厚谊,岂不久即懈与?"各有所见。打发了一顿酒食,就任凭老杜携家寄居佛寺,这位侄"公祖大人"也实在太寡情寡义了，难怪他有"空看过客泪，莫觅主人恩"之叹。

他的《禹庙》是暂寓忠州时的佳篇：

"禹庙空山里，秋风落日斜。荒庭垂橘柚，古屋画龙蛇。云气嘘青壁，江声走白沙。早知乘四载，疏凿控三巴。"《方舆胜览》载禹祠在临江县（今忠县，唐忠州治此）南，过江二里。《尚书·益稷》"予乘四载"注：所载者四，谓水乘舟，陆乘车，泥乘辀，山乘樏。《江赋》："若乃巴东之峡，夏后（禹）疏凿。"东汉末益州牧刘璋分巴郡为永宁、固陵、巴三郡，后又改为巴、巴东、巴西三郡，称为三巴。相当今四川嘉陵江和綦江流域以东的大部。这诗前三联写秋风日落之时游禹庙所见景象，末因禹庙而缅怀禹功。仇注："孙莘老曰：贡橘柚、放龙蛇，皆禹事，公见此而有感也。"又："禹乘四载以治水，向时早已知之，今亲至三巴，而见其疏凿遗迹也。'疏'主江言，'凿'主山言，'控'则引水而往。"我来到这空山里的禹庙，正当秋风吹爽落日斜西。荒凉的庭院中橘柚都挂了果，古老的屋宇绘画着龙蛇[35]。云气吹拂着青翠的峭壁，浪涛冲击着白沙岸发出喧闹的江声。我早就知道，大禹当年乘着舟车辀樏四种运载工具，疏江凿山控制三巴的洪水，今亲临其境，才真正感到禹功的伟大。胡夏客说："只一水涯古庙耳，写得如许雄壮。"孟浩然《入峡寄弟》："往来行旅弊，开凿禹功存。"可参看。韩愈在《调张籍》中，以大禹疏凿江峡，虽有痕迹可寻却不得当时运斤之妙来比喻李杜文章的出神入化说："徒观斧凿痕，不瞩治水航。想当施手时，巨刃磨天扬。"这宏观想象自有退之特色，而《禹庙》

---

[35] 胡应麟说："'荒庭垂橘柚，古屋画龙蛇''锡飞常近鹤，杯渡不惊鸥'，杜用事入化处。然不作用事看，则古庙之荒凉、画壁之飞动，亦更无人可著语。此老杜千古绝技，未易追也。"（《诗薮》）

尾联或对此比譬的设想有所触发。从"秋风落日斜""荒庭垂橘柚"看，这年秋天橘柚垂枝时老杜尚在忠州。

不久，老杜当离此顺流而下，途中作《旅夜书怀》说：

"细草微风岸，危樯独夜舟。星垂平野阔，月涌大江流。名岂文章著，官应老病休。飘飘何所似？天地一沙鸥。"沈德潜说："胸怀经济，故云名岂以文章而著；官以论事罢，而云老病应休：立言之妙如此。"若以为"官以论事罢"系指老杜在严武幕因"分曹失异同"而辞归则可，因为他已再膺朝命为检校工部员外郎，就不宜重提疏救房琯而遭贬的事了。孤舟独系于细草微风岸边，天际星空低垂于广阔的平野之上，大江奔流月光随波翻涌。老杜处于此时此境，就难免有身世之悲、飘零之叹了。置一沙鸥于天地之间，则愈见天地的无垠和用以自况的沙鸥的微渺，读之如读陈子昂《登幽州台歌》"念天地之悠悠，独怆然而涕下"，令人发人生浩叹。老杜好用"天地""乾坤"等大字眼，又常以鸥自况，多嫌空泛，独此有实感。

又作《放船》说：

"收帆下急水，卷幔逐回滩。江市戎戎暗，山云淰淰寒。荒林无径入，独鸟怪人看。已泊城楼底，何曾夜色阑。"船到埠头，收帆卷幔，停泊在城楼底下，一看天犹未晚，正见航行之速。"江市"联，绝似江城薄暮水彩图画，能见境界。胡应麟《诗薮》说："杜'野日荒荒白，江流泯泯清'，刘评'荒荒最警，泯泯略称意'，似不满下句，诚然。第叠字最难，此又叠字中最警语，对属尤不易工。一日偶读杜'山（江）市戎戎暗，江（山）云淰淰寒'，以下五字属前联上五字（指'野日荒荒白'），铢两既敌，而骈偶天成，不觉自为击节。昔人有以'雨荒深院菊，风约半池萍'为的对者，彼特常格常语耳。"仅就对属而言，以"山云"五字对"野日"五字固佳，但即目纪游之作，首重现场实感、生香生色，岂可拼凑？

石曼卿以"月如无恨月常圆"对长吉警句"天若有情天亦老",与此均可资谈助。荒林、独鸟,是掉转船头、向岸将泊时所见。无径荒林见其深邃,富神秘感。林间独栖之鸟怪人偷看,捕捉住这刹那间所见,便把鸟的神情写活了。诗说船"已泊城楼底",但不知这是云安否。

九 病滞云安

不管怎样,可以肯定老杜一家已于这年重阳节前平安抵达云安了。重阳节那天,流寓云安的郑十八携酒设宴邀当地诸官绅登高,老杜也去了,作《云安九日郑十八携酒陪诸公宴》说:

"寒花开已尽,菊蕊独盈枝。旧摘人频异,轻香酒暂随。地偏初衣裕,山拥更登危。万国皆戎马,酣歌泪欲垂。"《新唐书·代宗本纪》载,这年八月,仆固怀恩及吐蕃、回纥、党项羌、浑、奴剌寇边。故尾联有忧时之叹。寒花开尽,菊蕊盈枝。摘花惜非旧友,携酒喜遇新知。地偏气暖,仲秋刚着夹衣;峰簇山拥,登高更觉危险。想到天下兵戈不息,酒酣高歌,不禁怆然泪下。

郑十八的哥哥郑十七跟老杜也有交往。老杜《答郑十七郎一绝》说:

"雨后过畦润,花残步展迟。把文惊小陆,好客见当时。"雨后过畦,当是访菊;而菊已残,时节在深秋了。陆云是西晋文学家,以文才与兄陆机齐名,时称"二陆"。此诗中的"小陆"指陆云,借以明喻郑十八,而暗以陆机喻郑十七。西汉郑当时,常置驿马于长安诸郊,请谢宾客,夜以继日。此以郑当时喻郑十七。十七称"郎",十八更是"郎"了。他们年轻热情,见闻名已久的老杜暂留云安,自会携酒陪游、呈诗请益的。老杜想也乐意有他俩相伴,聊破客愁,生活上或者还可以多少得到点照顾。后有《赠郑十八贲》说:"遭乱意不归,窜身迹非隐。细人尚姑息,吾子色愈谨。高怀见物理,识者安肯哂?卑飞欲何待,捷径应未忍。示我百篇文,诗冢一标准。"据此知郑十八名贲,因避乱来蜀,曾为小吏,而颇有文才,诗篇不少。

老杜为何在云安逗留?他的《别常征君》有说明:

"儿扶犹杖策,卧病一秋强。白发少新洗,寒衣宽总长。故人忧见及,此别泪相望。各逐萍流转,来书细作行。""强",略多,有余。要是"卧病一秋强"所说属实,老杜来云安当在七月,因病滞留至今,已是初冬了。客来了勉强起身相迎,由宗文、宗武他们扶着还要拄拐杖,这场病病得真不轻!"白发少",三字一读。新洗了头,白发显得更稀少。人越来越瘦,本来合体的寒衣变得又宽又长。杨伦评:"画出老人病起样子。"常征君闻老杜卧病而担忧,特来探视;奈何一见即别,相对泪下。今后彼此萍踪无定,但望时有音问相通。

卧病途中,欲归不得,世乱道阻,公私焦虑,作《长江二首》。其一说:

"众水会涪万,瞿塘争一门。朝宗人共挹,盗贼尔谁尊?孤石隐如马,高萝垂饮猿。归心异波浪,何事即飞翻?"唐代涪州的治所在今四川涪陵县,万州的治所在今四川万县市。瞿塘峡,一称夔峡,长江三峡之一,西起夔州(今四川奉节县)白帝城,东迄大溪,其间为峡谷段,长十六里,为三峡中最短的峡。两岸悬崖壁立,江面最狭处只有三十余丈。江流湍急,山势峻险,号称"天堑"。西口两崖对峙,中贯一江,望之如门,称夔门。"朝宗",诸侯朝见天子。《周礼·春官·大乐伯》:"春见曰朝,夏见曰宗。"借指百川入海。《尚书·禹贡》:"江汉朝宗于海。"谓百川归海,犹诸侯朝见天子。"挹"，舀水。瞿塘峡口江心有巨石突起，名滟滪滩，亦作滟滪堆，俗称燕窝石，冬季出水面很高，夏季水涨只露出顶端，旧时为长江三峡著名险滩。《唐国史补》卷下："大抵峡路峻急，故曰：'朝发白帝，暮彻江陵。'四月五月为尤险时，故曰：'滟滪大如马，瞿塘不可下。滟滪大如牛，瞿塘不可留。滟滪大如襆，瞿塘不可触。'"后老杜在夔州作《滟滪堆》专章咏此："巨石水中央，江寒出水长。沉牛答云雨，如马戒舟航。天意存倾覆，神功接混茫。干戈连解缆，行止忆垂堂。"可参看。仇注："时崔旰叛蜀（详本章第五节），故有'朝宗人共挹''万国奉君心'之句。"众水在涪州、万州境内会合，竞相奔赴那惟一的通道夔门。百川归海，犹如诸侯的朝宗天子，这使得人们得以共沾润泽之惠；为什么你们这班叛贼，却不知道应该尊奉谁？滟滪滩孤石在江中半隐半露像匹马，岸边高处藤萝上猿猴们一个接一个挂臂而下来饮水。我的心既然不是波浪，为什么也在飞腾翻滚呢？其二说：

"浩浩终不息，乃知东极临。众流归海意，万国奉君心。色借潇湘阔，声驱滟滪沉。未辞添雾雨，接上过衣襟。"前半说众流归海，见各方当拥戴天子之意。后半说旅途阻雨，叹己难出峡。浦起龙说："次章直抒胸臆，见水之一往归海，如人之一心向阙，此正从本心无二向流露出来也。……'借潇湘'，神已游于峡外；'驱滟滪'，身不跼于峡中。此不特江浪腾跃，即再添以雾雨，使衣襟湿透，亦所不辞矣。此竟作勇决语。"

这两首诗皆有感于百川归海而深忧王纲解纽，见诗人羁旅愁深，非止一己之私。只是在当时战乱频仍、危机四伏的现实面前，这愿望显得多么苍白无力，这议论又有多么迂阔啊！

这年冬老杜留滞云安，偶尔也乘船到附近友人家去做客。这在《将晓二首》中尚有踪迹可寻：

"石城除击柝,铁锁欲开关。鼓角愁荒塞,星河落曙山。巴人常小梗,蜀使动无还。垂老孤帆色,飘飘犯百蛮。"(其一)"军吏回官烛,舟人自楚歌。寒沙蒙薄雾,落月去清波。壮惜功名晚,衰惭应接多。归朝日簪笏,筋力定如何?"(其二)浦起龙认为:其一似是未上船时缘城晓行景事,结出就船。"巴人"句,时巴渝间必有胁诸蛮为乱者。黄鹤指段子璋、徐知道、崔旰等,皆在西蜀,不得云巴人。"蜀使"句,如《三绝句》所云渝州、开州杀刺史之类。"百蛮",云安、夔州之南,皆蛮地。其二乃在发船之时。首句,当是县邑主人遣役相送,岸上之送者已返。次句,舟人始发。此行当属邻近应酬往返之事,观下四句可见。杨伦说:"公初离蜀时,本欲北归,观后《客堂》诗:'尚想趋朝廷,毫发裨社稷。'亦此(尾联)意。"可见老杜立朝辅君之志始终不渝。

不要笑话老杜的官瘾太重又太自负,他的政治责任感确乎是很强的。即使在旅途、病榻,他也总是密切地注视着军国大事和民生疾苦。比如他的《青丝》讽仆固怀恩阻兵犯顺不如趁早面缚诣阙求赦:"殿前兵马破汝时,十月即为齑粉期。不如面缚归金阙,万一皇恩下玉墀。"这年九月仆固怀恩再次诱回纥、吐蕃、吐谷浑、党项、奴剌数十万人同时入寇,不久即病死于鸣沙。作诗时尚未闻其死讯,不想齑粉之言竟应验了。又如这年十月郭子仪再度与回纥结盟以破吐蕃,他担心回纥恃军功难制,便忧心忡忡地作《遣愤》说:

"闻道花门将,论功未尽归。自从收帝里,谁复总戎机?蜂虿终怀毒,雷霆可震威。莫令鞭血地,再湿汉臣衣。""花门"指回纥。这年十月,吐蕃退至邠州,遇回纥,又联合入寇。郭子仪往说回纥,回纥大帅药葛罗说:"吾为怀恩所误,负公诚深,今请为公尽力,击吐蕃以谢过。"乃率众追吐蕃,子仪使白元光帅精骑参加。

战于灵台西原，大破之。回纥胡禄都督等二百余人入见，前后赠赉缯帛十万匹，府藏空竭，税百官俸以给之（详本章第五节）。这诗首联"闻道花门将，论功未尽归"即有慨于其事。"收帝里"指广德元年（七六三）十月郭子仪驱逐吐蕃收复长安的事。代宗即位后，与肃宗一样重用宦官，广德元年十二月以鱼朝恩为天下观军容宣慰处置使，总禁兵，权宠无比。颔联不满朝廷收京后委兵权于阉竖，以致再次招来外侮。"蜂虿"比回纥，"雷霆"比皇帝。颈联望代宗有以自强，慎勿养毒贻患。宝应元年（七六二）十月雍王李适（即后来的德宗）至陕州，回纥可汗率部助讨史朝义屯于河北（陕州之河北县，即今山西平陆），李适与僚属往见之。可汗责李适不拜舞，药子昂力争久之，回纥将军车鼻遂引药子昂、魏琚、韦少华、李进等各鞭一百，以李适年少未谙事，遣归营。魏琚、韦少华当晚就死了（详第十四章第一节）。尾联强调应牢记这一血的教训，不能再曲容回纥、自取其辱了。老杜早在《洗兵马》中就认为朝廷应"独任"本国兵力平定叛乱，不能只看重回纥的援助（详上卷五三三、五三四页）。其后更在《留花门》中大声疾呼："花门既须留，原野转萧瑟。"（详第十一章第六节）从以后事态的发展看，老杜的看法是完全正确的。

他的《三绝句》则是动乱现实的实录，可补史册的漏载。其一说：

"前年渝州杀刺史，今年开州杀刺史。群盗相随剧虎狼，食人更肯留妻子？""渝州"治所在今重庆市。"开州"治所在今四川开县。"群盗"指此二州杀刺史作乱的地方军阀。这两件事史书上没有记载。开州离云安不远，叛杀此州刺史事又发生在今年，这必然给诗人以极大的震动。前年、今年连杀两州刺史，所以说"相随"。《将晓》其一"巴人常小梗，蜀使动无还"，当指这两起叛杀而言。其二说：

"二十一家同入蜀,惟残一人出骆谷。自说二女啮臂时,回头却向秦云哭。""骆谷",在今陕西周至县西南。"出骆谷",今陕西洋县古有骆谷道,系自秦入蜀所经。古人有用咬臂来表示毅然诀别的习惯。这年陇右关中一带,因党项羌、吐谷浑、吐蕃、回纥(其三中概称之为"羌浑")不断入侵,百姓多逃难入蜀。二十一家逃难,只剩下一个人到了蜀地。当这人说到他的两个女儿跟他啮臂而别的凄怆情景时,不觉回头望着秦地方向的浮云痛哭起来。至于为什么不带二女入蜀呢?或如旧注所说,"恐不两全,故弃之而走";或有别的原因。且先看其三:

"殿前兵马虽骁雄,纵暴略与羌浑同。闻道杀人汉水上,妇女多在官军中。"皇帝殿前的禁军倒很骁勇,可是他们一旦纵欲肆虐起来,跟党项羌、吐谷浑、吐蕃、回纥也差不多。听说他们在汉水之上杀人,而妇女多被掳掠到官军中去了。开到汉水上游去打入寇羌浑的禁军,居然和羌浑一样奸淫烧杀、为所欲为,则人民的苦难可想,禁军的暴虐可想。得知禁军如此作恶多端,这就无怪乎老杜要责问"自从收帝里,谁复总戎机"了。现在且回过头来回答其二中提出的问题:既然羌浑早就在杀戮掳掠百姓,那么关中二十一家难民,除一个逃脱外,其余的(包括二女在内)岂不都给入寇的羌浑或杀戮或掳掠去了?如果将"二女啮臂"理解为二女被羌浑抢走时与父惨别情况,似较"恐不两全,故弃之而走"的说法为佳。《资治通鉴》载,这年九月,吐蕃攻醴泉;丁巳,大掠男女数万而去,所过焚庐舍,庄稼践踏殆尽。证诸史实,亦然。

老杜在途经渝州等地和暂留云安的这一段时期内,曾先后见到运严武、房琯灵柩的船只过境,作《哭严仆射归榇》《承闻故房相公灵榇自阆州启殡归葬东都有作二首》,以抒悼念之情。后诗其二"尽哀知有处,为客恐长休",说他将来想到东都房琯归葬之所尽哀，又恐客死不还、抱憾终身。老杜有时觉得自己有朝一日总会重登朝廷，有时又担心终将客死他乡，可见生死、通塞等矛盾的念头是经常在他心中交战而起伏不定的。可叹的是，他的担心毕竟成了事实。

老杜卧病云安，心情索莫，除了思乡，难免怀念草堂。他的《怀锦水居止二首》就是这种心情的流露：

"万里桥西（一作南）宅，百花潭北庄。层轩皆面水，老树饱经霜。雪岭界天白，锦城曛日黄。惜哉形胜地，回首一茫茫。"（其二）回首茫茫，不胜神往，就只有凭那从草堂浣花溪流往巫峡的水来情牵两地了："朝朝巫峡水，远逗锦江波。"（其一）

这一时期写得最富有生趣也最清丽的篇章是《十二月一日三首》。其一说：

"今朝腊月春意动，云安县前江可怜。一声何处送书雁，百丈谁家上濑船？未将梅蕊惊愁眼，要取椒花媚远天。明光起草人所羡，肺病几时朝日边。"一年之计在于春，云安地暖，腊月初一便觉春意萌动；老杜客寓怀新，精神顿爽，想到今年或可乘船东下，自然对县前江水产生了怜爱之心。陆游《入蜀记》："盖上峡惟用橹及百丈，不复张帆矣。百丈以巨竹四破为之，大如人臂。予所乘千六百斛舟，凡用橹六枝，百丈两车。"春动则雁北翔，闻雁叫而思寄书故园；见拉纤上急湍的船，不仅动了东游之念，也难免引起对水西头草堂的怀念。《晋书·列女传》载，刘臻妻陈氏尝元旦献《椒花颂》说："标美灵葩，爰采爰献。圣容映之，永寿于万。"刚入腊月，梅花未放；元旦瞬忽将至，就要取椒花颂岁，聊自娱于天涯旅次了。仇注："汉王商借明光殿起草作制诰。赵大纲谓公诗'翰林学士如堵墙，观我落笔中书堂'，即'明光起草人所羡'也。据《石砚》诗蔡注引《汉官仪》，尚书郎主作文章起草，乃自叙郎官事也。"模棱于两说之间。杨伦则采后说:"公辟严幕,名为检校员外郎,实未拜官于朝,故及之。"从此说尾联应译为:为郎官起草于明光殿那是人所共羡的,但不知我这个病肺的检校员外郎何时才能回长安参加朝正大典而有幸起草。⁽³⁶⁾ 这里又一次闪现出渴望回京立朝、又生怕愿望落空的复杂心理。其二说:

"寒轻市上山烟碧,日满楼前江雾黄。负盐出井此溪女,打鼓发船何郡郎?新亭举目风景切,茂陵著书消渴长。春花不愁不烂漫,楚客惟听棹相将。"仇注:"《马岭谣》:三牛对马岭,不出贵人出盐井。远注:云安人家有盐井,其俗以女当门户,皆贩盐自给。《唐书》:夔州奉节县,有永安井盐官。又云安、大昌皆有盐官。"《世说新语·言语》:"过江诸人,每至美日,辄相邀新亭,藉卉饮宴。周侯(顗)中坐而叹曰:'风景不殊,正自有山河之异。'皆相视流泪。唯王丞相(导)愀然变色曰:'当共勠力王室,克复神州,何至作楚囚相对?'"汉代著名赋家司马相如有消渴病,曾家居茂陵著作。此老杜以司马相如自况。老杜在《南楚》中称云安为"南楚",故自称楚客。这诗上半写所见下半写所感:"惟'寒轻''日满',故'烟碧''雾黄',俱于'腊'中见'春意'。'溪女'亦娴生计,'郡郎'尽有归期。江间所见如此,而客途抚景,作赋言愁,又何堪此留滞乎?急须待得春来,出峡遨游耳。"(《读杜心解》)其三说:

"即看燕子入山扉,岂有黄鹂历翠微?短短桃花临水岸,轻轻柳絮点人衣。春来准拟开怀久,老去亲知见面稀。他日一杯难强

---

(36) 浦起龙采赵大纲说:"……春来而颂椒之杯,欲投北阙。因而想到'明光起草'时,觉得此身难再也。仇以'起草'为自叙郎官事,与'朝日边'不贯。"译文似亦可通,未必不贯。

进,重嗟筋力故山违。"才见到一丝春意,想象中即幻现出燕飞莺啭、桃红絮白的春光烂漫之景,可见诗人对来春抱有多大的希望啊!转思垂老亲朋罕遇、体衰故里难归,又不觉重嗟累叹了。

这种迫切思归之情,在《又雪》[37]中也有所流露:

"南雪不到地,青崖沾未消。微微向日薄,脉脉去人遥。冬热鸳鸯病,峡深豺虎骄。愁边有江水,焉得北之朝?"南中气暖,雪小到地即消,只青崖之上微有残存。颔联"承'沾未消'写南雪如画"(杨伦评)。凡人为某事萦怀时,无论遇到什么,往往会不知不觉地牵扯到那件事上去。老杜也一样,本来咏雪咏得好好的,最后还总免不了又大发羁旅思归之叹:"文禽偏病,恶兽偏骄,以比不利君子而独利于小人。何能不愁!独南方之水不冻,故愁边江水,犹可行舟,焉得送我北往而至于朝乎?"(《杜臆》)就在这种期待与忧虑的精神折磨之中,老杜在云安逆旅,同家人一起,送走了旧岁,迎来了新年。

---

〔37〕旧注以为题曰《又雪》,前面应有《雪》诗一章,疑脱漏。

第十七章 孤舟一系

一 莺啭鹃啼时节

大历元年（七六六），正月，丙戌，以户部尚书刘晏为都畿、河南、淮南、江南、湖南、荆南、山南东道转运、常平、铸钱、盐铁等使，侍郎第五琦为京畿、关内、河东、剑南、山南西道转运等使，分理天下财赋。鱼朝恩部将周智光于广德元年被任命为华州刺史后，越发骄横。他素与鄜坊节度使杜冕不和，去年趁追吐蕃至鄜州之便，杀该州刺史张麟，活埋杜冕家属八十一人，焚坊州庐舍三千余家。朝廷召周智光不至，就命杜冕从山南西道节度使张献诚于山南以避之。智光自知罪重，乃聚亡命、无赖子弟数万人，纵其剽掠以悦其心，擅留关中所输漕米二万斛，藩镇贡献，往往杀其使者而夺之。

二月，丁亥朔，释奠（设酒馔祭祀）于国子监。命宰相帅常参官、鱼朝恩帅六军诸将前往听讲，子弟皆服朱紫为诸生。朝恩既贵显，乃学讲经为文，仅能执笔辨章句，遽自谓才兼文武，人莫敢与之抗衡。辛卯，命有司修缮国子监。元载专权，恐奏事者攻讦其私，乃请："百官凡论事，皆先白长官，长官白宰相，然后奏闻。"获准。刑部尚书颜真卿上疏，以为："郎官、御史，陛下之耳目。今使论事者先白宰相，是自掩其耳目也。陛下患群臣之为谗，何不察其言之虚实！若所言果虚宜诛之，果实宜赏之。不务为此，而使天下谓陛下厌听览之烦，托此为辞以塞谏争之路，臣窃为陛下惜之！太宗著《门司式》云：'其无门籍人，有急奏者，皆令门司与仗家引奏，不得关碍。'所以防壅蔽也。天宝以后，李林甫为相，深疾言者，道路以目，上意不下逮，下情不上达，蒙蔽暗鸣，卒成幸蜀之祸。陵夷至于今日，其所以来者渐矣。夫人主大开不讳之路，群臣犹莫敢尽言，况令宰相大臣裁而抑之，则陛下所闻见者不过三数人耳。天下之士从此钳口结舌，陛下见无复言者，以为天下无事可论，是林甫复起于今日也！昔林甫虽擅权，群臣有不咨宰相辄奏事者，则托以他事阴中伤之，犹不敢明令百官奏事皆先白宰相也。陛下倘不早寤，渐成孤立，后虽悔之，亦无及矣！"元载闻而恨之，奏真卿诽谤；乙未，贬峡州别驾。真卿论事直切，正气凛然，有古诤臣风，叹庸主不悟，迫害忠良，反成权臣之奸。己亥，命大理少卿杨济修好于吐蕃。壬子，以杜鸿渐为山南西道·剑南东·西川副元帅、剑南西川节度使，以平蜀乱。癸丑，以山南西道节度使张献诚兼剑南东川节度使，邛州刺史柏茂琳为邛南防御使；以崔旰为茂州刺史，充西山防御使。

三月，癸未，张献诚与崔旰战于梓州，献诚军败，仅以身免，旌节皆为崔旰所夺。

八月，国子监修缮毕；丁亥，释奠。鱼朝恩执《易》升高座，讲"鼎覆𫗧"以讥宰相。王缙怒，元载怡然。朝恩对人说："怒者常情，笑者不可测也。"杜鸿渐至蜀境，闻张献诚败而惧，使人先达意于崔旰，许以万全。崔旰卑辞重赂以迎之，鸿渐喜；进至成都，见旰，但接以温恭，无一言责其干纪，州府事皆交付于崔旰，又数次荐之于朝，因请以节制让崔旰，以柏茂琳、杨子琳、李昌夔各为本州刺史。皇上不得已从之。壬寅，以崔旰为成都尹、西川节度行军司马。

十月，乙未，代宗生日，诸道节度使献金帛、器服、珍玩、骏马为寿，共值缗钱二十四万。中书舍人常衮上言，以为："节度使非能男耕女织，必取之于人。敛怨求媚，不可长也。请却之。"皇上不听。京兆尹第五琦什一税法，民苦其重，多流亡。

十一月，甲子，大赦，改元大历，停什一税法。

十二月，癸卯，周智光杀陕州监军张志斌。戊申，诏加智光检校左仆射，遣中使余元仙持告身授之。智光谩骂道："智光有功于天下国家，不与平章事而与仆射！且同、华地狭，不足展材，若益以陕、虢、商、鄜、坊五州，庶犹可耳。"因历数大臣过失，还说："此去长安百八十里，智光夜眠不敢舒足，恐踏破长安城，至于挟天子令诸侯，惟周智光能之。"元仙听了直发抖。郭子仪屡次请讨智光，皇上不许。郭子仪以河中军粮常乏，乃自耕百亩，将校依此递增亩数，于是士卒皆不劝而耕。这年河中野无荒地，军有余粮。

去年夏天老杜携家离开了成都，冬天西川大乱，今年三月东川又发生激战。要是他还留在成都，或者像前几年那样奔走于梓、阆之间，那就必然"城门失火，殃及池鱼"，即使不家破人亡，也会饱受一场虚惊。上次离开秦州、同谷，这次离开梓州、成都，都正是时候，这总算是老杜的运气。

刚入新正，老杜作《南楚》说：

"南楚青春异，暄寒早早分。无名江上草，随意岭头云。正月蜂相见，非时鸟共闻。杖藜妨跃马，不是故离群。"顾注：云安在楚之西南，故曰"南楚"。恐非。燃案：云安属夔州，唐代行政区域的划分，以夔州与古楚地的江陵府、峡州、归州、澧州、朗州、襄州、复州、郢州等同属山南东道，故作者以"南楚"（南方之楚地）泛称之。其他的地方初春还有余寒，惟独这里一交春就很暖和，暄和寒早早地就分开了。江边长出了许许多多叫不出名字的草，岭头春云随意翻转。正月里就可以见到蜂蝶四处飞动了，还可以听到一些别处一般不在这个时候啼叫的鸟雀在啼叫。我客居寂寞，偶尔拄着藜杖缓缓地在郊外漫步，可能会挡了跃马出游的少年的路，可不能说我是故意要远离人群啊。

据春时所作《水阁朝霁奉简云安严明府》，知老杜在云安交结上该县的严县令，一家人住在严县令的水阁中：

"东城抱春岑，江阁邻石面。崔嵬晨云白，朝旭射芳甸。雨槛卧花丛，风床展书卷。钩帘宿鹭起，丸药流莺啭。呼婢取酒壶，续儿诵《文选》。晚交严明府，矧此数相见。"水阁在东城，临长江而为石山环抱。老杜去年入腊就在迫切盼望的烂漫春光终于到来了。清晨雨霁，春山白云缭绕，阳光照耀着众芳竞放的草甸。闲卧在花丛中水阁的床上展卷吟哦，颇为写意。更有趣的是挂帘子惊起在外面过夜的鹭鸶，团药丸时听见黄莺在轻啭。高兴了唤小婢取壶酒来，接着又辅导儿子读《昭明文选》[1]。——晚年有幸交上了您严明府，况且还能时常跟您在这里相见。王嗣奭说："水阁大抵即前（《子规》诗中之）江楼，情异而其景遂别。然此阁元是云安胜地，故首二句写水阁之胜，兼之朝霁，而晨云、朝旭、雨槛、风床，又添胜景。钩帘鹭起、丸药莺啼、取酒诵文，又添胜事，非水阁何以有此？而飘泊之余，始得交严明府而数相见于此，岂不益增水阁之胜哉！'矧此'正指水阁言之，与起语相应。……'钩帘'一联，妙在触目而以无意得之，与（《落日》中之）落日帘钩相似；有意学之便远。"叶梦得《石林诗话》载："蔡天启云：'荆公每称老杜"钩帘宿鹭起，丸药流莺啭"之句，以为用意高妙，五字之模楷。他日公作诗，得

---

[1] 仇注："子诵《文选》，断不能接，公为口续之。"

"青山扪虱坐，黄鸟挟书眠"，自谓不减杜语，以为得意，然不能举全篇。'余顷尝以语薛肇明，肇明后被旨编公集，求之，终莫得。或云，公但得此一联，未尝成章也。"魏晋人物以扪虱谈玄为高雅，以今人的眼观之，未免令人恶心。此可见审美观点因时代不同而有异。读"青山"句我不觉联想到春天里在墙根日光下赤着膊比捉虱子的阿Q和王胡，就更引不起美感了。秦观的《秋日》说："月团新碾瀹花瓷，饮罢呼儿课《楚词》。风定小轩无落叶，青虫相对吐秋丝。"一写春日一写秋日，一饮完酒课《文选》一喝完茶课《楚词》，但都能写出清爽之境和闲适之情，两相参读，颇觉有趣。

水阁环境清幽，白天黑夜子规鸟都叫个不停。《杜臆》："一云子规非杜鹃，乃叫'不如归去'者。是也。"燆案：其鸣若曰："不如归去！"见《本草》。这就难怪要引动老杜久客思归之愁了：

"峡里云安县，江楼翼瓦齐。两边山木合，终日子规啼。眇眇春风见，萧萧夜色凄。客愁那听此？故作傍人低。"（《子规》）此诗写幽深凄凉境界极佳。杨伦评"两边"二句说："俊爽似太白语。"浦起龙说："绝无艰涩之态，杜律之最爽隽者。"

杜鹃（子规）多为夏候鸟或旅鸟，初夏时常昼夜不停地叫。[2]

---

[2] 杜鹃鸟种类很多，有鹰头杜鹃、四声杜鹃、大杜鹃（即布谷鸟）和小杜鹃等。杜鹃有种种不同的名称，如布谷、杜宇、子鹃、子规、子巂、思归、催归等；其声音也被人们想象为"割麦插禾""不如归去"等。《西厢记》第五本第四折："不信呵去那绿杨影里听杜宇，一声声道'不如归去'。"曾瑞〔南吕·骂玉郎过感皇恩采茶歌〕《闺中闻杜鹃》："我几曾离、这绣罗帏？没来由劝我道'不如归！'狂客江南正着迷，这声儿好去对俺那人啼。"即采"不如归去"说。王维《送杨长史赴果州》："别后同明月，君应听子规！"亦隐寓催归意。一九四五年夏，我在故乡避日寇于南风铺，住处枕山面水，树竹四合，鹃啼彻夜，不眠作小诗自遣说："小楼寂寂板桥西，竹影斑斓嫩雾迷。凄切一宵眠不稳，枝头残月子规啼。"对于此鸟啼声的悲凉感人我曾经是有过亲身体验的。杜鹃非一鸟独啼而是众鸟争鸣。王维《送梓州李使君》："万壑树参天，千山响杜鹃"，写得最真实，确乎是千山齐响。

《子规》与《客居》都写到子规啼,都当作于春末夏初。仇兆鳌于《客居》题下加案语说:"《唐书》:大历元年二月,以杜鸿渐为东西川副元帅。诗云'已闻动行轩',盖三月初作。""三月初"作"三月末"近是,因消息辗转传到云安尚需时日。《客居》记事、抒怀颇详,可见西南时局和诗人云安生活情况的一斑:

"客居所居堂,前江后山根。下堑万寻岸,苍涛郁飞翻。葱青众木梢,邪竖杂石痕。子规昼夜啼,壮士敛精魂。峡开四千里,水合数百源。人虎相半居,相伤终两存。蜀麻久不来,吴盐拥荆门。西南失大将,商旅自星奔。今又降元戎,已闻动行轩。舟子候利涉,亦凭节制尊。我在路中央,生理不得论。卧愁病脚废,徐步视小园。短畦带碧草,怅望思王孙。凤随其凰去,篱雀暮喧繁。览物想故国,十年别荒村。日暮归几翼,北林空自昏。安得覆八溟,为君洗乾坤?稷契易为力,犬戎何足吞?儒生老无成,臣子化四藩。篋中有旧笔,情至时复援。"钱注:"《荆州记》:巫峡首尾一百六十里。旧云自三峡取蜀,数千里恒是一山。此盖好大之言也。惟三峡七百里中,两岸连山,略无阙处。梁简文《蜀道难》诗:'峡山七百里,巴水三回曲。'公所谓'峡开四千里',盖统论江山之大势,非专指言峡山也。"我所寄居的水阁,前临长江后倚山根。下面是万丈深渊,那给山光映得碧绿的波涛飞腾翻滚。俯瞰林梢一片青葱,还有那像是用画笔皴出的横七竖八驳杂的石头痕。子规鸟日以继夜地啼叫,连壮士听了也销魂。三峡真长啊两岸山连着山,长江里的水该有好几百个源。这里是人和老虎杂居的地方,虽然相互伤害却也能凑合着两存。蜀麻许久不见运来了,吴盐也积压在荆门。这是因为大将郭英义去冬被杀蜀中大乱,转运货物的行商莫不望影星奔。而今又委派了杜鸿渐为山南西道·剑南东·西川副元帅,听说已经命驾启程。船家们都等候着长江上行船畅通无阻,这全凭杜元帅平定蜀乱、节制重尊。我现在停留在云安这荆蜀之间的半路上，一家人的生计就没法说了。怕躺得太久我这双有病的脚成了残废，为了加强锻炼就慢慢地走着去看看小园。见莱畦里长满了青草，想起《楚辞·招隐士》"王孙游兮不归，春草生兮萋萋"，不觉为自己的春深不归而惆怅。凤随凰去现今已非太平盛世，徒闻篱间傍晚雀噪喧繁。观赏着这种种景物更使我想念家乡，自从离开我这个少陵野老的荒村已经十年。天不早几只倦鸟飞归，北边林子里空自黄昏。我真恨不得将八溟之水倾覆，为君王洗净这龌龊的乾坤。朝廷只要能重用像稷和契那样的贤相，吐蕃等外寇就何难扫平。我这儒生老大无成，但作为臣子仍不免要担忧四藩。我的小箱子里现放着旧笔，每当有所感愤就不时用它抒写忧烦。仇兆鳌说："《杜臆》谓此诗作于云安，是也。又谓前江后山，即前所云江楼水阁，印合自确。黄鹤编在夔州，与客堂为一处，误矣。"今仍有从黄说者。

老杜春留云安，"情至时复援"笔草成者，多应酬之作，但其中仍然或多或少地流露出诗人对时局的关心，和自己的政治感叹。比如他在云安遇到护送郭英乂灵柩由水路还京的老友蔡十四著作郎[3]，作诗相送，就希望蔡以兵食匮乏归奏天子，设法安定蜀人："我衰不足道，但愿子意陈。稍令社稷安，自契鱼水亲。我虽消渴甚，敢忘帝力勤。尚思未朽骨，复睹耕桑民。……玄甲聚不散，兵

---

[3] 诗云："使蜀见知己，别颜始一伸。主人蕙城府，扶榇归咸秦。巴道此相逢，会我病江滨。忆念凤翔都，聚散俄十春。"朱注：旧史：英乂奔简州，晋州刺史韩澄斩其首送崔旰，英乂必殡于成都，此云"蕙城府"，隐之也。仇注：此记云安重遇之由。公初遇蔡于凤翔，及其使蜀，再晤于成都，今扶榇而归，又逢于夔江，总前后计之，则十春矣。鹤注：公与蔡相逢于巴道，当在云安。燉案：老杜与郭英乂有旧，曾有《奉送郭中丞（英乂）兼太仆卿充陇右节度使三十韵》（详上卷四〇〇页），但于英乂的被杀诗中从未直接论及，可能正因为有旧，对之不便有所评议。

久食恐贫。穷谷无粟帛,使者来相因。"(《别十四著作》)又在《赠郑十八贲》⁽⁴⁾中再次表露出已欲抱病赴朝,但恐力与愿违的隐忧:"心虽在朝谒,力与愿矛盾。抱病排金门,衰容岂为敏?"他见平侍御有方石砚,作《石砚》记砚之美,末望石砚随侍御入朝起草时能随人顾眄畅所欲言:"公含起草姿,不远明光殿。致于丹青地,知汝随顾盼。"他去冬所作《十二月一日三首》其一中曾闪现出渴望回京立朝又生怕愿望落空的复杂心理:"明光起草人所羡,肺病几时朝日边。"他自己亟盼,也祝愿别人能入朝竭诚辅君,足见其政治态度的积极。

去年初冬,一位姓常的征君来云安看望老杜,不久即归去,老杜曾作《别常征君》相送。今年春末,老杜又作《寄常征君》说:

"白水青山空复春,征君晚节傍风尘。楚妃堂上颜殊众,海鹤阶前鸣向人。万事纠纷犹绝粒,一官羁绊实藏身。开州入夏和凉冷,不似云安毒热新。"这诗伤征君的晚出:白水青山春光空度,可叹您晚年为生计奔走风尘。得宠的朝贵像堂上貌美超群的楚妃,而您却犹如阶前的海鹤向人哀鸣。世事纷繁您难免断炊;您甘受卑微官职的羁绊,不过是为了吏隐藏身。听说开州夏天很凉快,不像云安春天还没完就已经热得很⁽⁵⁾。据此知常征君在开州(今四川开县)官府任事。开州东南至云安不到三百里。去年秋冬之际常征君当从开州来云安探望老杜后即归。"今年开州杀刺史"(《三绝句》其一),详情种种,老杜或闻自常征君。"群盗相随剧虎狼,食人更肯

⟨4⟩ 诗云:"遭乱意不归,窜身迹非隐。"杨伦注:二句当指郑,郑想亦以避乱流寓在蜀为卑官,故云。诗云:"数杯资好事,异味烦县尹。"杨伦注:当指云安严明府;赵谓县令即指郑十八者,非。
⟨5⟩ 仇注:首句言春,末句言云安,知是大历元年春云安作。其云"入夏",又云"热新",乃当春而预道夏时。

留妻子？"(同上)如果叛乱时常征君恰在开州，作为官府佐吏，他的处境自然是困难而危险的。由此可见，这诗中的"万事纠纷犹绝粒"，并非泛泛称颂常征君的和光同尘、安贫乐道，而是有其现实内容的。

闻一多《岑嘉州系年考证》订：永泰元年（七六五），岑参五十一岁，在长安。十一月，出为嘉州刺史，因蜀中乱，行至梁州而还。大历元年（七六六）岁初在长安。二月，杜鸿渐为山南西道剑南东西川副元帅、剑南西川节度使，平蜀乱，表岑参职方郎中，兼殿中侍御史，列置幕府，同入蜀。自春徂夏，留滞梁州，四月至益昌，六月入剑门，七月抵成都。大历二年（七六七）六月，岑参始赴嘉州刺史任。老杜有《寄岑嘉州》，题下原注："州据蜀江外。"仇注："诗云：'泊船秋夜经春草'，盖公自去年秋至云安，大历元年春尚在其地也。"嘉州即今四川乐山县。老杜去夏携家离草堂乘舟顺岷江而下，端阳节前抵嘉州，与族兄杜某一家团聚，稍作盘桓。可见他对嘉州不是毫无印象的。如今听说好友岑参恰巧出任不久前他曾稍作盘桓的地方，就不免有所激发而作此诗。但须说明的是，他作此诗顶多只闻岑参已随杜鸿渐入蜀之讯，而他们当时其实仍留滞梁州。诗说：

"不见故人十年余，不道故人无素书。愿逢颜色关塞远，岂意出守江城居？外江三峡且相接，斗酒新诗终自疏。谢朓每篇堪讽诵，冯唐已老听吹嘘。泊船秋夜经春草，伏枕青枫限玉除。眼前所寄选何物？赠子云安双鲤鱼。"望外之喜、钦迟之意、神往之情、羁旅之愁、失志之悲，一齐涌出，若非知己故人，哪能引出这许多感触？闻一多说："自乾元元年公与参同官两省，至大历元年，才九年，而诗云：'不见故人十年余'，此公误记耳。"（《少陵先生年谱会笺》）

二 "且就土微平"

这年春晚,老杜决计携家离云安,移居夔州(今四川奉节县)。他的《船下夔州郭宿雨湿不得上岸别王十二判官》写离云安情事颇详:

"依沙宿舸船,石濑月娟娟。风起春灯乱,江鸣夜雨悬。晨钟云外湿,胜地石堂烟。柔橹轻鸥外,含凄觉汝贤。""舸",大船。老杜一家十口,总有一些长物,搬起家来,当然非大船不可。等到好不容易把东西搬上船,人也上了船,天色已晚,他们就在停泊于云安郭外沙滩边的船上过夜。晚上下了阵大雨。第二天清晨,老杜因路湿不得上岸与当地王十二判官作别,开船后不胜惆怅,就写了这首美丽而多情的诗寄王致意。杨伦评:"从薄暮至天晓,从泊舟至开船,情景一一写出,而寓意仍复隽永;此亦杜五律之胜者,惟(重)复一'石'字。"写景清绝有佳致;"晨钟"句之妙,已臻似不真切而实真切的艺术境地(详上卷一七九、一八〇页)。

老杜在这次下夔州途中还写了首清新可喜的小诗:

"江月去人只数尺,风灯照夜欲三更。沙头宿鹭联拳静,船尾跳鱼拨剌鸣。"(《漫成一首》)躺在船上,舱外就是水,半夜醒来,蓦地瞥见映在水中的月亮离人只有几尺远,这该是个多么令人惊喜不置的经验啊!风灯晃荡,夜已三更;沙洲静悄悄地,鹭鸶们蜷缩着一只脚并排站在那儿打盹;船尾不时发出鱼儿跳出水面啪啦的声响;这确如浦起龙所说,"夜泊之景,画不能到"。孟浩然《宿建德江》:"移舟泊烟渚,日暮客愁新。野旷天低树,江清月近人。"王维《辋川集·栾家濑》:"飒飒秋雨中,浅浅石溜泻。跳波自相溅,白鹭惊复下。"与此诗参读,倍觉有味。

云安到夔州,只有二百四十多里,下水行船,顶多两天就到了。到夔州后，老杜作《移居夔州作》说：

"伏枕云安县，迁居白帝城。春知催柳别，江与放船清。农事闻人说，山光见鸟情。禹功饶断石，且就土微平。"这诗记从云安移居夔州情事。因病留滞云安半年多，现能搬家，身体想已好些了。唐人有折柳赠别的习俗。老杜离开时，见江柳青青，觉得这仿佛是春天知道他要走，事先有意催促柳条赶快绿似的。江水也好像很多情，为了增添他放舟的兴致，竟变得这么清澈。春末农事方兴，到处都听见人们在谈论这事。山光明丽，难怪鸟雀叫得格外欢快了。沿途两岸多堆着大禹凿山导江时留下的断石，只有夔州土地稍微平一些，这大概就是老杜移居夔州的原因吧！王嗣奭说，"农事闻人说"，盖已有为农之意，后来"瀼西督耕"本此。"土微平"，正便于为农。仇兆鳌以为常建《题破山寺后禅院》"山光悦鸟性，潭影空人心"，为殷璠首推，不知出于少陵。燉案：殷璠《河岳英灵集》自叙云："开元十五年后，声律风骨始备矣。实由主上恶华好朴，去伪从真，使海内词场，翕然尊古。……粤若王维、昌龄、储光羲等二十四人，皆河岳英灵也，此集便以'河岳英灵'为号。诗二百三十四首，分为上下卷，起甲寅，终癸巳。""主上"系指玄宗，而玄宗朝的"癸巳"为天宝十二载（七五三）。殷璠将常建置于该集上卷之首，其小序中已举出"山光悦鸟性，潭影空人心"等并可称警策。如此，则常建的"山光悦鸟性"起码作于公元七五三年以前，较老杜作于公元七六六年的"山光见鸟情"至少早十三年，怎能说前者出于后者呢？

老杜于大历元年春末来到夔州，至大历三年正月出峡东下，在这里共住了一年零九个多月，时间虽短，却写了四百多首诗，其创作力的旺盛，真令人惊叹不已。老杜在夔州前后搬过几次家，写到的名胜古迹和小地名也不少。为了有助于了解诗人行止和诗歌创作环境，现将山东大学《杜甫全集》校注组诸同志经实地勘查写成的《访古学诗万里行·夔州白帝辨遗踪》中的主要内容摘录于下。

白帝城旧址在今奉节县治以东十里（一作八里），瞿塘峡口北岸的白帝山山腰上，是汉代公孙述所建，因山势而修，周围七里，用石块砌成的城墙旧迹，至今仍多处可见。这里山势起伏，山为红砂石，树木稀疏。杜甫当年在《白帝城最高楼》一诗中描写的"城尖径仄旌旆愁，独立缥缈之飞楼"，就是写的这里。白帝城南的白帝山峰峙立江边，山势陡峭，有石阶，从江边至山顶，拾级而上，有四百余级。山顶有白帝庙，虽不算雄伟，却颇为秀丽，庙门南向，俯视大江滚滚东流。庙内正殿叫明良殿，此殿从东汉到明代曾经多次修葺易名，现明良殿则是从明代的义正祠更名而来。殿内有塑像，正中为先主刘备，右为诸葛亮，左为关羽、张飞。明良殿右，又有武侯祠，亦为明嘉靖时重修，正中为诸葛亮像，左右陪祀的是诸葛瞻、诸葛尚。殿内楹联匾额均系杜句，如"伯仲伊吕""诸葛大名垂宇宙，宗臣遗像肃清高"等。庙内临江有一观星亭，亭内有石桌，桌座呈八棱，上刻《秋兴八首》。传说为诸葛亮夜观星象之所。（焱案：白帝城的名胜古迹虽是后代重建，但早已具备规模，曾经影响过老杜的诗歌创作。有趣的是，老杜的诗歌创作又反过来为此间的名胜古迹增添光彩。）传说此白帝庙兴建于汉光武消灭公孙述之后，起始是供奉公孙述，后来士大夫认为奉祀割据的叛逆于理未安，于是改祀刘备和诸葛亮了。

从白帝庙上俯瞰江流，汹涌澎湃，江面最窄处仅百米左右，这里就是以惊险雄奇著称的瞿塘峡口，是入蜀的咽喉，两岸绝壁相对，犹如两扇大门，故称"夔门"，也是三峡之门。

杜诗"三峡传何处，双崖壮此门"（《瞿塘两崖》），又"西南万壑注，劲敌两崖开"（《瞿塘怀古》），都是刻画这个夔门的。

唐代夔州城，实际上就是以白帝城为基础，向西北面山坡扩展而成的。所以唐人往往把夔州城直称为白帝城。杜甫的《移居夔州作》："伏枕云安县，迁居白帝城"，就如此。刘禹锡《夔州刺史厅壁记》也讲到北周、隋、唐在白帝城基础上"张大"城府以建郡治的史实。陆游《入蜀记》说："晚至瞿塘关，唐故夔州，与白帝城相连。杜诗云：'白帝夔州各异城'，盖言难辨也。"自北宋初夔州州治从白帝城迁到瀼西（今奉节县城）后，白帝已逐渐废为邱墟，时间只隔一百多年的陆游已说："自城郭府寺，父老无知其处者。"（《东屯高斋记》）今天自然就更难分辨了。

杜诗说："赤甲白盐俱刺天，闾阎缭绕接山巅。"顺着奔腾咆哮的江流向东望去，不远处有夹江对峙卓立群峰之中的两座高山，这就是有名的赤甲山和白盐山。赤甲在江北，山顶状如桃子，当地俗称桃子山，是暗红色。隔江相对的是南岸的白盐山，山色呈灰白色，两山红白相映，远远望去更增添了这一带山川的奇伟秀丽。

由白帝山顶，向西南下方俯视，见瞿塘峡口的江心中有石礁，这就是小滟滪。杜诗"巨石水中央，江寒出水长"（《滟滪堆》）是指大滟滪堆，是自古以来最险要的奇景。古代民谣"滟滪大如象"云云，即指大滟滪堆而言。新中国成立后滟滪堆已由航运部门炸掉了。现在能看到小滟滪堆方圆也有数丈，高可三米左右，其间水流湍急。

鱼复，秦汉时县名，蜀时改名永安，以后两晋南朝仍名鱼复，唐贞观时才改名奉节县，至今未变。鱼复县故城，原在白帝城西北,后来就移治白帝城。北宋以后县治也随州治移至瀼西。鱼复浦,在今奉节县东南二里,即梅溪河东八阵图下面的沙洲。《晋书·桓温传》:"初,诸葛亮造八阵图于鱼复浦平沙之上。"传说洞庭湖的黄鱼每年溯游至此产卵,然后复返洞庭。鱼复县就因此而得名。这种黄鱼长一两丈,在唐时大概产量很惊人。杜诗里说夔州人"顿顿食黄鱼",而且是"脂膏兼饲犬"。据当地人说,这种黄鱼现在已很少见了。

永安,作为县名,即指秦汉之鱼复县。但刘备当年征吴,曾立永安宫。杜甫诗中多次提到它,如说"蜀主窥吴幸三峡,崩年亦在永安宫"(《咏怀古迹》其四)。《水经注》:"江水经永安宫南,诸葛亮受遗诏处是也。其间平地可二十里许,江山迥阔,入峡所无。城周十余里,背山面江,颓墉四毁,荆棘成林,左右居民,多垦其中。"陆游《入蜀记》:"夔在山麓沙上,所谓鱼复永安宫也。……比白帝城颇平旷,然失险无复形胜矣。"

瀼溪,即今日奉节城东门外之梅溪河,距东门约半里地,水流较大。有渡船通东岸。正如清朝江权所言:"西瀼源近而流浅,夏秋水涨,可通小舟。"古代夔州人"谓山间之流通江者曰瀼"(陆游《入蜀记》),所以这条梅溪河可叫瀼,白帝城东的草堂河也可叫瀼。梅溪河叫西瀼水,草堂河叫东瀼水。杜甫所谓的瀼水是指西瀼水。

杜甫在夔州只住了不到两年,却换了四个地方,除了赤甲不可考之外,其余三处,即西阁、瀼西、东屯大致可知。

县志说,现在关庙沱处有明代通判何宇度之碑,题曰"唐工部子美游寓处",或言此即子美"西阁"遗址。这个地方面对滟滪堆,可以看到江中往来的渔人和行旅,可以看到阴晴风雨朝暮晦明的峡中景物变化。

杜甫先在西阁住了将近一年，大历二年（七六七）三月，他在瀼西买了四十亩柑园，便搬到瀼西居住。杜甫在这里盖了房子，这就是瀼西草堂。（燚案：据《暮春题瀼西新赁草屋五首》和《简吴郎司法》"遣骑安置瀼西头""古堂本买藉疏豁"，知瀼西草屋当是先赁而后买的老房子。《访古学诗万里行》以为是老杜在这里新盖的，疑非是。）"瀼西"即现在梅溪河之西，也就是今日奉节县城东一带。瀼西草堂的确址已不可考，唐代这里是人烟较稠密的西市。如杜甫确曾住此，则距武侯祠很近，故常得瞻仰而入吟咏。

东屯，在白帝城东北十余里，沿着白帝城北面旧基址走，城基下有河床蜿蜒如带，细流如绳，即旧之东瀼水，今之草堂河。走下山坡，又沿草堂河谷的公路向东北走了几里，就到了奉节县草堂区白帝公社的浣花大队。这里就是杜甫东屯草堂旧址。

感谢万里访古学诗人的热心指点，使我们对夔州白帝的地理历史面貌有了较全面较具体的了解，现在再回过头去读老杜这一时期的诗篇，自会感到亲切多了。

三 "形胜有余风土恶"

且说大历元年春末，老杜携家来到夔州，寄居西阁，作《客堂》说：

"忆昨离少城，而今异楚蜀。舍舟复深山，窅窕一林麓。栖泊云安县，消中内相毒。旧疾甘载来，衰年得无足。死为殊方鬼，头白免短促。老马终望云，南雁意在北。别家长儿女，欲起惭筋力。

客堂序节改,具物对羁束。石暄蕨芽紫,渚秀芦笋绿。巴莺纷未稀,徽麦早向熟。悠悠日动江,漠漠春辞木。台郎选才俊,自顾亦已极。前辈声名人,埋没何所得?居然绾章绶,受性本幽独。平生憩息地,必种数竿竹。事业只浊醪,营茸但草屋。上公有记者,累奏资薄禄。主忧岂济时?身远弥旷职。修文庙算正,献可天衢直。尚想趋朝廷,毫发裨社稷。形骸今若是,进退委行色。"在老杜看来,云安、夔州一带就是楚地(详本章第一节),故至云安后所作诗有"舟人自楚歌"(《将晓》其二)、"楚客惟听棹相将"(《十二月一日》其二)、"南楚青春异"(《南楚》)之句。这首诗,夹叙夹议,见行止,见心绪,文辞亦苍劲有力:想起头年离开成都,而今已有楚蜀山川之异。我们坐船来到这里,那个寄居的西阁在深林覆盖的崇山之麓。前一阵留滞云安,像相如消渴我体内深感不适。船把旧病一起载了来我也高兴,衰老之年得苟延残喘哪还有什么不满足。就是死了成了异乡的鬼,头已白了就不算是寿命短促。古诗说"代马思朔云",大雁虽身在南可心里老是想着北。自从离家以来儿女们都长大了,我本想起程回乡奈何筋力不济。住进这客堂后不觉季节在慢慢改换,另一番景物聊解我客居的羁束。石山里很暖和长出了紫色的蕨芽,沙渚秀丽芦笋[6]一片碧绿。黄莺纷飞并未减少,麦子早已接近成熟。慢悠悠的太阳照耀着水波荡漾的长江,广漠无垠的春天已辞别了花草树木。尚书台选拔的郎官都是英才,我能做到郎官自己也觉得荣显已极。想想那些前辈声名卓著的人,他们在政治上被埋没却一无所得。我今何幸居然能身着官服,无奈我不愿供职性喜幽独。凡是我平生憩息的地方,必然要栽种几竿修竹。我的事业只

---

[6] 菰的嫩茎经某种病菌寄生后膨大,可当蔬菜吃,叫茭白。我的故乡现在仍叫芦笋。有的地方叫茭笋。

是喝酒，我所营造修葺的不过是些茅草屋。真感激严郑公（武）记挂着我，累次奏请授予我一份薄禄。我虽然常以主忧为念欲进济时之策，可惜身远而旷职。今朝廷正直，我还想回京以图于时政有毫发裨益，其如形骸衰老成这个样子，进退两难，徒委之匆匆行色。王嗣奭说："客堂非前客居。客居前江后山，此云深山林麓，故知别是一所。当是移夔后作，故云'舍舟复深山'，与《迁居》诗'且就土微平'者合也。……种竹、葺草屋，自叙平生，非必谓今客堂。"

鲁訔说，夔俗无井，以竹引山泉而饮，蟠窟山腹间，有至数百丈者。南方深山居民取水往往如此，我以前也曾见到过。老杜初来乍到，对之颇感兴趣，作《引水》说：

"月峡瞿唐云作顶，乱石峥嵘俗无井。云安沽水奴仆悲，鱼复移居心力省。白帝城西万竹蟠，接筒引水喉不干。人生留滞生理难，斗水何直百忧宽。"明月峡、瞿塘峡[7]高耸入云，有高泉可资引取；乱石峥嵘难凿，夔俗无井情有可原。在云安时买水费钱，增加客旅负担，奴仆也为之发愁；移居此地，用水方便，就省心多了。你看那白帝城西山头千万根竹筒连接起来引水，这样喉咙哪会干？因病留滞此间生活艰难，有杯水喝，可解百忧心暂宽。浦起龙说："结云'何直'，何啻也。人当穷困已极，则曰略得少资，如邀大惠。诗正此意，亦解嘲语也。仇谓一水未足解忧，反其旨矣。"

竹筒引水虽然方便，要是发生故障，沿着一根根衔接着的竹筒上山检查哪里脱节或漏水，那也是很麻烦的。老杜常说他有相如

---

[7] 明月峡在重庆市以东。这里主要指瞿塘峡，明月峡只是连类而及。

消渴之疾[8]，也就是糖尿病。患这种病的人水喝得特别多。一天傍晚，居民争水，不知谁给通老杜住处的竹筒弄了手脚，断水了。老杜当时雇的一个叫阿段的少数民族仆人就不声不响地上山去寻找源泉。到了三更半夜，老杜正口渴得不得了，忽听得竹筒引来的泉水从山顶云端直注缸中，不觉大喜，同时又为阿段敢在夜里穿过虎豹群上山去检修引水竹筒而感到惊异不置，于是就乘兴作《示獠奴阿段》说：

"山木苍苍落日曛，竹竿袅袅细泉分。郡人入夜争余沥，竖子寻源独不闻。病渴三更回白首，传声一注湿青云。曾惊陶侃胡奴异[9]，怪尔常穿虎豹群。"颈联写久待忽得之情颇传神。这一股清泉刚才还在高峰润湿青云，瞬息间便循竹筒穿过黑夜，当然也同样会穿过虎豹群而流到诗人身边；读后不觉令人作如是遐想。

夔州名胜古迹不少，老杜到后不免要四处游览，白帝城自然是他首先要去登临凭吊的去处：

"城峻随天壁，楼高望女墙。江流思夏后，风至忆襄王。老去闻悲角，人扶报夕阳。公孙初恃险，跃马意何长？"(《上白帝城》) 宋玉《风赋》："楚襄王游于兰台之宫，宋玉、景差侍。有风飒然而

---

[8] 如"茂陵著书消渴长"(《十二月一日》其二)、"消中内相毒"(《客堂》)、"消渴今如此"(《别苏徯》)、"消渴已三年"(《秋日夔府咏怀奉寄郑监李宾客一百韵》)等等即是。《秋日夔府咏怀》作于大历二年（七六七），如所咏属实，则老杜的消渴病当得于广德二年（七六四）。

[9] 旧有二说。一谓西晋陶侃家僮千余人，尝得胡奴，不喜言。侃一日出郊，奴执鞭以随。胡僧见而惊礼曰：此海山使者也。侃异之，至夜失奴所在。此事见今本刘敬叔《异苑》，或以伪撰疑之。一谓陶侃或陶岘之误。陶岘，陶渊明子孙，浮游江湖，与孟彦深、孟云卿、焦遂以舟共载，人号水仙。岘有昆仑奴名摩诃，善游水，后岘投玉环、古剑于西塞江水中，命奴取，久之，奴支体磔裂，浮于水上。岘流涕回棹，赋诗自叙，不复游江湖。此事见袁郊《甘泽谣》。有人以为老杜与陶岘同时，孟云卿又是他们共同的朋友，此或用其事。二说均不足信，录以备考。

至，王乃披襟而当之，曰：'快哉此风！寡人所与庶人共者邪？'"兰台之宫，旧址在今湖北省钟祥县境。东汉公孙述字子阳，更始时起兵讨宗成、王岑之乱，破之，遂有蜀土，僭立为帝，都成都，色尚白，改成都郭外旧仓为白帝仓，筑城于鱼复，号白帝城。述立十二年，为光武帝刘秀所杀。左思《蜀都赋》："一人守隘，万夫莫向；公孙跃马而称帝，刘宗（备）下辇而自王。"这大概是诗人首次上白帝城眺望怀古之作。见江流思夏禹疏凿之功（陈子昂《白帝城怀古》也说"深山尚禹功"），会风至想襄王兰台之快。垂老流离，愁闻悲角；人扶登览，且趁晚晴。可叹公孙述当初据险作乱，跃马称帝，意何雄哉，而今安在？杨伦说："意中亦隐为崔旰言之，语更有含蓄。"

这次登白帝城在夕阳西下时。不久又于天阴欲雨时再登，作《上白帝城二首》。其一说：

"江城含变态，一上一回新。天欲今朝雨，山归万古春。英雄余事业，衰迈久风尘。取醉他乡客，相逢故国人。兵戈犹拥蜀，赋敛强输秦。不是烦形胜，深愁畏损神。"江城气象多变，所以每次来每次都有新鲜的感觉。天好像要下雨，下雨必会洗净山野的残红，今年的春天就要永远归去。春去虽能再来，但再来的却是来年之春；今年之春一旦归去，便成"万古"了。伤春，亦自伤。人死谓之"作古"，或以"千古"悼之；老杜吟"山归万古春"时，于此不能无感。仇兆鳌解后半近是："公流落风尘，方与故乡人饮酒登眺，忽见输饷赴京者，不觉触目生悲，因叹云：我非厌烦此间形胜，特以愁来之故，怕损神而却步耳。公之关心民瘼如斯。……'兵戈'，蜀有崔旰之乱。'赋敛'，京师经吐蕃故也。"其二说：

"白帝空祠庙，孤云自往来。江山城宛转，栋宇客徘徊。勇略今何在？当年亦壮哉！后人将酒肉，虚殿日尘埃。谷鸟鸣还过，林花落又开。多惭病无力,骑马入青苔。"此诗专咏白帝庙。此庙唐宋以前祀公孙述。[10]仇兆鳌认为:"公于先主、武侯说得英爽赫奕,千载如生。此云'勇略今何在?当年亦壮哉',叹其随死而俱泯也。"白帝庙当时祀先主、武侯还是祀公孙,仇氏并未注明。此"叹其随死而俱泯"云云,如指先主、武侯,则非是。当然也可理解是指公孙而言。浦起龙说:"白帝本西方神。诗意盖指公孙述,为崔旰辈作影。"王嗣奭解其一"英雄余事业,衰迈久风尘"一联说:"谓此世界英雄尽有事业可做,惜己衰迈,久溷风尘也。"误。实则上句叹公孙称雄一时而终余陈迹,下句自伤久客风尘,两句之间并无因果关系。若从王说,岂不谓老杜欲效公孙之所为,陷老杜于不忠不义么?右仲自无此意,乃说诗甚求前后连贯之过。须知诗歌跳跃性很大,不可当散文对待。正确了解了"英雄"一联的意思,再来看其二,就容易得作者的用心了:白帝庙空荡荡的,只有孤云自来自往。人们偶尔拿些酒肉来祭祀,殿里积满尘土。公孙当年那不亦壮哉的勇略如今哪里去了?只留下江山无恙、旧城蟠曲。值此鸟鸣还过、花落又开的春夏之交,我客中带病骑马来游,抚今吊古,不无感慨,在庙宇中徘徊,久久不去。——这难道不是"英雄余事业,衰迈久风尘"的进一步发挥么?"林花落又开",与殷遥《春晚山行》"野花成子落"、郭震《惜花》"半欲离披半未开"、

〈10〉施鸿保说:"今按此咏公孙述也。东坡有白帝庙诗,亦是咏述。《宋诗纪事》载南宋时蜀人杨安诚白帝庙诗,其序云:白帝庙神,旧传以为公孙述,以予考之,非也。公孙氏享国日浅,辙迹未尝至夔,……公孙氏无从庙食也。据郦道元《水经注》,言瞿塘滩上,有神庙甚灵,刺史二千石过其下,不敢伐鼓鸣角,恐致风雨,舟人上水,以布裹篙足,不令触石有声,盖不谓其神为公孙氏也。……但庙偶连白帝城,俗遂从而讹为公孙氏耳。又诗云:'子美误信齐东语,感慨勇略招英魂。'则以白帝庙乃瞿塘江神,非公孙述,并以公诗为误,其说未知是否。然自道元而后,相沿以为述庙,故杜、苏二公诗,亦皆承之。"姑不论杨安诚江神庙说确否,但据此可知:(一)南宋以前相沿以为公孙庙;(二)杨安诚以为杜、苏白帝庙诗皆咏公孙述。

李商隐《即日》"已落犹开未放愁"意近而俱各有情。

前后不久，老杜又有《陪诸公上白帝城头宴越公堂之作》：

"此堂存古制，城上俯江郊。落构垂云雨，荒阶蔓草茅。柱穿蜂溜蜜，栈缺燕添巢。坐接春杯气，心伤艳蕊梢。英灵如过隙，宴衎愿投胶。莫问东流水，生涯未即抛。"题下原注："越公，杨素也。有堂在城上，画像尚存。"刘禹锡《夔州刺史厅壁记》：夔初城于瀼西，后周大总管龙门王述登白帝，叹曰："此奇势可居。"遂移府于今治所（指唐治白帝城）。隋初杨素以越公领大总管，又张大之。李贻孙《夔州都督府记》：白帝城东南斗上二百七十步，得白帝庙。又有越公堂，在庙南而少西，隋越公杨素所建，奇构隆敞，内无撑柱，夐视中脊，邈不可度，五逾甲子，无土木之隙。朱注：诗言"柱穿""栈缺"，而记云"无土木之隙"，疑记语未足信。又：阁木曰栈。《庄子·知北游》："人生天地之间，若白驹之过郤，忽然而已。""郤"，同"隙"，缝隙。后"白驹过隙"成为成语，用来形容时光过得极快。《诗经·小雅·南有嘉鱼》："君子有酒，嘉宾式燕以衎。""燕"同"宴"。"宴衎"，宴乐。古乐府："以胶投漆中，谁能别离此。"杨素，隋大臣。士族出身，北周武帝时任司城大夫等职。隋文帝灭陈时，他率水军从三峡东下，因功封越国公。开皇十年（五九〇），镇压荆州和江南各地的反隋势力。后任尚书左仆射，执掌朝政。参与宫廷阴谋，废太子勇，拥立炀帝。后封楚国公，官至司徒。杨素是隋朝的显贵，白帝城又是他起兵立功的据点。老杜今在城头越公堂参加当地官绅宴会，见此间境地荒凉，繁花凋谢，自会产生英灵过隙的感叹。末言宾主宴乐，意气相投，这就令诗人暂时不想离夔州而东下了。这诗虽不甚佳，但多少可见老杜的交游和行止动向。

老杜写白帝城登览最佳之作是《白帝城最高楼》：

"城尖径仄旌旆愁，独立缥缈之飞楼。峡坼云霾龙虎卧，江清日抱鼋鼍游。扶桑西枝对断石，弱水东影随长流。杖藜叹世者谁子？泣血迸空回白头。"城依山建，故城楼有最高者也有较低者。同样的道理，前诗题中"上白帝城头宴越公堂"云云，非谓堂建于城头，实指堂在山上高出于前面的城头。这是首拗体七律，除中两联对仗外（意对而平仄不对），其余全是歌行的作法。"扶桑"，神话中树木名。《山海经·海外东经》："汤谷上有扶桑，十日所浴。""弱水"，相传为水弱不能胜舟的河流。古籍中所载弱水很多，如《山海经·大荒西经》载，昆仑之丘"其下有弱水之渊"。城角这儿挺尖，小路又仄，连军旗也仿佛怕给大风吹倒而在发愁[11]；我独自站在这其势如飞、虚无缥缈的最高城楼之上，感受的新奇，就不难想象了。前面瞿塘峡口的颓崖断石，从云雾里显现出来，有如睡着的龙和虎；江水清澈，漩涡翻滚，像是阳光拥抱着鼋鼍在遨游。[12]扶桑的西枝与高峡遥遥相对，弱水东流远远地流入长江。[13]那个拄着藜杖在忧时叹世的人是谁？他将点点血泪抛洒到空中，回过白头深情地望着北方。（他是谁？我不说大家都知道。）

　　仇注引《杜臆》说，《晓望白帝城盐山》当作《白帝城晓望盐山》（今本无）。这题目其实不错，无须改动。前面在介绍《客堂》时提到，老杜一来到夔州就寄居在"深山""林麓"西阁（"舍舟复深山，窅窕一林麓"）。既是"林麓"，当然就不是山头。这岂不是可以近望白帝城远望盐山了么？这诗说：

　　"徐步携斑杖，看山仰白头。翠深开断壁，红远结飞楼。日出

---

[11] 萧涤非说："杜甫送韦评事诗：'吹角向月窟，苍山旌旆愁。'都是加倍的渲染法。"
[12] 仇注引韩廷延说："与'江光隐见鼋鼍窟，石势参差乌鹊桥'同一句法，皆登高临深，极形容疑似之状耳。"
[13] 朱注：峡之高，可望扶桑西向。江之远，可接弱水东来。与"朱崖著毫发，碧海吹衣裳"同义。

清江望,暄和散旅愁。春城见松雪,始拟进归舟。"《水经注·江水》:广溪峡,乃三峡之首,其间三十里,颓岩倚木。山上有神渊,渊北有白盐崖,高可千余丈,俯临神渊,土人见其高白,故因名之。《方舆胜览》:白盐山,在州城东十七里。西阁在城西[14],白盐山在城东,所以当诗人"徐步携斑竹,看山仰白头"时,自会看到白帝城头高耸入云的飞楼("红远结飞楼"),以及从春城后面露出的那底青顶白像雪压苍松似的盐山。仇兆鳌说:"断壁开处,见其深翠。飞楼结处,见其远红。此用倒装法。"又说:"见此佳景而始拟进舟,有不忍恝然之义。后《入宅》诗云'断崖当白盐',又《移东屯》云'白盐危嶕北',公盖眷眷于此山矣。"

张震《武侯祠堂记》:"唐夔州治白帝,武侯庙在西郊。"老杜很景仰诸葛亮,庙又在他寄居的西阁附近,一来当早就去参观过了,作《武侯庙》:

"遗庙丹青落,空山草木长。犹闻辞后主,不复卧南阳。"朱鹤龄说:"武侯为昭烈驱驰,未见其忠,惟当后主昏庸,而尽瘁出师,不复有归卧南阳之意,此则云霄万古者耳。曰'犹闻'者,空山精爽,如或闻之。"

他还去观看了八阵图,作诗说:

"功盖三分国,名成八阵图。江流石不转,遗恨失吞吴。"(《八阵图》)《东坡志林》:"诸葛亮造八阵图于鱼复平沙之上,垒石为八行,相去二丈。桓温征谯纵,见之,曰:'此常山蛇势也。'文武皆莫识。吾尝过之,自山上俯视,百余丈凡八行,为六十四蕞,蕞正圜,不见凹凸处,如日中盖影。予就视,皆卵石,漫漫不可辨,甚可怪也。"一九七九年版《辞海》载,八阵图是诸葛亮的一种阵

---

[14] 旧注谓《返照》作于西阁,阁临白帝城西,故见返照。

法。《三国志·蜀志·诸葛亮传》："（亮）推演兵法作八阵图。"后人考其遗迹而绘成图形（详见《武备志》）。相传诸葛亮曾聚石布成八阵图形，据记载，八阵图遗迹有三处：此其一，在奉节县南江边；一在陕西沔县（今勉县）东南诸葛亮墓东；一在四川新都县北三十里牟弥镇。刘禹锡《嘉话录》："夔州西市，俯临江沙，下有诸葛亮八阵图，聚石分布，宛然犹存。峡水大时，三蜀雪消之际，澒涌漂漾，大木十围，枯槎百丈，随波而下。及乎水落平川，万物皆失故态，诸葛小石之堆，标聚行列依然。如是者近六百年，迨今不动。"此可为"江流石不转"注脚。历来对末句的理解大致可分为两派：一说以未得（失）吞吴为恨，一说以不该（失策）吞吴为恨。浦起龙认为这两派都"坐煞武侯心上着解。抛却'石不转'三字，致全诗走作。岂知'遗恨'从'石不转'出生耶？盖阵图正当控扼东吴之口，故假石以寄其惋惜，云此石不为江水所转，天若欲为千载留遗此恨迹耳。如此才是咏阵图之诗。彼纷纷推测者，皆不免脱母"。指出"假石以寄其惋惜"这一拟人化的艺术表现手法是对的，但不得因此而抹杀此"恨"仍有二解。

《峡中览物》可看成是诗人春晚迁居夔州以来就近登临游览的小结：

"曾为掾吏趋三辅，忆在潼关诗兴多。巫峡忽如瞻华岳，蜀江犹似见黄河。舟中得病移衾枕，洞口经春长薜萝。形胜有余风土恶，几时回首一高歌？"还是仇兆鳌串讲得好："此公在峡而思乡也。上四追忆华州，下四峡中有感。向贬司功，而诗兴偏多，以华岳、黄河足引壮思也。今峡江相似，而卧病经春，无复前此兴会矣。盖此间形胜虽佳，风土殊恶，几时得回首北归，仍动长歌之兴乎？"汉代京兆尹、左冯翊、右扶风所辖之境，相当今陕西中部地区。后世行政区划分虽时有更改，但直到唐朝，习惯上仍称这一地区为"三辅"。华州属扶风。杜甫曾贬华州司功参军，故称"掾吏"。《文心雕龙·物色》说："若乃山林皋壤，实文思之奥府，略语则阙，详说则繁。然屈平所以能洞监风骚之情者，抑亦江山之助乎？"江山自会有助于文思诗情，但老杜"在潼关诗兴多"，还有时代背景、社会环境、作家遭遇等等更重要更直接的原因。其实他在秦州、成都、夔州诗兴也都是很多的，他之所以这么说，不过是在抒发一种忆旧思乡之情罢了。巫峡与华岳，风姿迥异而陡峭则一。蜀江清，黄河浊，亦各不同。只因都具有阳刚之美，能激发人的壮思，所以就见此而忆彼了。唐华州的治所在郑县（今陕西华县）。郑县之南的江中有个伏毒寺，气象潇洒，建筑精美。老杜厌峡水苍茫，徒为龙蛇深窟；伤远隔万里，旧游难得。作《忆郑南》说："郑南伏毒寺，潇洒到江心。石影衔珠阁，泉声带玉琴。风杉曾曙倚，云峤忆春临。万里苍茫外，龙蛇只自深。"可见他当时忆旧思乡之情是很强烈的。

"形胜有余风土恶"，诗人对当地恶劣风土人情的不满主要表露在《负薪行》《最能行》中。前诗说：

"夔州处女发半华，四十五十无夫家。更遭丧乱嫁不售，一生抱恨长咨嗟。土风坐男使女立，男当门户女出入。十有八九负薪归，卖薪得钱应供给。至老双鬟只垂颈，野花山叶银钗并。筋力登危集市门，死生射利兼盐井。面妆首饰杂啼痕，地褊衣寒困石根。若道巫山女粗丑，何得此有昭君村？"夔州的处女，不少已有四五十岁，头发花白了，可还没有婆家。何况战乱频仍，男子多出征或阵亡，这就更难嫁出了。这里的风俗是男坐女立，男子操持家务，女子在外面干活。她们十有八九要爬上险峰，砍了柴到集市上去卖了盘家养口；而且不顾死活，上盐井贩卖私盐牟利。她们多是老姑娘，到老脖子上都垂着双鬟，还将野花山叶同银钗插在一起。

她们戴着首饰脸上也化了妆,可掩藏不住眼泪的痕迹。她们衣着单薄,蜷缩在山旮旯石根下面。如果说巫山这一带的女子都长得又粗又丑,那为什么归州却有出过古代著名美女王昭君的村子[15]?末举昭君为例证明夔州处女的粗丑并非天生如此而是恶俗使然,不满恶俗而深表同情于乱世山区的寒女,足见诗人对社会问题和民生疾苦的关注。王嗣奭说:"(此)与下《最能行》俱因夔州风俗薄恶而发,结之以'昭君村''屈原宅',又为夔州人解嘲;文人之游戏笔端者如此。'处女发半华',五字便堪大噱。"诗人的感情是沉重的,以为这不过是解嘲逗乐的笔端游戏,这理解很不正确。《入蜀记》:"(峡中)妇人汲水,皆背负一全木盎,长二尺,下有三足,至泉旁,以勺挹水,及八分,即倒坐旁石,束盎背上而去。大抵峡中负物率着背,又多妇人,不独水也。有妇人负酒卖,亦如负水状,呼买之,长跪以献。未嫁者,率为同心髻,高二尺,插银钗至六只,后插大象牙梳,如手大。"可参看。

作于同时的《最能行》,则不满峡中男子轻生逐利、气量狭窄:

"峡中丈夫绝轻死,少在公门多在水。富豪有钱驾大舸,贫穷取给行艓子。小儿学问止《论语》,大儿结束随商旅。欹帆侧舵入波涛,撇漩捎濆无险阻。朝发白帝暮江陵,顷来目击信有征。瞿塘漫天虎须怒,归州长年行最能。此乡之人气量窄,误竞东风疏北客。若道士无英俊才,何得山有屈原宅?""最能",驾船的能手。"取给",赚钱为生。《论语》是孔子弟子对孔子平日言行的记录,后世奉为经典,也是授徒的基础教科书。蜀谚:"濆起如屋,漩下

---

[15] 王昭君,西汉南郡秭归人,名嫱,晋避司马昭讳,改称为明君或明妃。以美著称,元帝时被选入宫,竟宁元年(前三三),遭嫁匈奴呼韩邪单于。唐武德二年(六一九)分夔州秭归、巴东两县置归州,治所在秭归(今湖北秭归),辖境相当今湖北秭归、巴东、兴山等县地。昭君故里在兴山县城南郊宝坪村。

如井。"驾船的人遇漩须撇开,遇濆须捎过。《水经注·江水》:"至于夏水襄陵,沿溯阻绝。或王命急宣,有时朝发白帝,暮到江陵。"虎须滩在夔州府治西。当时蜀人称舵师为"长年三老"[16]。峡中人从小读书很少,无论贫富多以驾船为生。他们驾船技术很高,如今亲眼得见,才相信书上所说"朝发白帝,暮到江陵"原来是完全可能的。[17] 瞿塘峡口江水漫天,虎须滩风涛怒吼,架不住归州长年的本领更高强。可是他们的气量都很狭窄,亲南人疏北人。如果说这一带的男子中没有英俊的人才,那为什么山那边的秭归却有出过伟大诗人屈原的宅子[18]?

四 "闭目逾十旬,大江不止渴"

老杜作为"北客",不仅对峡中"土风"深感格格不入,而且还很不适应"南方瘴疠地"的气候。尤其入夏以来直至初秋,这里久旱毒热,他既忧农时复为高温所苦,其心情的烦躁就可想而知了。

南方淫祠之风甚炽,每逢天旱,就请巫师击鼓舞蹈,抬菩萨求雨,解放前我在家乡也曾多次见到过。老杜见了这番举动很不以为然,作《雷》说:

"大旱山岳焦,密云复无雨。南方瘴疠地,罹此农事苦。封内必舞雩,峡中喧击鼓。真龙竟寂寞,土梗空偻俯。吁嗟公私病,税敛缺不补。故老仰面啼,疮痍向谁数!暴尪或前闻,鞭石非稽古。请先偃

---

[16]《入蜀记》:"问何谓长年三老,云梢工是也。长读如长幼之长。"
[17] 李白的《早发白帝城》也说:"朝辞白帝彩云间,千里江陵一日还。"但这诗作于乾元二年(七五九)长流夜郎行至白帝城遇赦返江陵时,老杜不一定能读到。《早发白帝城》头两句同样受到《水经注》的启发,却有真情实感,故佳。
[18] 屈原故里,在今湖北秭归县城东北六十里的屈坪。传屈原诞生于此。又名三闾乡。

甲兵，处分听人主。万邦但各业，一物休尽取。水旱其数然，尧汤免亲睹。上天铄金石，群盗乱豺虎。二者存一端，忿阳不犹愈？昨宵殷其雷，风过齐万弩。复吹霾翳散，虚觉神灵聚。气喝肠胃融，汗湿衣裳污。吾衰尤计拙，失望筑场圃。"《左传》僖公二十一年："夏大旱，公欲焚巫尪。"杜预注："瘠病之人，其面上向，俗谓天哀其病，恐雨入其鼻，故为之旱。"庾信《和乐仪同苦热》"鞭石未成雨"，倪璠注引虞喜《志林》："夷陵有阴阳石，阴石常润，阳石常燥，旱则鞭阴石必雨，久雨鞭阳石则止。"这诗前叙旱情严重，求雨无效，收成无望，赋税难敛，公私都将受害。中谓暴尪鞭石，并不能消弭旱灾，如果方镇能停止战争，听命于朝廷，减轻税收，旱年则无足深忧；须知唐尧、商汤时水旱亦在所难免，今亢阳虽酷，不犹愈（好）于豺虎般作乱的群盗么？末写昨夜风雷大作，吹散了满天云雨，燥热难熬，想到没法种点菜蔬来改善生活，就更加感到失望了。

《神农求雨书》载：祈雨，不雨则暴巫，暴巫而不雨，则积薪击鼓而焚山。《水经注·江水》载：广溪峡乃三峡之首，山上有神渊，天旱燃木岸上，推其灰烬，下秽渊中，寻即降雨。当时当地人求雨总求不来，没办法，只得使出最后的一着儿——烧山！可是，仍然无效。老杜见了不胜感叹，作《火》说：

"楚山经月火，大旱则斯举。旧俗烧蛟龙，惊惶致雷雨。爆嵌魑魅泣，崩冻岚阴厔。罗落沸百泓，根源皆太古。青林一灰烬，云气无处所。入夜殊赫然，新秋照牛女。风吹巨焰作，河汉腾烟柱。势欲焚昆仑，光弥焌洲渚。腥至焦长蛇，声吼缠猛虎。神物已高飞，不见石与土。尔宁要谤讟，凭此迈荧侮。薄关长吏忧，甚昧至精主。远迁谁扑灭，将恐及环堵。流汗卧江亭，更深气如缕。"现值"新秋"，为求雨已焚山"经月"，那么这把吓唬蛟龙行雨的火当是阴历六月初点燃的，而旱象之成则更在此以前。《旧唐书·代宗本纪》

载:"是年春旱,至六月庚子始雨。"《雷》题下仇注引此。案史不言何处春旱,一般系指皇帝所在的京洛地区。我国版图辽阔,南北气象往往不一,故不得遽据史以为夔州一带亦春旱至六月始雨。前引本纪接着说:"自六月大雨,洛水泛溢,漂溺居人庐舍二十坊,河南诸州水。"实则中原春旱而夏涝,夔州一带夏旱至新秋犹无雨。老杜见此方人大旱焚山心里很不以为然,就在诗中议论说:你们烧山不是要逼着蛟龙行雨么?古传"龙不见石,人不见风,鱼不见水",你们就是把山上的长蛇、猛虎都烧焦了,甚至"火炎昆冈,玉石俱焚",蛟龙又看不见石头和土,这与它们一点儿也不相干,它们早飞走了。何况这种举动近于荧侮要挟,若真有龙,它们也不会乐意行雨的。这实在荒诞不经,主要是由于长吏薄于忧民,不知以精诚祈救。若任火势蔓延不设法扑灭,恐怕就要烧到居民的围墙边来了。我整天汗流浃背地躺在江亭之中,到更深夜尽也一点儿不凉快,热得我奄奄一息。——老杜相信儒家天人感应之说虽也不对,但反对巫术迷信还是可取的。这诗刻画、铺叙近赋,但苍老遒劲、浑然一体,不失为力作。韩愈《陆浑山火一首和皇甫湜用其韵》咏野烧亦淋漓尽致,但纯用赋体,又恣意逞奇斗险,终嫌生涩造作。

酷热难耐,又作《热三首》《毒热寄简崔评事十六弟》[19]等遣闷。可能是热得心烦意躁,这些诗多无甚可观。黄生说:"'炎赫衣流汗,低垂气不苏',又'欻翕炎蒸景',又'林热鸟开口',又'奇峰硉兀火云升',又'束带发狂欲大叫',诗中说冷易佳,说热难佳,即杜公不免襒襫矣。"

以往老杜在浣花溪乘兴作生活小诗如《绝句漫兴九首》《江畔

---

[19] 此时另有《赠崔十三评事公辅》,张远注:"评事为公诸舅之子,题下疑脱'弟'字。"崔十三、十六当为兄弟行;既称十六为弟,十三亦当称弟。

独步寻花七绝句》，多极潇洒有韵致。如今大热天里写的《夔州歌十绝句》虽"亦竹枝词体，自是老境"（杨伦语），意趣似稍逊。其中如其四写赤甲、白盐风景如画："赤甲白盐俱刺天，闾阎缭绕接山巅。枫林橘树丹青合，复道重楼锦绣悬。"其五记瀼东、瀼西人烟稠密，冬春温暖而花鸟繁多："瀼东瀼西一万家，江北江南春冬花。背飞鹤子遗琼蕊，相趁凫雏入蒋牙。"其六状东屯之胜："东屯稻畦一百顷，北有涧水通青苗。晴浴狎鸥分处处，雨随神女下朝朝。"其七言吴蜀航运甚便，商贾贩货竞趋，舟人忘险争利："蜀麻吴盐自古通，万斛之舟行若风。长年三老长歌里，白昼摊钱高浪中。"或见物景象，或见风土人情，不无可观。有趣的是，我们还可从其八中窥见长安市上有卖巫峡、楚宫之类山水图的，犹如现今卖年画一样："忆昔咸阳都市合，山水之图张卖时。巫峡曾经宝屏见，楚宫犹对碧峰疑。"又可从其九中得知附近武侯祠松柏树下是老杜炎天常去纳凉的好去处："武侯祠堂不可忘，中有松柏参天长。干戈满地客愁破，云日如火炎天凉。"

正因为他对诸葛亮很敬佩，对祠中的松柏又很熟悉很有感情，这就使得他能够写出《古柏行》这一篇成功之作：

"孔明庙前有老柏，柯如青铜根如石。霜皮溜雨四十围，黛色参天二千尺。君臣已与时际会，树木犹为人爱惜。云来气接巫峡长，月出寒通雪山白。忆昨路绕锦亭东，先主武侯同閟宫。崔嵬枝干郊原古，窈窕丹青户牖空。落落盘踞虽得地，冥冥孤高多烈风。扶持自是神明力，正直原因造化功。大厦如倾要梁栋，万牛回首丘山重。不露文章世已惊，未辞剪伐谁能送？苦心岂免容蝼蚁，香叶终经宿鸾凤。志士幽人莫怨嗟，古来材大难为用！"老杜寄寓夔州非止一日，游武侯祠非止一次，而且字里行间也不露明显的物候特征，因此很难断定这诗作于何时。现既已得知这年热天他常来祠中乘凉,我们就不妨想象:诗人憩息于古柏浓阴之下,望着那青铜般的枝柯、顽石般的根、滑得溜雨的起霜的皮、参天的黛色,不禁从宏观想见它云来气接巫峡、日出寒连雪山的耸峙阴森气象,并真切地感到它作为君臣际会的历史见证的意义。又从而联想到成都先主庙、武侯祠前的双大柏[20],心想那两棵种在郊原平地故可久存,像这棵盘踞高山而烈风莫能侵撼,当有神明扶持,且得造化之力。最后则因柏兴叹,说大厦将倾亟需栋梁之材,可惜这古柏重若丘山,万头牛都拉不动。它不露文采已引起世人的惊异,它不怕砍伐可又有谁能运送?它的心是苦的仍未免有蝼蚁寄居,叶子喷香终将有鸾凤住宿。志士幽人且莫怨嗟,古来材大都难为用啊!——赤日炎炎,坐在"霜皮溜雨四十围,黛色参天二千尺"的古柏阴里,冥思巫峡云气、雪山寒月,缅怀君臣际会之盛,抒发怀才不遇之憾,这岂不是最富有诗意、最能涤烦除闷的消夏良方?王嗣奭说:"公平生极赞孔明,盖有窃比之思。孔明材大而不尽其用,公尝自比稷、契,材似孔明而人莫用之,故篇终而结以'材大难为用',此作诗本意,而发兴于柏耳。不然,庙前之柏,岂梁栋之需哉?"沈括《梦溪笔谈》说:"杜甫武侯庙柏诗云:'霜皮溜雨四十围,黛色参天二千尺。'四十围乃是径七尺,无乃太细长乎?"这不过是文艺创作上的夸张手法,如果一定坚持科学性,认为所述柏树的粗与高不成比例,何不干脆说:"世上哪有高达二千尺的柏树!"

天气这么热,偏偏引水竹筒坏了,这可教患消渴病的老杜如何受得了!多亏他有个叫信行的仆人,冒暑上山,往返四十里,修好

---

[20]《成都记》:先主庙西院即武侯庙,庙前有双大柏,古峭可爱,人云诸葛手植。陆游《跋古柏图》:"予居成都七年,屡至汉昭烈惠陵,此柏在陵旁庙中,忠武侯室之南,所谓'先主武侯同閟宫'者,与此略无小异。"

水筒,他不胜感激,作《信行远修太筒》说:

"汝性不茹荤,清净仆夫内。秉心识本源,于事少滞碍。云端水筒坼,林表山石碎。触热藉子修,通流与厨会。往来四十里,荒险崖谷大。日曛惊未餐,貌赤愧相对。浮瓜供老病,裂饼尝所爱。于斯答恭谨,足以殊殿最。讵要方士符,何假将军佩?行诸直如笔,用意崎岖外。"题下原注:"(水筒,)引泉筒。"老杜居夔,有"隶人伯夷、辛秀、信行等"(《课伐木序》),据大历二年所作《秋行官张望督促东渚耗稻向毕清晨遣女奴阿稽竖子阿段往问》,知此前上山检修引泉筒的那个獠奴阿段这时还在杜家。这诗用的是第二人称,就是直接对信行讲的,显得很亲切。这信行也是个很奇特的人,他不吃荤爱清净,心里很有主见,遇事毫不迟疑。从"云端"二句看,引泉筒不是烧山烧坏的,而是山顶的石头碎了把筒压坏的。他爬山越岭,修好水筒回来已是黄昏。见他忙到现在还没吃饭,脸给晒得通红,老杜感到又惊又愧,就情不自禁地把那些冰在冷水中供自己消暑去病的瓜和自己平素最喜欢吃的那种十字切开的大饼让给他吃[21],以

---

[21] 施鸿保说:"《信行远修水筒》云:'浮瓜供老病,裂饼尝所爱。'注引《杜臆》,言分尝所爱之饼;又引卢元昌说,裂饼用后周王罴裂饼缘字,旧注何曾饼裂十字,不合。今按二说,皆以裂饼是裂分饼与信行也。然方触热远归,何以不与瓜而与饼?饼亦决非大、不能一人食者,何必又必裂而与之?既但与饼而不与瓜,亦何必自言瓜供老病,诗意似皆不合。细玩二句,盖当串说,非与饼而与瓜也。裂饼乃比喻,正用何曾作十字意,一瓜四分,与十字同;言瓜本留供己之老病,今因信行触热远归,如裂饼样,剖作四分,以一分与之;'尝所爱',言其方渴,瓜正所爱,分与尝之也。上二说皆非是。"施说不足取:(一)既然信行检修水筒回来既饥且渴,"日曛惊未餐,貌赤愧相对",老杜同时请他吃瓜也吃饼,又有何不可? (二)施氏是钱塘人,不大清楚北方人的饮食习惯。就我长期寄寓京华所知,北方人好吃大饼,家常饼薄的也有四五两,多横竖两刀切成四块,摞在盆或竹筐中供人取食。老杜当日"尝所爱"的饼想必同今天北方人爱吃的家常饼差不多。如果老杜真像现在北方人那样进食前将几个大饼两刀四块地切开摞在盆子里与信行分食,这不是很合情合理、很容易理解么? (三)旧引何曾饼裂十字文注"裂饼",甚当。"供老病"的"浮瓜"、"尝所爱"的"裂饼",二物对举,皆用以"答恭谨",其意甚明,怎能说"非与饼而与瓜"呢? 施氏纠旧注之缪,颇有所得;但病在存心挑剔,往往失之。

报答他的恭谨和他修复水筒的功劳（上功叫"最"，下功叫"殿"）。他不要方士的制虎豹符，也无须借用将军的佩刀[22]，他站得正行得直，自然置崎岖险阻于度外了。申涵光说："'日曛惊未餐，貌赤愧相对'，体恤下情如是，真仁者之用心。陶公（渊明）云'此亦人子也，可善遇之'，两贤一辙。"岂止是"仁者之用心"？还可看出老杜通过日常接触对信行有所了解后所产生的敬意。"清净而'心识本源'，恭谨而'事少滞碍'，士人有此，亦全人矣。公于僮仆亦于此观之，何等细心。"（《杜臆》）在封建时代，主人能这样细心观察僮仆，能看出并承认"仆夫内"有此"全人"而赞不绝口，这实在难能可贵，令人感动。

老杜年老体衰，沿途患病，春晚迁入西阁客堂，听说乌肉母鸡能治风湿麻痹（见《本草》），秋天还可吃蛋，就养了一大群，连母带雏共约五十只。谁知这一大群鸡踏盘翻案，把屋里搞得乱七八糟，令人厌恶。于是他就让仆人们砍了些竹子，隔断一段小路，在墙东空地上筑栅为笼，把它们都圈起来，可是还有从稀疏的竹栅间钻出去的，照样拿嘴和爪子弄脏簟席。因此这年热天他每次从武侯祠古柏下这样一些凉快地方乘凉回来，总要问问宗文这群鸡的表现，催他赶快带领仆人们修补好鸡栅，加强管理：

"吾衰怯行迈，旅次展崩迫。愈风传乌鸡，秋卵方漫吃。自春生成者，随母向百翻。驱趁制不禁，喧呼山腰宅。踏藉盘案翻，终日憎赤帻。课奴杀青竹，塞蹊使之隔。墙东有隙地，可以树高栅。织笼曹其内，令入不得掷。稀间苦突过，觜距还污席。避热时来

---

[22] 何云说：《真诰》有制虎豹符，"方士符"盖用此，《示獠奴阿段》诗云"怪尔常穿虎豹群"可证。钱注："将军盖"，高丽刻草堂诗"盖"作"佩"，注引李贰师拔佩刀刺山而泉飞。"佩"字较"盖"字为稳，宜从之。

归，问儿所为迹。我宽蝼蚁遭，彼免狐貉厄。应宜各长幼，自此均勍敌。笼栅念有修，近身见损益。明明领处分，一一当剖析。不昧风雨晨，乱离减忧戚。其流则凡鸟，其气心匪石。倚赖穷岁宴，拨烦去冰释。未似尸乡翁，拘留盖阡陌。"(《催宗文树鸡栅》)[23] 赵注：春卵可抱育，故秋卵方充食。干宝《搜神记》载：安阳城南有亭，夜不可宿；宿辄杀人。一书生明术数，宿亭中，夜半有赤帻者来，后得知为西舍老雄鸡成精。此借"赤帻"指鸡。"杀青竹"，以火炙竹去其汗则耐久。仇注：有栅，则鸡不啄蚁。有笼，则狐不噬鸡。且各领长幼，均敌不争，所以须区分置于诸笼。"损益"，查笼栅之不齐。"剖析"，别鸡群之异党。"不昧"，谓鸣不失期。"匪石"，言司晨有信。"拨烦"，无"喧呼"烦恼。"拘留"，应"怯行迈"。"阡陌"，应"墙东"。平时听鸡减忧，藉以自觉。岁终赖鸡充用，兼慰宗文。末二，作自哂语。《列仙传》载：祝鸡翁，居尸乡北山下，养鸡百余年，鸡至千头，皆立名字，欲引呼名，皆依呼而至。后升吴山，莫知所在。王嗣奭说："此诗处分极细，不免迂腐，盖成大事者不宜小察；而钟、谭一味称之，可笑。公因病故养鸡，因养鸡故生出许多琐碎来。既欲养鸡，安得复顾蝼蚁？养鸡多，安免斗争？而欲分别长幼，此皆可笑，盖徒苦宗文耳。"这话是对的，但须指出的是：正因老杜无大事可做，就容易为这些琐碎事而犯嘀咕了。这诗反映出诗人当时的生活和心境，尚有一定认识价值，前半写得也比较好。

好燥热的天气，好烦人的琐事，把老杜折腾得够呛！有时，他还得强打精神去做一些必要的应酬：

---

[23] 《杜臆》："篇中语多颠倒，如'课奴'四句须再整；'避热时来归'二句，宜移置'勍敌'之下。"仇注本已照此互调。正文所引从之。

"系马乔木间,问人野寺门。柳侯披衣笑,见我颜色温。并坐石堂下,俯视大江奔。火云洗月露,绝壁上朝暾。自非晓相访,触热生病根。南方六七月,出入异中原。老少多暍死,汗逾水浆翻。俊才得之子,筋力不辞烦。指挥当世事,语及戎马存。涕泪溅衣裳,悲风排帝阍。郁陶抱长策,义仗知者论。吾衰卧江汉,但愧识玙璠。文章一小技,于道未为尊。起予幸斑白,因是托子孙。俱客古信州,结庐依毁垣。相去四五里,径微山叶繁。时危挹佳士,况免军旅喧。醉从赵女舞,歌鼓秦人盆。子壮顾我伤,我欢兼泪痕。余生如过鸟,故里今空村。"(《贻华阳柳少府》)唐华阳县属成都府,贞观十七年析成都县置。这位华阳柳县尉,现亦客居夔州(本梁信州),住处与老杜寄寓的西阁客堂相去只四五里。这天老杜一早起身,骑着马来看他,把马系在大树下,向人打听,原来他就住在那个野庙里。(看样子他准是个卸任的县尉。)柳少府见老杜来访,忙披衣笑迎,十分热情。于是二人便并坐于石堂之下,一边俯视着大江奔流,一边在友好地交谈。这时,那朵朵火云经头晚月下露水的洗涤没想到反而更炽热,那炎光四射的旭日已经从悬崖峭壁上升起。[24] 老杜说:要不是拂晓来访,就会中暑生病。南方六七月出门跟中原地区可不一样,动辄汗如水泼,无论老少真有热死的。虽然如此,为了见你这样的才俊之士,我还是不辞身体疲劳就一早赶来了。接着叙少府议论当时军国大事、肝胆相照、痛哭流涕情状,说有少府长策,足以匡时济世,而自己的文章不过是雕虫小技,无关弘旨,故有垂老幸承启迪之叹,且服其意气过人,又欲以子孙相托。末段则自叙客夔景况,说成都崔旰之乱尚未平息,而夔州免于

---

[24] 仇注:月下之露,洗出火云。朝起之暾,上于绝壁。此言夏时早景,句法倒装。东坡诗:"火云势方壮,未受月露洗。"本此。

军旅之灾，故得相从歌舞欢宴，但思余生无几，故里难归，仍不免相对泫然。老杜意识到自己在世不会太久，已在考虑身后事了，其情可悯！"醉从"二句出杨恽《报孙会宗书》："家本秦也，能为秦声。妇赵女也，雅善鼓琴。奴婢歌者数人。酒后耳热，仰天抚缶而呼鸣鸣。"《汉书》应劭注：缶，瓦器，秦人击之以为节歌。杨伦说："只是随手写出，自觉十分淋漓。"又说："起处写景如生。（'火云'二句）是夏天晓景。"北京今年（一九八三）奇热，我写到这里时已过半夜，犹无一丝凉意，倍感老杜苦热诸什写得真切。诗云"南方六七月"，老杜访柳赠诗当在初秋。

夔州地区这年久旱，天气酷热。老杜这几年虽然在南方过了几个暑天，还是感到热不可耐，一直睡不好觉。好容易熬到阴历七月初三立秋[25]这天，午后热退，晚上稍凉，美美地睡了一觉，精神来了，不觉想起壮年乐事，一时兴起，作《七月三日亭午已后校热退晚加小凉稳睡有诗因论壮年乐事戏呈元二十一曹长》说：

"今兹商用事，余热亦已末。衰年旅炎方，生意从此活。亭午减汗流，比邻耐人聒。晚风爽乌匼，筋力苏摧折。闭目逾十旬，大江不止渴。退藏恨雨师，健步闻旱魃。园蔬抱金玉，无以供采掇。密云虽聚散，徂暑终衰歇。前圣眘焚巫，武王亲救暍。阴阳相主客，时序递回斡。洒落惟清秋，昏霾一空阔。萧萧紫塞雁，南向欲行列。欻思红颜日，霜露冻阶闼。胡马挟雕弓，鸣弦不虚发。长铍逐狡兔，突羽当满月。惆怅白头吟，萧条游侠窟。临轩望山阁，缥缈安可越？高人炼丹砂，未念将朽骨。少壮迹颇疏，欢乐曾倏忽。杖藜风尘际，老丑难剪拂。吾子得神仙，本是池中物。贱夫美一睡，烦促婴词笔。"诗作于七月三日。从"闭目逾十旬（百天），大江不止渴""密云虽聚散，

---

[25] 仇注：七月三日，盖立秋之日；凡公诗记日者，皆指节候言。

徂暑终衰歇"看,这场干旱、高温当开始于春末夏初,而且至今没有下过一次雨。既然雨师敛迹,旱魃扬威,园中的菜蔬就很难生长,自然贵得如金似玉。人热得难受,又缺菜吃,日子更不好过了。今日立秋,晚上稍微凉一点,心想:阴阳进退、时序更替,真是丝毫不爽;不久秋消暑气,紫塞雁来,又将是另一番景象。接着又从远在北方的紫塞想到其后在《壮游》中所述"放荡齐赵间,裘马颇清狂""呼鹰皂枥林,逐兽云雪冈"的壮年乐事而不胜惆怅。末段结出戏呈元曹长之意:"曹长盖喜烧炼,故末以此戏之。谓吾子虽得神仙,未能羽化,犹是'池中物';已于热后得一美睡,何减仙游?故致烦词笔也。"(《杜臆》)求仙、烧炼亦是老杜壮年乐事之一,因紫塞而骑射而烧炼,段与段之间虽有跳跃,思绪却并未中断。

再过四天就是七月七日牛郎织女相会的乞巧节。老杜作《牵牛织女》,首言牛女相会出于俗传之妄,次谓七夕设瓜果祈请乃世俗好事者之所为,末"因织女而及夫妇,见人情不可以苟合。女子待嫁,未免忧心忡忡,但以礼律身,惟勤事织作而已。盖夫妇之道,通于君臣,臣一失节,则君将不容矣。妇一失身,则夫将见绝矣。故知大而仕进,小而婚配,皆当出于至公"(仇注)。这诗根本否定神话、传说以及民间习俗的意义,封建伦理观念强烈,议论迂腐,写得也很乏味,无论思想还是艺术均无可取。但其中不言炎热,想天气确已转凉,"秋老虎"的威风渐杀了。

物极必反,接着就不停地下雨,老杜也不停地写雨诗。这一阵子我们陪着老杜在高温下受了不少煎熬,现在也该凉爽凉爽了。

五 一雨便成秋

久旱第一次下雨,老杜感到很快意,作《雨》说:

"峡云行清晓，烟雾相徘徊。风吹苍江树，雨洒石壁来。凄凉生余寒，殷殷兼出雷。白谷变气候，朱炎安在哉！高鸟湿不下，居人门未开。楚宫久已灭，幽佩为谁哀？侍臣书王梦，赋有冠古才。冥冥翠龙驾，多自巫山台。"宋玉《高唐赋序》："昔者先王尝游高唐，怠而昼寝。梦见一妇人，曰：'妾巫山之女也，为高唐之客。闻君游高唐，愿荐枕席。'王因幸之。去而辞曰：'妾在巫山之阳，高丘之阻，旦为朝云，暮为行雨，朝朝暮暮，阳台之下。'"巫山在今四川、湖北两省边境。长江穿流其中，形成三峡。著名的"巫山十二峰"并列巫峡两岸，以北岸的神女峰（望霞峰）最奇。神女峰因《高唐赋》所述故事得名。"巫山台"，即谓巫山阳台。《巫山县志》："城西北半里许，山名高都，为阳台故址，旧有古高唐观。"高唐观旧址，今尚存。夔州附近的瞿塘峡离巫峡不很远，因此老杜在这里每见下雨就容易联想起那个"旦为朝云，暮为行雨"的神女，如说"雨随神女下朝朝"，同时也在许多诗中把夔州这一带看成楚地了。这诗首句"峡云行清晓"是写实，倒不是硬套"旦为朝云"的话。"密云虽聚散，徂暑终衰歇"，好几次密云不雨，令人空盼一场。这次布了一早上的云，终于雨随风至，铺天盖地下起来了。雨久寒生，雷鸣雨大，连白谷[26]这样一些低洼的高温点的气候也变了，火红的炎夏转眼就跑得无影无踪。楚宫早已泯灭，这场雨莫非是那位"摇佩饰，鸣玉鸾"（《神女赋》）的神女特为怜悯人而下的？侍臣宋玉根据先王和楚襄王的两个梦创作了《高唐赋》《神女赋》，他赋才冠古，多亏他写活了这样一个又美丽又善良的女性，从此以后，在此方广漠的天空中乘着翠龙行雨的，多来自巫山的阳台啊！仇兆鳌说："朱子（熹）改'树'为'去'，言风吹

---

[26] 邵注：白谷，巫山之谷。

苍江而去，雨洒石壁而来，去来指风雨。董氏（斯张）改为'苍江澍'，却是说风吹而江澍（古通注）矣，岂可云雨洒而壁来乎？犹觉未安。"又说："此乃古诗，作'树'字本合，言风先吹树而继以雨来也。""风吹"二句写暴雨随狂风倏至的景象，绘声绘色，很有气势，岂可妄改，改则点金成铁了。

接着又下了一场雨，枯焦的原野慢慢有了生意，园子里的蔬菜也变得碧绿了，老杜心里一高兴，又作《雨》[27]说：

"行云递崇高，飞雨霭而至。潺潺石间溜，汩汩松上驶。亢阳乘秋热，百谷皆已弃。皇天德泽降，焦卷有生意。前雨伤卒暴，今雨喜容易。不可无雷霆，间作鼓增气。佳声达中宵，所望时一致。清霜九月天，仿佛见滞穗。郊扉及我私，我圃日苍翠。恨无抱瓮力，庶减临江费。"高山上乌云翻滚，迷蒙细雨飘然而至。不一会儿石间山水潺潺地流，松树顶上峭壁悬泉哗哗地落。前些日子太阳很毒，入秋天气也很热，五谷杂粮都快完了。感谢皇天降下德泽，使得那些晒得苗焦叶卷的作物又有了生意。前次那场雨下得太突然太猛烈，这次就从容平易多了。不可以没有雷霆啊，间或打打雷能为万物群生鼓气。[28] 美妙的雨声一直到半夜未停，这使我不由得产生了希望。我仿佛看到了清霜九月天，田野里收割完了，到处有没捡干净的谷穗。我住在城郊也得到了老天赐予的好处，我的菜园子

---

〔27〕仇注："黄鹤编在云安作。今按：云安有《喜雨》诗，言巢燕林花，当是夏时得雨。此云亢阳秋热，知非云安矣。且诗又云我圃苍翠。云安匆匆，焉得有圃？其为夔州作无疑。《杜臆》因诗有郊扉、我圃，疑为瀼西所作。今按：《客堂》诗言深山林麓，《鸡栅》诗言山腰阡陌，何尝非郊圃？还依朱本入在大历元年。"燷案：《七月三日……》："园蔬抱金玉，无以供采掇"，明说寓西阁客堂有园种菜，且前一首《雨》写的确是暴雨，此诗说"前雨伤卒暴，今雨喜容易"，衔接无误，此可补充仇说。但须指出的是，《喜雨》当作于去夏老杜启程离成都前而未到云安，仇氏误。

〔28〕浦起龙说："中间'雷霆'一段，本无雷而望之，盖雷能鼓动群生，亦从泽物上作意。"

一天比一天变得苍翠。《庄子》说子贡曾经见到过汉阴丈人抱瓮灌园，可惜我没有抱瓮的力气，不然倒可免了不少雇人从江边汲水浇菜的费用。这诗首四句写雨景大佳。"潺潺"二句，当与王维《山居秋暝》"清泉石上流"和《送梓州李使君》"山中一半雨，树杪百重泉"合读。雨后山涧之水潺潺地溜于石间，又汩汩地驶于松上，皆省主词。"汩汩松上驶"如同《北征》"我仆犹木末"，非谓泉流松上、仆登木末，而是前后景物重叠之象。

第一场是急风暴雨，第二场正好。后来一变为阴雨连绵，老杜不觉又转喜为忧了。《雨二首》就是这种情绪的流露，其一说：

"青山澹无姿，白露谁能数？片片水上云，萧萧沙中雨。殊俗状巢居，层台俯风渚。佳客适万里，沉思情延伫。挂帆远色外，惊浪满吴楚。久阴蛟螭出，寇盗复几许？"元稹《酬乐天得微之诗知通州事因成四首》其二："平地才应一顷余，阁栏都大似巢居。"自注："巴人多在山坡架木为居，自号阁栏头也。"《夔州歌》其四："间阎缭绕接山巅。"可见当地"巢居"大致情状。"青山澹无姿"，用江淹成句。这诗先写雨景，后写层台遥望，对雨怀人而虑其逢寇。"佳客"当有所指，不详。蒋弱六说："（首）四句连看，似露似云，连山连水，只沙上有声知为雨也，写状入神。"其二说：

"空山中宵阴，微冷先枕席。回风起清曙，万象萋已碧。落落出岫云，浑浑倚天石。日假何道行？雨含长江白。连樯荆州船，有士荷戈戟。南防草镇惨，沾湿赴远役。群盗下辟山，总戎备强敌。水深云光廓，鸣橹各有适。渔艇自悠悠，夷歌负樵客。留滞一老翁，书时记朝夕。"唐渝州有璧山县，宋辟山县属重庆府。旧注疑诗中"辟山"指此。王嗣奭说："起来四句，写雨景清绝。'浑浑倚天石'，是峡中景，兼以云俱出岫，故云'日假何道行'。……'草镇'，地名，想即黄草峡也，见后《黄草》一章。盖峡西有乱，而总戎调荆州兵以防之，故船中之士，荷戈冒雨，而赴远役。'群盗'，小盗也，时又有'下辟山'者，而总戎止备强敌，不暇及之，故鸣橹各有所适，而峡中不能安枕可知已。止有渔艇、樵歌如故；而'留滞一老翁'，则欲去而不得者，但'书时记朝夕'而已。……公忧旱诗（《雷》）云：'上天铄金石，群盗乱豺虎。二者存一端，愬阳不犹愈。'今已得雨，辄复忧盗。故雨诗三首（指"峡云行清晓"与此二首），止前首单咏雨，次首遂及前路吴、楚之盗，末首乃虑峡中之盗。自'连樯'以下，绝不及雨。"笺、评俱佳，可参看。

这一时期写雨天生活的诗还有《雨不绝》、《雨》"万木云深隐"等首，都小有情趣。前诗说：

"鸣雨既过渐细微，映空摇扬如丝飞。阶前短草泥不乱，院里长条风乍稀。舞石旋应将数子，行云莫自湿仙衣。眼边江舸何匆促，未待安流逆浪归。"骤雨过后，细雨飘丝，风稀未止，却不溅泥污草，描状入微，并不如朱瀚所说"语近于率""亦少意味"。罗含《湘中记》：石燕在零陵县，通风雨则飞舞如燕，止则为石。《水经注·湘水》：石燕山有石，绀而状燕，其石或大或小，若母子，及雷风相薄，则石燕群飞，颉颃如真燕。杨伦评"舞石"二句："纤丽，亦玉溪生粉本。"

后诗有"风扉掩不定"句。黄生说："'风扉掩不定''风幔不依楼''风帘自上钩''寒声风动帘''风连西极动''风前径竹斜'，画风手也。"

雨天的歌中最见忧国之情的是《江上》：

"江上日多雨，萧萧荆楚秋。高风下木叶，永夜揽貂裘。勋业频看镜，行藏独倚楼。时危思报主，衰谢不能休。"秋江雨夜，易兴身世之感。"放荡齐赵间，裘马颇清狂"，老杜当年雄姿英发、抱负非凡的神情可想。如今寒夜搜箧添衣，即使翻出的不是"放荡齐赵间"穿的那件"貂裘",也会因此勾引起勋业无成、济时无望的悲哀而揽镜自怜的。

连绵的秋雨终于停了,老杜作《雨晴》说:

"雨时山不改,晴罢峡如新。天路看殊俗,秋江思杀人。有猿挥泪尽,无犬附书频。故国愁眉外,长歌欲损神。"首句"雨时"一作"雨晴"。仇注引罗景纶说:"'雨晴山不改,晴罢峡如新',言或雨或晴,山体本无改变,惟既雨初晴,则山际精神,乃焕然如新。此说似未当。若上句出'晴'字,则下句便复。据公诗'久雨巫山暗,新晴锦绣文',即此诗注脚。知'雨''晴'两句,乃分说也。""天路",犹天边。《水经注·江水》载渔者歌说:"巴东三峡巫峡长,猿鸣三声泪沾裳!"《晋书·陆机传》载:"初,机有骏犬,名曰黄耳,甚爱之。既而羁寓京师,久无家问,笑语犬曰:'我家绝无书信,汝能赍书取消息不?'犬摇尾作声。机乃为书以竹筒盛之,而系其颈。犬寻路南走,遂至其家,得报还洛。其后因以为常。"雨晴峡新,最好东下。其奈不能如愿,仍然留滞天边。看着这异方习俗,加之秋山萧瑟,真是忧死人。这里常有猿鸣,害得我的眼泪早已流完,可叹我没有黄耳那样的骏犬能经常派遣去传递家书。"悲歌可以当泣,远望可以当归。"(《悲歌》) 我的故乡就在我的愁眉之外,我长歌一曲,不胜伤神。

秋分日赋《晚晴》,也流露出这种羁旅之愁:

"返照斜初彻,浮云薄未归。江虹明远饮,峡雨落余飞。凫雁终高去,熊罴觉自肥。秋分客尚在,竹露夕微微。"斜阳的光束照彻大地,稀薄的浮云散得快就不用归岫了。远处的虹垂江而饮[29],

---

[29] 仇注:"张正见诗:'镜如临风月,流如饮涧虹。'前汉燕王旦时,有大虹下于宫中,饮井水竭。"

峡中尚余残雨飘飞。凫雁高翔,熊罴上膘,鸟兽逢秋而自得。可叹我秋分尚在客中,夕听竹露轻滴,益增孤寂之感。

同时前后所作《返照》,情景与前诗相同,艺术上似稍胜:

"楚王宫北正黄昏,白帝城西过雨痕。返照入江翻石壁,归云拥树失山村。衰年病肺惟高枕,绝塞愁时早闭门。不可久留豺虎乱,南方实有未招魂。"相传楚王宫遗址在今四川巫山县西北,距夔州不远。黄昏雨过,夕阳光从江面上反射到石壁上晃动。"绿树村边合"(孟浩然句),归云拥树,山村也自然消失了。我年老多病,复忧绝塞羁旅,正想闭门高枕而卧,转思豺虎为乱,此地不可久留,只怕惊散的旅魂招不回去而留在南方。黄生说:"前半景,是诗中画。后半情,是纸上泪也。视'白帝城中',则较胜一筹。以起属正声,后半气力雄厚,又远过之耳。"《白帝》首句为"白帝城中云出门",黄生说的"白帝城中"诗当指《白帝》。《返照》是七律正格,《白帝》为变体,而思想、艺术,各臻其妙,不宜轩轾。

如果说《返照》以"晚雨初晴变幻光景""比夫蜀中兵乱胜败无常"(《杜臆》),那么《白帝》就是因秋日骤雨而兴起乱世之叹了:

"白帝城中云出门,白帝城下雨翻盆。高江急峡雷霆斗,古木苍藤日月昏。戎马不如归马逸,千家今有百家存。哀哀寡妇诛求尽,恸哭秋原何处村?"云出于城中,雨翻于城下,山城骤雨情景如见。王维《辋川集·文杏馆》:"不知栋里云,去作人间雨。"与此构思相近而境地有幽深与雄奇之别。江水暴涨,为峡口所束,轰鸣如雷霆之斗;山多古木苍藤,本极阴森,现又加上黑云翻墨、大雨倾盆,就更不漏日月之光了。《尚书·武成篇》说:"归马于华山之阳。"这放归的马,当然比出征的马安逸;巴蜀连年战乱不息,百姓死亡惨重,千家于今顶多只剩下百家。可怜啊连寡妇们都给剥削得精光,在这秋天的原野上,没有一个村子没有哭声。激荡的雷霆风雨、凶险的高江急峡,更衬托出动乱的现实和诗人如焚的忧思,艺术感染力是很强的。邵子湘评为奇警之作。又《黄草》也为蜀中兵乱而作:

"黄草峡西船不归,赤甲山下行人稀。秦中驿使无消息,蜀道兵戈有是非。万里秋风吹锦水,谁家别泪湿罗衣?莫愁剑阁终堪据,闻道松州已被围。"黄草峡在涪陵长江上流四十里。赤甲山在夔州城东北七里。首二句意谓巴蜀之间因战乱水陆梗阻。《客居》"蜀麻久不来,吴盐拥荆门"可证。朱鹤龄说:考唐史,杜鸿渐至蜀,崔旰与杨子琳、柏茂琳等各授刺史、防御,而不正崔旰专杀主将之罪,故有兵戈是非之语。盖言崔乱成都,柏、杨讨之,其是非不可无辨。然旰本建功西山,郭英又通其妾媵,激之生变,其罪不专在崔旰。未几释甲,随鸿渐入朝,而吐蕃则岁岁为蜀患,故末语又不忧剑阁而忧松州。燧案:朱说大体得之,惟杜鸿渐入朝在大历二年六月,而崔旰并未同行(详《资治通鉴》附《考异》),小误;末"松州已被围"不过是"闻道"而已。

以上这些诗,或写雨晴变幻,或抒家国深忧,可见老杜夔州秋日生活、心境的一斑。其中写得颇富理趣、值得注意的是《种莴苣》:

"阴阳一错乱,骄蹇不复理。枯旱于其中,炎方惨如毁。植物半蹉跎,嘉生将已矣。云雷欻奔命,师伯集所使。指挥赤白日,澒洞青光起。雨声先以风,散足尽西靡。山泉落沧江,霹雳犹在耳。终朝纡飒沓,信宿罢潇洒。堂下可以畦,呼童对经始。苣兮蔬之常,随事蓺其子。破块数席间,荷锄功易止。两旬不甲坼,空惜埋泥滓。野苋迷汝来,宗生实于此。此辈岂无秋?亦蒙寒露委。翻然出地速,滋蔓户庭毁。因此邪干正,掩抑至没齿。贤良虽得禄,守道不封己。拥塞败芝兰,众多盛荆杞。中园陷萧艾,老圃永为耻。

登于白玉盘，藉以如霞绮。苋也无所施，胡颜入筐篚。"种莴苣的经过和作诗的用意序中交代得很清楚："既雨已秋，堂下理小畦，隔种一两席许莴苣，向二旬矣，而苣不甲拆，独野苋青青。伤时君子或晚得微禄，辗轲不进，因作此诗。"久旱入秋得雨，老杜命僮仆在堂前开了两席菜畦，撒上莴苣籽儿，谁知过了二十来天，莴苣没发芽却长满了青青的野苋。这就引出他一大通正不敌邪的议论。这议论虽一般，却非无病呻吟，骂野苋骂得尤其痛快：真搞不清你们这些野苋是从哪儿来的，居然宗生族茂地盘踞在这里。你们这些东西也怕逃不过深秋的寒露严霜，就一个劲儿从地里飞快地钻出来，长满庭院，几乎把门户都堵塞了。因此知道君子守道洁己，其芳泽可以被人，小人必欲摧抑终身，如荆杞的败坏芝兰。借自然现象讽刺不合理社会现实的诗文古已有之。

《楚辞·离骚》以芳草比君子，萧艾比小人，惋惜君子变成小人就说："何昔日之芳草兮，今直为此萧艾也？"左思《咏史》其二以涧底长松为山上茎不过径寸之苗所掩荫，艺术地显示了"上品无寒门，下品无世族"的不平社会现实："郁郁涧底松，离离山上苗。以彼径寸茎，荫此百尺条。世胄蹑高位，英俊沉下僚。地势使之然，由来非一朝。金张藉旧业，七叶珥汉貂。冯公岂不伟？白首不见招。"鲍照敢恨敢骂，曾在《瓜步山楬文》中把那些因封建关系而高处要津的权贵比之为渺小的瓜步山而狠狠地加以咒骂与嘲弄："瓜步山者，亦江中渺小山也。徒以因迥为高、据绝作雄而凌清瞰远、擅奇含秀，是亦居势使之然也。故才之多少，不如势之多少远矣！"老杜的骂野苋，和这些借物讽时的诗文，无论命意还是构思，都有近似之处，但所讽刺的对象和所具有的社会意义是有所不同的。单就《种莴苣》而言，诗中的莴苣，岂不就是"晚得微禄"的诗人的自我写照么？至于那些野苋所代表的小人，既不是迫害屈原的那些上官大夫之流,也不是晋朝那些"蹑高位"的"世胄",而是老杜当代那些迫害忠良、败坏朝政的权奸。篇末仍以喻意作结,见邪终不能胜正,这不尽是聊以自慰之辞,倒是为古今中外历史所反复证实的真理。"师伯",雨师、风伯。张协《杂诗》其四:"森森散雨足。""散足"句言雨脚从风而靡。"云雷"一段写骤雨入神:云雷受雨师、风伯的驱使,忽然迅速行动起来。它们指挥着太阳由红渐渐变白,云气郁蒸,青光泛起,雨声以风声为先导,雨脚纷纷随风向西边飞扬。山泉迸落沧江,霹雳声犹在耳边。雨哗哗地下了一整天,一直下了两晚才停。——把平平常常的一场急风暴雨写得这么有声势,这不能不令人佩服老杜笔力的雄健。

六　凉爽了活动就多些

莴苣没种好,天气到底凉爽了,老杜的游览、交际活动又重新频繁起来。

老杜今年春晚一来夔州就对城东十七里的白盐山很感兴趣,曾在《晓望白帝城盐山》中表示想坐船到那里去登览:"春城见松雪,始拟进归舟。"后又在《夔州歌》其四写到那里的风景很美。现在天凉了,他终于如愿以偿,前去游览了:

"卓立群峰外,蟠根积水边。他皆任厚地,尔独近高天。白榜千家邑,清秋万估船。词人取佳句,刻画竟谁传?"(《白盐山》)《水经注·江水》:广溪峡,山上有神渊,渊北有白盐崖,高可千余丈,俯临深渊。"积水"当指神渊。钱注:"《荆州记》曰:三峡之首,北岸有白盐峰(《访古学诗万里行》说白盐山在南岸。待考),峰下有黄龙滩,水最急,沿溯所忌。故曰'积水边'也。"渊在山上,滩在江中,以"积水"指滩,似不切。黄希说:"《世说》:周觊云：'刻画无盐。'此因山名白盐，故有末句。"白盐山啊你卓立于群峰之外，蟠根于神渊之边。其他的山峰都紧贴厚地，惟独你接近高天。你是夔州这千户城市的一块大白匾额，清秋打你身旁来往经过上万艘做生意的长江船。词人选取佳句像"刻画无盐"那样刻画你这"白盐"，但恐怕这首诗未必能流传？——戏谑之辞，聊见诗人一时高兴而已。

黄初三年（二二二）二月，蜀先主刘备率兵伐吴，败归白帝城。次年四月卒于永安宫。所以这里有先主庙。《方舆胜览》载：庙在奉节县东六里。老杜刚到夔州时或已不止一次来此游览，而《谒先主庙》当作于这年秋天[30]：

"惨澹风云会，乘时各有人。力侔分社稷，志屈偃经纶。复汉留长策，中原仗老臣。杂耕心未已，欧血事酸辛。霸气西南歇，雄图历数屯。锦江元过楚，剑阁复通秦。旧俗存祠庙，空山立鬼神。虚檐交鸟道，枯木半龙鳞。竹送清溪月，苔移玉座春。阊阖儿女换，歌舞岁时新。绝域归舟远，荒城系马频。如何对摇落，况乃久风尘。孰与关张并，功临耿邓亲。应天才不小，得士契无邻。迟暮堪帷幄，飘零且钓缗。向来忧国泪，寂寞洒衣巾。"《三国志·蜀书·诸葛亮传》载：亮与司马懿对于渭南，每患粮不继，分兵屯田，为久驻之基，耕者杂于渭滨居民之间。"杂耕"谓此。该传又载：亮粮尽势穷，忧恚呕血，一夕烧营遁走，入谷道，发病卒。"欧"同"呕"。"欧血事"谓此。这诗首叙先主始末：风云惨澹、君臣际会，魏、蜀、吴各有争霸的异人崛起。先主与曹操、孙权力量相当分到了一分社稷，谁知征吴未遂枉费了满腹经纶。西南霸气消歇，雄图为天命所限而迍邅。先主临终时对诸葛亮说："君才十

---

[30] 诗中有"如何对摇落"句。黄鹤说：摇落乃秋候，当是大历元年秋作。

倍曹丕，必能定大事。"他把恢复汉室、统一中原的长策，留给了老臣。诸葛亮杂耕久驻的决心未已，可叹竟"鞠躬尽瘁"。不久，蜀汉也就为晋朝所合并了。[31]中写先主庙中情景：这里旧俗尚存，至今建庙立神像供奉先主。飞檐高与鸟道相接，松树古老多半已长出龙鳞。绿竹送走清溪之上月复一月的明月，苍苔为玉座移来年复一年的青春。民间里巷的少男少女不知更换了多少代，而赛神的歌舞却岁岁常新。关羽字云长，张飞字翼德，先主与二人寝则同床，恩若兄弟。后汉耿弇字伯昭，邓禹字仲华，皆随光武帝建立了大功。末述谒庙感慨：我从边远地区坐船还乡，暂时留滞在这荒城常骑马来庙中遨游。"当此风尘摇落中，孰与关、张并列，而功侔耿、邓乎？必有真主应天之才，方成君臣契合之机。今年齿迟暮，岂堪更参帷幄？只作磻溪钓叟已耳。但忧国念深，不禁泪洒衣巾也"（周甸语）。老杜当桑榆之年、处途穷之际，犹不忘立不世之功，复痛洒忧国之泪，这种精神颇感动人。

谈到老杜秋后的交游，不妨先提殿中监杨某。他有《送殿中杨监赴蜀见相公》诗。黄鹤注：大历元年二月，杜鸿渐以黄门侍郎平章事帅蜀，明年六月入朝。此诗当是元年秋作。相公指鸿渐。这诗说：

"去水绝还波，泄云无定姿。人生在世间，聚散亦暂时。离别重相逢，偶然岂足期？送子清秋暮，风物长年悲。豪俊贵勋业，邦家频出师。相公镇梁益，军事无孑遗。解榻再见今，用才复择谁？况子已高位，为郡得固辞。难拒供给费，慎哀渔夺私。干戈未甚

---

〔31〕仇注："旧注：'锦江''剑阁'，蜀地也。'过楚''通秦'，伤其不久而合于晋。《杜臆》：蜀汉不兴，以霸气歇、历数屯，天限之也。不然，蜀都虽小，其东达楚，可以取吴，其北通秦，可以取魏，何患不能混一哉？按：此说多一转折，不如前说为当。"今本《杜臆》无此条。

息，纲纪正所持。泛舟巨石横，登陆草露滋。山门日易夕，当念居者思。"流水一去不复返，浮云没有固定的姿态。人生在世，聚和散不过是暂时的事。我们离别后没想到今又重逢，事出偶然这岂能预期？在清秋的傍晚送您登程，这凄凉的风物将永远留在记忆中令人伤悲。英雄豪杰最看重建立功勋，恰值国家正出师用兵。杜相公现出镇山南、剑南[32]，操心军事巨细不遗。后汉陈蕃为太守，惟徐稚来特设一榻，去则悬之。您去为杜相公分劳，定会受到特殊礼遇，我相信像陈蕃解榻那样的佳话将再见于当今。他正在选用人才，除了您还选谁？何况您已获得从三品殿中监这样的高位，这次若委派您去当州郡长官，您可不要坚决推辞[33]。当地方长官自然难以拒绝供给军国费用，但千万要体恤下情，莫渔夺百姓。战乱还没完全平息，应努力整顿纲纪。坐船担风险，起旱露水重。夔门山高天黑得快，您走后当想到我这留下不走的人常在思念您。——想杜鸿渐这时辟杨为蜀中郡守，故正告以为郡之道。忧国忧民，情真语切，感人至深。

老杜雅好名家字画。这次杨监路过夔州，曾出示箧中珍藏的张旭草书图和画鹰十二扇，请老杜鉴赏。老杜看了很高兴，连作《殿中杨监见示张旭草书图》《杨监又出画鹰十二扇》二诗记其观感。前诗说：

"斯人已云亡，草圣秘难得。及兹烦见示，满目一凄恻。悲风生微绡，万里起古色。锵锵鸣玉动，落落群松直。连山蟠其间，溟

---

[32] 诸家多引《初学记》"剑南道，《禹贡》梁州之域也。自剑阁而南，分为益州"，以注"梁益"。《新唐书·地理志》也说："剑南道，盖古梁州之域，汉蜀郡、广汉、犍为、越嶲、益州、牂柯、巴郡之地。"以为"梁益"系指剑南，不无根据。不过，这年二月杜鸿渐以山南西道·剑南东、西川副元帅、剑南西川节度使入蜀平乱，而山南西道采访使治梁州（今陕西汉中），因此这诗中的"梁益"当统指山南西道和剑南道而言。
[33] 仇注："'得固辞'，言不得固辞也。《书·禹谟》：'稽首固辞。'"

涨与笔力。有练实先书，临池真尽墨。俊拔为之主，暮年思转极。未知张王后，谁并百代则？呜呼东吴精，逸气感清识！杨公拂箧笥，舒卷忘寝食。念昔挥毫端，不独观酒德。"张旭是盛唐时杰出的书法家，尤以草书著称（详上卷一五〇）。老杜曾在《饮中八仙歌》中称赞过他："张旭三杯草圣传，脱帽露顶王公前，挥毫落纸如云烟。"二人或为旧识。当时张旭已去世，今见其遗墨，不觉满目凄凉。"悲风"六句叙张旭草书的神妙：展卷而悲风生于细绢之上，古色苍茫，仿佛弥漫万里；走笔疾徐如铿锵鸣玉的移动，气势苍劲似落落群松的挺拔，山峦蟠曲状其笔画的连绵，溟渤水涨想其襟怀的浩瀚。李子德说："摹写处具见大力，直是造化在手。"观今传张旭《草书古诗四帖》，知所咏并非溢美之辞，而诗、书相得益彰。卫恒《书势》：弘农张伯英（芝），凡家之衣帛，必先书而后染练之。临池学书，池水尽黑，韦仲将谓之"草圣"。"有练"六句赞其书法工力的精深，老而臻于极境，张芝、王羲之之后，无人能与比肩。李颀《赠张旭》："张公性嗜酒，豁达无所营。皓首穷草隶，时称太湖精。"这诗也说他是"东吴精"，知张旭当时有此称号。末段结到杨监的赏鉴，说张颠草书逸气足动杨的清识，故常舒卷把玩。又念其醉后善书，不独酒德可观。《杨监又出画鹰十二扇》则主要写因赏画鹰所生盛世不再、壮志难酬的感慨：

"近时冯绍正，能画鸷鸟样。明公出此图，无乃传其状？殊姿各独立，清绝心有向。疾禁千里马，气敌万人将。忆昔骊山宫，冬移含元仗。天寒大羽猎，此物神俱王。当时无凡材，百中皆用壮。粉墨形似间，识者一惆怅。干戈少暇日，真骨老崖嶂。为君除狡兔，会是翻鞲上。"《历代名画记》：冯绍正，开元八年为户部侍郎，善画鹰鹘鸡雉，尽其形态，嘴眼脚爪毛彩俱妙。曾于禁中画五龙堂，有降云蓄雨之感。前草书是张旭真迹，此鹰图乃临摹冯画。首记画鹰的神奇:这十二扇画鹰,姿态各异,但皆独立出群,心地清绝。它们简直可说是疾于千里马、气吞万人敌。老杜早年以来就好借咏马咏鹰来抒写自己前程万里、海阔天空的雄伟抱负,如说"骁腾有如此,万里可横行"(《房兵曹胡马》)、"何当击凡鸟,毛血洒平芜"(《画鹰》)等等。后旅食京华,仕途蹭蹬,仍然在《进雕赋表》中盛赞鹰、雕等鸷鸟的"英雄之姿":"岂但壮观于旌门,发狂于原隰?引以为类,是大臣正色立朝之义也。"于今留滞夔门、客居寂寞,喜见盛世名家画鹰摹本多幅,这怎教诗人不缅怀往事、感慨万千呢?玄宗当年常以冬十月从东内大明宫含元殿移仗骊山华清宫避寒。晚唐郑嵎《津阳门诗》咏玄宗当年冬猎骊山盛况说:"五王扈驾夹城路,传声校猎渭水湄。羽林六军各出猎,笼山络野张罝维。雕弓绣韣不知数,翻身灭没皆峨眉。赤鹰黄鹘云中来,妖狐狡兔无所依。"又加自注:"申王有高丽赤鹰,岐王有北山黄鹘,逸翮奇姿,特异他等。上爱之,每弋猎,必置于驾前,目为'决胜儿'。"摹本画鹰不一定是赤鹰、黄鹘这些御前"决胜儿"的写真,只是冯绍正乃开元间人,因而想起骊山校猎之盛,就不觉对画而惆怅了。末借真鹰寄慨:干戈连年不息,今上无暇校猎,那些真骨凌霜的鹰鹘,就只有老死空山了。如果一旦有机会为君王剪除狡兔,它们自会从韝上腾空而起。隋炀帝《咏鹰》说:"虽蒙韝上荣,老有凌云志。"这样,岂不恰好见出老杜"烈士暮年"未已的壮心来了?李子德评:"咏画忽寓兴亡之感,可称高壮。"

今年入夏老杜来夔州不久时,他曾作《奉寄李十五秘书文嶷二首》,望李早日从云安来夔州,结伴出峡:"避暑云安县,秋风早下来。暂留鱼复浦,同过楚王台。猿鸟千崖窄,江湖万里开。竹枝歌未好,画舸莫迟回。"(其一)到了秋天,李文嶷来了又走了,可是老杜却因病不能跟他一起出峡,只得作诗相送说:

"峡人鸟兽居,其室附层巅。下临不测江,中有万里船。多病纷倚薄,少留改岁年。绝域谁慰怀?开颜喜名贤。孤陋忝末亲,等级敢比肩?人生意气合,相与襟袂连。一日两遣仆,三日一共筵。扬论展寸心,壮笔过飞泉。玄成美价存,子山旧业传。不闻八尺躯,常受众目怜。且为辛苦行,盖被生事牵。北回白帝棹,南入黔阳天。汧公制方隅,迥出诸侯先。封内如太古,时危独萧然。清高金茎露,正直朱丝弦。昔在尧四岳,今之黄颍川。于迈恨不同,所思无由宣。山深水增波,解榻秋露悬。客游虽云久,主要月再圆。晨集风渚亭,醉操云峤篇。丈夫贵知己,欢罢念归旋。"(《赠李十五丈别》)旧注以《奉寄李十五秘书文嶷》其二有"衣冠八尺身""玄成负文彩"之句,此诗亦云"不闻八尺躯""玄成美价存",故知此"李十五丈"即李文嶷,甚是。老杜曾在《峡中览物》中表露出对夔州风土的厌恶情绪:"形胜有余风土恶,几时回首一高歌?"这诗开头几句就是这种情绪的再次流露。因病淹留此间,整天看到的是层巅上的"鸟兽居"、急流中的"万里船",百无聊赖,又无人可以谈心,这时他盼望已久的那位至亲好友李十五丈忽然来了,这怎教老杜不大喜过望呢?《奉寄李十五秘书文嶷》其二有"公侯出异人"之句,知李为宗室。老杜的外公家与唐王室是姻亲(详上卷二一至二三页),于是他就跟李十五攀上亲戚了:"孤陋忝末亲,等级敢比肩?"[34] 汉朝的韦玄成是韦贤的少子,为相七年,守正持重不及其父,而文采过之。庾信字子山,在梁朝时,与父肩吾俱供职东宫,出入禁闼,恩礼莫与比隆。此诗"玄成美价存,子山旧业传",与前寄李诗其二"玄成负文彩,世业岂沉沦",皆以玄成、子

〈34〉仇注:"李与公,必同辈亲戚,故云'末亲''比肩'。""等级",指辈分。"敢",不敢、岂敢。"敢比肩",谓不敢居于同辈,可见是同辈了。

山比李的家世通贵（《奉寄李十五秘书文嶷》其二"班秩兼通贵"）。这两首诗都说李身长八尺，可见他很高。仇氏引陈寿《诸葛亮表》"身长八尺，容貌甚伟"注之，似不当；若欲注辞章出处，不如径引《北史·庾信传》"（信）身长八尺"现成。老杜和李十五是亲戚，意气又很相投，今在异地相逢，自然更加亲热。虽然都在客中，李境况较好，一来就不断给老杜送礼，并设盛筵相待。(35) 在李十五暂留夔州的这几天里，他们在一起饮酒谈心，挥毫写作，过得十分愉快。李十五这次离夔出峡是去江西访李勉："'黔阳'，黔州。《唐地理志》：属江南道，本黔安县，天宝元年更名。'汧公'，李勉。肃宗初年为梁州都督。宝应元年建辰月，党项、奴剌寇梁州，勉弃郡走。后历河南尹，徙江西观察使。大历二年来朝，拜京兆尹。李十五自峡中往访，正勉在江西时也。'南入黔阳天'，自黔取道之豫章也。旧注云：访勉于梁州，甚误。《新书》：大历十年，拜工部尚书，封汧国公。(36) 此诗已称'汧公'，知《新书》误也。"（钱注）李勉字玄卿，郑惠王元懿曾孙。《旧唐书》本传说他"坦率素淡，好古尚奇，清廉简易，为宗臣之表"。《新唐书》本传说他"位将相，所得奉赐，悉遗亲党，身没，无赢藏。其在朝廷，鲠亮廉介，为宗臣表"。观其一生行事（详两《唐书》本传），他确乎是个比较好的宗室宰相。这是应酬诗，其中对李勉的赞扬，难免溢美，但也并非毫无

---

(35) 张惕庵说："（李）出游为生计所迫，原非得已，足令英雄气短。"杨伦说："观此则前诗'行李千金赠'，恐亦夸词耳。"诗云："不闻八尺躯，常受众目怜。且为辛苦行，盖被生事牵。"这确乎是说李迫于生计而出游。但不得因此认为他宦囊空涩亦如老杜。从这几天厚待老杜的情况看，说他以前曾帮助过老杜的一些川资（虽说没有"千金"），那还是很有可能的。

(36) 《新唐书·李勉传》仅载："寻拜岭南节度使。……居官久，未尝挍饰器用车服。后召归，……进工部尚书，封汧国公。"此"大历十年"四字，系钱氏据《旧唐书》本传"（大历）十年，拜工部尚书"补订。

一点事实根据。老杜曾在快到成都时作《鹿头山》称誉成都尹裴冕，庆幸方镇得人："冀公柱石姿，论道邦国活。斯人亦何孝，公镇逾岁月。"裴冕的为人、为政本极平庸，为什么竟如此颂扬呢？杨伦解答说："入境颂邦君，自体当如此，而依刘之意，即在其中。"如今老杜迟早将出峡东游，那么，他今天的颂"汧公"，其用意是否如同昔日的颂"冀公"呢？二李同属宗室，十五此去，必有留连诗酒之兴，故末谓为欢易尽，不可久游而忘返。

这年夏天，贬蓬州刺史的汉中王李瑀罢郡，将取道夷陵（今湖北宜昌市）还朝，途中暂留归州（今湖北秭归）避暑，曾写信给老杜告知近况，老杜作《奉汉中王手札》以覆。秋天，汉中王又来信说他们共同的友人韦侍御、萧尊师已病逝，老杜作《奉汉中王手札报韦侍御萧尊师亡》表示悼念之意。这是首五言排律，后半说："一哀侵疾病，相识自儿童。处处邻家笛，飘飘客子蓬。强吟《怀旧赋》，已作白头翁。"嵇康、吕安因反对司马昭被杀。向秀《思旧赋》为悼念二人而作。序说："余逝将西迈，经其旧庐；于时日薄虞渊，寒冰凄然。邻人有吹笛者，发声寥亮；追思曩昔游宴之好，感音而叹，故作赋云。"邻笛触耳生悲，客蓬自怜流落；白头怀旧，恐亦不久于人世了。同时所作《存殁口号二首》也是这种感伤情绪的宣泄。其一原注："道士席谦，吴人，善弹棋。毕曜，善为小诗。"现席存毕殁，故望存者玉局降仙 [37] 而伤殁者白杨拱墓："席谦不见近弹棋，毕曜仍传旧小诗。玉局他年无限事，白杨今日几人悲？"其二原注："高士荥阳郑虔，善画山水。曹霸，善画马。"叹郑虔殁后天下更无山水之奇，曹霸虽存而谁识骅骝之价："郑公粉

---

[37] 黄希说：张道陵修道既成，老子降于成都，地涌出一玉局，高丈余，老君升座授道毕，老君已回，玉局消散。

绘随长夜,曹霸丹青已白头。天下何曾有山水?人间不解重骅骝。"前在说《贻华阳柳少府》诗时,曾指出:老杜意识到自己在世不会太久,已在考虑身后事了。这种身世之忧,可说是他当时感伤情绪所由产生的主要根源。《奉汉中王手札报韦侍御萧尊师亡》《存殁口号二首》本身的价值并不大,但从中可以窥见诗人思想感情中的新变化,有助于理解他近来何以写作了那么多忆旧怀人、悼友自伤的诗篇来。

七　诗的自传和列传

这一类诗篇中写得最好最富于感情的,是那几首自传性的作品。《壮游》从七岁开始学作诗写起,一直写到垂老久客巴蜀,可说是一篇最完整最有史料价值的诗的自传。《遣怀》《昔游》"昔者与高李"首回忆当年与高适、李白的梁宋之游,可作《壮游》的补充。上卷中谈到有关问题时主要就是用这些诗作为第一手资料,这里就不再介绍了(详第二章第三、四节,第三章第三、四节,第四章第二、三、五节等)。

这年秋天,他不仅用诗写自传,也用诗为他人立传,作《八哀诗》八篇,以抒发叹旧怀贤之思。[38] 这组诗共传王思礼、李光弼、严武、李琎、李邕、苏源明、郑虔、张九龄等八人,小序说:"伤时盗贼未息,兴起王公、李公,叹旧怀贤,终于张相国。八公前后

---

[38] 黄鹤以为八诗非一时所作,如李光弼诗"洒泪巴东峡"、严武诗"怅望龙骧茔",则二诗在夔州作无疑。如李邕诗"君臣尚论兵,将帅接燕蓟",则是史朝义未平、正经营河北之日,当在广德之前。盖自宝应、广德至大历初,有此作。仇兆鳌说:"今按:诗序所云,乃一时追思之作。观哀郑虔诗云'秋色余魍魉',当是大历元年之秋。其云:'君臣尚论兵,将帅接燕蓟。'因此时吐蕃未靖,河北降将阳奉阴违,故有此语,非为史朝义而发也。"仇说是。

存殁，遂不铨次。"这组诗有叙有评，俱见哀情。

其一写王思礼。王思礼是高丽人。曾在陇右节度使哥舒翰麾下，以功授右卫将军、关西兵马使。后以平安史乱功大，迁兵部尚书，封霍国公。上元元年（七六○）加司空。二年卒，赠太尉，谥曰武烈。老杜在《洗兵马》中很推崇他的浩然之气："尚书气与秋天杳"（详上卷五三五页）。这诗中记思礼陇右立功情事颇精彩："服事哥舒翰，意无流沙碛。未甚拔行间，犬戎大充斥。短小精悍姿，屹然强寇敌。贯穿百万众，出入由咫尺。马鞍悬将首，甲外控鸣镝。洗剑青海水，刻铭天山石。九曲非外蕃，其王转深壁。飞兔不近驾，鸷鸟资远击。"（《赠司空王公思礼》）

其二写李光弼。李光弼是营州柳城（今辽宁朝阳南）契丹族人。曾任河西节度使、朔方节度副使等职。安禄山叛乱，任河东节度使，与郭子仪进攻河北，收复十余郡。又在太原击败史思明。乾元二年（七五九）升天下兵马副元帅，率军进击安庆绪，被史思明击败，退守河阳（今河南孟县西）。不久攻克怀州，因功封临淮郡王。后受宦官牵制，在洛阳附近北邙山战败。宝应元年（七六二）出镇徐州，进封临淮王。曾派兵镇压浙东袁晁起义。程元振、鱼朝恩用事，日谋有以中伤者。及来瑱为元振谮死，光弼愈加恐惧。广德元年（七六三）十月，吐蕃寇京师，代宗诏诸道兵入援，光弼等畏祸，皆迁延不敢行。此后诸将田神功等不复禀畏，光弼愧恨成疾。广德二年（七六四）七月卒，年五十七。光弼曾为司徒，卒后赠太保，谥曰武穆。李光弼与郭子仪齐名，世称"李郭"，而战功推为中兴第一。老杜曾在《洗兵马》中称道"司徒清鉴悬明镜"。现又哀其饮恨而终，相信将来的直笔史臣必能为之洗雪："直笔在史臣，将来洗筐箧。吾思哭孤冢，南纪阻归楫。"（《故司徒李公光弼》）足见诗人显微阐幽之意。后两《唐书·李光弼传》和《资治通鉴》果真都披露了此事真相,老杜的话是应验了。

其三写严武。严武是老杜的至交。诗中有"小心事友生"句,知严武并无欲杀老杜事。严武在蜀为政苛暴,惟破吐蕃收盐川有功。"公来雪山重,公去雪山轻",最善形容,亦为实录。"堂上指图画,军中吹玉笙。岂无成都酒?忧国只细倾。时观锦水钓,问俗终相并"(《赠左仆射郑国公严公武》),写老杜入严幕前后二人相与游赏事,颇见深情雅兴。

其四写李琎。汝阳王李琎是玄宗长兄让皇帝宁王李宪的长子。老杜初入长安,受到汝阳王的礼遇,常随游宴,老杜在《赠特进汝阳王二十韵》中对此有详细描述,又在《饮中八仙歌》中为李琎作艺术造像:"汝阳三斗始朝天,道逢曲车口流涎,恨不移封向酒泉。"这诗发端四句"汝阳让帝子,眉宇真天人。虬髯似太宗,色映塞外春",写得形神俱备,与前一形象对照,气魄自是不同,真不愧为大手笔。

李邕是盛唐文坛上的大名人。杜甫青年时就得到这位前辈的赏识("李邕求识面")。天宝四载夏天,他们在齐州(今山东济南)重逢,这一老一少可算得是忘年的旧知交了。杯酒言欢之余,李邕跟杜甫纵论近代名家诗文,高度评价了他祖父杜审言的诗作,他听了很感激。对于天宝六载李邕的惨遭李林甫谋杀,他是很悲愤的。这些都爱憎分明地写在其五《赠秘书监江夏李公邕》里(详第四章第四节)。

苏源明是杜甫"放荡齐赵间"的伴侣。他后来做过京官,放过外任;老杜"旅食京华"时,经常能从他那里得到点酒钱。安禄山陷京师,苏源明以病不受伪署,两京收复后擢考功郎中知制诰。老杜跟他相交至厚,其六《故秘书少监武功苏公源明》记其生平事迹颇详，尤其对他的抗贼大节写得凛凛有生气："一麾出守还，黄屋朝风卷。不暇陪八骏，虖廷悲所遭。平生满樽酒，断此朋知展。忧愤病二秋，有恨石可转。"

老杜的另一老友郑虔也陷贼，表现还不错，事后却遭严谴，终卒贬所。老杜对郑虔的诗书画三绝很推重，对他不幸的遭遇很同情，所以在其七《故著作郎贬台州司户荥阳郑公虔》中先赞其才学绝世，后叹其蒙冤屈死，两相对照，倍觉伤情："昔献书画图，新诗亦俱往。沧洲动玉陛，寡鹤误一响。三绝自御题，四方尤所仰。……晚就芸香阁，胡尘昏埃莽。反覆归圣朝，点染无涤荡。老蒙台州掾，迤泛浙江桨。履穿四明雪，饥拾楢溪橡。空闻《紫芝歌》，不见杏坛丈。天长眺东南，秋色余魍魉。别离惨至今，斑白徒怀曩。……百年见存殁，牢落吾安放？"

张九龄字子寿，韶州曲江（今广东韶关市）人。擢进士后又以"道侔伊吕科"策高第，为左拾遗。开元二十一年（七二三）任中书侍郎同平章事。开元二十二年为中书令。他要求搞好国家的基层政治，要求任用贤能，反对朋比阿私，反对名器假人。这些主张沉重地击中了朋比阿私的李林甫一派反动势力的要害，因此成了李党的眼中钉，终为李林甫所谗，于开元二十四年罢相，贬荆州长史。开元二十八年（七四〇）病卒，年六十八，赠荆州大都督，谥曰文献。张九龄是开元时期最后一位贤相，在朝直言敢谏，曾预料到安禄山会反叛，主张早除祸患。玄宗后来深悔不曾听从他的忠告。他的文学为当世所推重。文不求富艳，实济时用。诗和雅清淡，开王、孟一派。其《感遇诗》十二首，抒怀感事，格调刚健高雅。有《曲江集》《千秋金鉴录》，并参与《朝英集》的编撰。俞犀月说："曲江罢而天宝之祸兴，《八哀》之所以终思曲江也，于'不诠次'中自有意在。"所见甚是。其八《故右仆射相国曲江张公九龄》怀贤感事而隐寓怀抱[39]，写得也很好，用以收束组诗极当。"相国生南纪，金璞无留矿。仙鹤下人间，独立霜毛整。矫然江海思，复与云路永。"发端稍作勾勒，便见其一生出处大节，风貌亦显，俨然就是张九龄！[40]

《八哀诗》悼友怀贤，每有哀时之叹、忧生之嗟。老杜这一时期大量创作的忆旧诗篇多如此。比如今年秋天写的《夔州书怀四十韵》和《往在》虽然都是自叙遭遇，但前诗从安禄山乱起写到当时，所怀主要在国在民："庙算高难测，天忧实在兹。形容真潦倒，答效莫支持。使者分王命，群公各典司。恐乘均赋敛，不似问疮痍。万里烦供给，孤城最怨思"，后诗历叙玄宗、肃宗、代宗三朝治乱，末以颂为讽，望君臣力致太平："主将晓逆顺，元元归始终。一朝自罪己，万里车书通。锋镝供锄犁，征戍听所从。冗官各复业，土著还力农。君臣节俭足，朝野欢呼同。中兴似国初，继体如太宗。端拱纳谏诤，和风日冲融"，倾向都很鲜明。这类作品，虽说是诗人当时思想感情起了新变化、感伤情绪增多后的产物，但总的看来，其中

---

[39] 浦起龙说："此篇为《八哀》之殿，须融会老杜一生心迹看。识更卓，意更微，自来罕有窥测者。开元，唐业兴衰之会也。曲江以前，姚、宋、张、韩皆贤相。曲江矜尚直节，尤著丰采。既得罪，权归林甫，在廷专给惟诺，情同仗马。相业治业，自是俱堕。曲江实身持其会，首被罢黜。公非有宿昔之雅与彼七公者，独以相国终篇，'怀贤'专寄，此观世之卓识也。玄宗，公生平知遇之主也。身虽未得官于其朝，而一再献赋，待试参选，主上实心知而向用之。由林甫居中嫉才，卒以不第，有隐痛焉。要其许身稷契，再使俗淳，即所云'结想土阶，未遑箕颍'者。尔后蜀夔播越，陶冶诗篇，又所云'君子之心，用才文章'者。故于相国，虽名位悬绝，而被废立言，显晦一致，直借曲江作我前身。因而序中特许为'贤'，诗中特略其彰彰事迹，专以忧谗寄兴为一篇宗旨。此又寓怀之微意也。"谓玄宗实心知而向用之，未必尽然；但指出此诗有寓怀微意，甚是。

[40] 钱注："九龄家传：九龄母梦九鹤自天而下，飞集于庭，遂生九龄。"《旧唐书·张九龄传》："二十四年，（九龄）迁尚书右丞相，罢知政事。后宰执每荐公卿，上必问：'风度得如九龄否？'故事：皆搢笏于带，而后乘马。九龄体羸，常使人持之，因设笏囊。笏囊之设，自九龄始也。"可见老杜关于张九龄风貌的描写是有根据的。

所表现出来的人生态度仍然是积极入世、面对现实的。

八　深浑苍郁的《诸将》

正因为是这样，他直接评议当前军政大事的诗歌，同以前相比，并未减少。诸本多编入今秋夔州诗内的《诸将五首》就是一组著名的政论诗。其一为吐蕃内侵，责诸将不能御敌：

"汉朝陵墓对南山，胡虏千秋尚入关。昨日玉鱼蒙葬地，早时金碗出人间。见愁汗马西戎逼，曾闪朱旗北斗殷。多少材官守泾渭，将军且莫破愁颜。"《资治通鉴》载广德元年（七六三）十月，吐蕃入寇，代宗狼狈出逃，长安沦陷。太常博士柳伉上疏说："犬戎犯关度陇，不血刃而入京师，劫宫闱，焚陵寝，武士无一人力战者，此将帅叛陛下也。"当年安禄山叛军陷潼关，玄宗奔蜀，途中父老皆遮道请留，说："宫阙，陛下家居，陵寝，陛下坟墓，今舍此，欲何之？"宫阙、陵寝在朝野人士心目中地位的崇高可见。如今宫闱被劫，陵寝被焚，真是莫大羞耻。故咏叹之以激将士。遥对终南山的汉代诸陵和公卿墓，早已在战乱中被焚被盗，没想到千年之后吐蕃还照样入关来破坏唐朝的陵墓。那些刚埋葬了帝王将相的地方，其中玉鱼、金碗之类殉葬品很快就出现在人间。现在最令人犯愁的是西戎骑着披甲汗流的战马的进逼，他们的红旗闪闪发光把北斗星也映红了。去年多少本领高强的武官把守着泾渭流域的京畿防地[41]，

---

[41]《资治通鉴》载："（永泰元年，九月，仆固怀恩诱回纥、吐蕃、吐谷浑、党项、奴剌数十万众俱入寇，）召郭子仪于河中，使屯泾阳。己酉，命李忠臣屯东渭桥，李光进屯云阳，马璘、郝庭玉屯便桥，李抱玉屯凤翔，内侍骆奉仙、将军李日越屯盩厔，同华节度使周智光屯同州，鄜坊节度使杜冕屯坊州，上自将六军屯苑中。""多少材官守泾渭"指此。

这会儿将军们可千万别放松戒备去寻欢解闷啊!《资治通鉴》载永泰元年(七六五)三月左拾遗独孤及上疏,说当时的"拥兵者第馆亘街陌,奴婢厌酒肉"。可见老杜的担心不是没有根据的。去年(七六五)十月,郭子仪与回纥订约,共击退吐蕃,时仆固名臣(怀恩之侄)及党项帅皆来降。今年二月,命杨济修好吐蕃。四月吐蕃遣首领论泣藏[42]来朝。当时老杜闻讯甚喜,作《近闻》说:"近闻犬戎远遁逃,牧马不敢侵临洮。渭水逶迤白日静,陇山萧瑟秋云高。崆峒五原亦无事,北庭数有关中使。似闻赞普更求亲,舅甥和好应难弃。"喜出望外,对形势的估计难免过于乐观;情有可原,不应笑话老杜的天真。经过一个时期的观察与思考,老杜很快就认识到外患问题仍很严重,并在诗中对将军们提出警告,对于身处边远地区的在野人士来说,这倒是难能可贵的。明年(大历二年,七六七)九月吐蕃众数万围灵州。大历三年八月吐蕃十万众寇灵武、邠州,京师戒严。……战战和和,吐蕃始终为患不已,构成了对唐王朝的莫大威胁,足见老杜确有远见。其二为回纥入侵,责诸将不能分主上之忧:

"韩公本意筑三城,拟绝天骄拔汉旌[43]。岂谓尽烦回纥马,翻然远救朔方兵!胡来不觉潼关隘,龙起犹闻晋水清。独使至尊忧社稷,诸君何以答升平?"《新唐书·张仁愿传》载:中宗神龙三年(即景龙元年,七〇七),张仁愿于河北筑三受降城,以拂云祠为中城,南直朔方,西城南直灵武,东城南直榆林,三垒相距各四百余里,其北皆大沙漠,拓地远达三百里。又于牛头朝那山北置烽候

---

[42]《旧唐书·代宗本纪》作"论位藏",此据该书《吐蕃传》。
[43] 仇注:"《史记·淮阴侯传》:驰入赵壁,拔赵旗,立汉赤帜。按:'天骄拔汉旌',五字连读。言回纥本欲拔去汉旌,自三城既筑,则绝其拔旌之路矣。"

千八百所。自是突厥不敢逾山牧马，朔方益无寇，每岁省军费以亿计，减镇兵数万。景龙二年（七〇八），仁愿拜左卫大将军、同中书门下三品，封韩国公。开元二年（七一四）卒，赠太子少保。韩公筑城本以御敌，岂料国家多难，反而借回纥之力以助郭子仪所统率的朔方军收复两京，击败吐蕃。一行《并州起义堂颂》："我高祖龙跃晋水，凤翔太原。"又《册府元龟》："高祖师次龙门县，代水清。"赵次公说：至德二载七月，岚州合关河清三十里（仇注引，《九家集注杜诗》本无）。九月广平王（即代宗）收西京。这里以唐高祖的起兵晋阳赞美代宗的收复两京。《杜诗博议》说：潼关失险害，皆起于借兵兴复。然高祖龙兴晋阳，亦尝请兵突厥，内平隋乱。其后突厥恃功直犯渭桥，卒能以计摧灭之。此不独太宗之神武，亦由英、卫二公专征之力。故接下二句"独使至尊忧社稷，诸君何以答升平？"所以勉子仪者至矣。杨伦说："或疑回纥收复功大，不宜以借兵为非。然公于《北征》诗即有'此辈少为贵'句。他如《留花门》《遣愤》等作，皆深恶于回纥，况此又同吐蕃入寇之后乎？"其三为乱后民困，责诸将不屯田自给：

"洛阳宫殿化为烽，休道秦关百二重。沧海未全归禹贡，蓟门何处尽尧封？朝廷衮职虽多预，天下军储不自供。稍喜临边王相国，肯销金甲事春农。"洛阳的宫殿，天宝十四载（七五五）一毁于安禄山，乾元二年（七五九）再毁于史思明，早给烧光，化为烽火了。自古都说秦地的潼关险固，二万人守关足当来犯的百万雄兵。如今一攻就破，这话就不必再说了。时卢龙节度使李怀仙等藩镇，收安、史余党，各拥劲卒数万，治兵完城，自署文武将吏，不供贡赋，割据一方。可见近海的淄青、驻节蓟门的卢龙等方镇的辖地，至今仍未像古时这地方归于《禹贡》、"尧封"一样，真正重归于唐朝的版图。请将多入相，位至朝廷衮职的三公，可是都不去屯田积谷，致使天下军粮不能自给。前年（广德二年，七六四）正月，王缙拜黄门侍郎、同平章事。八月都统河南、淮西、山南东道诸节度行营事。岁余，迁河南副元帅，请减军资钱四十万贯，修东部殿宇。只有出将临边的王相国，肯熔化金甲铸造犁锄，不失农时，从事春耕，这稍稍令人感到高兴。浦起龙说："案：史不言缙举屯政，然减军资以供他费，而士卒不哗，则必尝讲于给军之道矣。"杨伦说："王缙党附元载，曰'稍喜'者，亦不满之词。"燧案：《旧唐书·王缙传》："（缙）兼太原尹、北都留守、河东节度营田观察等使，……太原旧将王无纵、张奉璋等恃功，且以缙儒者易之，每事多违约束；缙一朝悉召斩之，将校股栗。二岁罢河东归朝，授门下侍郎、中书门下平章事。时元载用事，缙卑附之，不敢与忤。"（一）既载王缙曾在河东当过营田使，不得谓"史不言缙举屯政"，惟嫌不详而已。（二）《资治通鉴》载王缙斩王无纵、张奉璋事在大历四年，则王缙再度还京复知政事、附元载更在其后一二年。老杜作此诗时，缙尚无附载种种劣迹，且老杜入蜀之初游新津曾以和诗寄缙（详第十三章第五节《和裴迪登新津寺寄王传郎》释），对之并无恶感，似不得深文周纳，以为"曰'稍喜'者，亦不满之词"。诗恼诸将不屯田自给，独缙行之，恐怕这才是"稍喜"的本意呢。又案：《资治通鉴》载："永泰元年，正月，戊申，加陈郑、泽潞节度使李抱玉凤翔、陇右节度使（胡三省注：李抱玉时以陈郑、泽潞行营兵屯京西，故加凤翔、陇右节度使），以其从弟殿中少监抱真为泽潞节度副使。抱真以山东有变，上党为兵冲，而荒乱之余，土瘠民困，无以赡军，乃籍民，每三丁选一壮者，免其租、徭，给弓矢，使农隙习射，岁暮都试，行其赏罚。比三年，得精兵二万，既不费廪给，府库充实，遂雄视山东。由是天下称泽潞步兵为诸道最。"李抱真的做法该最合老杜的意了。三年就取得偌大的成就,足证老杜的重屯田自给并非书生之见。可惜作诗时老杜尚未得知其事,不然定会"喜"之不尽的。其四为贡赋不修,责诸将不能怀远:

"回首扶桑铜柱标,冥冥氛祲未全销。越裳翡翠无消息,南海明珠久寂寥。殊锡曾为大司马,总戎皆插侍中貂。炎风朔雪天王地,只有忠良翊圣朝。"黄生说:"首三首皆道两京之事,此首则道南中之事。以'回首'二字发端,则前三首皆翘首北顾而言可知。他人诗皆从纸上写出,惟公诗从胸中流出,口中道出,而且道时之神情面目,俨然可想,所以千载犹有生气也。""扶桑"本指东海以外之地,此借指南海一带。"铜柱标",后汉时,马援征交趾,建铜柱,作为汉极南地界的标志。"越裳",古南方的国名。唐安南都护府有越裳县。回头远望天南,只见那昏暗的妖氛至今未销。历来越裳进翡翠,南海贡明珠,这些年来早已消息断绝。门下省侍中二人,正二品,掌出纳帝命相礼仪,与左右常侍、中书令并金蝉珥貂。诸将中得到特殊恩宠的曾官至太尉,这相当于汉代武官的极品——大司马;一般将帅和节度使都加上侍中的头衔。⁽⁴⁴⁾他们该尽忠报国,为恢复南北旧有的版图而效力啊!萧涤非先生说:"按《唐书·代宗纪》载:广德二年七月,太尉李光弼薨于徐州。九月,河东副元帅、中书令、汾阳郡王郭子仪加太尉,子仪三表恳让太尉。《郭子仪传》曾载其词,略云:'臣位为上相,爵为真王,恩荣已极,功业已成,太尉职雄任重,窃忧非据。'可见太尉一职的崇高。钱谦益谓此诗乃戒朝廷不当使中官为将,故以殊锡为指李辅

---

(44) 仇注:"考马燧、浑瑊皆拜侍中,初非中人也。《百官志》中有内侍省监、内常侍诸称,而无侍中。《宦者传》诸宦官有封为王公、进为中书令者,亦无侍中。今(钱笺)以鱼朝恩当之,误矣。所谓'总戎皆插侍中貂',当指节度使而带宰相之衔者。"

国[45]，未免歪曲事实。"其五为镇蜀失人，而思严武的将略：

"锦江春色逐人来，巫峡清秋万壑哀。正忆往时严仆射，共迎中使望乡台。主恩前后三持节，军令分明数举杯。西蜀地形天下险，安危须仗出群材。"颔联是作者回忆当日与严武同去成都城北望乡台迎接天子派来的私使。严武初以御史中丞出为绵州刺史，迁东川节度使；又自东川除西川，权令两川都节制；入朝后复以黄门传郎出为剑南节度使；所以说"三持节"。浦起龙说此诗最好："此为镇西川者告也。严武初镇而罢，高适代之，则有徐知道之反，及松、维等州之陷。再镇而卒，郭英乂代之，则有崔旰等相攻杀之忧。迨杜鸿渐镇蜀，卒不能制。此武所以出他人之上也。借严绩以明蜀险，以贴身事为五首殿焉。"

这组诗能见出诗人对时弊的洞鉴和谋虑的深广，写得也很出色。邵子湘说："《秋兴》《诸将》同是少陵七律圣处：沉实高华，当让《秋兴》；深浑苍郁，定推《诸将》。有谓《诸将》不如《秋兴》者，乃少年耳食之见耳。"所论甚是。

九 "清秋宋玉悲"

宋玉的《九辩》说："悲哉秋之为气也！萧瑟兮草木摇落而变衰，憭栗兮若在远行，登山临水兮送将归，泬寥兮天高而气清，寂寥兮收潦而水清，憯凄增欷兮薄寒之中人，怆怳懭悢兮去故而就

---

〔45〕钱笺："此深戒朝廷不当使中官出将也。杨思勖讨安南五溪，残酷好杀，故越裳不贡。吕太一收珠南海，阻兵作乱，故南海不靖。李辅国以中官拜大司马，所谓'殊锡'也。鱼朝恩等以中官为观军容使，所谓'总戎'也。'炎风朔雪'，皆天王之地，只当精求忠良，以翊圣朝。安得偏信一二中人，据将帅之重任，自取溃偾乎？肃、代间，国势衰弱，不复再振，其根本胥在于此。斯岂非忠规切谏救世之针药与？"自是一说，可参看。

新,坎廪兮贫士失职而志不平,廓落兮羁旅而无友生,惆怅兮而私自怜。"正像这段《楚辞》说的,秋天来了,羁旅夔州、寄居在西阁的老杜也就更加感伤了:

"垂白冯唐老,清秋宋玉悲。江喧长少睡,楼迥独移时。多难身何补?无家病不辞。甘从千日醉,未许《七哀诗》。"(《垂白》)西汉冯唐以孝著称,为郎中署长,年已老。文帝问他:"父老何自为郎?"少陵年老为郎,有似冯唐。当秋而悲,复如宋玉。江喧少睡,独倚楼头眺望多时。但恨无补于时,不怕异乡卧病。《搜神记》载中山人狄希能造千日酒,饮之一醉千日。甘愿饮此一醉千日的酒,并不称许曹植、王粲那些忧时无益的《七哀诗》。——刘禹锡有首《秋词》说:"自古逢秋悲寂寥,我言秋日胜春朝。晴空一鹤排云上,便引诗情到碧霄。"并非故作翻案文章,而是实有所得,读之令人心胸开阔,郁结顿消,这无疑是首好诗。但决不能像某个时期那样,荒唐地认为秋只能喜不能悲,喜之者进步,悲之者保守。"贫士失职而志不平",宋玉的悲秋不无社会意义,岂可厚非?老杜的悲秋,非徒身世,兼及国家,就更有内容了。反之,如无真情实感,只一味搬弄些空洞的大话和廉价的放言来"喜"秋,我看也未必高明。

这一时期老杜的秋天里的悲愁,在许多诗篇中都有流露。他中宵在地势高旷的西阁雕花窗前散步,见流星掠过水面划出一道白光,落月的余辉晃动,沙滩仿佛变成空的了。[46]这时幽鸟早已归林栖息,大鱼也深潜波底,想起亲朋分散在全国各地,因战乱而少有信来,不觉悲从中来,不能自已:

---

[46] 王嗣奭说:"'飞星过水白',谭云:'过'字妙,'白'字更妙。余谓二字有何妙?只'水'字妙。星飞于天,而夜从阁上视,忽见白影一道从水过,转盼即失之矣。公即写入诗,真射雕手。'落月动沙虚'亦然。沙本白,而落月斜光,从阁上望,影摇沙动。静则实而动则虚,此如以镜取影者。"体会入微,颇有可取。

"西阁百寻余，中宵步绮疏。飞星过水白，落月动沙虚。择木知幽鸟，潜波想巨鱼。亲朋满天地，兵甲少来书。"（《中宵》）杨伦说："偶然景，拈出便成警句。"写景固当如是。又《中夜》亦西阁夜半不眠感伤离乱之作："中夜江山静，危楼望北辰。长为万里客，有愧百年身。故国风云气，高堂战伐尘。胡雏负恩泽，嗟尔太平人。"写得较质朴，却很悲壮。有时他通宵失眠，更是百感交集：

"瞿唐夜水黑，城内改更筹。翳翳月沉雾，辉辉星近楼。气衰甘少寐，心弱恨容愁。多垒满山谷，桃源何处求？"（《不寐》）月亮西落，峡口水黑，城中转更，星光显得更亮，仿佛近在楼前。气衰自然睡不着，就随它去吧！心力微弱，只恨容纳不了这许多愁。于今满山满谷都是营垒，教人往何处去寻找桃花源呢？

秋夜月明，更易牵动愁思。《江月》说：

"江月光于水，高楼思杀人。天边长作客，老去一沾巾。玉露团清影，银河没半轮。谁家挑锦字？烛灭翠眉颦。"苏蕙是十六国时前秦女诗人，字若兰。夫窦滔，苻坚时为秦州刺史，后以罪徙流沙。因思念窦滔，织锦为《回文旋图诗》以寄。一说：苻坚以滔为安南将军，镇襄阳。滔携宠姬赵阳台往，蕙不肯同行，滔竟与断音问。蕙自伤，因织锦为回文诗以寄。滔感动，迎她往襄阳，而归阳台于关中。江月的光辉在水波上荡漾，高楼一望，顿觉身寂影孤，真是愁杀人。天边久客，至老不还，只怕老死他乡。因想清影之下，玉露浓团，半轮之旁，天河掩没，月色皎洁如此。这时空闺挑织锦字的思妇，大概也在停机灭烛，对月颦眉，同楼头思乡下泪的我一样伤怀吧？这诗写得哀怨而美丽。另一首《月圆》则抒千里共明月的怀人之情：

"孤月当楼满，寒江动夜扉。委波金不定，照席绮逾依。未缺空山静，高悬列宿稀。故园松桂发，万里共清辉。"明月当楼，江面上反射过来的光辉在门扉上晃动。"月注波中,金光摇而不定;月临席上,绮文依而愈妍。将金波、绮席拆开颠倒,赵汸谓诗家用古语之法"(仇兆鳌语)。谢庄《月赋》:"美人迈兮音尘阙,隔千里兮共明月。"张九龄《望月怀远》:"海上生明月,天涯共此时。"白居易《自河南经乱……》:"共看明月应垂泪,一夜乡心五处同。"苏轼《水调歌头》:"但愿人长久,千里共婵娟。"首唱虽发自谢庄,而古往今来,未得团圆之人,望团圞之月,易生此想,发而为诗,意差近风致各别,可与此诗"万里共清辉"同读。

满月愁人,新月也愁人:

"露下天高秋水清,空山独夜旅魂惊。疏灯自照孤帆宿,新月犹悬双杵鸣。南菊再逢人卧病,北书不至雁无情。步檐倚杖看牛斗,银汉遥应接凤城。"(《夜》)仇注:诗云"南菊再逢",是合云安为两秋。又云:"新月犹悬",盖元年九月初矣。秋高水清,正好出峡。谁知仍孤栖于空山西阁,旅魂不由得吃一惊。江中稀疏的灯火照着船上的人在睡觉。一弯新月高挂天边,远近响起捣衣声。自从离开草堂,去年在云安,今年在这里,两次遇到了菊花开,可人总是在生病。北边故乡的书信一封也没给捎来,这大雁实在是太无情。我在檐下散步,倚杖仰观牛斗,这漫长的银河,那一头该同长安相接吧?这诗中的一些意思,在《秋兴八首》中得到了更精炼的表现,如"新月犹悬双杵鸣"之与"白帝城高急暮砧"(其一),"南菊再逢人卧病"之与"丛菊两开他日泪"(同上),"步檐倚杖看牛斗"之与"每依北斗望京华"(其二)。如果我们将诗中这些点滴的想法,看成诗人自觉不自觉为即将创作《秋兴八首》这彩绘图卷而试作的练习画,那也不能说毫无道理,甚至还很有点意思呢。

同时写秋月之作以《月》最佳:

"四更山吐月,残夜水明楼。尘匣元开镜,风帘自上钩。兔应疑鹤发，蟾亦恋貂裘。斟酌姮娥寡，天寒奈九秋！""四更山吐月"，乃二十四五夜之月（仇注）。实是落山，说"山吐月"是直观之景。夜已残而未晓，西阁楼头之所以通明透亮，是江水反射过月光来的缘故。写景印象强烈，情调凄清。苏轼说："杜子美云：'四更山吐月，残夜水明楼。'此古今绝唱。"（《诗话总龟》引《百斛明珠》）《西溪丛语》：沈云卿《月》诗："台前疑挂镜，帘外自悬钩。""尘匣"二句本此。沐浴在如水的月光里，那玉兔该惊怪我早生鹤发，那蟾蜍仿佛依恋我温暖的貂裘。同作于今秋的《江上》说："高风下木叶，永夜揽貂裘。"（详本章第五节）他行箧中是带着貂裘的。天深步月，身着貂裘，就自然会生出蟾恋裘暖，和嫦娥不耐九秋寒之想了。

同样的思想感情也宣泄在《吹笛》《西阁雨望》《西阁二首》《西阁夜》《秋风二首》诸作中，虽然不无真情实感，只是讲得多了，又无新意，难免令人生厌。这类诗中只《草阁》《宿江边阁》二诗写得较好。王嗣奭认为江边阁即草阁，若西阁，必不易以江边之名。甚是。《草阁》说：

"草阁临无地，柴扉永不关。鱼龙回夜水，星月动秋山。久露晴初湿，高云薄未还。泛舟惭小妇，飘泊损红颜。"草阁前临长江，所以说无地，门也就不用关了。鱼龙入秋蛰伏，夜里江水平静。星月光辉闪烁，秋山似乎也在晃动。晴天的晚上露水大，高空的薄云飘去不飘回。浦起龙说："五、六，即景寄意，隐然寓久滞不还之意，故结联见舟妇损颜，暗伤飘泊：彼小年飘泊，犹改红颜，况我老而为客乎？"《宿江边阁》说：

"暝色延山径，高斋次水门。薄云岩际宿，孤月浪中翻。鹳鹤追飞静，豺狼得食喧。不眠忧战伐，无力正乾坤。"暮色沿着山间小路蔓延下来，这时我正栖息在门临长江的高斋旅次。云过山头，停岩似宿；月浮水面，浪涌若翻。水边鹳鹤静悄悄地飞着追赶着，山上豺狼争食大声嗥叫。我心忧战乱彻夜不眠,真自恨无力整顿这破坏的乾坤!黄鹤以为"鹳鹤"喻军士,"豺狼"喻盗贼,起下战伐,时蜀有崔旰之乱。老杜同时作《送十五弟侍御使蜀》"未息豺狼斗"即以"豺狼"喻盗贼,鹤说有理。但"鹳鹤""豺狼"在这诗中只能理解为赋中有比;如单纯当作比,无视其生活实感,就索然无味了。

这时也有一些人事干扰分散他的注意力,但不管是送往迎来、与会赴筵、待友怀人、家庭喜庆,绕来绕去,总统不过一个愁字。比如送李秘书入朝,喜其将承恩赐马有锦帕之舒,入直侍书见银钩之落:"御鞍金騕褭,宫砚玉蟾蜍。拜舞银钩落,恩波锦帕舒",而篇末仍不免自伤病滞夔州、穷愁潦倒:"沉绵疲井臼,倚薄似樵渔。乞米烦佳客,钞诗听小胥"[47](《赠李八秘书别三十韵》)。送十五侍御入蜀,虽"喜弟文章进,……搏击望秋天",却仍以"未息豺狼斗,空催犬马年"(《送十五弟侍御使蜀》)为忧。有时约好友人来西阁对床夜话,谁知三度爽约,心想对方定然天天忙于迎谒,失望之余,复有向隅之叹:"问子能来宿,今疑索故要。匣琴虚夜夜,手板自朝朝"(《西阁三度期大昌严明府同宿不到》)。当地诸人相约于明天的重阳节雅集林下,自伤老病,兴趣索然,未去便已悲不自禁:"九日明朝是,相要旧俗非。老翁难早出,贤客幸知归。旧采黄花剩,新梳白发微。漫看年少乐,忍泪已沾衣"(《九日诸人集于林》)。一次参加夔州城中的盛筵,赞赏的是杨氏凄切感人、响遏行云的歌声:"佳人绝代歌,独立发皓齿。满堂惨不乐,响下清虚里。"引动的是自己烈士暮年、壮志莫酬的悲痛:"老夫悲暮年,壮士泪如水"(《听杨氏歌》)。天宝十五载避乱与诸弟相别,至今已是十年。五弟杜丰独在江左,

---

[47] "钞诗听小胥",听凭当地衙门中的胥吏将他的诗篇钞去流传。其作品见重于时如此。卢世㴶《杜诗胥钞》即据此命名,自谦为传钞杜诗之"胥",非谓命胥吏钞写其杜诗著作。

近三四年来杳无音信，放心不下，托人寻访，作诗以寄，自然就更加悲苦："乱后嗟吾在，羁栖见汝难。……十年朝夕泪，衣袖不曾干"；"闻汝依山寺，杭州定越州。风尘淹别日，江汉失清秋。……明年下春水，东尽白云求"（《第五弟丰独在江左近三四载寂无消息觅使寄此二首》）。惟有他最钟爱的宗武过生日，才强打精神，带病挣扎着坐起来喝酒，殷切地勉励儿子要努力继承他家独精的诗学："小子何时见？高秋此日生。自从都邑语，已伴老夫名。诗是吾家事，人传世上情。熟精《文选》理，休觅彩衣轻。凋瘵筵初秋，欹斜坐不成。流霞分片片，涓滴就徐倾"（《宗武生日》）〔48〕。

十　沉实高华的《秋兴》

了解到老杜这一时期的伤逝怀旧、悲秋叹老之情，然后再来欣赏他同一时期精心琢就的华章《秋兴八首》，自会感到这组诗的出现并非偶然，甚至可以说这是诗人这一时期思想感情的升华和诗歌创作的提炼。

《秋兴八首》是组诗，各章的命意、前后的联系，不能说无所考虑，但不得过于从章法的起承转合上强调八首"总是一篇文字"，而应该首先看到，各首自别，却是同一种强烈悲秋怀旧之情的自由宣泄，这犹如夏云舒卷，千姿百态，表象不同，其为云也则一。其

---

〔48〕仇兆鳌说："《宗武生日》，梁氏编在夔州诗内，得之。黄鹤因首句'何时见'，遂疑宝应元年，公在梓州，宗武在成都。其实首句不如是解也。至德二载，公陷贼中，有诗云'骥子好男儿，前年学语时'，此时宗武约计五岁矣。其后，自乾元二年至蜀，及永泰元年去蜀，中历八年，宗武约十四岁左右矣。此诗'都邑'，乃指成都，其云'自从都邑语，已伴老夫名'，则知作此诗，又在成都之后矣。"此诗末四句明明是写宗武过生日老杜强扶病起床喝酒，足见仇说为是。仇解首句为："小子何时见其生乎？"甚当。"诗是吾家事"四句，详第一章第二节有关论述。

一对秋而伤羁旅：

"玉露凋伤枫树林，巫山巫峡气萧森。江间波浪兼天涌，塞上风云接地阴。丛菊两开他日泪，孤舟一系故园心。寒衣处处催刀尺，白帝城高急暮砧。"前已提到，"丛菊两开"犹《夜》中的"南菊再逢"，是合云安为两秋。古人作寒衣，先将纨素之类衣料，放在砧上，用杵捣之，使其平整柔软，然后再裁剪缝纫（详第十一章第五节）。顾注以为"催刀尺"指制新衣，"急暮砧"指捣旧衣，恐非。六朝和唐代诗歌中专咏或写到捣衣的不少。沈佺期的《古意》："卢家少妇郁金堂，海燕双栖玳瑁梁。九月寒砧催木叶，十年征戍忆辽阳。白狼河北音书断，丹凤城南秋夜长。谁为含愁独不见，更教明月照流黄。"李白的《子夜吴歌》其三："长安一片月，万户捣衣声。秋风吹不尽，总是玉关情。何日平胡虏，良人罢远征。"就是两首借写秋天月夜捣衣声以抒发征人思妇相思之情的名篇。在古人听来，捣衣声有着强烈季节性感伤意味。因此老杜闻之感发，写在诗里，自会增强悲秋的艺术效果：秋露摧残了枫树的林子，巫山巫峡一片萧森气象。江间白浪滔天，塞上风云接地。旅途两见菊花开，我还是照样在洒往日洒过的悲秋之泪；真没想到船一系缆就滞留此间，仿佛连我的思乡之心也一起给系得死死的松不开。天冷了到处都在赶制寒衣，高高的白帝城傍晚响起了急促的砧声，虽说我的妻子儿女都在身边，依然惹起我羁旅天涯、客子无衣的哀伤。其二写夔州暮景和望长安不见、缅怀旧事之情：

"夔府孤城落日斜，每依北斗望京华。听猿实下三声泪，奉使虚随八月槎。画省香炉违伏枕，山楼粉堞隐悲笳。请看石上藤萝月，已映洲前芦荻花。"贞观十四年（六四〇），夔州设都督府，故亦称"夔府"。《博物志》载：旧说云天河与海通。近世有人居海渚者，年年八月有浮槎去来，不失期，人有奇志，立飞阁于槎上，多赍粮，乘槎而去。又《荆楚岁时记》载：汉武帝令张骞穷河源，乘槎经月至天河（详第十一章注〈3〉）。这里是化用这两个典故，以张骞的"奉使"穷河源喻严武的奉使镇蜀，这样，老杜的入幕自然是"随八月槎"，而奏为检校工部员外郎却未入朝，岂不是"虚"的么？实下三声听猿之泪，虚随八月奉使之槎，这么解释似亦通顺。《汉官仪》载：尚书省中，皆以胡粉涂壁，青紫界之，画古贤人烈女。尚书郎更直，给女侍史二人，执香炉烧熏，从入护衣服。萧涤非先生说："按宋之问《和李员外寓直》诗云：'起草溪仙阁，焚香卧直庐。'又岑参《和成员外秋夜寓直》诗云：'黄门持被覆，侍女捧香烧。'可知唐时直省，与汉略同。杜甫作过左拾遗（属门下省），有《春宿左省》诗，同时，他这时还是一个检校工部员外郎（从六品上），属尚书省。"孤城落日时分，我像往常一样依凭着北斗星眺望正北的京城。《水经注》引渔者歌说："巴东三峡巫峡长，猿鸣三声泪沾裳。"如今身临其境才知道这是实情，倒是我想随节使还朝的打算落空了。我客中伏枕卧疾，重入熏香画省寓直的愿望已难实现，……沉思间，忽被那隐伏在前山城楼上女墙边的笳声惊醒，原来我伫立了许久，那石上藤萝梢头的月亮，已照到洲前的芦荻花了。——才看落日，倏忽已月照洲前，诗人百感交集、心不在焉、不觉时光流逝的神情可见。其三写清晨登临西阁楼头的所见所感：

"千家山郭静朝晖，日日江楼坐翠微。信宿渔人还泛泛，清秋燕子故飞飞。匡衡抗疏功名薄，刘向传经心事违。同学少年多不贱，五陵衣马自轻肥。"这千户人家的山城，在朝阳的照耀下静悄悄的；群山环抱着江楼，我天天都要到楼上来，坐在这翠微的山色之中。可羡那在江边停一两宿的渔人还是泛舟而去；即将南翔的秋燕，又何必上下翻飞，故意跟我这个羁旅之客告辞。汉元帝初，匡衡数上疏陈便宜，迁光禄大夫、太子少傅。汉宣帝令刘向讲论五经于石渠，成帝即位，诏向领校中五经秘书。可是我啊，当左拾遗时上疏营救房琯却反遭贬斥；虽出自"奉儒守官"之家，传经的心愿想必永远达不到了。看看我少年时代的同学们，他们现今多已发迹，住在长安附近豪室聚集的五陵，着轻裘跨肥马，真是得意呢。李梦沙说："(后)四句合看，总见公一肚皮不合时宜处。言同学少年既非抗疏之匡衡，又非传经之刘向，志趣寄托，与公绝不相同，彼所谓富贵赫奕，自鸣其不贱者，不过'五陵衣马自轻肥'而已。极意夷落语，却只如叹羡，乃见少陵立言蕴藉之妙。"(顾宸《杜诗注解》引) 证以《自京赴奉先县咏怀五百字》"杜陵有布衣，老大意转拙。许身一何愚，窃比稷与契。居然成濩落，白首甘契阔。盖棺事则已，此志常觊豁。穷年忧黎元，叹息肠内热。取笑同学翁，浩歌弥激烈。……顾惟蝼蚁辈，但自求其穴"云云，此解可谓能得作者的用心。其四慨叹长安政局的多变和边境战乱的频仍：

"闻道长安似弈棋，百年世事不胜悲。王侯第宅皆新主，文武衣冠异昔时。直北关山金鼓震，征西车马羽书驰。鱼龙寂寞秋江冷，故国平居有所思。"听说长安的政局多变像棋局般变化不定，人生百年仅就我所经历的世事已很可悲了。王侯府第都换了新主人，现今的文武衣冠人物可完全不是以往的那一批了(49)。近年来吐

---

(49) 萧涤非说："《唐书·马璘传》：'天宝中，贵戚勋家，已务奢靡，而垣屋犹存制度。然卫公李靖家庙，已为婢臣杨氏马厩矣。及安史大乱之后，法度堕弛，内臣（宦官）戎帅（军阀），务竞奢豪，亭馆第舍，力穷乃止，时谓木妖。'可见安史乱后，王侯第宅有了很大的变动，换了一批新主人。肃宗和代宗都信任宦官，宝应元年，李辅国加中书令，是以宦官而拜相矣；广德元年，鱼朝恩为'天下观军容宣慰处置使'，是以宦官而为元帅矣。《唐书·鱼朝恩传》：'朝恩自谓有文武才干，上（代宗）加判国子监事。'是又以宦官而溷迹儒林矣；又《代宗纪》：'永泰元年（七六五）诏裴冕、郭英乂、白志贞等十三人，并集贤待诏。上以勋臣罢节制者，京师无职事，乃合于禁门书院间，以文儒公卿宠之也。'按英乂、志贞，皆武夫不知书，亦为集贤待诏，是又文武不分，冠弁杂糅矣。这些现象，以前都没有，所以说'异昔时'。多所举例，可资参考。"

蕃、回纥相继入寇,京城正北的关山金鼓震天价响,征西戎马倥偬羽檄飞驰。《水经注》记载说,鱼龙以秋日为夜,秋分而降,蛰寝于渊。当此鱼龙蛰伏、秋江寂寞之时,我不禁想起我过去居住长安的种种经历来了。——接着就在末几章中浮想联翩地回忆起他昔日在长安的所见所感。[50] 其五记殿前景象和早朝情事:

"蓬莱宫阙对南山,承露金茎霄汉间。西望瑶池降王母,东来紫气满函关。云移雉尾开宫扇,日绕龙鳞识圣颜。一卧沧江惊岁晚,几回青琐点朝班。"《唐会要》:龙朔二年修旧大明宫,改名蓬莱宫,北据高原,南望终南山如指掌。汉武帝好神仙,作承露盘以承甘露,以为服食之可以延年。《汉书·郊祀志上》:"其后又作柏梁、铜柱、承露、仙人掌之属矣。"颜师古注引《三辅故事》:"建章宫承露盘,高二十丈,大七围,以铜为之,上有仙人掌承露,和玉屑饮之。"班固《西都赋》:"抗仙掌以承露,擢双立之金茎。"唐宫里并无承露金茎,不过是借汉拟唐而已。传说中的西王母住在瑶池。《汉武内传》:七月七日,上斋居承华殿,忽青鸟从西来,集殿前。上问东方朔,东方朔说:"此西王母欲来也。"《关尹内传》:函谷关令尹喜常登楼望,见东极有紫气西迈,说:"应有圣人经过京邑。"乃斋戒。其日果见老君乘青牛来过。浦起龙说:"其'金茎''瑶池''紫气'等,总为帝京设色。盖以上帝高居,群仙拱向为比。旧云讥册贵妃、祀玄元,泽州(陈廷敬)既非之矣。而说者以此四句,专指天宝之盛,亦非通论也。"我以为还是仇兆鳌折中之论较近情理:"宫在龙首冈,前对南山,西眺瑶池,东瞰函关,极言气象之巍峨轩敞,而当时崇奉神仙之意,则见于言外。""雉

〈50〉陈廷敬说:"'故国平居有所思',犹云'历历开元事,分明在目前'。此章末句,结本章以起下数章。"(仇注引)

尾",指雉尾扇。《唐会要》:开元中,萧嵩奏,每月朔望,皇帝受朝于宣政殿,宸仪肃穆,升降俯仰,众人不合得而见之,请备羽扇于殿两厢,上将出,扇合,坐定,乃去扇。"云移",形容扇开若祥云之移动。"龙鳞",谓衮服(天子礼服)上所绣的龙纹。"圣颜",这里指玄宗的容颜。唐时上朝很早,到太阳出来才能看清皇帝的面容。天宝十载,杜甫献三大礼赋,玄宗奇之,使待制集贤院,命宰相试文章。后来诗人在成都严武幕作《莫相疑行》,颇为自豪地回忆这一殊遇说:"忆献三赋蓬莱宫""往时文采动人主",他很可能曾被玄宗召见过。"青琐",汉未央宫中宫门名。门窗上刻镂作连环文饰而涂以青色,故名。这里泛指宫门。"点",传点;传呼点名,顺序入朝。肃宗至德二载(七五七)五月至乾元元年(七五八)六月,杜甫为左拾遗。"几回青琐点朝班",指至德二载十月肃宗还京后朝会事。老杜从这年年底写《腊日》以来,由于暂时像是做稳了京官,开始真正得到了身为近臣的荣宠,心里一高兴,也就接二连三地写起《奉和贾至舍人早朝大明宫》等华丽的宫廷诗来了。这些作品,因老杜当时惑于收京之初的"中兴"假象,且乍为京官,难免盲目乐观,所以多记朝会之盛、志荣遇之喜,让人读了总感到有点飘飘然(详第十章第二节)。几经碰壁,逐渐对肃宗和朝政有了较清醒的认识,没想到他垂老岁暮竟如此深情地缅怀着这段其实并不那么快意的往事。这不能不说是他思想感情上的弱点,不过要想做到完全免俗也难,那就原谅他这个一生仅有见赏于玄宗和为肃宗"近臣"二事颇足自豪的可怜人吧!其六写远眺峡口而思曲江,慨叹玄宗的游乐致乱:

"瞿塘峡口曲江头,万里风烟接素秋。花萼夹城通御气,芙蓉小苑入边愁。珠帘绣柱围黄鹄,锦缆牙樯起白鸥。回首可怜歌舞地,秦中自古帝王州。"玄宗即位后,于兴庆宫西南置楼,西面题曰"花萼相辉之楼",南面题曰"勤政务本之楼",时召兄弟诸王同榻宴谑（见《旧唐书·让皇帝宪传》）。曲江池在今陕西西安市东南十里。唐南苑芙蓉园在曲江西南,园内有池,谓之芙蓉池。开元二十年筑夹城,入芙蓉园:自大明宫夹罗城复道,经通化门,以达南内兴庆宫;次经明春、延喜门,至曲江芙蓉园。复道经行,外人不知。安史乱前玄宗常带着他的宠幸往南苑诸胜游乐。《杜臆》:"当其盛时,'花萼夹城',时'通御气',敦天伦,勤国政,海内乂安,未几而'芙蓉小苑'遂'入边愁'。"钱笺:"禄山反报至,上欲迁幸,登兴庆宫花萼楼,置酒,四顾凄怆,此所谓'入边愁'也。""珠帘绣柱",见江头宫殿的华丽。"锦缆牙樯",见江中彩舟的精美。《西京杂记》:汉昭帝始元元年,黄鹄下建章宫太液池中,帝作歌。顾注:宫殿密而黄鹄之举若围,舟楫多而白鸥之游忽起。夔府长安,相隔万里,而风烟遥接,同一萧森。这样,诗人的遐思不仅从瞿塘飞到了曲江,更飞到了开天盛世。当他以既神往又惋惜的心情回顾了他所亲历的盛极而衰、乐极生悲的历史过程,就自会发兴亡浩叹:"可怜藏歌贮舞之地,一朝化为戎马之场,因思秦中历代所都,胜迹里非一处,益令人不堪回首耳。下二章遂复以池苑之属起兴。"（黄生语）其七忆长安昆明池,因想池景苍凉,而兴已漂流衰谢之叹:

"昆明池水汉时功,武帝旌旗在眼中。织女机丝虚夜月,石鲸鳞甲动秋风。波漂菰米沉云黑,露冷莲房坠粉红。关塞极天唯鸟道,江湖满地一渔翁。"昆明池故址在今陕西西安市西南斗门镇东南一片洼地。汉元狩三年（前一二〇）为准备同昆明国作战训练水军,并解决长安水源不足的困难而开凿。周围四十里。池成后引水东出,为昆明渠以利漕运;一支北出为昆明池水,引水泄入沨水以利长安城给水。十六国姚秦时池水涸竭,北魏太武帝及唐德宗时,都曾修浚,自唐太和时丰水堰坏,池遂干涸;宋以后湮为田地。《史记·平准书》：武帝大修昆明池，治楼船高十余丈，旗帜加其上，甚壮。曹毗《志怪》：昆明池作二石人，东西相望，像牵牛织女。《西京杂记》：昆明池刻玉石为鲸鱼，每至雷雨常鸣吼，鬐尾皆动。菰生沼泽中，叶如蒲苇，秋季结实，即菰米。这诗前六句写想象中的昆明池景物，结到诗人目前处境：那昆明池是汉时开凿的大工程，武帝水军楼船的旌旗仿佛仍在眼前招展。岸边织女的机丝空负了清宵明月，石鲸的鳞甲倒真是闪动在秋风中。水波上漂着结实累累的菰蒲，黑压压的好似下沉的乌云；冷露沾湿莲蓬，花瓣坠落，犹如红粉凋零。——这儿高入云天的关山要塞，只有鸟才能飞到那令人神往的地方去，可叹我浪迹江湖，回不了家乡，就像个到处漂泊的渔翁。其八思长安近畿胜境，忆旧游而叹衰老：

"昆吾御宿自逶迤，紫阁峰阴入渼陂。香稻啄残鹦鹉粒，碧梧栖老凤凰枝。佳人拾翠春相问，仙侣同舟晚更移。彩笔昔曾干气象，白头吟望苦低垂。"《汉书·扬雄传》："武帝广开上林，南至宜春、鼎胡、御宿、昆吾。"晋灼曰："昆吾，地名也，有亭。"颜师古曰："御宿，在樊川西也。"渼陂在鄠县西五里，离长安城上百里。当时渼陂的水源出终南山诸谷，合胡公泉，形成了这一片辽阔的水面。陂上是紫阁峰，峰下陂水澄湛，环抱山麓，周围十四里，中有荷花、凫雁之属，向北流入涝水。老杜当年曾不止一次偕友来渼陂游览，作《与鄠县源大少府宴渼陂》《渼陂行》《渼陂西南台》等诗。"紫阁"句即《渼陂行》所写"半陂以南纯浸山"之景。他们曾在那里吃过渼陂香稻："饭抄云子白"（《与鄠县源大少府宴渼陂》），故有"香稻"之句。随岑参兄弟乘船游陂入夜始归："船舷暝戛云际寺，水面月出蓝田关。"（《渼陂行》）"仙侣"句记此，兼用《后汉书·郭泰传》：泰与李膺同舟而济，众宾望之，以为神仙的典故。行经昆吾、御宿道路弯弯曲曲延续不绝，那紫阁峰的影子映入了清澈的溪陂。那里有鹦鹉啄剩的香稻米，也有凤凰经常栖息的碧梧枝。游春的佳人来采拾鲜花翠羽[51]，天黑了，神仙般的侣伴还在乘船游览。——想当年我的彩笔曾渲染过盛世的山川气象[52]，到如今白头吟望而苦苦低垂。就这样，这一首诗，这一组诗戛然而止，诗人却将他未尽的哀愁留给读者了。

《秋兴八首》这组诗采用的是七律正格，平仄协调，音乐性很强，拥鼻微吟，便觉声情摇荡，很感动人。但在烹炼上，却融入了他所独创的拗体诗格调高雅、手法多变、意境精美等艺术风格上的"异味"，显示了他诗歌创作的精深造诣。这组诗悲哀而美丽，但气势磅礴，笔力雄健，无顾影自怜之态，有伤时忧国之心。前人赞其"才大气厚，格高声宏，真足虎视词坛，独步一世"(郝敬语)，喻为"云霞满空，回翔万状，天风吹海，怒涛飞涌"(陈继儒语)，皆非过誉。

十一 借浇垒块的《咏怀古迹》

堪与《诸将五首》《秋兴八首》鼎立的七律组诗是作于同年的《咏怀古迹五首》。仇氏改写《杜臆》所论为组诗题解颇当："五首各一古迹。首章前六句，先发己怀，亦五章之总冒；其古迹，则庚

〈51〉《渼陂行》："湘妃汉女出歌舞，金支翠旗光有无。"是说美人在舟，依稀湘妃汉女；服饰鲜丽，仿佛金支翠旗。可见那次游陂舟中是携带着歌舞伎的。"佳人拾翠"，不无生活根据。
〈52〉此句众说纷纭，萧涤非先生摘要介绍且抒己见云："钱笺：公诗（《留赠集贤院崔于二学士》）云：'气冲星象表，词感帝王尊。'（按指献赋事）所谓彩笔昔游干气象也。朱鹤龄云：气象句，当与《题郑监湖上亭》'赋诗分气象'参看，钱解作赋诗干主，非也。浦注：公诗云：'词感帝王尊'，又云：'赋诗分气象'，兼此两意。按此句与《莫相疑行》之'往时文采动人主'同意，钱解最得要领。"录以备考。

信宅也。宅在荆州，公未到荆，而将有江陵之行，流寓等于庾信，故咏怀而先及之。然五诗皆借古迹以见己怀，非专咏古迹也。……怀庾信、宋玉，以斯文为己任也。怀先主、武侯，叹君臣际会之难逢也。中间昭君一章，益入宫见妒，与入朝见妒者，千古有同感焉。"其一咏怀，以庾信自况：

"支离东北风尘际，漂泊西南天地间。三峡楼台淹日月，五溪衣服共云山。羯胡事主终无赖，词客哀时且未还。庾信平生最萧瑟，暮年诗赋动江关。""五溪"，即雄溪、樠溪、酉溪、沅溪、辰溪，在今湖南西部。古为溪族居住的地区。"羯胡"，指安禄山。庾信自梁使西魏，值西魏灭梁被留，历任西魏、北周，虽位望通显，常有乡关之思，乃作《哀江南赋》以致其意，序说："信年始二毛，即逢丧乱，藐是流离，至于暮齿。燕歌远别，悲不自胜；楚老相逢，泣将何及。……将军一去，大树飘零；壮士不还，寒风萧瑟。"又《伤心赋》说："对玉关而羁旅，坐长河而暮年。"安禄山叛唐犹侯景叛梁，老杜思故国犹庾信哀江南，身世有相似处，怜庾信亦是自怜：自从东北安禄山乱起开始流浪，到如今还漂泊在西南天地之间。在这"复道重楼锦绣悬"（《夔州歌》其四）的三峡我又滞留了不少日月，跟衣着鲜艳的五溪人共同居住在一方的云山。一些有野心的胡人臣服朝廷终会暴露他们的狡猾无赖，词客们哀伤时世且叹故里难还。庾信的生平是最萧瑟的了，他暮年的诗赋总不忘情于江南的乡关。其二因宋玉宅而缅怀其人的风流儒雅：

"摇落深知宋玉悲，风流儒雅亦吾师。怅望千秋一洒泪，萧条异代不同时。江山故宅空文藻，云雨荒台岂梦思？最是楚宫俱泯灭，舟人指点到今疑。"宋玉是战国楚辞赋家。晚于屈原，或称是屈原弟子，曾事顷襄王。《史记·屈原贾生列传》说他和唐勒、景差，"皆好辞而以赋见称，然皆祖屈原之从容辞令，终莫敢直谏。"

《汉书·艺文志》著录宋玉赋十六篇，颇多亡佚。其流传作品，《九辩》最为可信。篇中叙述他在政治上不得志的悲伤，流露出抑郁不满的情绪。其他见于《文选》的有《风赋》《高唐赋》《神女赋》《登徒子好色赋》等。《九辩》："悲哉秋之为气也！萧瑟兮草本摇落而变衰。"这诗即因秋起兴：见到草本摇落就更加懂得宋玉的伤悲，他文采风流也是我的老师。相隔千载我怅望地凭空洒泪，你寂寞地在异代长逝恨不得与你同时。你归州的故宅[53]早已无存，空留下华丽的文辞；那云雨荒台的故事本是托寓讽谏襄王，岂真是梦境里的想思？最可哀的是楚宫全都泯灭了[54]，就是经船家指点人们总会将信将疑。其三因昭君村而哀叹其人的遭遇，兼以自哀：

"群山万壑赴荆门，生长明妃尚有村。一去紫台连朔漠，独留青冢向黄昏。画图省识春风面，环佩空归月夜魂。千载琵琶作胡语，分明怨恨曲中论。"王昭君和昭君村详本章注〈15〉。《西京杂记》：汉元帝后宫既多，不得常见，乃使画工画像，按图召幸。宫人皆贿赂画工，昭君自恃容貌，独不肯行贿，画工故意把她画丑，遂不得见。后匈奴入朝，求美人，上按图以昭君行。及去，召见，貌为后宫第一，帝悔之，而重信于外国，故不再换人。后追究其事，杀画工毛延寿。昭君墓在今内蒙古自治区呼和浩特市南十八里。传说塞外草白，独昭君墓草青，故称"青冢"。乘船从千山万壑中的长江前往荆门[55]，途经秭归那里还有出过古代著名美人的昭

---

[53] 江陵与归州（今湖北秭归）都有宋玉故宅。此当指后者。
[54] 萧涤非说："仇注：'俱泯灭，与故宅俱亡矣。'按仇说非是。俱泯灭，专对楚宫言，犹云全都毁灭，故当地舟人，指指点点，不知究在何处，反形宋玉故宅，乃如'灵光'之岿然独存。抑楚宫，即所以扬故宅，扬故宅，亦即所以扬宋玉。与李白'屈平词赋悬日月，楚王台榭空山丘'同意。"
[55] "荆门"，山名，在湖北宜都县西北五十里。唐人多呼荆州（今湖北江陵县）为荆门，如王维《寄荆州张丞相》"所思竟何在？怅望深荆门"，此诗中的"荆门"亦然。

君村。她一离开紫宫[56]便走上远连塞北沙漠的道路,到头来留下了青冢独向黄昏。光凭画图岂能认识她的青春美貌,环佩丁东归来的只是她的月下幽魂。千载之后琵琶好像还在用胡语诉说,《昭君怨》曲中的怨恨听起来多么的分明。——昭君怨己之远嫁,恨汉之无恩,这种感情,于老杜岂不是有切肤之痛么?陶开虞说:"此诗风流摇曳,杜诗之极有韵致者。"姜夔《疏影》"昭君不惯胡沙远,但暗忆江南江北。想佩环月夜归来,化作此花幽独",化此诗"环佩空归月夜魂"以表现梅花暗香疏影的幽寂境界,也很有韵味,表现艺术又有所创新(详第十一章第十二节)。

马致远〔南吕·四块玉〕《紫芝路》:"雁北飞,人北望,抛闪煞明妃也汉君王。小单于把盏呀剌剌唱。青草畔有收酪牛,黑河边有扇尾羊,他只是思故乡。"通过比照,写汉元帝未能忘情、呼韩邪得意忘形、王昭君思乡不止,虽无深意,可见小令活跳本色。题或出此诗"一去紫台连朔漠","紫芝"的"芝"当为"台"之误。马致远另有写昭君出塞的杂剧《汉宫秋》,可参看。古代诗词曲赋写到王昭君多惋惜她遭遇的不幸。王安石的《明妃曲》其一,亦借咏叹其事对历代封建王朝扼杀人才表示不满,也抒发了自己受排挤、不为仁宗所重用的慨叹,但独具只眼,出语惊人:"明妃初出汉宫时,泪湿春风鬓脚垂;低徊顾影无颜色,尚得君王不自持。归来却怪丹青手,入眼平生几曾有?意态由来画不成,当时枉杀毛延寿。一去心知更不归,可怜著尽汉宫衣;寄声欲问塞南事,只有年年鸿雁飞。家人万里传消息:好在毡城莫相忆;君不见咫尺长门闭阿娇,人生失意无南北。"其四因永安宫而追怀刘备:

---

[56]江淹《恨赋》:"若夫明妃去时,仰天太息。紫台稍远,关山无极。"李善注:"紫台,犹紫宫也。"

"蜀主窥吴幸三峡，崩年亦在永安宫。翠华想象空山里，玉殿虚无野寺中。古庙杉松巢水鹤，岁时伏腊走村翁。武侯祠屋长邻近，一体君臣祭祀同。"《水经注·江水》：江水又东经石门滩，滩北岸有山。山上合下开，洞达东西，缘江步路所由。刘备为陆逊所破，走经此门，追者甚急，备乃烧铠断道。孙桓为逊前驱，斩上夔道，截其要径。备逾山越险，仅乃得免，忿恚而叹曰："吾昔至京，桓尚小儿，而今迫孤乃至于此！"遂发愤而卒。《太平寰宇记》载：先主改鱼复为永安，仍于州之西七里别置永安宫。刘备即卒于此。诗原注："殿今为卧龙寺，庙在宫东。"《方舆胜览》载先主庙在奉节县东六里。但不知庙与宫究竟相距多远。《抱朴子》认为千岁之鹤，随时而鸣，能登于木，其未千岁者，终不能集于树上。鹤哪能活到千岁？说一般的鹤都不能集于树上，却是十分正确的。诗中说庙内杉松之上有鹤作巢，如果是写实，当然不会是鹤而是些样子像鹤的水鸟。传统诗画多以松鹤并举，王维的《山居即事》亦有"鹤巢松树遍"之句，随便写写，不必深究。杨恽《报孙会宗书》："田家作苦，岁时伏腊，烹羊炮羔，斗酒自劳。""伏腊"，古代祭名。伏在夏六月，腊在冬十二月。《太平寰宇记》：诸葛祠在先主庙西。用"幸""崩""翠华""玉殿"等字眼，表示作者尊蜀汉为正统的观点。蜀汉先主征吴来到了三峡，他崩驾的那年也在永安宫。皇帝仪仗中的翠华之旗想象在空山里飘荡，当年的玉殿如今已消失在野寺中。古先主庙的松杉上筑满了水鹤的巢，年年伏腊往来奔走可忙坏了远近的村翁。邻近有武侯祠永远相伴，君臣一体祭祀的典礼也相同。——君臣同祭见余泽未泯，也流露出诗人赞咏君臣际会之情。其五因武侯庙而追怀诸葛亮：

"诸葛大名垂宇宙，宗臣遗像肃清高。三分割据纡筹策，万古云霄一羽毛。伯仲之间见伊吕，指挥若定失萧曹。运移汉祚终难复,志决身歼军务劳。"《一统志》:武侯庙在夔州府治八阵台下。"宗臣",为后世所宗仰的大臣。伊尹辅佐商汤,吕尚辅佐周文王、周武王,皆建立王业。萧何、曹参,皆为辅佐汉高祖的谋臣。诸葛亮的大名永垂不朽,庙中这位宗臣的遗像何等严肃清高!为奠定三分割据局面费尽了心思筹策,他好比鸾凤高翔独步云霄[57]。跟伊尹、吕尚相比也难分高下;论从容不迫的指挥才干必定压倒萧何、曹参。无如汉祚将移终难恢复,他真的做到了"鞠躬尽瘁,死而后已"(《前出师表》),不辞以身殉职,为军务操劳。——评价如此之高,固然出于对孔明的真心崇敬,但也无妨将之看作诗人在借古人的酒卮浇自己大志未酬的垒块,因此不宜斤斤计较其分寸掌握得是否得当。仇兆鳌说:"张诞曰:'见伊吕'而'失萧曹',称之无乃过乎?曰:此少陵有见之言也。萧、曹佐汉开基,不能致主王道,建万世之长策,使帝王以来之制度,荡然而不复见,至今有遗憾焉。孔明高卧隆中,三顾而起,固耕莘、钓渭之遗风也。文中子称其无死,礼乐其有兴乎?然则指挥若定,诚非萧、曹所能班矣,夫岂过哉!"虽各有所见,可供参考,但都不顾抒情诗的主要感情倾向而纯作历史人物评价的探讨,总嫌未搔到痒处。

  卢世㴶认为,《诸将五首》《咏怀古迹五首》乃七言律命脉根柢。子美既竭心思,以一身之全力,为庙算运筹,为古人写照,一腔血悃,万遍水磨,不唯不可轻议,抑且不可轻读,养气涤肠,方能领略。人知有《秋兴八首》,不知尚有此十首,则杜诗之所以为杜诗,行之不著,习矣不察者,其埋没亦不少。强调稍嫌过当,但指出这十首可敌那八首,并能得作者惨淡经营的苦心,这还是很有见地的。

---

[57] 仇注:"按俞(浙)氏云:一羽毛,如鸾凤高翔,独步云霄,无与为匹也。焦竑则云:昔人以三分割据为孔明功业,不知此乃其所轻为,正如云霄间一羽毛耳。此说非是。"

十二　追寻兴衰之迹的《洞房》诸篇

另有同时所作五律八章，每章撮首二字为题，而无总名，实是组诗。这组诗"皆追忆长安之往事，语兼讽刺，以警当时君臣，图善后之策"（《杜臆》），倾向是很明确的。首章《洞房》说：

"洞房环佩冷，玉殿起秋风。秦地应新月，龙池满旧宫。系舟今夜远，清漏往时同。万里黄山北，园陵白露中。"钱注以为"黄山"指汉黄山宫；汉武帝茂陵（在今陕西兴平县）正黄山宫之北，盖借茂陵以喻玄宗泰陵（在今陕西蒲城县）。这诗因秋夜见月，有故国旧君之思：贵妃殁后，洞房里的环佩早已冰冷；秋风起，玉殿凄凉。秦地这时也该有新月，兴庆宫龙池[58]的水想已满了。我扁舟漂泊，滞留夔州，今夜独在远方吟望；想当年寓直左省，曾一同听过禁中的清漏。可叹那万里之外的黄山北面，园陵隐隐地显现在一片晶莹的白露之中。二章《宿昔》说：

"宿昔青门里，蓬莱仗数移。花娇迎杂树，龙喜出平池。落日留王母，微风倚少儿。宫中行乐秘，少有外人知。"汉代长安城东面南头的第一门叫霸城门，门色青，故俗称"青门"。乐史《李翰林别集序》："开元中，禁中初重木芍药，即今牡丹也，得四本红、紫、浅红、通白者，上因移植于兴庆池东沉香亭前。会花方繁开，上乘照夜车，太真妃以步辇从"（详上卷八九页）。传说天宝中，兴

---

[58]《唐会要》：明皇在藩邸，居兴庆里，有龙池涌，日以浸广，至开元中，为兴庆宫。兴庆宫遗址在今西安市兴庆公园。去年（一九八二年）五月，我曾来此游览，作七绝《过兴庆宫》吊古说："重住龙池光景殊，久违羯鼓念花奴。沉香亭北伤心地，头白三郎去得无？"玄宗自蜀返京，初居此，后为李辅国逼迁西内。汝阳王李琎小字花奴，善羯鼓；玄宗厌雅乐，尝听琴，即令花奴来为之击鼓解秽。琎安禄山乱前数年卒。《得宝歌》："三郎当殿坐，听唱《得宝歌》。"即称玄宗为"三郎"。玄宗后期荒淫误国，自食其果，这虽然值不得同情，却不无可慨叹处。

庆池小龙常出游宫垣水沟中，蜿蜒奇状，靡不瞻睹（见《明皇十七事》)。《汉武内传》：王母言语粗毕，啸命灵官驾龙，严车欲去。帝下席叩头，请留殷勤，王母乃坐。卢注：杨妃曾经为道士，故唐人比为王母。《汉书·卫青霍去病传》：卫媪长女君孺，次女少儿，次女则子夫。少儿先与霍仲孺通，生去病。及卫皇后立，少儿更为詹事陈掌妻。《飞燕外传》：帝令后所爱侍郎冯无方吹笙，以倚后歌，歌酣风起，后扬袖曰："仙乎仙乎，去故而就新乎？"帝乃令无方持后履。朱注："微风倚少儿"，盖合用少儿、飞燕事。《杜臆》："行乐秘"，必有不可闻于外人者。这诗仇兆鳌串讲得好："昔于青门城内，见仙仗数移，自蓬莱（宫）而往曲江南苑也。花迎龙出，景物亦若增新矣。日将落而留连王母，贵妃专宠也。风微起而凭倚少儿，秦、虢（等夫人）得幸也。当时恣意行乐，不令人知，今果安在哉？"讽意显然，写得却很美。杨伦以为此等全开义山。三章《能画》说：

"能画毛延寿，投壶郭舍人。每蒙天一笑，复似物皆春。政化平如水，皇明断若神。时时用抵戏，亦未杂风尘。"《西京杂记》：画工有杜陵毛延寿，写人好丑老少，必得其真。又载：武帝时，郭舍人善投壶，以竹为矢，不用棘。古之投壶，取投中而不求今矢跳出。郭舍人则激矢令还，一矢百余反。每投壶，帝辄赐金帛。《神异经·东荒经》：东王公与玉女投壶，矫出而脱误不接者，天为之笑。张华注：今天不雨而有电光，是天笑。《汉书·武帝纪》："元封三年春，作角抵戏。"颜师古注引应邵曰："角者，角技也；抵者，相抵触也。"宋元时称"相扑"。汉亦泛称各种乐舞杂技为"角抵戏"。这诗大意是说，舍人投壶，足动天颜之笑。延寿善画，能令物色生春。若是像开元时那样政平如水、明断若神，就是经常演出乐舞杂技，也不致风尘溃洞，成天宝之乱。李白《梁甫吟》亦以

"帝旁投壶多玉女"喻玄宗所亲幸的权奸小人，可参看。四章《斗鸡》说：

"斗鸡初赐锦，舞马既登床。帘下宫人出，楼前御曲长。仙游终一阕，女乐久无香。寂寞骊山道，清秋草木黄。"陈鸿《东城老父传》："玄宗在藩邸时，乐民间清明节斗鸡戏。及即位，治鸡坊于两宫间。索长安雄鸡，金毫铁距高冠昂尾千数，养于鸡坊，选六军小儿五百人，使驯扰教饲。帝出游，见贾昌弄木鸡于云龙门道旁，召入，为五百小儿长。天子甚爱幸之，金帛之赐，日至其家，天下号为'神鸡童'。元会与清明节，率皆在骊山。每至是日，万乐具举，六宫毕从。昌冠雕翠金华冠，锦袖绣襦裤，执铎拂道。群鸡叙立于广场，顾眄如神，指挥风生。树毛振翼，砺吻磨距，抑怒待胜，进退有期，随鞭指低昂不失。上生于乙酉鸡辰，使人朝服斗鸡，兆乱于太平矣。"（参看上卷四二页）《明皇杂录》："上尝令教舞马四百匹，各分左右部，衣以文绣，络以金铃，饰其鬃鬣，间以珠玉。其曲谓之《倾杯乐》，马闻之即奋首鼓尾，纵横应节。又施三层板床，乘马于上，抃转如飞。或命壮士举榻，马舞于榻上。乐工数十人环立，皆衣淡黄衫、文玉带，必年少姿美者。每千秋节，命舞于勤政楼下。"又载："上每宴赐酺，则御勤政楼，太常陈乐，教坊大陈寻橦、走索、丸剑、角抵、斗鸡，令宫人数百，饰以珠翠，衣以锦绣，自帏中击雷鼓，为《破阵乐》。"又载："玄宗制新曲四十余，又新制乐谱，每初年望夜，御勤政楼观灯作乐，贵臣戚里设看楼观望。夜阑，太常乐府悬散乐毕，即遣宫女于楼前缚架出眺歌舞以娱之。"《开元传信录》："明皇梦游月宫，诸仙子娱以上清之乐，其曲凄楚动人。明皇以玉笛寻得之，曲名《紫云回》。"《异闻录》："开元六年八月望，上与申天师、洪都客作术，夜游月宫，见素娥十余人，笑舞于广庭桂树之下，音乐清丽，遂归制《霓裳羽衣之曲》。"《南部新书》:"骊山华清宫毁废已久,惟存缭垣。朝元阁在山顶之上,最为崭绝,础柱尚存。山腹即长生殿,殿东西盘石道,自山麓而上,道侧有饮酒亭、明皇吹笛楼、宫人走马楼,故址犹存。读以上记载,诗意自明:前半记太平盛况,后半写乱后荒凉,不胜兴亡哀乐之感。"五章《历历》说:

"历历开元事,分明在眼前。无端盗贼起,忽已岁时迁。巫峡西江外,秦城北斗边。为郎从白首,卧病数秋天。"发端便无限感慨。羁旅卧病,回忆平生经历,追寻兴衰之迹,往事历历在目,不堪回首。诗人心境如此,无怪其时怀旧伤今篇什之多。"天宝之乱,皆明皇失德所致,此云'无端盗贼起',盖讳言之耳。"(仇注)其实这是反话,说"无端",作者、读者均知其实"有端"。一自安禄山乱起,兵戈至今未息,自叹流离入蜀,屈居幕府,白首为郎,有似冯唐[59],于今又病滞他乡,长违故国,悲秋之情就不能自已了。仇兆鳌说:"此章承前启后。前三章说承平之世,故以'开元事'括之。后三章说乱离以后,故以'盗贼起'包之。"六章《洛阳》说:

"洛阳昔陷没,胡马犯潼关。天子初愁思,都人惨别颜。清笳去宫阙,翠盖出关山。故老仍流涕,龙髯幸再攀。"仇兆鳌说:"禄山于天宝十四年十二月陷东京,所谓洛阳没也。次年六月七日,灵宝败绩,贼入潼关,所谓犯潼关也。是夕,平安火不至,明皇惧而谋幸蜀,所谓初愁思也。十三日,帝出延秋门,至咸阳驿,而从官骇散,所谓惨别颜也。至德二年九月,郭子仪收复西京,贼众夜遁,所谓去宫阙也。十月,肃宗入长安,上皇发蜀郡,所谓出关山也。十二月,上皇至自蜀,百姓舞抃路侧曰:'不图今日,复见二圣。'所谓故老流涕、龙须再扳也。此叙出狩还京之事,首尾鲜明,

---

[59] 荀悦《汉纪》:"冯唐白首,屈于郎署。"此自叹在严武幕署工部员外郎而老。

真可谓诗史矣。"此诗实不佳,若仅从记事的首尾详明定"诗史",何不径用散文?杜诗虽偶有可正史册之失处,但其价值主要在以诗歌艺术真实地深刻地反映了社会现实和时代风貌。如此理解"诗史"的含义方可。七章《骊山》说:

"骊山绝望幸,花萼罢登临。地下无朝烛,人间有赐金。鼎湖龙去远,银海雁飞深。万岁蓬莱日,长悬旧羽林。"《汉书·郊祀志》:黄帝采首山铜,铸鼎于荆山下,鼎既成,有龙垂胡髯下迎。黄帝上骑,群臣后宫七十余人从上。余小臣不得上,乃悉持龙髯,龙髯拔堕,堕黄帝之弓,百姓乃抱其弓与龙髯号。后世因名其处曰鼎湖,弓曰乌号。上章"龙髯"句,此"鼎湖"句,俱用此。《汉书·刘向传》:秦始皇葬于骊山之阿,下锢三泉,上崇山坟,石椁为游馆,人膏为灯烛,水银为江海,黄金为凫雁。《汉书·礼乐志》:"芬树羽林。"颜师古注:言所树羽葆,其盛若林。此章抒《洞房》《园陵白露中》未尽之情重伤泰陵的凄凉:明皇在日,每年十月必往华清宫避暑,又造花萼相辉楼供兄弟诸王欢聚,如今骊山再也盼不到君王来过冬,花萼相辉楼登楼宴乐的活动早已停止了。地下没有早朝时高烧的蜡烛,人间还保存着当年赏赐的金银财宝。鼎湖迎驾的龙远去,深埋着的黄金凫雁永远飞不过水银的江海。千秋万岁终有一死,只留下昔日所居蓬莱宫上空灿烂的太阳,长照园陵中高悬的羽葆如林[60]。老杜对这位曾经赏识过他的"太平天子",感情还是很深的啊!末章《提封》说:

"提封汉天下,万国尚同心。借问悬车守,何如俭德临?时征

---

[60] 钱注:"羽林",玄宗用万骑军平韦庶人之难,以登大位。万骑本隶左右羽林,后改为龙武军,与左右羽林为北四门军。黄鹤以为"羽林"谓羽葆若林,不指羽林军。此从后说。

俊乂入，莫虑犬羊侵。愿戒兵犹火，恩加四海深。""提封"，亦作"堤封"，指诸侯或宗室的封地。《汉书·刑法志》："提封万井。"颜师古注："李奇曰：'提，举也；举四封之内也。'说者或以为积土而封谓之堤封。"亦指国内，四境之内。此章总结，指出致乱根由，以为前车之鉴：要是像汉朝那样一统天下，万国同心，前途还有希望。《左传》说"悬车束马以逾太行"，与其用兵守土，何如行俭德君临天下？时常征辟杰出的人才入朝，就不怕敌人入侵。古人有云："兵犹火也，不戢将自焚也。"但愿像戒火那样戒兵，恩加四海，泽被苍生。仇兆鳌说："自明皇好边功而尚奢侈，故有悬车、俭德之语。不听张九龄，而致禄山终叛，故有俊乂、犬羊之语。使当时息兵爱民，焉有天宝之祸哉？"王嗣奭说："此为朝廷画中兴之策，盖以前数章之总结也。国以人心为本，故首言'万国同心'，根本尚无恙也。悬车守险，不如俭德临民；俭者不夺，民心自怀，有无形之险也。俊乂在朝，折冲樽俎，何虑犬羊？兵勿轻动，则恩加四海，可复贞观、开元之盛矣。公之谋国，堂堂正正，即孟子所以告齐、梁之君者；其自许稷、契，亦以此也。"指出玄宗为政之失甚是，为朝廷筹划之策也不无道理，其奈乱后王纲解纽，矛盾重重，江河日下，颓局已成，即使"窃比稷与契"的老杜在朝，独木难支大厦，恐亦无法"致君尧舜上"啊！

仇兆鳌说："《秋兴》及《洞房》诸诗，摹情写景，有关国家治乱兴亡，寄托深长。《秋兴八首》，气象高华，声节悲壮，读之令人兴会勃然；《洞房》八章，意思沉郁，词旨凄凉，读之令人感伤欲绝。此皆少陵聚精会神之作，故能舌吐风云，笔参造化，千载之下，犹可歌而可泣也。但七律才大气雄，固推赋骚逸调，而五律韬锋敛锷，直与经史并驱，两者当表里参观，方足窥其底蕴焉。"比较两组诗的异同，颇有见地。

十三 诗歌中的寓言和随笔

同时作咏物诗八章自伤伤时。首章《鹦鹉》有才士失路、苦于拘束之叹：

"鹦鹉含愁思，聪明忆别离。翠衿浑短尽，红嘴漫多知。未有开笼日，空残旧宿枝。世人怜复损，何用羽毛奇？"朱鹤龄以为此诗似櫽括祢衡《鹦鹉赋》中语："聪明"，则"性慧辩而能言，才聪明以识机"；"别离"，则"痛母子之永隔，哀伉俪之生离"；"翠衿""红嘴"，则"绀趾丹嘴，绿衣率衿"；"浑短尽"，则"顾六翮之残毁，虽奋迅其焉如"；"漫多知"，则"岂有论以阶乱，将不密以致危"；"未有开笼日"，则"闭以雕笼，剪其翅羽"；"空残旧宿枝"，则"想昆山之高峻，思邓林之扶疏"；末句"羽毛奇"，则"虽同俗于羽毛，故殊志而莫心"。虽不能说一一对照套用，但受祢衡赋的启发与影响是明显的。该赋收入《文选》，见老杜选学的精深。二章《孤雁》寓羁旅念群之意：

"孤雁不饮啄，飞鸣声念群。谁怜一片影，相失万重云。望尽似犹见，哀多如更闻。野鸦无意绪，鸣噪亦纷纷。"浦起龙说，寓同气分离之感，兄弟相暌则痛之，精神全注一"孤"字。这诗中间两联最佳，"善于空处传神"（杨伦评）。李商隐的《蝉》："五更疏欲断，一树碧无情。"可谓得其三昧。三章《鸥》怜其少自得之致：

"江浦寒鸥戏，无他亦自饶。却思翻玉羽，随意点青苗。雪暗还须浴，风生一任飘。几群沧海上，清影日萧萧。"罗大经《鹤林玉露》说："言浦鸥闲戏，使无他事，亦自饶美，奈何不免口腹之累。故闲戏未足，已思翻玉羽而点春苗，为谋食之计。虽风雪凌厉，有所不暇顾，末言海鸥之旷逸，清影翛然，不为泥滓所点染，非浦鸥所能及。以兴士当高举远引，归洁其身如海鸥；不当逐逐于声利之场，以自取贱辱，若浦鸥也。"斯解得之。老杜曾在《旅夜书怀》中以鸥鸟自况："飘飘何所似？天地一沙鸥。"此亦然。四章《猿》称其有见机之智：

"袅袅啼虚壁，萧萧挂冷枝。艰难人不免，隐见（现）尔如知。惯习元从众，全生或用奇。前林腾每及，父子莫相离。"王嗣奭说："人于乱世，往往父子不相保。公携其子以避乱，而恐其不能两全。兴言及此，见其苦情矣。"五章《麂》代麂抒情，自悔不能远害全身，寓有讽刺"衣冠"人物鱼肉人民的"盗贼"本性之意（详第十三章第十节）：

"永与清溪别，蒙将玉馔俱。无才逐仙隐，不敢恨庖厨。乱世轻全物，微声及祸枢。衣冠兼盗贼，饕餮用斯须。"我永远地永远地告别了清溪，承蒙不弃与山珍海味放在一起。我无才跟着时常化变为白鹿的葛仙翁（见《神仙传》）归隐；听说书上写着"鹿生于山，命悬于庖厨"（《说苑》），命该如此，我不敢有所怀恨。乱世重杀而轻全物，细微的声响却招来了横祸。没想到那些衣冠人物还兼作盗贼，他们狼吞虎咽一会儿就把我吃光了。语愈婉愈悲，构思亦大奇。汉人每有此种奇想。《枯鱼过河泣》："枯鱼过河泣，何时悔复及！作书与鲂鱮，相教慎出入。"与此参读，知渊源有自，复见新意。六章《鸡》叹其夜鸣失时：

"纪德名标五，初鸣度必三。殊方听有异，失次晓无惭。问俗人情似，充庖尔辈堪。气交亭育际，巫峡漏司南。"《韩诗外传》："夫鸡，头戴冠，文也；足傅距，武也；见敌而斗，勇也；得食相呼，义也；鸣不失时，信也：鸡有五德，君犹瀹而食之，其所由来近也。""亭育"，化育。《杜诗说》："'司南'，犹'司晨'也，字见梁元帝《刻漏铭》。"你们有文、武、勇、义、信五种好德性，每晚准时打鸣三遍。谁知到这里听听可有点异样，报错了时辰早上起来也毫不惭愧。不讲信用跟这里的人情差不多,那就只配送进厨房补充做菜的原料。夜尽天明正是造化之气交替的时刻,这巫峡一带你们是失了司晨的职。——前面已经讲到,老杜很厌恶夔州这里的风土人情,如说"形胜有余风土恶"(《峡中览物》)、"此乡之人气量窄,误竞南风疏北客"(《最能行》)等等。于今,他竟把满肚皮厌恶殊方薄俗之情发泄到夜鸣失时的"荒鸡"身上来了。老杜是"北客",想为此乡"气量窄"之人所"疏",加上他"性褊躁",难免有此过激情绪,但也不得坐实为"此骂巫峡人无德无信,罪可杀也"(《杜臆》)。《晋书·祖逖传》:"中夜闻荒鸡鸣,蹴(刘)琨觉,曰:'此非恶声也!'因起舞。"陆游《夜归偶怀故人独孤景略》:"刘琨死后无奇士,独听荒鸡泪满衣。"即用其事。同是荒鸡,所引起的反应却迥然不同。因此,将同一事物的不同反应写入诗中,往往能成功地抒发不同人的不同心境。不要以为只是夜鸣失时的荒鸡该死,在某些人的心目中,那些准时报晓的鸡更须格杀勿论:"打杀长鸣鸡,弹去乌臼鸟。愿得连冥不复曙,一年都一晓。"(《读曲歌》)七章《黄鱼》叹其长大而罹难:

"日见巴东峡,黄鱼出浪新。脂膏兼饲犬,长大不容身。筒桶相沿久,风雷肯为伸?泥沙卷涎沫,回首怪龙鳞。"《杜臆》:"涪州上流四十里,有黄草峡,出黄鱼,大者数百斤。'兼饲犬',则人无不食可知。[61]但惜其长大而不能容其身耳。"《尔雅注》:鳣鱼,体有甲无鳞,肉黄,大者二三丈,江东人呼为黄鱼。《诗义疏》:鳣身形似龙。故有末句。鳣,今名鳇。我国分布于黑龙江流域。但不知古时长江流域有鳣否。鳣与鲟体形相似。鲟,古称"鱏",长达三米余,青黄色,腹白色。老杜所咏也可能是长江鲟(达氏鲟)。八

---

[61] 杜甫《戏作俳谐体遣闷二首》其一即明说此间人"顿顿食黄鱼"。

章《白小》怜细微之物亦难幸免:

"白小群分命,天然二寸鱼。细微沾水族,风俗当园蔬。入肆银花乱,倾筐雪片虚。生成犹拾卵,尽取义何如?"庾信《小园赋》:"一寸二寸之鱼。"这都是些"小白条",这种鱼是长不大的。"拾卵"而"尽取"之,这不仅有伤于义,也有损于利。从今天保护渔业资源的角度看,老杜提出的这个问题也是值得注意的。杨伦认为此章系"悯穷民也,时蜀因军兴饷急,诛求无艺"。

这组诗,掇拾琐事,阐发深意,挥洒自如,思想艺术俱佳。黄生引汪几希说:"前后咏物诸诗,宜合作一处读,始见杜公本领之大,体物之精,命意之远。说物理、物情,即从人事、世法勘入。学到笔到,心到眼到,惟其无所不到,所以无所不尽也。"其言得之。

另一组同时所作七绝《解闷十二首》也写得很有意思,值得一读。其一说:

"草阁柴扉星散居,浪翻江黑雨飞初。山禽引子哺红果[62],溪女得钱留白鱼。"仇兆鳌说:"公《云安》诗'负盐出井此溪女',又《负薪行》'男当门户女出入',则溪女卖鱼可知。"这诗写景记事,见客居的百无聊赖,亦有自得之趣。其二说:

"商胡离别下扬州,忆上西陵故驿楼。为问淮南米贵贱,老夫乘兴欲东游。"《会稽志》:西陵城在萧山县(今浙江萧山)西十二里。后改为西兴。苏轼《望海楼晚景》"为传钟鼓到西兴"的"西兴"即是。又白居易《答元微之泊西陵驿见寄》:"烟波尽处一点

---

[62] 一九七八年元旦,我去杭州西湖西南隅的虎跑游览,行近山麓,忽有小豆自空纷溅,抬头见一群山雀飞扑林间争啄冬青红果,殊觉可喜。归后哦成《过虎跑泉》说:"入冬池馆减芳菲,虎跑崖边拜虎威。高树鸟争红果落,山泉一路送人归。"读老杜"山禽引子哺红果"句,因忆及之。

白，应是西陵古驿台。"知唐时西陵置驿。唐淮南道治所在扬州（今江苏扬州市）。其时有胡商下扬州，来与老杜作别，因起东游之念。杜甫年轻时游吴越甚乐，在蜀常思再往："厌蜀交游冷，思吴胜事繁。应须理舟楫，长啸下荆门"（《春日梓州登楼二首》其二）。最近他还想到杭州、越州（绍兴）去寻找五弟杜丰："闻汝依山寺，杭州定越州。……明年下春水，东尽白云求"（《第五弟丰独在江左近三四载寂无消息觅使寄此二首》其二）。可见他当时确有东下重游吴越的考虑。有趣的是，据此可知老杜当时还识了一些胡商。其三说：

"一辞故国十经秋，每见秋瓜忆故丘。今日南湖采薇蕨，何人为觅郑瓜州？"原注："郑秘书监审。"郑审是郑虔的侄儿。汉长安霸城门，又名青门，门外旧出佳瓜，其南有下杜城。天宝十三载（七五四）老杜曾移居下杜（详第七章第四节），至今（七六六）已十二年，"十经秋"，举其成数而言。钱注："张礼《游城南记》：济潏水，涉神禾原，西望香积寺，下原过瓜州村。注：瓜州村，在申店潏水之阴。许浑集有《和淮南相公重游瓜州诗》。淮南相公，杜佑也。注：瓜州村与郑庄相近。郑庄，虔郊居也。审为虔之侄，其居必在瓜州村。"诗人因见秋瓜而忆下杜旧居，又因下杜而忆瓜州村的郑审，看似平淡，却一往情深。其四说：

"沈范早知何水部，曹刘不待薛郎中。独当省署开文苑，兼泛沧浪学钓翁。"《梁书·何逊传》：范云见何逊的对策，大相称赏，因结为忘年交，一文一咏，云辄嗟赏。沈约亦爱其文，曾对逊说："吾每读卿诗，一日三复，犹不能已。"逊曾为尚书水部郎。钟嵘《诗品·总论》认为"曹（植）、刘（桢）殆文章之圣"。"沧浪"，古水名。在今湖北省境内，有四说：（一）汉水的支流，在荆州。（二）即夏水。（三）汉水的下流。在湖北均县北，至汉阳入江。（四）湖北武当县（明废，即今旧均县治）西北汉水中有沧浪洲，汉水经过,因叫"沧浪"。这诗原注:"水部郎中薛据。"是怀念薛据的诗。薛据(一作"璩")是老杜旅食京华时结识的好友,曾同登慈恩寺塔赋诗。老杜客秦州,见敕目知薛据等升官,喜赋长诗祝贺。薛据为尚书省工部的水部郎中当在今年(大历元年)以前,这时他正因水部公务出差在荆州(详第七章第三节)。薛据与何逊同是水部郎,何有沈、范知音,而薛却无人赏识。薛在尚书省官署独开文苑,如今又到荆州的沧浪之上学起泛舟垂钓的渔翁来了。语带调侃,见关系的亲密和相思之深。陈师道说,"省署开文苑,沧浪忆钓翁"是薛据的诗。《唐诗纪事》亦有此条,惟"忆"字作"学"字。其五说:

"李陵苏武是吾师,孟子论文更不疑。一饭未曾留俗客,数篇今见古人诗。"李陵、苏武是汉武帝时人。《文选》载有李陵《与苏武诗三首》、苏武《诗四首》(其中一首又见于《玉台新咏》,题为苏武《留别妻》诗),均为五言体。多数研究者认为,西汉前期不可能有成熟的五言诗出现,故疑为后人托名之作。除《文选》所载外,收辑于《古文苑》中的,尚有李陵《录别诗》八首(内两首残缺),苏武《答诗》一首、《别李陵》一首。苏李诗的作者可疑,《文选》中所录七首当是东汉无名氏之作,大多写得真切感人,对后代诗歌创作起过一定影响。这诗原注:"校书郎孟云卿。"是怀念孟云卿的诗。孟云卿是老杜的知交,其诗风骨颇健(详上卷四九五、四九六页)。首句是孟云卿的意见,次句老杜表示赞同,三句称其不偶流俗,四句赞其诗格高古、直追西汉。其六说:

"复忆襄阳孟浩然,清诗句句尽堪传。即今耆旧无新语,漫钓槎头缩项鳊。"此怀孟浩然,详第十一章第八节《遣兴五首》其五。其七说:

"陶冶性灵存底物?新诗改罢自长吟。孰(熟)知二谢将能事,颇学阴何苦用心。"这诗自述写诗的经验:凭什么来陶冶性灵呢?是诗。所以我做起诗来很认真,新诗改好了还吟一吟看看是否妥帖。我很熟悉宋谢灵运(三八五—四三三)、齐谢朓(四六四—四九九)的于诗将尽其能事,还努力学习梁何逊(?—约五一八)、陈阴铿(生卒年未详)精益求精追求艺术表现的苦心。《苕溪渔隐丛话》前集:"韩子苍云:东坡……尝语参寥曰:如老杜言'新诗改罢自长吟'者,乃知此老用心甚苦,后人不复见其刳剔,但称其浑厚耳。"《杜臆》:"公谓李白佳句似阴铿,论者谓公有不满白之意,试读此诗,岂其然乎?"其八说:

"不见高人王右丞,蓝田丘壑蔓寒藤。最传秀句寰区满,未绝风流相国能。"原注:"右丞弟,今相国缙。"此怀王维,兼及王缙(详上卷五一六、五一七页)。《旧唐书·王维传》:代宗时缙为宰相,帝求维文,缙集得四百余篇上之。《金壶记》:王维与弟缙,名冠一时。时议云:"论诗则王维、崔颢,论笔则王缙、李邕,祖咏、张说不得与焉。"缙后因党附元载,人品不足取,终掩其文名。老杜作此诗时,王缙劣迹尚不显(详本章第八节)。《麓堂诗话》:唐诗李、杜之外,孟浩然、王摩诘足称大家。王诗丰缛而不华靡,孟却专心古澹,而悠远深厚,自无寒俭枯瘠之病。储光羲有孟之古,而深远不及。岑参有王之缛,而又以华靡掩之。故杜子美称"吾怜孟浩然",称"高人王右丞",而不及储、岑。其九说:

"先帝贵妃今寂寞,荔枝还复入长安。炎方每续朱樱献,玉座应悲白露团。"此叹玄宗、贵妃已卒而进贡荔枝的旧例未除(参看上卷一六六页)。仇兆鳌说:据李绰《岁时记》:樱桃荐寝,取之内园,不出蜀贡。此特言其夏荐樱桃,而荔枝继献耳。杜修可曰:《唐史遗事》:乾元初,明皇幸蜀而回,岭南进荔枝,上感念杨妃,不觉悲恸。[63] 以下三首皆因荔枝生慨。其十说：

"忆过泸戎摘荔枝，青枫隐映石逶迤。京华应见无颜色，红颗酸甜只自知。"蜀中荔枝鲜美，远贡长安则变味。泸州（今四川泸州市）、戎州（今四川宜宾市）产荔枝。去年所作《宴戎州杨使君东楼》有"轻红擘荔枝"句，"忆过"指此（详第十六章第八节）。荔枝原名离枝，言其离枝则色味香气俱变。杨伦说："此言荔枝虽得驰贡，而至京师者终不若此地之佳，以喻瑰杰之资，世有真知者少也。"其十一说：

"翠瓜碧李沉玉甃，赤梨蒲萄寒露成。可怜先不异枝蔓，此物娟娟长远生。"此言荔枝因产于远方而被珍视。其十二说：

"侧生野岸及江蒲，不熟丹宫满玉壶。云壑布衣鲐背死，劳人害马翠眉须。"戎僰语称田亩为"蒲"。朱注：或曰刘熙《释名》：草团屋曰蒲，又谓之庵。此诗"江蒲"，似用此义，言荔枝生于野岸江庵之侧。"不熟丹宫"，荔枝本不生长成熟于宫中。"鲐"，亦称鲭、油筒鱼、青花鱼、青鲼。"鲐背"，谓老人背上生斑如鲐鱼背，因用以称长寿老人。《尔雅·释诂》："鲐背、耇、老，寿也。""翠眉"，指杨贵妃。《方舆胜览》：妃子荔枝园，在涪州之西，去城十五里。当时以马递驰载，七日七夜至京，人马毙于路者甚众。此言荔枝生于远方僻处，犹得劳人害马，驰贡宫中，盛满玉壶，供贵妃之需；而布衣之士，老死丘壑，却无人赏识，很可慨叹。

这组小诗，犹如散文中的随笔，或抒情，或叙事，或议论，写起来很自由，读起来很亲切，颇能窥见诗人当时的心境，有一定认识价值，艺术上也独具不拘绳墨、挥洒尽致之妙。

〈63〉萧涤非说："这（炎方）两句大意是说，当你（代宗）把四川贡来的荔枝继樱桃之后而荐庙时，如果先帝有灵，看见荔枝也许要悲伤起来吧。"稍加引申，诗意似较显。

这年秋天作的五排《偶题》，谈诗学源流和自己的创作经验，兼叙客夔情事，内容多少与这组评议诗人诗作、记述生活感触的《解闷十二首》相近，但写得很认真，尤其前面诗论部分系统深入地阐明了作者的见解，值得注意：

"文章千古事，得失寸心知。作者皆殊列，名声岂浪垂？骚人嗟不见，汉道盛于斯。前辈飞腾入，余波绮丽为。后贤兼旧例，历代各清规。法自儒家有，心从弱岁疲。永怀江左逸，多谢邺中奇。骅骝皆良马，麒麟带好儿。车轮徒已斫，堂构惜仍亏。漫作《潜夫论》，虚传幼妇碑。"王嗣奭对这一大段的臆解大体得之："此公一生精力，用之文章，始成一部《杜诗》，而此篇乃其自序也。……起来二句，乃一部《杜诗》所从胎孕者。'文章千古事'，便须有千古识力为之骨；而'得失寸心知'，则寸心具有千古。此乃文章家秘密藏，而千古立言之标准。从此悟入，而后其言立，可与立德、立功称三不朽，初无轩轾者也。然何以云'文章（一）小技，于道未为尊'耶？此正须识其道之所尊者安在。得所尊，则文章千古，失所尊，则文章小技。必视文章为小技，而后能以文章成千古之业。本无二义，在人自悟耳。作者殊列，而名不浪垂，此二句又千古诗人之总括，谓其寸心皆有独知在也。《三百篇》乃诗之鼻祖，而《骚》乃其裔孙。《骚》既不见，则《雅》《颂》可知，不能无慨。自苏、李辈倡为五言，而汉道于斯为盛，此又诗之大宗也。前辈如建安、黄初诸公，飞腾而入；至六朝之绮丽，乃其余波，不可少也。后贤继作，前代义例，兼而有之；然历代各有清规，非必一途之拘也。旧例、清规皆法也，儒家谁不有之？而妙繇心悟。余从弱岁，已极力于此，则永怀江左之逸，而不能无病于邺中之奇。病犹歉也，盖江左诸公，犹之骅骝，无非良马；乃曹家父子，如麒麟又带好儿，此其独擅之奇也。予之疲心于此，自信车轮已斫，而儿懒失学,堂构仍亏,能如曹家父子乎?虽潜夫有论,幼妇有碑,莫为继述,皆虚谩耳,此予所病于邺中者也。'缘情'用陆机语,谓作诗也。"我认为诗中有三点看法是可取的:(一)能流传后世的文学作品,必有其独特的成就和价值;(二)要了解文学发展的源流,要全面学习和继承前代遗产,这也就是"转益多师是汝师";(三)从事文学创作要竭尽毕生之力,要经常悉心琢磨,才有可能臻于"得失寸心知"之境。《戏为六绝句》多体现了这些基本观点,可对照阅读(参阅第十四章第八节)。张溍说:"文章秘诀,诗统源流,前半已道尽。曰'骚人',曰'汉道',曰'邺中',曰'江左',言诗家历代,各有体制可仿,后人兼采,原不宜过贬偏抑。公之所见甚大,所论甚正。太白则云:'自从建安来,绮丽不足珍。'自晋人以下,未免一概抹倒矣。"

十四 "即事会赋诗"

这年从秋到冬,他还写了不少篇什,或见朋从交往,或见日常生活,或见文艺观点,……内容很丰富。

他有首七古《寄韩谏议注》,劝曾以直言忤时、退老衡岳的韩注[64],东山再起,匡君济世,议论一般,不见精彩;但首尾写得极飘逸,酷似太白,深得楚骚遗韵,诵之令人神旺:"今我不乐思岳阳,身欲奋飞病在床。美人娟娟隔秋水,濯足洞庭望八荒。鸿飞冥冥日月白,青枫叶赤天雨霜。玉京群帝集北斗,或骑麒麟翳凤凰。

---

[64] 朱鹤龄以为韩谏议不可考,其人大似李泌。钱谦益疑韩谏议乃韩休之子法,"注"字系传写之误。此诗盖当李泌隐衡山之时,欲韩谏议贡李泌于玉堂。说近穿凿,皆不足取。

芙蓉旌旗烟雾落，影动倒景摇潇湘。星宫之君醉琼浆，羽人稀少不在旁。……美人胡为隔秋水，焉得置之贡玉堂？"

老杜初到成都时，有《王侍御抡许携酒至草堂》诗，王先以御史罢官，后在严武幕中，又迁彭州刺史而卒（详第十三章第十一节及注〈34〉）。老杜惊闻噩耗，作《哭王彭州抡》致哀。

这时，老杜遇到了老友之子苏徯，见他年轻有为，作《君不见简苏徯》，劝他出仕用世，说废池尚藏蛟龙，枯桐犹可制作琴瑟，你才华正茂，不愁没有前途："君不见道边废弃池？君不见前者摧折桐？百年死树中琴瑟，一斛旧水藏蛟龙。丈夫盖棺事始定，君今幸未成老翁，何恨憔悴在山中？深山穷谷不可处，霹雳魍魉兼狂风。"这诗写得饶有古意。君幸未成老翁，前途固然无限；我虽当桑榆暮景，却未"盖棺论定"，有时也不免存有妄想哩！联系到前面已论及的老杜客居卧病仍不绝还朝之望的思想状况，这"丈夫"三句勉人的话中似乎还含有自勉的言外之意。不久，苏徯将东游荆、扬，他又作《赠苏四徯》，结尾自陈客中常受人轻视、欺凌的惨痛经验，并一再叮嘱苏徯要耐得饥寒免为肉食者所笑，要韬光养晦免为少壮者所忌："乾坤虽宽大，所适装囊空。肉食哂菜色，少壮欺老翁。况乃主客间，古来逼侧同。君今下荆扬，独帆如飞鸿。二州豪侠场，人马皆自雄。一请甘饥寒，再请甘养蒙。"据《别苏徯》题下原注"赴湖南幕"，知苏徯此行最后决定往湖南谋事。仇兆鳌说："（此诗）起云'故人有游子'及'提携愧老夫'，公盖苏徯父接也。后云：'岂知台阁旧，先拂凤凰雏。'湖南幕主，亦徯父交而昔日同朝者。"又说："朱注谓唐史肃宗收京，苏源明擢考功郎中、知制诰，疑徯为源明之子。今按：源明卒于广德二年，不应丧制未终，而急趋幕府，知非源明子矣。"战乱时或有变通，朱说并非毫无可能。

一天老杜在这里遇到了外甥李潮，李潮是位擅长八分小篆的书法家，他们相处月余，李潮求老杜题咏，老杜便作《李潮八分小篆歌》称赞他的书法道：

"苍颉鸟迹既茫昧，字体变化如浮云。陈仓石鼓又已讹，大小二篆生八分。秦有李斯汉蔡邕，中间作者绝不闻。峄山之碑野火焚，枣木传刻肥失真。苦县光和尚骨立，书贵瘦硬方通神。惜哉李、蔡不复得，吾甥李潮下笔亲。尚书韩择木，骑曹蔡有邻。开元已来数八分，潮也奄有二子成三人。况潮小篆逼秦相，快剑长戟森相向。八分一字直百金，蛟龙盘拿肉屈强。吴郡张颠夸草书，草书非古空雄壮。岂如吾甥不流宕，丞相中郎丈人行。巴东逢李潮，逾月求我歌。我今衰老才力薄，潮乎潮乎奈汝何！"周越《书苑》：李潮，善小篆，师李斯《峄山碑》，见称于时。赵明诚《金石录》：《唐慧义寺弥勒像碑》，李潮八分书。潮书不见重于当时，独杜诗盛称之。今石刻在者，惟此碑与《彭元曜墓志》，其笔法亦不绝工。如果真是书以诗传，那老杜的这首诗可算得上是最成功的"广告"了。苍颉，也作仓颉。旧传为黄帝的史官，汉字的创造者。他可能只是古代整理文字的一个代表人物。卫恒《书势》：黄帝之史沮诵、苍颉，眺彼鸟迹，始作书契。石鼓文是中国现存最早的刻石文字。在十块鼓形的石上，每块各刻四言诗一首，内容歌咏秦国君游猎情况，故亦称"猎碣"。所刻书体，为秦始皇统一文字前的大篆，即籀文。历来对其书法评价很高。其制作时代，唐人以为周文王或宣王时，宋人始提出秦始皇以前之说。经近代和今人进一步研究，公认为秦刻石，但仍有文公、穆公、襄公、献公诸说。石原在天兴（今陕西宝鸡。秦置陈仓县，唐改为宝鸡）三畤原，唐初被发现。韦应物、韩愈各有一篇《石鼓歌》。现十石文字大多剥落，其中一石文字全部无存。原石藏北京故宫博物院。"大篆"，也叫籀文或籀书。籀文因著录于《史籀篇》而得名。字体多重叠。春秋战国间通行于秦国。今存石鼓文即这种文体的代表。"小篆"，也叫秦篆，秦代通行的文字，在籀文的基础上发展形成，字体较籀文简化。秦始皇统一中国后，采取李斯的意见，推行统一文字的政策，以小篆为正字，淘汰通行于其他地区的异体字，对汉字的规范化起了很大的作用。小篆形体匀圆齐整，存世的《琅琊台刻石》和《泰山刻石》残石，可代表其风格。李斯作《苍颉篇》，赵高作《爰历篇》，用的都是小篆。"八分"，汉隶的别名。魏晋时也称楷书为隶书，因别称有波磔的隶书为八分，以示区别。关于八分的解释，唐张怀瓘《书断》引王愔说："字方八分，言有模楷。"又引萧子良说："饰隶为八分。"张怀瓘解释为："若八字分散，……名之为八分。"清包世臣说："八，背也，言其势左右分布相背然也。"《唐六典》："四曰八分，谓《石经》碑碣所用。"同意张说的人较多。东汉蔡邕善八分书。"熹平石经"，部分文字由邕自书丹于石刻成。他又曾于鸿都门见工匠用帚写字，得到启发，创飞白体。也能画。

"峄山之碑"，秦代记功刻石。秦始皇巡行各地途中登邹峄山（亦称峄山，在今山东邹县东南）立的第一个刻石，颂扬其废分封立郡县的功绩。刻石原在山东邹县东南，传为李斯所书。今原石已佚，宋淳化四年（九九三）郑文宝据南唐徐铉摹本重新刻石于长安；元至正元年（一三四一）申屠駉又据郑文宝刻本重刻于绍兴。《封演闻见记》载，后魏太武登山，使人排倒此刻石。然而历代摹拓，以为楷则，邑人疲于奔命，聚薪其下，因野火焚之。老杜此诗以为"枣木传刻"，可能另有刻本。樊毅西岳碑，后汉光和二年（一七九）立。苦县老子碑，亦汉碑，其字刻极劲。诗中"苦县光和"，即指此两碑。《旧唐书·肃宗本纪》：上元元年（七六〇）四月，以右散骑常侍韩择木为礼部尚书。《宣和书谱》：韩择木，昌黎人，工隶兼作八分，风流闲媚，世谓蔡邕中兴。窦泉《述书赋》："卫包蔡邻，工夫亦到；出于人意，乃近天造。"《书史会要》：蔡有邻，蔡邕十八代孙，官至右卫率府兵曹参军，工八分书，书法劲险。——摘录以上各条，这诗就容易读懂了。诗首叙书法自大篆至八分的演变过程；中赞李潮书法入古，许得李斯、蔡邕嫡传，并以韩择木、蔡有邻作陪，以名重当世的张旭流宕雄壮的狂草反衬其八分书的瘦硬稳重；结以作歌力薄自谦，言力薄之歌，很难配此瘦硬之字。这诗见老杜书学知识的渊博，及其"书贵瘦硬"的鉴赏标准。这诗纵横排奡，颇见工力。杨伦评："此韩（愈）、苏（轼）之祖。"韩愈《石鼓歌》："少陵无人谪仙死，才薄将奈石鼓何！"即仿此诗末二句。

秋冬之际，他写作了几首歌咏瞿塘峡一带形胜的诗篇，主旨不外伤乱世羁旅，诗多平平，间有佳句可摘，如"岸断更青山"（《峡口二首》其一）、"去矣英雄事，荒哉割据心"（其二）、"古城疏落木，荒戍密寒云"（《南极》）等。其中只《瞿唐两崖》《瞿唐怀古》二诗较挺拔。前诗说：

"三峡传何处？双崖壮此门。入天犹石色，穿水忽云根。猱獶须髯古，蛟龙窟宅尊。羲和冬驭近，愁畏日车翻。"《述异记》：猿五百岁化为玃。李尤《九曲歌》："年岁晚暮时已斜，安得力士翻日车。"这诗状奇险之景触目惊心。李子德说："诗莫难于用奇，舍此亦何由？见杜之大奇而不失为补，不可能也；且愈奇而愈见其清，何可能也？"中晚唐不乏奇诗，却嫌不清或不朴，兼此三者诚不易，须从深厚处下功夫。《瞿唐怀古》说：

"西南万壑注，劲敌两崖开。地与山根裂，江从月窟来。削成当白帝，空曲隐阳台。疏凿功虽美，陶钧力大哉！"瞿唐怀古，怀大禹开凿之功。状天险，见禹功的浩大；而险由天造，终归功于造化之力。黄生说："奇险之句，亦若假凿于五丁矣。"

顾宸以为老杜自云安至夔州，寓于西阁，终岁居之。明年春，始自西阁迁居赤甲。故凡西阁诸诗，皆自秋及冬所作。

《夜宿西阁晓呈元二十一曹长》："城暗更筹急，楼高雨雪微。稍通绡幕霁，远带玉绳稀。门鹊晨光起，墙乌宿处飞。寒流江甚细，有意待人归。"山夜雨而晓霁，因启门而望墙，远见安流，似催发棹。逐层卸下，渐引归心。以此呈元，衷情若诉。此所以表出峡之志（浦注）。老杜昔与元二十一同曹（官署），故称曹长。又有《西阁口号呈元二十一》写二人冬日共话王室、感动销忧情事："山木抱云稠，寒空绕上头。云崖才变石，风幔不依楼。社稷堪流涕，安危在运筹。看君话王室，感动几销忧。"这位元先生想必也是有心济世的志士。

没人共话销忧，不妨学个"宋国田夫负日之暄"（《列子》），也就是蹲在墙根晒冬天里可爱的太阳：

"凛冽倦玄冬，负暄嗜飞阁。羲和流德泽，颛顼愧倚薄。毛发具自和，肌肤潜沃若。太阳信深仁，衰气欻有托。欹倾烦注眼，容易收病脚。流离木杪猿，翩跹山巅鹤。朋知苦聚散，哀乐日已作。即事会赋诗，人生忽如昨。古来遭丧乱，贤圣尽萧索。胡为将暮年，忧世心力弱？"（《西阁曝日》）寒气刺骨的冬天令人厌倦，我最爱在西阁晒太阳。羲和驾着日车来普施德泽，冬季的主宰颛顼（见《月令》）自愧力薄而敛威。毛发都晒暖和了，肌肤像给温汤泡得热乎乎的〈65〉。太阳你可真是仁慈啊，使我这气衰体弱的人忽然有了依托。斜靠着烦劳你倾注满目的光明，这会儿我不再"卧愁病脚废"（《客居》）而容易活动这双病脚。瞧树梢那些动作利索的猿猴，山顶那些

〈65〉仇注："沃若"，谓暖如汤沃。《诗》："其叶沃若。"此借用之。

翩跹起舞的水鹤！知交苦于聚散无常，聚乐散哀此起彼落。触景生情就该赋诗，人生无常清兴转眼如昨。古往今来时遭丧乱，连圣贤们也都很寂寞。我已经到了暮年，又何必为时世担忧，使心力减弱？——作自画像栩栩如生、神情毕露；细味便知其妙。

《缚鸡行》也是写一时情事如画的佳作：

"小奴缚鸡向市卖，鸡被缚急相喧争。家中厌鸡食虫蚁，不知鸡卖还遭烹。虫鸡于人何厚薄？我叱奴人解其缚。鸡虫得失无了时，注目寒江倚山阁。"因怜虫而卖鸡，似乎不大合乎情理。若谓杨氏夫人佞佛而惜蝼蚁之命，又何得养鸡平日吃蛋、过年吃肉（《催宗文树鸡栅》："秋卵方漫吃""倚赖穷岁晏"）？我以为这不过是老杜在日常生活中偶有所感，设鸡虫得失之喻发议论而已。[66] 师厚说："天下之利害，当权轻重。除寇则劳民，爱民则养寇。与其养寇，孰若劳民。与其食虫，孰若存鸡。"(《杜臆》引) 赵次公说："黄鲁直深达诗旨，其《书酺池寺书堂》云：'小黠大痴螳捕蝉，有余不足夔怜蚿。退食归来北窗梦，一江风月趁渔船。'可与言诗者，当自解也。"洪迈说："此诗自是一般好议论，至结句之妙，非他人所能跂及也。予友李德远尝赋《东西船行》，全拟其意，举以相示云：'东船得风帆席高，千里瞬息轻鸿毛。西船见笑苦迟钝，汗流撑折百张篙。明日风翻波浪异，西笑东船却如此。东西相笑无已时，我但行藏任天

---

[66] 诗谓"小奴缚鸡向市卖"是因为"家中厌鸡食虫蚁"，"家中"无疑是指杨氏夫人了。王嗣奭则以为怜虫蚁的是诗人自己，并笑话他说："老杜自谓'乾坤一腐儒'，余读此诗而笑其能自知也。公晚年溺佛，意主慈悲不杀，见鸡食虫蚁而怜之，遂命缚鸡出卖。"又说："余又读其《命宗文设鸡栅》而不觉失笑也。费尽区处，欲使鸡不食虫，又不翻案，又欲使长幼别以免斗争。不知徒苦宗文而无济于事也。"老杜自有其迂腐处，也受过佛教的影响，但从来逢筵必赴，不忌酒肉。因此，说他偶发恻隐之心则可，说他"晚年溺佛"竟至如无知老妪之愚则不可。该诗结语貌似超旷，而所慨叹者实深广，岂得从释、道中求其主旨？

理.'是时德远诵至三过,颇自喜。予曰:语意绝工,几于得夺胎法,只恐'行藏任理'与'注目寒江'之句,似不可同日语。"(《容斋三笔》)浦起龙说:"张远云:大有'蝼蚁何亲,鱼鳖何仇'意。愚按:结语更超旷。盖物自不齐,功无兼济,但所存无间,便大造同流,其得其失,本来无了。'注江倚阁',海阔天空,惟公天机高妙,领会及此。解者谓公于两物,计无所出,一何粘滞耶!"《步里客谈》说:"古人作诗,断句辄傍入他意,最为警策,如老杜云:'鸡虫得失无了时,注目寒江倚山阁'是也。黄鲁直作水仙花诗亦用此体云:'坐对真成被花恼,出门一笑大江横。'"(《九家集注杜诗》引)领会各异,仿效俱佳,足见此诗颇富理趣,艺术造诣亦高。

快到年底了,他渐渐露出厌居西阁之意来:

"江柳非时发,江花冷色频。地偏应有瘴,腊近已含春。失学从愚子,无家任老身。不知西阁意,肯别定留人?"(《不离西阁二首》其一)地偏有瘴,腊近含春;江柳非时而发,江花冷亦频开:这在土著看来是理所当然的事,老杜以中原物候标准衡量,便觉"非时"而"有瘴"了。起四句写腊景含春,却见远方气候之殊和离乡背井之感。[67]客中没有条件只好听凭愚昧的儿子[68]失学,早已无

---

[67] 南方近腊,江柳未尽摇落,而非时之花频开,这并不罕见。
[68] 施鸿保认为"失学从愚子"是专指宗文而言:"今按此与'失学从儿懒'句同,当皆谓宗文;若宗武,则公诗屡及之,如云:'赋诗犹落笔''觅句新知律''已似爱文章''摊书解满床''诵得老夫诗',皆为宗武赋也。又云:'诗是吾家事,人传世上情''自从都邑语,已伴老夫名',似其幼已有能诗称,故期其接绍家学。宗武小名骥子,又诗云'骥子好男儿',则是公所甚爱者。若宗文,则仅有《催宗文树鸡栅》诗。《课伐木诗序》云:'作诗示宗文(一作武,据下文意此当作武,笔误)诵。'(宗文)似并未能诵诗者。后公卒耒阳(?),宗武病不克葬,殁以命其子嗣业,虽家甚贫,犹收拾乞丐,归葬公柩于偃师,且乞元稹为墓志铭,则宗武之为人,亦概可见矣。元志不及宗文,或已先故,盖亦无足及也。嗣业不忘其父遗命,终能归葬公柩,又乞当代显者为文传后,其人亦正难得,不知后来如何,惜哉!"炘案:杜甫《进雕赋表》有"未坠素业"的话,"嗣业"之名当据也。

家老身随便漂泊到哪里也都一样。但不知西阁你意下如何，肯让我别去还是定要留人？杨伦说，行止问之西阁，奇。又代西阁答得奇，一片无赖：

"西阁从人别，人今亦故亭。江云飘素练，石壁断空青。沧海先迎日，银河倒列星。平生耽胜事，吁骇始初经。"（其二）西阁答应任人别去，可是这会儿人又舍不得此间景物故而停（与亭通）留了下来。你看那江云像白绢般飘荡，石壁断处露出青色的天空。早起登楼先迎来沧海旭日，夜晚临窗可眺望江中星汉的倒影。我平素最迷恋这等胜事，如今刚开始目睹身经，怎教我不叹为观止呢？在同时作的《赠苏四徯》已露出与西阁居停主人关系紧张的迹象："乾坤虽宽大，所适装囊空。肉食哂菜色，少壮欺老翁。况乃主客间，古来偪侧同。"虽是泛泛而论，要是眼下主客甚相得，哪会凭空引出这一感叹？问西阁留不留，亦含戏谑主人之意。这使我想起一则笑话：一客见天雨不欲辞去，乃题诗壁上问主人留宿与否："下雨天，留客天，留我不留？"因未加句读，主人即代为点断作答："下雨天留客，天留我不留！"老杜跟这个客人一样遭主人拒绝，可是他说这里风景好硬是赖着不走，所以杨伦说他"一片无赖"。说不走，只不过虚晃一枪，让那个嫌贫欺老的主人稍感不快而已。其实，他当时已经相中了瀼西，准备过了年一开春就把家搬过去：

"水色含群动，朝光切太虚。年侵频怅望，兴远一萧疏。猿挂时相学，鸥行炯自如。瞿唐春欲至，定卜瀼西居。"（《瀼西寒望》）施鸿保说："今按诗云：'瞿唐春欲至，定卜瀼西居。'亦就未迁时说，题当作《寒望瀼西》。"认为是从西阁望瀼西，而不是从瀼西望别处，这是对的。但着眼在瀼西，所以放在前面，无须改题。浦起龙说："是诗为居瀼根由。盖西阁之寓，险绝人区，阒烦亲故，久欲去此而谋居矣。后《登瀼上堂》诗云'颇免崖石拥'，又云'山田麦无陇'。可以就坦而资生。故知此时'寒望',意有属也。一、二,瀼景,即'频怅望'所得,所谓'兴萧疏'者也。'猿''鸥'盟誓,请自今日,只缘年事相侵,故须待卜来春耳。通首一气,总见'萧疏'意。"寒冷的清晨,水色空明,霞光满天,江中岸上,到处有各种动物在活动。年关迫近,我独自怅然眺望,慢慢地不觉因萧疏之景而引起悠远之兴。好学样的猿猴时不时挂臂下来饮水,一行耀眼的白鸥自由自在地随波浮荡。春天很快就会来到瞿唐,那时我一定要搬到瀼西去住。——随手写来,便觉"神与境会,意超象外"。艺术渐臻老境,往往如此。

西阁诸诗中写得音韵铿锵、最脍炙人口的是《阁夜》:

"岁暮阴阳催短景,天涯霜雪霁寒宵。五更鼓角声悲壮,三峡星河影动摇。野哭千家闻战伐,夷歌几处起渔樵。卧龙跃马终黄土,人事音书漫寂寥。"日升月落,催促着岁暮短促的光阴流驰;这异方寒夜,霜雪停了,天已转晴。五更天军营中轮番响起的鼓声角声多么悲壮[69],三峡的江面上银河的倒影随波摇动。崔盱乱起,千家受害,不时可听到四野传来的哭声;还可听到这里那里响起当地渔夫樵子的夷歌。徐庶对刘备说:"诸葛孔明,卧龙也。"东汉初年公孙述据蜀称帝,甲兵数十万。左思《蜀都赋》说:"公孙跃马而称帝。"他们在夔州都有祠庙,不管是好是坏,最后总不免归于黄土;这样一想,我那眼前人事上的不顺利,那对远方音书的盼望,又算得了什么,就让它寂寥去吧。苏轼说:"七言之伟丽者,杜子美云:'旌旗日暖龙蛇动,宫殿风微燕雀高。''五更晓(鼓)角声悲壮,三峡星河影动摇。'尔后寂寞无闻焉。直至欧阳永叔:

---

[69]《通典》卷一四九:"行军在外,日出日入,挝鼓千捶。三百三十三捶为一通。鼓音止,角音动,吹十二声为一叠。角音止,鼓音动。如此三角三鼓,而昏明毕之。"

'沧波万古流不尽,白鹤双飞意自闲。''万马不嘶听号令,诸蕃无事乐耕耘。'可以并驱争先矣。轼亦云:'令严钟鼓三更月,野宿貔貅万灶烟。'又云:'露布朝驰玉关塞,捷书夜到甘泉宫。'亦庶几焉尔。"(《东坡题跋》)欧、苏诸联固伟矣,丽则未必。

冬至第二天为小至。[70] 这天老杜作《小至》说:

"天时人事日相催,冬至阳生春又来。刺绣五纹添弱线,吹葭六琯动飞灰。岸容待腊将舒柳,山意冲寒欲放梅。云物不殊乡国异,教儿且覆掌中杯。""冬至",二十四节气之一,在阳历十二月二十一、二十二或二十三日。这一天太阳经过冬至点,北半球白天最短,夜间最长。过了冬至,白天就慢慢长起来了。《唐杂录》:唐宫中以女工揆日之长短。冬至后,日晷渐长,比常日增一线之功。古代为了预测节气,将葭莩(苇膜)烧成灰,放在律管内,到某一节气,相应律管内的灰就会自行飞出。冬至之律为黄钟。时序推移,人事纷繁,不觉快到年底;过了冬至,白天慢慢长了,春天又要降临人间。刺彩绣的多用了一根丝线,黄钟律管内的苇膜灰飞出来了。岸柳将舒,山梅欲放。这里的云烟景物并无不同,可到底不是家乡;为了排遣旅愁,且教儿子斟满手中的酒杯干了吧!这首诗写得很规矩,虽用了一两个典故倒也好懂,但嫌格调不高。《千家诗》选入此首,这不禁使我想起申涵光评《江村》的话:"此诗起二语,尚是少陵本色,其余便似《千家诗》声口。选《千家诗》者,于茫茫杜集中,特简此首出来,亦是奇事。"《千家诗》是个有影响的通俗诗选,不可鄙视,但确乎有其特殊的"声口",这首《小至》亦然。宋代王禹偁《村行》:"何事吟余忽惆怅?村桥原树

---

[70] 仇注:"《唐会要》:开元八年,中书门下奏《开元新格》,冬至日祀圜丘,遂用小至日视朝。相传小至为冬至前一日。据《会要》小至是第二日。"

似吾乡!"与此诗"云物不殊乡国异"句意近,可参读。

冬至前,老杜得知安史乱后有位姓柏的学士从京城逃到这里,携带书籍,隐居山林,不觉动了同病相怜之心,作《寄柏学士林居》,称赞他处乱离之世、居闲散之地,犹能博览群书,观古今之变,并期待他应时而出,经国安民:

"自胡之反持干戈,天下学士亦奔波。叹彼幽栖载典籍,萧然暴露依山阿。青山万重静散地,白雨一洗空垂萝。乱代飘零予到此,古人成败子如何?荆扬冬春异风土,巫峡日夜多云雨。赤叶枫林百舌鸣,黄泥野岸天鸡舞。盗贼纵横甚密迩(指崔旰之乱),形神寂寞甘辛苦。几时高议排金门,各使苍生有环堵。"集有《题柏学士茅屋》和《题柏大兄弟山居壁二首》(柏大是学士子侄),可见老杜后来还是去访问过柏家了。

这时,他又因文士见弃、中官恣横而慨叹盛世难逢,作《折槛行》说:

"呜呼房魏不复见,秦王学士时难羡。青衿胄子困泥涂,白马将军若雷电。千载少似朱云人,至今折槛空嶙峋。娄公不语宋公语,尚忆先皇容直臣。"汉成帝时朱云请诛安昌侯张禹,成帝怒,欲斩朱云。朱云手攀殿槛,槛折。辛庆忌救之,得免死。后成帝知其忠,修槛时,命保存原样,以示表彰之意(见《汉书·朱云传》)。唐太宗为秦王时,造文学馆,以杜如晦、房玄龄、于志宁、苏世长、薛收、褚亮、姚思廉、陆德明、孔颖达、李玄道、李守素、虞世南、蔡允恭、颜相时、许敬宗、薛元敬、盖文达、苏勖等十八人为学士,分成三批,每天六人值班,讨论典籍,时人号为"十八学士登瀛洲"(见《旧唐书·褚亮传》)。魏征不在十八人之内。娄师德是武则天时的宰相,以谨厚著称。宋璟是开元时的宰相,以忠说著称。钱笺:"永泰元年,命左仆射裴冕、右仆射郭英乂等文武之臣十三人于集贤殿待制。独孤及上疏，以为虽容其直而不录其言，故曰'秦王学士时难羡'，叹集贤待制之臣不及秦王学士之时也。次年，国子监释奠，鱼朝恩率六军诸将往听讲，子弟皆服朱紫为诸生，遂以朝恩判国子监事，故曰'青衿胄子困泥涂，白马将军若雷电'也。当时大臣钳口饱食，效师德之畏逊，而不能继宋璟之忠谠，故以折槛为讽，言集贤诸臣自无宋、魏辈尔，未可谓朝廷不能容直臣如先皇也。"无论为柏学士还是为一般"青衿胄子"抱屈，却忘不了除弊匡时，老杜真可说是身在江海而心居魏阙了。

十五　倔强犹昔

集存《览柏中丞兼子侄数人除官制词因述父子兄弟四美载歌丝纶》《览镜呈柏中丞》《陪柏中丞观宴将士二首》《奉送蜀州柏二别驾将中丞命赴江陵起居卫尚书太夫人因示从弟行军司马位》，旧注多以为柏中丞除官之命在大历元年八月，其到任当在冬间，诸诗皆此年冬作。王道俊《杜诗博议》说：《年谱》：公至夔州时，柏中丞为夔州都督，公代拟《为夔府柏都督谢上表》。考柏都督乃柏茂琳，中丞乃其兼官。黄鹤注以柏都督为柏贞节，中丞则茂琳，又以茂琳与贞节为兄弟，皆大谬（详仇注引）。闻一多《少陵先生年谱会笺》：《峡口二首》原注："主人柏中丞，频分月俸。"茂琳为夔州都督，公颇蒙资助。又明年夏有《园官送菜》及《园人送瓜》诗，皆茂琳所致者。此等诗多溢美之辞，如"迁转五州防御使，起居八座太夫人"（《奉送蜀州柏二别驾……》）云云，既陋且俗，无足称道，但从中可知：（一）老杜有望于柏中丞垂怜："镜中衰谢色，万一故人怜。"（《览镜呈柏中丞》）柏中丞"频分月俸"亦厚待之，这当是老杜决计继续留在这个早已厌倦了的夔州的主要原因。（二）"柏与卫，必中表之亲，故使弟（柏二）起居其太夫人"(黄生语)。《旧唐书·代宗本纪》：大历元年七月，加荆南节度使卫伯玉检校工部尚书。当时老杜的旅弟杜位正在江陵做行军司马。后年老杜离夔出峡，三月到江陵，曾数从卫伯玉、杜位诸人游宴，原来这时他已通过柏二预先向江陵的亲友打过招呼了。他有首《玉腕骝》，题下原注："江陵节度卫公马也。"尾联"举鞭如有问，欲伴习池游"，"举鞭问"是问马，"欲伴游"是马答，虽说不以骏马自居，但也不能说未流露赴荆相访之意。不要笑话老杜好拉关系，须知他拖着十口之家流浪各地，每到一处，总得有个可依靠的东道主啊！

由于柏中丞的到任，老杜在生活上政治上有了依靠，精神好多了，社交活动也频繁起来了。一次，他在柏府宴会上多喝了点酒，一时兴起，忘了自己年老体衰，便抖起当年"放荡齐赵间"骑马射猎时的威风，纵身上马，在城外陡坡上驰骋，没提防给马掀下鞍来，伤得不轻。当地官绅闻讯，都带着酒来探视，他于是赋《醉为马坠群公携酒相看》解嘲说：

"甫也诸侯老宾客，罢酒酣歌拓金戟。骑马忽忆少年时，散蹄迸落瞿唐石。白帝城门水云外，低身直下八千尺。粉堞电转紫游缰，东得平冈出天壁。江村野堂争入眼，垂鞭嚲鞚凌紫陌。向来皓首惊万人，自倚红颜能骑射。安知决臆追风足，朱汗骖騄犹喷玉。不虞一蹶终损伤，人生快意多所辱。职当忧戚伏衾枕，况乃迟暮加烦促。朋知来问腆我颜，杖藜强起依童仆。语尽还成开口笑，提携别扫清溪曲。酒肉如山又一时，初筵哀丝动豪竹。共指西日不相贷，喧呼且覆杯中渌。何必走马来为问，君不见嵇康养生被杀戮！"这诗先叙醉后骑马情况。"诸侯宾客"对柏中丞而言。从城门驰下平冈约计八千尺，非谓自如许高处坠落。王嗣奭说："此诗语多诙谐，安有山城之上，坠下八千尺而犹生者？"误解。两旁粉堞闪过,紫缰疾如电转,描状逼真,令人头晕目眩。"决臆",恣意。"骖騝",飞腾迅疾貌。《穆天子传》:天子东游于黄泽,使宫乐谣曰:"黄之泽,其马歇沙,皇人威仪。黄之泽,其马歇玉,皇人寿谷。"踏岸则喷沙,激水则喷玉,皆言马势的雄健。次叹坠马受伤:白发老翁驰马向来令人惊异,我不过自恃年轻时擅长骑射而已。谁知恣意骋其追风之足,顿时汗湿马全骄,没提防我就给掀翻在地受了伤,可见生活中过于纵情作乐容易取辱啊!既然受了伤理应卧床休养可总感憋气,何况迟暮之年更加深了内心的烦恼。末记诸公携酒探视、相与欢宴情事,朋友们来看我令我很不好意思,拄着拐杖,由童仆扶着勉强起来迎接。经过朋友们的宽慰终于喜笑颜开,就随着大伙儿提携着酒食去清溪旁找个僻静的去处野宴。一时酒肉堆积如山,奏乐开筵丝竹感人。都指着斜西的太阳说可别空过,笑着闹着干了一杯又一杯。祸福无常诸位何必骑马来慰问我,君不见那位著《养生论》的嵇康也不是惨遭杀害了么!郝敬说:"题有景致,诗写得沾足,辞藻风流,情兴感慨无不佳。"

看起来,老杜还是不甘寂寞、喜欢热闹的。这一阵子他经常出席宴会,结识了一些新朋友,兴致很高,做起诗来也显很有劲儿。他的《荆南兵马使太常卿赵公大食刀》就是这样的作品:

"太常楼船声嗷嘈,问兵刮寇趋下牢。牧出令奔飞百艘,猛蛟突兽纷腾逃。白帝寒城驻锦袍,玄冬示我胡国刀。壮士短衣头虎毛,凭轩拔鞘天为高。翻风转日木怒号,冰翼雪澹伤哀猱。镌错碧罂鸊鹈膏,錔锷已莹虚秋涛。鬼物撇捩辞坑壕,苍水使者扪赤绦,龙伯国人罢钓鳌。芮公回首颜色劳,分阃救世用贤豪。赵公玉立高歌起,揽环结佩相终始。万岁持之护天子,得君乱丝与君理。蜀江如线针如水,荆岑弹丸心未已。贼臣恶子休干纪,魑魅魍魉徒为耳!妖腰乱领敢欣喜,用之不高亦不庳,不似长剑须天倚。吁嗟光禄英雄弭，大食宝刀聊可比。丹青宛转麒麟里，光芒六合无泥滓。"仇注：夔州隶荆南节度，赵太常刮寇至此，当在永泰元年崔旰反时。公遇赵于夔州，必在大历元年之冬，公以是秋（当为春晚）始至夔。是时，崔旰虽平，杜鸿渐尚在蜀中，荆南之兵，亦应未归。《唐志》：天下兵马元帅下有前军、中军、后军兵马使。太常卿，赵之兼官。《旧唐书》：大食，本在波斯之西，兵刀劲利，其俗勇于战斗。案：大食原系一波斯部族名称的音译。唐代以来，称阿拉伯帝国为大食（见《经行记》、新旧《唐书》等）。这诗首叙赵兵马使来夔、威镇一方。《新唐书·地理志》载夷陵县（今湖北宜昌市）西北二十八里有下牢镇（原为下牢戍）。"(州）牧出（县）令奔"，谓官吏候迎。"猛蛟突兽"，喻盗贼却走。诗接着描状胡刀的晶莹锋利。"壮士"，舞刀之人。"头虎毛"，头上蒙虎皮。"天为高"，刀光上闪，看起来天似乎也升高了。"翻风"二句意谓舞刀之势激荡有声，其色惨淡而增悲。《尔雅注》：鹈鹕似凫而小，膏中莹刀剑。"镂错"二句是说用雕花错金碧罂（小口大肚瓶）盛鹈鹕膏磨刀，故锋铓如秋涛之澄澈。仇注引《搜神记》：秦时有人夜渡河，见一人丈余，手横刀而立，叱之，乃曰："吾苍水使者也。"（今本无）"赤绦"，刀头饰物。《列子·汤问》："龙伯之国，有大人，举足不盈数步，而暨五山之所，一钓连六鳌。""鬼物"三句大意是说鬼神见胡刀而惊慌失措、落荒而逃。末赞赵兵马使能仗此胡刀平乱，并勉其再建奇勋、图形麟阁。"芮公"，当指荆南节度使卫伯玉。仇注：伯玉以大历二年六月封阳城郡王，或由芮公进封阳城，亦未可知，史失之不详耳。宋玉《大言赋》："弯弓挂扶桑，长剑耿耿倚天外。"朱注：赵承主帅之命，佩服此刀，安王室而除乱萌，区区荆蜀，无足难者。彼干犯之臣，用此以诛斩其腰领，高下不差，岂似倚天长剑，徒为夸大之词哉？"光禄"，赵或先曾为此官。"英雄弭",言其雄略足以弭乱。王嗣奭说:"此《燕歌行》之变体,布局既新,炼词特异,真惊人语也。"蒋弱六说:"如百宝装成,满纸光怪,造字造句,在昌黎、长吉之间。公特偶有意出奇,然骨力气象,仍非他人所能及。"赵翼《瓯北诗话》说:"韩昌黎生平所心摹力追者,惟李、杜二公。顾李、杜之前,未有李、杜,故二公才气横恣,各开生面,遂独有千古。至昌黎时、李、杜已在前,纵极力变化,终不能再辟一径。惟少陵奇险处,尚可推扩,故一眼觑定,欲从此辟山开道,自成一家。此昌黎注意所在也。然奇险处亦自有得失。盖少陵才思所到,偶然得之,而昌黎则专以此求胜,故时见斧凿痕迹。有心与无心异也。"此诗最能见老杜的奇险处,有助于具体比较杜、韩类似诗作的异同。苏轼认为:"诗至于杜子美、文至于韩退之、书至于颜鲁公、画至于吴道子,而古今之变,天下之能事毕矣。"(《东坡集·书吴道子画后》)杜诗之变,对后代的影响很深而且是多方面的,如此诗之类的奇险处开韩愈、孟郊、李贺等所代表的中唐险怪派,就是其中的一个方面。

当时荆南使府还派了位王兵马使来夔州治兵。王有两只头顶长着角毛的猎鹰很勇猛,老杜素爱鹰和马,见了很高兴,作《王兵马使二角鹰》说:

"悲台萧瑟石巃嵸,哀壑杈枒浩呼汹。中有万里之长江,回风滔日孤光动。角鹰翻倒壮士臂,将军玉帐轩翠气。二鹰猛脑绦徐坠,目如愁胡视天地。杉鸡竹兔不自惜,孩虎野羊俱辟易。韝上锋棱十二翮,将军勇锐与之敌。将军树勋起安西,昆仑虞泉入马蹄。白羽曾肉三狻猊,敢决岂不与之齐?荆南芮公得将军,亦如角鹰下朔云。恶鸟飞飞啄金屋,安得尔辈开其群?驱出六合枭鸾分!"黄生注:孙楚、魏彦深《鹰赋》皆用"愁胡"字,盖出王延寿《灵光殿赋》:"胡人遥集于上楹,状若悲愁于危处。"老杜《画鹰》也有"侧目似愁胡"之句。王嗣奭说:"此诗突然从空而下,如轰雷闪电,风雨骤至,令人骇愕。'悲台''哀壑',夹长江南北,而山溪险峭,似旧有此名。公时在夔,因角鹰而触目发兴,奇崛森耸不待言;而尤得力在'角鹰翻倒'句,随插入'将军勇锐'二句,承接得住。盖通篇将王兵马配角鹰发挥,而穿插巧妙,忽出忽入,莫知端倪,而各极形容,充之直欲为朝廷讨叛逆、诛谗贼而后已。他人起语雄伟,后多不称,而此诗到底无一字懒散,如何不雄视千古!"

一天,王兵马使告诉老杜,说附近山上有白黑二鹰,毛骨非凡,派人去逮了许久没逮着,怕腊后春生,避暖飞走,就请老杜赋诗以纪其事。他于是赋《见王监兵马使说近山有白黑二鹰罗者久取竟未能得王以为毛骨有异他鹰恐腊后春生骞飞避暖劲翮思秋之甚眇不可见请余赋诗二首》,其一咏白鹰:"雪气玉立尽清秋,不惜奇毛恣远游。在野只教心力破,于人何事网罗求?一生自猎知无敌,百中争能耻下韝。鹏碍九天须却避,兔藏三窟莫深忧。"其二咏黑鹰:"黑鹰不省人间有,度海疑从北极来。正翮抟风超紫塞,玄冬几夜宿阳台。虞罗自觉虚施巧,春雁同归必见猜。万里寒空只一日,金眸玉爪不凡材。"王嗣奭说:"二诗胜人,在气魄雄壮宏远,不落咏物尖巧家数。钟云:'此题谁敢作七言律二首!'良然。"李子德说:"二诗无一语不奇,于布帛菽粟中,有龙吟虎啸、水立山鸣之致。"称许之辞,难免过当,但能摆脱格律的拘束,写得如此苍劲奇雄,确非易事。浦起龙说:"公老矣,尚作尔许语,可谓倔强犹昔。"这话固然不错,但以上这几首力作的写出,同诗人入冬以来境遇的改善和心情的好转也不无关系。

这年的秋天和冬天,他还写了些赠别、寄远之作,有助于了解其交游和心境。如《送李功曹之荆州充郑侍御判官重赠》:"曾闻宋玉宅，每欲到荆州。此地生涯晚，遥悲水国秋。孤城一柱观，落日九江流。使者虽光彩，青枫远自愁。"又《送王十六判官》："客下荆南尽，君今复入舟。买薪犹白帝，鸣橹已沙头。衡霍生春早，潇湘共海浮。荒林庾信宅，为仗主人留"，强烈表露他厌滞夔州而急欲游历荆湘之意。《渚宫故事》：庾信因侯景之乱，自建康遁归江陵，居宋玉故宅，宅在城北三里，故其赋曰："诛茅宋玉之宅，穿径临江之府。"老杜很推重宋玉、庾信的文才，尤其同情庾信的遭遇，他渴望去江陵凭吊二人故宅，这种感情是很可理解的。据《别崔潩因寄薛据孟云卿》题下原注"内弟潩，赴湖南幕职"与尾联"荆州遇薛孟，为报欲论诗"，知薛据、孟云卿时在荆州。薛、孟是他的至交，这在感情上更加吸引他去荆州了。前已提到杜位时在荆州，据《寄杜位》原注"顷者与位同在故严尚书幕"，知杜位与老杜前两年曾同时在成都严武幕供职。据《奉送十七舅下邵桂》："推迁孟母邻"（朱注：时舅氏必奉母同往，故有此句），知其十七舅奉母去邵州（今湖南邵阳市）、桂州（今广西桂林市）一带赴任或入幕。崔家的十七舅和表弟潩即将去湖南，大历五年四月，老杜避乱入衡州，欲往郴州依舅氏崔伟，他舅舅家在湖南的人真不少！

春天卧疾，夏天苦热，秋天坠入了忆旧怀人的怅惘之中，冬天心情稍开朗而仍厌滞夔，这一年，老杜的情绪，正像反常的气候一样，起伏很大；可是，恰恰跟歉收的年成相反，他在诗歌创作上却获得了一个意想不到的特大丰收！那么，我们该向他表示深切的同情，还是表示热情的祝贺呢？

第十八章　丛菊两开

一　一春搬了两次家

大历二年（七六七），正月，丁巳，密诏郭子仪讨周智光（头年十二月智光杀监军，辱骂朝廷），子仪命大将浑瑊、李怀光陈兵于渭上；智光麾下闻之，皆有离心。己未，智光大将李汉惠自同州率所部降于子仪。壬戌，贬智光澧州刺史。甲子，华州牙将姚怀、李延俊杀智光，以其首来献。淮西节度使李忠臣入朝，以收华州为名，率所部兵大掠，自潼关至赤水二百里间，财畜殆尽，官吏有穿纸衣或数日不食者。己巳，置潼关镇兵二千人。壬申，分剑南置东川观察使，镇遂州。

二月，丙戌，郭子仪入朝。皇上命元载、王缙、鱼朝恩等互置酒于其第，一会之费至十万缗。皇上礼重子仪，常谓之大臣而不称名。郭暧曾与其妻升平公主争论，郭暧说："汝倚乃父为天子邪？我父薄天子不为！"公主怒，驰车奏之。皇上说："此非汝所知。彼诚如是，使彼欲为天子，天下岂汝家所有邪？"慰谕令归。子仪闻之，囚暧，入待罪。皇上说："鄙谚有之：'不痴不聋，不作家翁。'儿女子闺房之言，何足听也！"子仪归，杖暧数十。

四月，庚子，命宰相、鱼朝恩与吐蕃盟于兴唐寺。杜鸿渐请入朝奏事，以崔旰知西川留后。

六月，甲戌，鸿渐来自成都，广为贡献，因盛陈利害，荐崔旰才堪寄任；皇上亦务姑息，乃留鸿渐复知政事。

七月，丙寅，以崔旰为西川节度使，杜济为东川节度使。崔旰厚敛以赂权贵，元载擢旰弟宽至御史中丞，宽兄审至给事中。丁卯，鱼朝恩奏以先所赐庄为章敬寺，以资章敬太后冥福，于是穷壮极丽，尽都市之材不足用，奏毁曲江及华清宫馆以给之，费逾万亿。卫州进士高郢上书，略谓："先太后圣德，不必以一寺增辉；国家永图，无宁以百姓为本。舍人就寺，何福之有！"又说："无寺犹可，无人其可乎？"又说："陛下当卑宫室，必夏禹为法，而崇塔庙踵梁武之风乎？"又上书，略谓："古之明王积善以致福，不费财以求福；修德以消祸，不劳人以禳祸。今兴造急促，昼夜不息，力不逮者随以榜笞，愁痛之声盈于道路，以此望福，臣恐不然。"又说："陛下回正道于内心，求微助于外物，徇左右之过计，伤皇王之大猷，臣窃为陛下惜之！"皆寝不报。始，皇上好祠祀，未甚重佛。元载、王缙、杜鸿渐为相，三人皆好佛；缙尤甚，不食荤血，与鸿渐造寺无穷。皇上曾问："佛言报应，果为有无？"元载等进奏说："国家运祚灵长，非宿植福业，何以致之！福业已定，虽时有小灾，终不能为害，所以安、史悖逆方炽而皆有子祸；仆固怀恩称兵内侮，出门病死；回纥、吐蕃大举深入，不战而退：此皆非人力所及，岂得言无报应也！"皇上由是深信之，常于禁中饭僧百余人；有寇至则令僧讲《仁王经》以禳之，寇去则厚加赏赐。胡僧不空，官至卿监，爵为国公，出入禁闼，势移权贵，京畿良田美利多归僧寺。敕天下不得棰曳僧尼。造金阁寺于五台山，铸铜涂金为瓦，所费巨亿；王缙给中书符牒，令五台僧数十人散之四方，求利以营之。元载等每侍上从容，多谈佛事，由是中外臣民承流相化，皆废人事而奉佛，政刑日紊。

八月，庚辰，凤翔等道节度使、左仆射、平章事李抱玉入朝，固让仆射，言辞恳切，上许之；癸丑，又让凤翔节度使，不许。丁酉，杜鸿渐饭千僧，以使蜀无恙之故。

九月，吐蕃众数万围灵州，游骑至潘原、宜禄；郭子仪自河中率领甲士三万镇泾阳，京师戒严。甲子，子仪移镇奉天。

十月，戊寅，朔方节度使路嗣恭破吐蕃于灵州城下，斩首二千余级；吐蕃引去。

十二月，庚辰，盗发郭子仪父冢，捕之不获。人以为鱼朝恩素恶子仪，疑其使之。子仪自奉天入朝，朝廷忧其为变；子仪见皇上，皇上语及之，子仪流涕道："臣久将兵，不能禁暴，军士多发人冢。今日及此，乃天谴，非人事也。"朝廷乃安。

是岁，复以镇西为安西。

是岁，老杜五十六岁。他虽然心情索莫，每逢献岁发春，难免忆昔伤今，但也不无怀新之意。不知这年的立春在年前还是在年后，他的《立春》总是开春所作最早的一首诗：

"春日春盘细生菜，忽忆两京梅发时。盘出高门行白玉，菜传纤手送青丝。巫峡寒江那对眼，杜陵远客不胜悲。此身未知归定处？呼儿觅纸一题诗。"《四时宝镜》：唐立春日食春饼、生菜，号春盘。黄生考证说："生菜，韭也。欧公《归田录》：杨大年为文，务避俗语，门生摘其'德迈九皇'之句，讽之云'未知何时得买生菜？'，以'九皇'音近'韭黄'也。"还是王嗣奭串讲得好："盖谓开元、天宝间，两京全盛，俗尚华侈，于立春日，其大家将青丝细菜，出自纤手，盛以玉盘，互相馈送，此眼中所亲见者。至今日而巫峡寒江，何故对眼？盖巫峡所以入眼，正因安、史陷两京，避乱奔走，以至巫峡。忽逢立春，独与寒江相对，则两京失其盛而身亦失其居，……此杜陵远客所以不胜悲也。……姑觅纸题诗以写其悲而已。"前人对于这诗的评价颇悬殊。朱瀚认为："'细生菜',不成语。次联分承盘、菜,稍窥工部家法,其奈才腐何！……'那对眼',是何语？'不胜悲',亦熟调。第七乃率句,结语益无赖矣。"所论不无道理,终是皮毛之见。邵子湘以"老境"二字评之。王嗣奭说："评诗者只赏'高门'一联,而前后顾盼,神情流动处,谁能赏之？"却能得其精神。在我看来,这诗之所以能于笨拙处见精神,主要在于一往情深,在于有强烈的季节感。

《江梅》《庭草》都是同时所作而具有类似情调的篇什。前诗说：

"梅蕊腊前破,梅花年后多。绝知春意好,最奈客愁何？雪树元同色,江风亦自波。故园不可见,巫岫郁嵯峨。"诗人处于彼时彼地,客愁岂能免？岂能不宣泄于诗？只是老杜近年来抒发这一类情绪的诗歌较多,久而久之,读者的感觉难免疲劳,反不如对破愁梅蕊、解冻春风容易获得明快的印象。他的《愁》"上四叙夔州景物,触愁之端；下四忆长安时事,致愁之故",虽然情真意实,"独树花发自分明"[1]句颇警策,但通篇终嫌沉闷。可见过于愁苦而不能自拔,亦是诗家一病。

客中孤寂,每与亲友过从,老杜便喜之不尽。四年前（广德元年,七六三）,一位在蜀做判官的王十五扶奉母回原籍黔阳归养,老杜曾作诗送行说："大家东征逐子回,风生洲渚锦帆开。青青竹笋迎船出,白白江鱼入馔来。离别不堪无限意,艰危深仗济时才。黔阳信使应稀少,莫怪频频劝酒杯。"（《送王十五判官扶侍还黔中》）没想到这位有"济时才"的王十五早已回蜀,就在夔州,住在前面的木

---

[1] 苏舜钦《淮中晚泊犊头》："时有幽花一树明",即此意。

板屋（阁）里。一天，正当雨收风细之时，王君设鲙于所居石上阁中，托邻人捎信并派肩舆来接老杜，还让宗文、宗武这些孩子相随赴宴，老杜感其殷勤，作《王十五前阁会》致谢说：

"楚岸收新雨，春台引细风。情人来石上，鲜鲙出江中。邻舍烦书札，肩舆强老翁。病身虚俊味，何幸饫儿童！"邵子湘说："浅浅语自好。"好就好在语浅而意不浅。"情人"一联，于古拙中见雅致，惟艺术臻于老境者能之。

又有一次，一位做评事的崔家表弟约老杜去白帝城他的住处喝酒，就一早起来等候对方派马来迎接，可是一直等到晌午不见来，扫兴得很，就写了首诗给崔家表弟说：

"江阁邀赏许马迎，午时起坐自天明。浮云不负青春色，细雨何孤白帝城？身过花间沾湿好，醉于马上往来轻。虚疑皓首冲泥怯，实少银鞍傍险行。"（《崔评事弟许相迎不到应虑老夫见泥雨怯出必愆佳期走笔戏简》）这诗又给朱瀚批得体无完肤："为一酒食，侵晓而待，亦太无聊。云不负春色，语尚可通；雨不孤白帝，便无意义。沾湿有何好处？醉则龙钟，何得体轻？'虚疑''冲泥'，声韵颓唐。马行何必银鞍？且马又何必傍险？赴燕岂逃难耶。"唐诗中写待人不至失望心情的佳作颇多，如王维的《待储光羲不至》："重门朝已启，起坐听车声。要欲闻清佩，方将出户迎。晓钟鸣上苑，疏雨过春城。了自不相顾，临堂空复情"，通过听觉的细微刻画表现心理变化，就写得很别致、很生动、很感人。老杜这首诗，内容基本上接近王作，而艺术性却远逊；朱评虽苛，不为无据。不过，要想了解老杜当时的真实心情，这诗倒有一定的认识价值："为一酒食，侵晓而待，亦太无聊"，须知这在常人抑或在老杜平日未免是"太无聊"的事，但在当时恰好是他逆旅穷愁、百无聊赖心情的真实反映啊！

另一首遭朱瀚指摘[2]的《遣闷戏呈路十九曹长》也能见出诗人当时的风神和心情：

"江浦雷声喧昨夜，春城雨色动微寒。黄鹂并坐交愁湿，白鹭群飞太剧干。晚节渐于诗律细，谁家数去酒杯宽？唯君最爱清狂客，百遍相过意未阑。"邵注："莺畏雨而坐，若交愁其湿；鹭乘雨而飞，甚难于得干。公身滞雨中，故对之增闷。""黄鹂"句同"隔巢黄鸟并"（《绝句六首》其四）同一思路。仇兆鳌说："公尝言'老去诗篇浑漫与'，此言'晚节渐于诗律细'，何也？律细，言用心精密。漫与，言出手纯熟。熟从精处得来，两意未尝不合。"江上响了一夜雷，小城春晓雨犹未止天气有点冷。你看那一对黄莺并排坐在枝头为湿透了的窠和羽毛发愁，白鹭在雨中群飞那就更不容易干了。我晚年越来越精通诗歌格律，若论设筵招饮最频繁的当数谁家？（那当然是路曹长您府上了！）只有您最爱像我这样清狂的客人，就是来上百次您也不厌烦。——这只是雨天独处无聊，作首小诗向友人索酒喝而已，顶多能见出他的风趣和生活的一个侧面，既不可据此断定他"无品地"（朱瀚语），也不可任意

---

[2] 朱瀚说："'江浦'二字打头，近俗。'喧昨夜'，更俗。'动微寒'，欠稳。'雨色''雷声'，土木对偶，比'雷声忽送千峰雨'何如？'交''并'二字，重复。'太剧干'三字，晦涩。此从'黄莺过水'一联偷出，而手脚并露。其云'晚律渐细'，岂少年自居粗率乎？杜则少时入细，老更横逸耳。故曰'语不惊人死不休''老去诗篇浑漫与'，参看始知其谬。六类寒乞语，七似庸鄙，八无品地，皆非少陵本色。"故意挑剔，令人生厌。浦起龙曾针锋相对加以批驳说："旧以此诗为索饮戏呈，遂来寒乞之诮，而不知其非也。详诗意，平时常饮于路，此夜则留宿路斋而晓成者，故不曰简而曰'呈'。其曰'遣闷'者，居夔枯寂而'闷'，曹长多情，是可'遣'也。上四，春晓雨微之景；下乃跌宕其词而嗟赏之。'鹂'见其'并坐'，因加以'愁湿'之情；'鹭'见其'群飞'，因许以'剧干'之兴。……峡中朋宴殊简，得一曹长，便深嗟而乐道之。议者自家错解，乃云不类少陵本色，不知此正少陵本色处也。夫享其施而匿其惠，人或指所从来，则怍于色而怒于言者，少陵不为也。"认为此诗乃"留宿路斋而晓成者"，非为确解；指出率真是老杜本色，颇有见地。

拔高,说什么"一饮食、一议论之微,亦观过知仁之一征也"(浦起龙语)。

偶与亲友为诗酒之会固然快意,平时可过得乏味极了。不信,且看《昼梦》:

"二月饶睡昏昏然,不独夜短昼分眠。桃花气暖眼自醉,春渚日落梦相牵。故乡门巷荆棘底,中原君臣豺虎边。安得务农息战斗,普天无吏横索钱?"吴见思说,二月昏昏多睡,不独夜短而思昼眠,止因暖气倦神,故日落而梦犹未醒;故乡中原,积想成梦,故遂现出荆棘豺虎。——闭眼是梦,开眼是愁,这样的日子真难熬啊!同时所作《怀灞上游》:"怅望东陵道,平生灞上游。春浓停野骑,夜阑宿云楼。离别人谁在?经过老自休。眼前今古意,江汉一归舟",写本想用回忆长安旧游来遣闷反而触发乡愁,亦是其痛苦内心的写照,可参看。

"卜居赤甲迁居新,两见巫山楚水春。"(《赤甲》)正在这春暖花开时节,老杜一家从西阁迁居赤甲,作《入宅三首》以记其事。其一说:

"奔峭背赤甲,断崖当白盐。客居愧迁次,春色渐多添。花亚欲移竹,鸟窥新卷帘。衰年不敢恨,胜概欲相兼。"这诗写新居胜概和迁入情事:宅子背靠着势如骏奔涛涌的赤甲峭壁,面对着白盐山的断崖。[3] 客中搬迁愧无长物(这倒不妨借孟郊的诗句"借车载家具,家具少于车"来形容),值得高兴的是春色越来越添多了。

---

[3]《访古学诗万里行》记载说,顺着奔腾咆哮的江流向东望去,不远处有夹江对峙卓立群峰之中的两个高山,这就是有名的赤甲山和白盐山。赤甲在江北,山顶状如桃子,当地俗称桃子山,呈暗红色。隔江相对的是南岸的白盐山,山色呈灰白色,两山红白相映,远远望去更增添了这一带山川的奇伟秀丽。《奉节县志》上这样赞美道:"白盐赤甲,俯视群山,龙脊虎须,横截舟舰,其险也如此。而清奇灵秀之气,隐隐隆隆,蕴蓄宏深。此岂人力所能为哉!"

花为竹枝所压，爱花故须移竹；鸟常窥户，新来特为卷帘。能够得到这样一个好去处，就不惜垂老屡迁了。王嗣奭说："公避乱奔走，无日不思故乡；而造次移居，必择胜地，且加妆点。如此襟怀，亦不可及。"其二说：

"乱石居难定，春归客未还。水生鱼复浦，云暖麝香山。半顶梳头白，过眉挂杖斑。相看多使者，一一问函关。"新居虽好，乱世终难久住；今见春归而客子未归，不觉又触动乡思了。"鱼复浦"，在今奉节县东南二里，即梅溪河东八阵图下面的沙洲。"麝香山"，在夔州东南一百二十里，山出麝香，故名（蔡梦弼引《夔州图经》）。《访古学诗万里行》说此山在东屯杜甫草堂旧址北二十里处。"水生"联境界清丽可喜。杨伦说："王贻上惯学此等句。"仇注："'半顶'，见发之少，是老状。'过眉'，见杖之长，是病状。"少陵衰弱情状可想。王应麟说："潼关至函谷关，历陕、华二州之地，俱谓之桃林塞。时周智光据华州反。"每问北使，非止望乱定而还乡，亦见诗人对时局的关注。其三说：

"宋玉归州宅，云通白帝城。吾人淹老病，旅客岂才名！峡口风常急，江流气不平。只应与儿子，飘转任浮生。"陆游《入蜀记》："访宋玉宅，在秭归县之东，今为酒家。旧有石刻'宋玉宅'三字。"归州宋玉宅上空的云与白帝城相通，我的心与宋玉也是相通的。自叹因老病而淹留此间，才名却不及宋玉。峡口风急浪高，岂能久住？只有同家小到处飘转了。——刚搬来就想走，不久果然搬往瀼西去了。⁽⁴⁾

闻一多考老杜迁居瀼西事甚详，略谓三月迁居瀼西草屋，附宅有果园四十亩、蔬圃数亩（详《少陵先生年谱会笺》）。

⁽⁴⁾ 杨伦说："风急浪高，见此间仍不可居矣。此不久即有瀼西之迁与？"

其实，老杜头年冬天作的《瀼西寒望》中早就表示开春即将迁居瀼西："瞿唐春欲至，定卜瀼西居。"（详第十七章第十四节）今春何以不径迁瀼西而先迁赤甲呢？不得而知。至于自赤甲迁瀼西的考虑，他倒有所说明：

"归羡辽东鹤，吟同楚执珪。未成游碧海，著处觅丹梯。云嶂宽江北，春耕破瀼西。桃红客若至，定似昔人迷。"（《卜居》）羡煞那丁令威化鹤还乡；可叹那越人庄舄贵为楚执珪，病中犹作越吟。我既然未能东游江海，总得有个山舍栖身。江北岸云山下地势宽平，这就是瀼西，眼下农夫们正在破土春耕。桃花红时行客要是来到这里，定会感到惊讶，就像那个误入避秦绝境的武陵人。[5]——透过诗歌独特的语言表现形式，可以窥知老杜的迁居瀼西，主要是出于生计的考虑。

他在瀼西租赁了几间草屋，暮春迁入之初，题诗五首于屋壁，即《暮春题瀼西新赁草屋五首》。其一从暮春说起，总领全篇：

"久嗟三峡客，再与暮春期。百舌欲无语，繁花能几时？谷虚云气薄，波乱日华迟。战伐何由定，哀伤不在兹。"久嗟滞峡，再逢暮春，本非初意。"反舌无声，在芒种后十日。今谓之'欲无语'，则暮春之时也"（赵次公语）；时至春暮，繁花又将开尽了。虚谷云升，春晴淡薄；乱波反照，春日迟迟。"春光易逝，诚可哀矣，然世乱方殷，则所伤尚不在此也"（杨伦语）。其二作为《卜居》的补充，重申迁瀼之故：

"此邦千树橘，不见比封君。养拙干戈际，全生麋鹿群。畏

---

[5]《杜臆》："直以其地为桃源，作避秦计耳。"仇注引此，但又谓"昔人迷"指刘晨、阮肇。《幽明录》载：汉明帝时有刘晨、阮肇二人，共入天台山（在今浙江省），路遇仙女，留住半年，回家已是东晋，无人相识，只找到第七代的孙子。后来他们又重返天台，却不见仙女。此用刘阮事不当，仍以前说为是。

人江北草,旅食瀼西云。万里巴渝曲,三年实饱闻。"虽然《史记·货殖列传》说:封者食租税,千户之君岁率二十万,蜀汉江陵千树橘,其人皆与千户侯等。这里即使有千树橘,也不见得能与封君相比。地产既如此贫瘠,之所以托居于此,不过为养拙全生而已。身际干戈,故畏人而依江北之草;伺群麋鹿,故旅食而伴瀼西之云(6)。自从永泰元年秋来云安今已三年,这三年我可听饱了巴渝的竹枝歌曲(《奉寄李十五秘书文嶷二首》其一也说:"竹枝歌未好"),走不了也无可如何。其三着重写草屋景色和迁入后的生活感触:

"彩云阴复白,锦树晓来青。身世双蓬鬓,乾坤一草亭。哀歌时自惜,醉舞为谁醒?细雨荷锄立,江猿吟翠屏。"彩云变幻,乍雨乍晴;花树晓青,绿肥红瘦:此草屋周遭暮春景色。赵汸说:"'双蓬鬓',老无所成。'一草亭',穷无所归。"各冠以"身世""乾坤"字样,便觉时空对比强烈,令人触目惊心。杨伦评:"(身世联)意甚悲而语自壮。"哀歌自惜,醉舞自遭,闲居不胜愁苦;荷锄耕作,雨际闻猿,外出亦复伤情。黄生认为此诗是"以实包虚格。首尾实,而中联反虚,此格惟杜有之,然景中全是情"。又说:"'乾坤一腐儒',自鄙之词也。'乾坤水上萍''乾坤一草亭',自怜之词也。皆以'乾坤'二字硬装见老。然究言之,则'悠悠身世双蓬鬓,落落乾坤一草亭',实藏头句耳。……'江猿吟翠屏',即'白鸥元水宿,何事有余哀'意,而含蓄较深永矣。"其四写旅居身世之感:

"壮年学书剑,他日委泥沙。事主非无禄,浮生即有涯。高斋依药饵,绝域改春华。丧乱丹心破,王臣未一家。"书剑委于泥

---

(6) 此采仇说。蒋弱六认为:"江北草微而背阴,瀼西云往来无定,故以托兴。"

沙,壮欲用世而老大无成。做过拾遗、工部,不能说未禄于朝;只是浮生有涯,后望无多。住在草屋里靠药饵延年,哪堪对此异乡的春归花谢。想到诸镇多萌叛志,战乱难平,我忧国忧民的丹心破碎了。——意犹未尽,其五又接着抒发说:

"欲陈济世策,已老尚书郎。不息豺狼斗,空惭鸳鹭行。时危人事急,风逆羽毛伤。落日悲江汉,中宵泪满床。""豺狼",指称兵作乱者。《说文》:鸳鹭立有行列,故以喻朝班。王嗣奭串讲这诗说:"正欲陈济世之策,已老却尚书郎矣。然不能息豺虎之斗,则虽列行鸳鹭,犹不免尸素之惭也。今时危而人事急,死期将至;风急而羽毛伤,不能奋飞。落日兴悲,中宵流泪,岂谓赁此草屋,遂可安身而自适哉?""人事急"不易解,此解似得之。

老杜年来自知不久人世,复伤风雨飘摇、国步维艰,内心愁苦已极。这组诗,警句不多,乍看似平淡,若细加咀嚼,便觉得言辞恳切,恰好表达了诗人当时较前有所深化的思想感情,颇有意义,值得重视。浦起龙说:"老杜连章片段,大率如此精密,如何卤莽读得!"虽着眼在连章结构的精密,但指出此等诗不可"卤莽读得",倒是个很有必要的提醒。

刚迁入草屋不久,一天傍晚老杜骑马出去散散心,开头也还快意,稍后又因远眺不觉勾引起满腔心事来:

"故跻瀼岸高,颇免崖石拥。开襟野堂豁,系马林花动。雉堞粉如云,山田麦无陇。春气晚更生,江流静犹涌。四序婴我怀,群盗久相踵。黎民困逆节,天子渴垂拱。所思注东北,深峡转修耸。衰老自成病,郎官未为冗。凄其望吕葛,不复梦周孔。济世数向时,斯人各枯冢。楚星南天黑,蜀月西雾重。安得随鸟翎,迫此惧将恐。"(《晚登瀼上堂》)可别将"瀼上堂"误作瀼西草堂,这不过是瀼溪岸边的一个"野堂"(可能是庙宇或祠堂)[7]。《访古学诗万里行》载,瀼溪即今日奉节城东门外之梅溪河,距东门约半里地,水流较大。有渡船通东岸,正如清朝江权所言:"西瀼源近而流浅,夏秋水涨,可通小舟。"瀼溪水流较大而岸高,骑马沿岸前往瀼边野堂,故可避免走崖石拥塞的崎岖山路。野堂地势高敞,登临眺望,胸襟豁然开朗;将马系在林间,瞧那儿的林花也在颤动呢。远处夔府孤城的粉堞犹如一抹浮云,麦苗青青高低星散地长满山田。暮春傍晚雾气更加蒸腾,江上就是不起风波浪也涌个不停。四时代序,念及来夔已是一年,真令我心惊;更何况蜀中前有崔旰、京辅后有周智光作乱频仍。黎民百姓长久以来为叛逆挑动的战争所困,当今天子早已渴望太平重见能垂衣拱手而治。[8]我多年漂泊西南,思乡之情全都倾注在东北的洛阳;无奈那三峡幽深,关山阻隔,道路纡长。员外郎倒不是冗员,我只因老病辞官。

　　子曰:"甚矣吾衰也!久矣吾不复梦见周公。"(《论语·述而》)可叹我也久矣不复梦见周公、孔子,惟有像谢灵运诗句"怀贤亦凄其"(《初发石首城》)所说的那样,凄其地寄厚望于今天的吕望、诸葛亮。往日确乎出过张镐、房琯、严武这些济世之才,遗憾的是他们今已各埋枯冢。星月无光,南楚西蜀的天空夜雾重重一片漆黑,要是能随着鸟翼飞离这里该有多好,在这里我总感到有种恐惧压迫心头真教人受不了。——这到底是种什么恐惧呢?杨伦答:"忧群盗也。"这固然不错,不过我认为这恐惧主要来自生怕客死他乡的担心。试将"衰老自成病""不复梦周孔"与前引组诗其五"时危人

---

[7]《访古学诗万里行》:"杜甫有时又称瀼西为'瀼上堂'",似以"瀼上堂"为瀼西草堂,可商榷。

[8] 黄鹤注:唐史:大历二年正月戊辰敕,同、华二州,顷因盗据,民力凋残,宜给复二年,一切蠲免黎民之困。

事急"参读，可以看出：他近来确乎感到"今时危而人事急，死期将至"的严重威胁啊！这时他听说老友薛璩将由江陵北归京师，作《寄薛三郎中璩》，其中叙述自己的健康情况与心境甚详："人生无贤愚，飘飘若埃尘。自非得神仙，谁克免其身？……峡中一卧病，疟疠终冬春。春复加肺气，此病盖有因。早岁与苏（源明）郑（虔），痛饮情相亲。二公化为土，嗜酒不失真。余今委修短，岂得恨命屯？……余病不能起，健者勿逡巡。"一来峡中就打摆子，早年嗜酒落下的肺气肿病今春又犯了，所以就一直留滞在夔州没法还乡。这样的身体，这样的处境，他能不想到生死问题，能不忧虑深重么？这年熟食（即寒食）日，老杜接连写了两首诗给宗文、宗武。前诗"松柏邙山路，风光白帝城。汝曹催我老，回首泪纵横"（《熟食日示宗文宗武》），叹祖茔在洛，寒食难再祭扫，而"'汝曹催我老'，谓己亦将为松柏中人矣"（顾注）。后诗"令节成吾老，他时见汝心"（《又示二儿》），亦是伤己之将殁，故谓"身后寒食，他时见汝思亲之心"（刘会孟语）。前几年他虽也体弱多病，却满有信心地表示不须虑死："诗酒尚堪驱使在，未须料理白头人"（《江畔独步寻花七绝句》其二），现在他可真的在痛苦地考虑起身后事来了！

老杜一春两迁居以及当时心境大致如此。最后我想告诉好心的读者一个差强人意的消息：在偏僻的瀼西，老杜居然发现他的族孙杜崇简也在附近隐居，高兴得很，就作诗相寄，表示喜其偕隐而勉其有终："与汝林居未相失，近身药裹酒常携。牧竖樵童亦无赖，莫令斩断青云梯。"《寄从孙崇简》⁽⁹⁾ 稍后所作《吾宗》（原注："卫仓曹崇简。"），写得其人甚高："吾宗老孙子，质朴古人风。耕凿安时

⟨9⟩ 仇注：诗云"林居未相失"，盖与瀼西相去不远，当是大历二年作。《唐书·世系表》：崇简，出襄阳房，益州司马参军。

论，衣冠与世同。在家常早起，忧国愿年丰。语及君臣际，经书满腹中。"这位老孙子，为人质朴，学识渊博，又深明大义，老杜寂寥时，要是去找他喝喝酒、谈谈心，那倒也不错。

二 双 喜

今年春天，老杜情绪好的时候，也写过几首写景抒情诗，其中写得最好最美的当推《晴二首》[10] 其一、《即事》。前诗说："久雨巫山暗，新晴锦绣文。碧知湖外草，红见海东云。竟日莺相和，摩霄鹤数群。野花干更落，风处急纷纷。"这诗写"新晴妙景如画"（杨伦评）。旭日东升，红霞掩映，谓之"海东云"差可。仇注："'湖外'，谓洞庭湖之外。"洞庭湖外的碧草在峡口岂能望见？似无理。其实都不过是诗人渴望出峡东游，神驰洞庭沧海："青草洞庭湖，东浮沧海漘。……我未下瞿唐，空念禹功勤"（《寄薛三郎中璩》），因此"湖外草""海东云"则经常在梦想中见。《即事》说：

"暮春三月巫峡长，晶晶行云浮日光。雷声忽送千峰雨，花气浑如百和香。黄莺过水翻回去，燕子衔泥湿不妨。飞阁卷帘图画里，虚无只少对潇湘。"丘迟《与陈伯之书》："暮春三月，江南草长。杂花生树，群莺乱飞。"《水经注·江水》载渔者歌："巴东三峡巫峡长，猿鸣三声泪沾裳。"诗人暮春住在峡口，偶有所感，无意中想到这些，哦成首句，不能说是用典，读者若亦联想及此，便觉美丽动人。这就是有些作品注辞章出处的道理。这诗写暮春峡中感受很有气氛。云浮过太阳，洁白而光亮。说雷声为千峰送来一阵

---

〔10〕从《杜诗镜铨》编此二诗在大历二年。

骤雨，不仅见雷雨的迅疾，亦见千峰烟雨空蒙之状。"数峰清苦，商略黄昏雨。"（姜夔词）在诗人画家眼中，雨跟峰的关系倒是很密切的。汉武帝时月支国进百和香。以"百和香"描状乍雨忽晴时山野间发出的浓郁花气，艺术效果强烈，且为野趣增添点富丽感觉。"朝罢香烟携满袖""香飘合殿春风转""正想氤氲满眼香""麒麟不动炉烟上""画省香炉违伏枕"……在老杜忆旧的幻觉中，这种以"百和香"为代表的宫香确乎是不时出现的啊！杜审言《夏日过郑七山斋》："日气含残雨，云阴送晚雷。"写景亦有强烈的季节感，可与此诗"雷声"联参读。"莺来燕往，物各适情，卷帘一望，真如图画，但以久卧峡中，故思江湖之映空耳。"（仇兆鳌语）尾联稍见思游荆楚之意，若过于表露出厌倦留滞夔州的情绪，则会破坏全诗的和谐。黄生说："此诗可作暮春山居图。曰'飞阁卷帘图画里'，则公固自命为画中人矣。"又说："起句稍拗，中二联又失粘，对法更不衫不履，然写景之妙，固不可废。"[11] 此诗诸本多编在大历二年，并谓诗云"卷帘""飞阁"，知是在西阁时作。若然，则自西阁迁赤甲、复自赤甲迁瀼西，当同在"暮春三月"这一个月之内。

这年春天，有两件事曾令老杜喜出望外：一是他得知其弟杜观"自中都已达江陵，今兹暮春月末，行李合到夔州"；一是"闻河北诸道节度入朝"。

先说第一件家里的大喜事。

老杜友于之情甚笃，他在今年寒食所作《又示两儿》中，就为弟妹不得团聚而深感悲痛："长葛书难到，江州涕不禁[12]。团圆思弟

---

[11] 另一首同时作的拗体七律《暮春》则辞意俱劣，可见诗到老境，下笔亦不得过于随便。
[12] 仇兆鳌说："前有《送弟往齐州》诗，长葛与齐州相近，故知长葛指弟。《七歌》云'有妹在钟离'，江州与钟离相近，故知江州指妹。"

妹,行坐白头吟。"没想到忽得佳音,自然欢喜不尽,便作《得舍弟观书自中都〔13〕已达江陵今兹暮春月末行李合到夔州悲喜相兼团圆可待赋诗即事情见乎词》说:

"尔过江陵府,何时到峡州?乱离生有别,聚集病应瘳。飒飒开啼眼,朝朝上水楼。老身须付托,白骨更何忧!"你已到达江陵,何时可到峡中的夔州?生离死别全是战乱造成的,只要兄妹能够团聚我的病自会痊愈(瘳)。我现在已泪止眼开,不时登上江边的楼头眺望。(可见作这诗时还住在西阁没搬家。)我正在琢磨身后事该付托给谁,你来了可就不必担心这把白骨无人收了!韩愈《左迁至蓝关示侄孙湘》说:"知尔远来应有意,好收吾骨瘴江边!"极悲之情而以庆幸语出之,俱感动人。——老杜实在高兴得不行,又作《喜观即到复题短篇二首》。其一说:

"巫峡千山暗,终南万里春。病中吾见弟,书到汝为人。意答儿童问,来经战伐新。泊船悲喜后,款款话归秦。"今年正月,密诏郭子仪讨周智光,子仪命大将浑瑊、李怀光陈兵于渭上。"来经战伐新"谓此。黄生谓《得舍弟消息二首》其二"两京三十口,虽在命如丝"为上七下三的长短句。〔14〕仇兆鳌以为"病中吾见弟,书到汝为人"亦然。若采此说,这联的意思是:病中我见你信到,知你尚在人世。此犹《得舍弟消息二首》其一"近有平阴信,遥怜舍弟存"意。"为人",谓尚未物化。这样用词是很险的。黄生说:"五、六,开书时其子在傍,询叔动定。且读且答,……不但见兄弟间喜意,并见叔侄间喜意。骨肉之情,蔼然可掬。"尾联预想杜

---

〔13〕至德二载十二月,以西京为中京。
〔14〕黄生又举出《忆弟二首》其一"丧乱闻吾弟,饥寒傍济州"为上二下八的长短句,可参看。

观到时相见情事[15],既见手足情深,又见思归心切,"入情至此,真化工之笔"(蒋弱六语)。其二说:

"待尔嗔乌鹊,抛书示鹡鸰。枝间喜不去,原上急曾经。江阁嫌津柳,风帆数驿亭。应论十年事,愁绝始惺惺。"陆贾《新语》:"干鹊噪而行人至。""鹡鸰",即脊令。鸟名。《诗经·小雅·常棣》:"脊令在原,兄弟急难。"言脊令失所,飞鸣求其同类。后因以脊令比喻兄弟。黄生说:"前半喜其至,而又怨其不即至,皆引领延伫时无可奈何之语。嗔乌鹊之不灵,已妙矣;'抛书示鹡鸰',尤觉怪得无理。'数驿亭',计水程也。'嫌津柳',碍望眼也。景事意俱妙。'惺惺',醒也。'绝',死也。言死去复生。[16]语松意狠。"等你把我等急了直骂唧唧喳喳的喜鹊瞎骗人,还把你的信扔给鹡鸰瞧。可是喜鹊还是在枝头"喜!喜!喜!"地叫个不停不飞去;鹡鸰曾经在原上显出有急难之意,这使我想到你也如此,不久必然会来看我的。我老在江边西阁上眺望,最嫌渡口边那些柳树挡住了我的视线;过去了不少风帆都不见你来,我心里暗暗在计算着你一路上要经过多少水驿。你来了我们该好好叙叙别后十年各自遇到的事,准会一会儿愁得要死,一会儿又苏醒过来。——诗写得确实有

---

[15] 王嗣奭说:"钟评(七句)作预拟相见情事;则悲喜岂是预拟得?至'款款话归秦',却是预拟者。盖归秦之念,元无一刻忘也。"固哉是言!题云"喜观即(即将)到",且两诗均不言已到情事,七句非预拟而何?乱后兄弟重逢,必然"悲喜相兼",有何不可预拟得?正如王氏所说,"盖归秦之念,元无一刻忘也",想象杜观船一泊岸,兄弟相见,悲喜之情迸发过后,便迫不及待商议归秦之计,于理于情,有何不合?
[16] 仇兆鳌说:"此诗末句,一作'撚绝始星星',旧注引唐诗'吟安一个字,撚断数茎髭',又引谢灵运诗'星星白发垂'为证。'撚绝'之下,去髭发而用'星星',不已晦乎?且于'始'字,亦解不去。一作'愁绝始星星',吴(见思)《论(文)》云:因知愁绝之际,细史星星也。解亦拙涩。或解云:愁绝之时,始觉白发星星。公头白多年,岂至此始白耶?(焮案:杨伦解云:想弟年亦近老矣。)今得赵子常刻本,作'愁绝始惺惺'。黄生云:……此解当从。"

点怪，不过怪得像四川的"怪味豆"，虽"怪"却有"味"。得到弟弟要来的信，简直把老杜给喜疯了！

兴许是盼望时过于兴奋，预想欢聚情景想得太多，等到真来了，"亦既见止，亦既觏止，我心则降"，反而没什么好写，也顾不上去写，因此集中就找不出记述杜观到后情事的诗来。但我们也无须为老杜担忧，杜观确乎来了，还在夔州住了一场，然后才回蓝田去接妻子。这只要看看《舍弟观归蓝田迎新妇送示二首》就知道了。其一说：

"汝去迎妻子，高秋念却回。即今萤已乱，好与雁同来。东望西江水，南游北户开。卜居期静处，会有故人杯。"首联预计杜观回蓝田接眷重返江陵之期当在"高秋"。入夏"萤乱"，据三句，杜观别兄嫂离夔东下当在夏天。朱注：时观归蓝田，必东出瞿唐，故言送汝东下，但见西江之水。将卜居江陵，在蓝田之南，故言待汝南来，当为北户之开，望之切。仇注：时荆州有故人可依，故欲卜居其地。其二说：

"楚塞难为路，蓝田莫滞留。衣裳判白露，鞍马信清秋。满峡重江水，开帆八月舟。此时同一醉，应在仲宣楼。"王粲字仲宣，"建安七子"之一。西京战乱，南依刘表；登荆州（今湖北江陵）城楼，作《登楼赋》。"仲宣楼"，即指荆州城楼。仇注：衣裳、鞍马，弟从陆路而来。江满、帆开，公从水路而往。醉酒楼前，期相会于江陵。"聚集病应瘳"，没想到老杜见了弟弟心里一高兴，病果真减轻了几分，居然信心十足，将自己出峡赴江陵的日期定在今年八月呢！

且说另一件国家的大喜事。

"河北诸道节度入朝"事，仅见于老杜《承闻河北诸道节度入朝欢喜口号绝句十二首》这一诗题中。朱注：唐史：大历二年正月,淮西节度使李忠臣入朝。三月,汴宋节度使田神功入朝。八月,凤翔等道节度使李抱玉入朝。河北入朝事,史无明文,疑公在夔州,特传闻而未实。《杜臆》:《纲目》:代宗大历元年冬十月,帝生日,诸道节度使上寿。当指此事。诗盖作于二年三月。(仇注引,今本无)钱笺:河北诸将,归顺之后,朝廷多故,招聚安史余党,各拥劲卒数万,治兵完城,自署文武将吏,不供贡赋,结为婚姻。互相表里,朝廷专事姑息,不能复制,虽名藩臣,羁縻而已。故闻其入朝,喜而作诗。不管河北入朝事是真是假,老杜闻知此事便意识到其意义重大而欢喜赋诗,这就表明他很有政治眼光,很有爱国热诚。这组诗其一举安、史的下场以示戒:"禄山作逆降天诛,更有思明亦已无。洶洶人寰犹不定,时时战斗亦何须?"其二劝勉诸镇识时务、做忠良:"社稷苍生计必安,蛮夷杂种[17]错相干。周宣汉武今王是,孝子忠臣后代看。"其三喜诸镇入朝,自伤流落未及躬逢其盛:"喧喧道路好童谣,河北将军尽入朝。自是乾坤王室正,却教江汉客魂销!"其四回顾往时不朝而遭人猜疑:"不道诸公无表来,茫茫庶事遭人猜。拥兵相学干戈锐,使者徒劳万里回。"其五赞美臣能尽职、君能修德而共致太平:"鸣玉锵金尽正臣,修文偃武不无人。兴王会静妖氛气,圣寿宜过一万春。"仇注:玩末句,知当时入朝,乃为圣寿节而来。其六因其朝献而规讽今上:"英雄见事若通神,圣哲为心小一身。燕赵休矜出佳丽,宫闱不拟选才人。"大历元年,十月,乙未,上生日,诸道节度使献金帛、器服、珍玩、骏马为寿,共值缗钱二十四万。常衮上言,以为:"节度使非能男耕女织,必取之于人。敛怨求媚,不可长也。请却之。"上不听。仇注:"据此,

---

[17] 杨伦认为这是指安禄山、史思明。

则诸镇将有逢迎以献佳丽者，诗云'英雄见事'，当指常衮而言。'圣哲为心'，豫防逸欲也。'小一身'，言不侈天下以自奉。"其七自叹病滞峡中，未能随朝臣入贺："抱病江天白首郎，空山楼阁暮春光。衣冠是日朝天子，草奏何时入帝乡？"其八言节镇朝而贡赋至："澶漫山东一百州，削成如案抱青丘。包茅重入归关内，王祭还供尽海头。""山东"，太行山以东，即河北道。"削成如案"，喻河北已平。"青丘"，在青州，借指青州、淄州的淄青军，淄青东临渤海。《左传》僖公四年载：齐桓公伐楚，责之曰："尔贡包茅不入，王祭不共，无以缩酒。"杜预注："包，裹束也；茅，青茅也。束茅而灌之以酒，为缩酒。"缩酒，滤酒。不共，不供。故诗云"王祭还供"。这诗是说：环抱淄青的河北已平如案子，现今那儿的诸镇都重来朝贡，那渤海西头的淄青军使也该来供给王祭了。

其九赞域内大定、人才众多："东逾辽水北滹沱，星象风云喜共和。紫气关临天地阔，黄金台贮俊贤多。""辽水"，即辽河，在今东北地区南部。"滹沱"，河名，在今河北省西部。传说函谷关令尹喜见东极有紫气西迈，其日老君乘青牛车来过。故知"紫气关"指函谷关。相传战国燕昭王筑台，置千金于台上，延请天下士，故名"黄金台"。诗借三地以概宇内，借一台以喻朝廷的广揽贤才。其十鼓舞诸镇叛卒来归的兴致："渔阳突骑邯郸儿，酒酣并辔金鞭垂。意气即归双阙舞，雄豪复遣五陵知。"其十一以河北之入朝归功于李光弼："李相将军拥蓟门，白头惟有赤心存。竟能尽说诸侯入，知有从来天子尊。"钱笺："《旧唐书》：光弼轻骑入徐州，田神功遽归河南；尚衡、殷仲卿、来瑱皆惮其威名，相继赴阙。及其惧鱼朝恩之害，不敢入朝，人疑其有异志，因此不得志，愧耻成疾而薨。公则以诸将入朝，归功临淮，以'白头''赤心'

许之。《八哀诗》云:'直笔在史臣,将来洗箱箧。'此公之直笔也。中兴战功,首推郭、李,并受朝恩、元振谗构。郭以居中自保,李以在边受疑,亦有幸不幸耳。此诗以李、郭并诵,良有深意。史臣目论,多所轩轾,不亦陋乎!"其十二以平乱致治推崇郭子仪:"十二年来多战场,天威已息阵堂堂。神灵汉代中兴主,功业汾阳异姓王。"

读了这组诗,我不禁想起李白的《永王东巡歌十一首》。安禄山乱起,李白忧心如焚,亟思报国。适永王李璘声称抗战,率部顺长江东下,将他从庐山征辟入幕。他济时心切,且欲借之以立奇功,自然喜之不尽,便作诗颂璘:"诸侯不救河南地,更喜贤王远道来"(其五)、"我王楼舰轻秦汉,却似文皇欲渡辽"(其九),又自诩有谢安之才,能助璘平乱复京:"但用东山谢安石,为君谈笑静胡沙"(其二)、"南风一扫胡尘静,西入长安到日边"(其十一)。谁知李璘的军事行动被肃宗视为谋乱。不久李璘兵败身亡,李白也因此获罪,流放夜郎。了解了这种种情况,再来读李白的这十一首诗,我们自会觉得:诗人那种同仇敌忾的爱国热忱和"老骥伏枥,志在千里"的烈士壮心确乎极其可贵极其感人,但他的盲目乐观和过于自信却又令人惊讶、惋惜不置。读老杜的这组诗也有类似感觉。正如仇兆鳌所说:"代宗误听仆固怀恩之说,留田承嗣等于河北,遂成藩镇跋扈之患。自此以后,幽蓟十六州,不入版图,几六百年。公之思深虑深,亦正在此也。"诗人深以河北为忧,一旦闻诸将入朝即大喜过望,赋诗相庆,并婉辞规讽君臣以正道,显示了他很有政治远见和忧乐系于国家人民的崇高精神境界。但闻喜之余,顿觉中兴重现、天下太平,这未免又把形势估计得过于乐观,仍然是一厢情愿的主观幻想,而其中颂扬之词中所流露出来的封建主义的思想感情,令人读之不快。

三　村居琐记

很快就到了夏天。有《月三首》，仇注："此当是大历二年六月初旬所作。曰'巫山'、曰'二十四回'，则在夔州已二年矣。曰'半轮'、曰'六上弦'，则是二年之六月矣。"甚是。这组诗写雨霁新月之夜的客愁，其一"若无青嶂月，愁杀白头人"一联清绝。旧编于这组之后的《晨雨》，体物工细入妙：

"小雨晨光内，初来叶上闻。雾交才洒地，风折旋随云。暂起柴荆色，轻沾鸟兽群。麝香山一半，亭午未全分。"雨丝在晨光中见，雨声从叶子上闻。遇上雾才洒落到地面上，风把它吹卷入云中。暂时让小树生色，也轻轻沾湿了飞禽走兽。那远处的麝香山只剩出一半，到中午还没完全露出来呢！——不假比兴，纯以赋作正面描写，印象鲜明，很有情致，能获得此种艺术效果，颇不易。不过，这只是咏物诗，别无深意；比较起来，还是那些写生活情趣的作品耐人寻味。

《过客相寻》正是这样的作品：

"穷老真无事，江山已定居。地幽忘盥栉，客至罢琴书。挂壁移筐果，呼儿间煮鱼。时闻系舟楫，及此问吾庐。"穷老无事，定居瀼西[18]。地幽疏懒，弹琴自娱。这时忽闻有客系船寻访，便喜出相迎，又呼儿从挂在壁上的筐中取果，间杂地摆在烹熟的鱼旁供客[19]。——

---

[18] 仇注："诗云江山定居，当从黄鹤编在瀼西诗中。"
[19] "间煮鱼"的"间"一作"问"。《杜诗说》："(移筐果，)亦呼儿为之。以五字套装于下句之中。'次第寻书札，呼儿检赠诗'，亦此法也。'问煮鱼'，家偶烹鲜，客至即以同享，因呼儿问其熟否耳。此即'盘飧市远无兼味'之意，彼明言，此暗言。"所谓"套装"之说虽可通，未必尽然。"挂壁"句与"次第"句，若理解为省主词"我"自指，有何不可？仇注："今按：张九成诗'疏果间溪鱼'，可悟杜诗'筐果''间煮鱼'之语。"作"问煮鱼"固佳，只是与末句"问"字重复，正文定字故从仇说。

清空如话，见村居生活的索寞，和如闻"空谷足音"的喜客之情。

樝梨才绿、梅杏半黄时节，一天小厮阿段[20]从果园送来一大筐熟了的柰子来，老杜一时兴起，便哦成首五律说：

"樝梨才缀碧，梅杏半传黄。小子幽园至，轻笼熟柰香。山风犹满把，野露及新尝。欹枕江湖客，提携日月长。"（《竖子至》）"樝"，一作楂。果名。如山楂。"柰"，俗名花红，北方叫沙果。首联以山楂、梅子、杏子衬出花红的先熟，亦见瀼西果园的水果品种不少。"欹枕客"，诗人自谓。阿段为主人送来满筐鲜柰，老杜还希望他今后经常提携供应[21]，可见这园子当时已属老杜，而阿段则是派去看管这园子的。王嗣奭说："三四口头语，天然作对，亦自成趣。五六有仙灵气，而'山风满把'尤妙。"

不久他在题作《园》的诗中说：

"仲夏流多水，清晨向小园。碧溪摇艇阔，朱果烂枝繁。始为江山静，终防市井喧。畦蔬绕茅屋，自足媚盘飧。"原来这园子离家不远，就在瀼溪对岸，有船可通；园中别建茅屋，绕屋种菜，果树也不少。这诗写五月的一天早上，诗人乘小艇渡过碧溪，来到园中，见枝头挂满红通通亮晶晶的果子，很是喜人。接着就说明他"始置此园，本以求静，今厌市喧，故避于此。盘飧自足，无求于外矣"（仇兆鳌语）。可见老杜是经常来园中歇息的。

又作《归》说：

"束带还骑马，东西却渡船。林中才有地，峡外绝无天。虚白高人静，喧卑俗累牵。他乡阅迟暮，不敢废诗篇。"这是从园中回

---

[20] 杨伦说："公有《示獠奴阿段》诗，又《东渚耗稻》诗遣竖子阿段往问，知此竖子即阿段也。"
[21] 浦起龙说："结云'提携日月长'，正与一、二映合。园果以次而熟，可得逐时携送，所谓'日月长'也。旧说总不分晓。"

草屋的诗。杨伦说:"(颔联)以下句形上句,即'平地一川稳,高山四面同'(《自瀼西荆扉且移居东屯茅屋四首》其一)意。"后半写归村所感:《庄子》说"虚室生白"。在园中确能领会高人的静穆,只是难以摆脱乱哄哄庸俗世事的牵累不能不回来。[22] 久滞他乡眼看迟暮,这教我怎敢废弃那聊以解忧的诗篇。

去年冬天夔州都督柏茂琳到任,老杜颇蒙资助和关照。入夏以来,柏都督命园官经常给老杜送瓜菜。[23] 可是这园官是个势利小人,故意怠慢老杜,有时连缺几天不送菜来,就是送来了,也是些野生的苦苣和马齿苋。老杜当然不快,不过他没骂园官,却借苦苣、马齿苋为由头,大发愤世感慨,作《园官送菜》。序说:

"园官送菜把,本数日阙。矧苦苣、马齿,掩乎嘉蔬,伤小人妒害君子,菜不足道也,比而作诗。"诗说:

"清晨送菜把,常荷地主恩。守者愆实数,略有其名存。苦苣刺如针,马齿叶亦繁。青青嘉蔬色,埋没在中园。园吏未足怪,世事固堪论。呜呼战伐久,荆棘暗长原。乃知苦苣辈,倾夺蕙草根。小人塞道路,为态何喧喧!又如马齿盛,气拥葵荏昏。点染不易虞,丝麻杂罗纨。一经器物内,永挂粗制痕。志士采紫芝,放歌避戎轩。畦丁负笼至,感动百感端。"这诗的主旨序中已点明,是以"苦苣、马齿掩乎嘉蔬"为比,"伤小人妒害君子",文词也不难懂,首先叙事,大意说柏都督相待甚厚,园官可很坏,要他送些菜来,故意捣鬼,不送好菜只送些没法吃的野菜来充数,走走过场,有名无实。接着转入正题,说这园官固然可恶倒不足怪,世上的怪事才

---

[22] 顾注:《瀼西》诗有"市喧宜近利"句,知喧亦不免俗累,如刘稻等事。
[23] 朱注:《送菜》诗云"常荷地主恩",《送瓜》诗云"柏公镇夔国",则知地主即柏都督。都督乃茂琳。

大有可议论的呢!可叹啊打了这么久的仗,原野上长满了荆棘,于是苦苣之流,侵犯了蕙草的根,这就像小人当道,神气喧天。又如那马齿苋长得很茂盛,把冬寒菜、紫苏⁽²⁴⁾的气味都搅乱了。美恶混杂则遭点染这真不易预料,这就像用丝和麻混织成的罗纨,一经施于器物(如纨扇、屏风、帷幕等),就会永远在上面挂着粗糙的痕迹。四皓隐于商山作歌说:"莫莫高山,深谷逶迤。晔晔紫芝,可以疗饥。唐虞世远,吾将何归?驷马高盖,其忧甚大。富贵之畏人兮,不若贫贱之肆志。"于今我也隐居避俗,没想到园官派园丁送了这筐菜来,使得我感慨万千。王嗣奭说:"诗序谓'小人妒害君子',不言何等小人;盖遭时之乱,武夫健卒,幸功得官,而凌侮志士幽人者不少,观此诗前言'呜呼战伐久,荆棘暗长原',继言'小人塞道路,为态何喧喧',终言'志士采紫芝,放歌避戎轩',谓此辈也。又《夔府咏怀》诗云:'奴仆何知礼?恩荣错与权。'其纵恣可胜言哉!"

柏都督又命园丁给老杜送瓜来,这次他可很高兴,作《园人送瓜》志柏公盛情,还对园丁表示了慰劳之意:

"江间虽炎瘴,瓜熟亦不早。柏公镇夔国,滞务兹一扫。食新先战士,共少及溪老。倾筐蒲鸽青,满眼颜色好。竹竿接嵌窦,引注来鸟道。浮沉乱水玉,爱惜如芝草。落刃嚼冰霜,开怀慰枯槁。许以秋蒂除,仍看小童抱。东陵迹芜绝,楚汉休征讨。园人非故侯,种此何草草!"江边虽然炎热多瘴气,甜瓜(西瓜至五代时始

---

(24) 葵,即冬葵,一名冬寒菜。为我国古代重要蔬菜之一。《诗经·豳风·七月》:"七月烹葵及菽。"后魏《齐民要术》以《种葵》列为第一篇,所谈栽培方法也较详细。吴其濬《植物名实图考》卷三:"冬葵,《本经》上品,为百菜之主,江西、湖南皆有之。湖南呼葵菜,亦曰冬寒菜。"荏,白苏。一年生芳香草本。老茎和种子可入中药。南方有以其嫩叶作烹鱼鲜的佐料。

传入中国）可也熟得不早。柏公出镇夔州，一扫积弊。就是吃瓜，必让战士先尝新，即使瓜一时熟得不多，也要分一份给我这瀼溪野老。筐中倒出的是种叫蒲鸽的青瓜，瞧那颜色有多好啊！把打通的竹竿接着岩泉（嵌窦），从高山鸟道旁引来一注清凉的泉水。用泉水冰着的瓜，有沉有浮，仿佛是历乱的水精[25]；人们爱惜它们，犹如晋代嵇含《瓜赋》中提到的名瓜"土芝"。旋开旋吃，像嚼冰霜似的；使得形容枯槁的我不觉胸怀顿开，得到很大的安慰。园丁许了我，等到秋瓜熟了，还要摘些大得够小孩子抱的瓜送来。邵平是故秦东陵侯，秦亡为布衣，种瓜长安城东，瓜有五色，甚美，世谓东陵瓜。而今东陵的遗迹早已芜绝，楚汉之间的相互征讨也早已休止，园丁你不是故侯，居然种出了这样的好瓜来，那必定像《诗经·小雅·巷伯》说的"劳人草草"，真够你操心的了。——这诗写得真挚感人。与前一首诗对照起来看，老杜的爱憎是分明的。

　　夔州四面是山，老百姓为了防猛兽伤人，在房屋周围都筑起很坚实的藩篱、院墙。老杜见自己住处的藩篱、院墙需要修补，就趁五月农事稍闲，派遣仆人们到山谷里去砍阴木[26]备修补之用。《课伐木》并序记此事甚详。序说：

　　"课隶人伯夷、辛秀、信行等，入谷斩阴木，人日四根止，维条伊枚，正直挺然。晨征暮返，委积庭内。我有藩篱，是缺是补，载伐筱筜，伊杖支持，则旅次于小安。山有虎，知禁，若恃爪牙之利，必昏黑撑突。夔人屋壁，列树白菊，墁为墙，实以竹，示式遏。为与虎近，混沦乎无良，宾客忧害马之徒，苟活为幸，可默息

---

[25] 仇注："按：水玉，解作水精，本郭璞《山海经》注。据公《送原少府》诗云'瓜嚼水精寒'可证。《杜臆》谓瓜中有水可解炎热，故称水玉，可当别号。此另一说。"
[26]《周礼》："仲冬斩阳木，仲夏斩阴木。"注："阳木，春夏生者；阴木，秋冬生者。"郑玄注又说："阳木生山南，阴木生山北。"

已。作诗示宗武诵。"杨伦评:"秦少游谓少陵诗冠古今,而无韵者几不可读。如此诗是也。然亦自有古拙之趣。"老杜散文不佳是事实,不须回护。这篇小序确乎不通畅,不过其大旨仍可窥知:(一)除了阿段,他家还雇了伯夷、辛秀、信行等仆人。不能说老杜当时的境况不穷困。即使穷困,也得有这许多仆人。由此可见他的地位和身份。(二)陶渊明做彭泽令时,不以家累自随,送一个仆人给他的儿子,信上说:"汝旦夕之费,自给为难,今遣此力,助汝薪水之劳。此亦人子也,可善遇之。"老杜也一样。他既要派遣仆人们去砍树,又规定"人日四根止"(每人每日砍四根就可收工,不过多逼索);还在诗中表示,待砍伐、修补工作完成后,将"共给酒一斛"作为犒劳。用其力而恤其劳,陶、杜与一般地主相比较,有同有不同,这两方面都应看到,不宜偏持。(三)连夔州城郊也有猛兽出没,时或伤人。老杜入峡后所作诗中,多言豺虎之忧,如"淹泊仍愁虎""峡深豺虎骄""怪尔常穿虎豹群""未息豺狼斗""豺狼得食喧""风飙虎忽闻""虎之饥,下巉岩""不寐防巴虎""夜半归来冲虎过"等等,可见这些诗句不尽是托寓或夸饰,而是有实际生活根据的。(四)序末谓"作诗示宗武诵",杨伦以为"殆欲使知作客甘苦"。示宗武而不及宗文,见宗武聪颖,早已"诵得老夫诗"(参看上卷一五、三六九页),一向寄厚望于宗武。但是,今年寒食他连作两诗念先茔而伤己之将殁,并示两儿而不漏宗文(详本章第一节),可见他对宗文的感情也是很深的。——看了序再看诗:

"长夏无所为,客居课童仆。清晨饭其腹,持斧入白谷。青冥曾巅后,十里斩阴木。人肩四根已,亭午下山麓。尚闻丁丁声,功课日各足。苍皮成委积,素节相照烛。藉汝跨小篱,当仗苦虚竹。空荒咆熊罴,乳兽待人肉。不示知禁情,岂惟干戈哭?城中贤府主,处贵如白屋。萧萧理体净,蜂虿不敢毒。虎穴连里闾,堤防旧风俗。

泊舟沧江岸,久客慎所独。舍西崖峤壮,雷雨蔚含蓄。墙宇资屡修,衰年怯幽独。尔曹轻执热,为我忍烦促。秋光近青岑,季月当泛菊。报之以微寒,共给酒一斛。""苍皮",指木。"素节",指竹。"照烛",言其光泽。"汝",指木。"苦虚竹",虚心的苦竹。"乳兽",乳虎,虎之有力者,或曰牝虎。"虿",蝎子一类的毒虫。

《风俗记》:重阳相会登高,饮菊花酒,谓之登高会,又谓之"泛菊"。长夏无事,客居瀼西,给仆人们交代了任务。他们清早吃饱了肚子,拿着斧子进了白谷。白谷在高耸入云的山峰后面,离家十里,他们就去那儿砍伐生长在山北的阴木。每人肩扛四根回来,中午就走到了山麓。怎么那边还有丁丁的伐木声,原来有的正在努力把规定的功课赶足。庭院里堆满了刚砍下的青皮树条子,那有节的竹竿铿亮像光闪闪的蜡烛。树条子啊借助你们做小篱笆的一个跨过一个的桩子,编篱笆当然得倚仗那些虚心的苦竹。空旷的荒野熊黑在咆哮,猛勇的幼虎正等着吃人的肉。要是不做这些禁止野兽侵袭的防备,那么居民就不仅因战争夺去亲人的性命而伤心痛哭。城中的柏都督真是位贤明的府主,处于高位还像是身居白屋。我曾为他作谢上表说:"先之以简易,闲之以产业,均之以赋敛,终之以敦勤,然后毕禁将士之暴。"他就是这样将这里治得十分妥帖,使得那像蜂像蝎子的蟊贼不敢对百姓肆毒。只是虎窥村落,尚须修筑堤防,这倒是很好的旧风俗。自从我停船在这长江岸边,久客此间总担心藩篱为虎所触。草屋西边悬崖雄壮,雷雨交加时茂密的草木中保不住就藏着猛兽。所以院墙、篱笆得依靠你们经常修补,我年老体衰可最怕幽独。你们轻蔑炎热,为我忍受工作的烦杂和急促。不久秋光将临近青葱的山岭,重九登高当饮菊花酒。到那时我要慰劳你们,御微寒,送大伙儿酒一斛。——作为一个主人,应该说老杜还是比较能体恤用人的。王嗣奭以为此诗见其用人之力劳而有节,见不得已而劳之,真有"民吾同胞"之思。又赞同钟惺的话："以奴婢事、帐簿语，而满腔化工、全副王政，和盘托出。"则未免称之太过。

修补好了篱笆、院墙，老杜住瀼西草屋就更加安心了。一天，他因事出游峡间，乘船回瀼西，观赏有感，作《柴门》，诗中甚至还说在这里"足了垂白年"呢。正如浦起龙所分析的，这诗前半从登岸后因写峡势之奇险，后半自述身谋之止足，有见险息机之思：

"泛舟登瀼西，回首望两崖。东城干旱天，其气如焚柴。长影没窈窕，余光散嵱嵷。大江蟠嵌根，归海成一家。下冲割坤轴，竦壁攒镆铘。萧飒洒秋色，氛昏霾日车。峡门自此始，最窄容浮查。禹功翊造化，疏凿就欹斜。巴渠决太古，众水为长蛇。风烟渺吴蜀，舟楫通盐麻。我今远游子，飘转混泥沙。万物附本性，约身不愿奢。茅栋盖一床，清池有余花。浊醪与脱粟，在眼无咨嗟。山荒人民少，地僻日夕佳。贫穷固其常，富贵任生涯。老于干戈际，宅幸蓬荜遮。石乱上云气，杉清延月华。赏妍又分外，理惬夫何夸！足了垂白年，敢居高士差？书此豁平昔，回首犹暮霞。"唐代夔州城以白帝城为基础，向西北面山坡扩展而成。"东城"，指原来的白帝城。"窈窕"，深远貌。陶渊明《归去来辞》："既窈窕以寻壑，亦崎岖而经丘。""嵱嵷"，山深貌。《汉书·司马相如传》："通谷豁兮嵱嵷。"船到瀼西我登上堤岸，回头眺望瞿唐两崖。白帝城头干旱的空气，简直点得着劈柴。斜阳下崖影长拖，一直沉没到深远之处；余光四散，照见山谷嵱嵷。大江蟠曲在山脚崖根，奔流归海同百川汇成一家。那急湍猛烈地往下冲击仿佛要割断地轴，两岸竦立的峭壁像攒聚着一把把古代名工干将铸就的宝剑镆铘（即莫邪，宝剑名）。萧瑟的秋色轻洒，暮霭隐蔽了太阳坐的六龙车。三峡就从瞿唐那如门的双崖开始，最窄处仅容通过一条船或一个木筏（浮查）。大禹的神功帮助（翊）了造化，他疏凿河道顺着山势的倾斜。决开太古以来堵塞巴渠水的口子让水流入峡中，还流来了许多条水犹如逶迤的长蛇。东是吴西是蜀风烟渺渺，来往船只都要经过这里流通吴盐和蜀麻。我而今早成了远方游子，飘转各地混迹泥沙。万物贵随性所适，在我但求有个托身之处，这愿望该不过奢。茅屋顶覆盖着一个床，清水池塘里有开谢后剩余的花。醪糟和春好的粟米不缺，眼下没什么值得咨嗟。山野荒凉，居民稀少；境地僻静，可真如陶诗所说，"山气日夕佳"。富贵贫贱无须在意，我且委运任化，了此生涯，到老来遇上这干戈不息的艰难时世，所幸在这里找到了几间草屋权且安家。石上乱腾腾地升起云气，杉树清幽迎来了月亮的光华。欣赏到这样的美景可算是额外的收获，偶有所得，又何必去向别人夸！住在这里足供我了结余年便好，我岂敢跟前朝的高人去比高下？写完这首诗我平素郁结的胸怀顿觉豁然开朗，回头望见了美丽的晚霞。——这诗写得很美很有意思。读了它，瀼西草屋周围的环境和景物便依稀可想，也有助于较真切地了解诗人的心情。

虽说"浊醪与脱粟，在眼无咨嗟"，其实他又何尝做得到？前不久他家偶尔吃一种用槐叶汁和面制成、叫"槐叶冷淘"的食品，只因为这种食品是当时长安夏令消暑小吃之一，连皇帝纳凉时也少不了它，这就害得诗人顿兴魏阙之思而"咨嗟"不已：

"青青高槐叶，采掇付中厨。新面来近市，汁滓宛相俱。入鼎资过熟，加餐愁欲无。碧鲜俱照箸，香饭兼苞芦。经齿冷于雪，劝人投比珠。愿随金騄骖，走置锦屠苏。路远思恐泥，兴深终不渝。献芹则小小，荐藻明区区。万里露寒殿，开冰清玉壶。君王纳凉晚，此味亦时须。"（《槐叶冷淘》）[27]这诗前记制淘之法，备称其佳美。好事的人可据此恢复这一早已失传的唐人小吃。后致献芹之意，见

---

[27]《柴门》有"萧飒洒秋色"句，知作诗时已入秋，食槐叶冷淘当在此前不久的暑天。

其始终以未得入朝辅君为憾。浦起龙的封建观念很强，甚至他都嫌"此等题必要说到奉君，亦是杜老习气"。杜老的这一习气既如此根深蒂固，那你能相信他真会成为"遁世无闷"的"高士"么？

也是在这年夏天，他清早起来登上后园山脚眺望，没想到又勾引起他满腔的心事，不胜感慨：

"朱夏热所婴，清旭步北林。小园背高冈，挽葛上崎崟。旷望延驻目，飘飘散疏襟。潜鳞恨水壮，去翼依云深。勿谓地无疆，劣于山有阴。石楠遍天下，水陆兼浮沉。自我登陇首，十年经碧岑。剑门来巫峡，倚薄浩至今。故园暗戎马，骨肉失追寻。时危无消息，老去多归心。志士惜白日，久客借黄金。敢为苏门啸，庶作《梁父吟》。"（《上后园山脚》）[28] 石楠，木名，其皮可御饥。仇注：勿谓大地无疆，此山便劣，今举世借石楠以疗饥，则水陆皆属浮沉，不若园中犹可寄迹。《晋书·阮籍传》："籍尝于苏门山遇孙登，与商略终古及栖神道气之术，登皆不应，籍因长啸而退。至半岭，闻有声若鸾凤之音，响乎岩谷，乃登之啸也。"这诗首记盛夏清晨登后园山脚所见所感。后叹：将近十年，留蜀至今犹滞峡中。故园未靖，弟妹飘零，久客需钱，不得为苏门长啸；志士惜时，犹思效诸葛亮行吟《梁父》，盖终不能忘情于用世。[29] 杨伦

〈28〉黄鹤注：诗云"自我登陇首，十年经碧岑"，公以乾元二年入陇右，至大历三年为十年，然是年正月已出峡，今首云："朱夏热所婴"，乃二年夏作无疑。

〈29〉《杜诗说》："按：诸葛《梁父吟》，言二桃杀三士事。《艺文类聚》载之。晋陆机、梁沈约皆有此咏，皆悲时运易逝之意。陆又有《泰山吟》云：'梁父亦有馆，蒿里亦有序。幽涂延万鬼，神房集百灵。'盖东岳主召人魂魄，《泰山》《梁父》二曲，想亦《蒿里》之声耳。以此推之，则诸葛之伤三士，与陆、沈之悲时运，皆一意也。公此诗尾云……'苏门'句应'久客藉黄金'，言苏门只身隐遁，故可啸歌自适。已客途穷，岂能效之？'梁父'句应'志士惜白日'，言时运之感，今古同情，庶几聊为《梁父吟》而已。公每好用'梁父吟'字，解者徒闷其窃比诸葛。细读此诗，乃知以来注误。"此解亦可通，录以备考。

评:"杜公晚年五古,多有此蹇涩沉滞之笔,朱子比之扫残毫颖,如此种诚不可学。"言为心声,老杜日暮途穷、情怀萧瑟,宜有此蹇涩沉滞之笔。就诗而论,此种诗多不佳,诚不可学;但能较真切地见出诗人当时生活和思想感情的一斑,仍有一定认识价值,读起来也很有趣。

这一时期写得很美、很见艺术特色的,还是《滟滪》这首拗体七律:

"滟滪既没孤根深,西来水多愁太阴。江天漠漠鸟双去,风雨时时龙一吟。舟人渔子歌回首,估客胡商泪满襟。寄语舟航恶年少:休翻盐井掷黄金。"这首诗,不过如仇兆鳌所说,"见滟滪水势,而戒人冒险也。在四句分截。滟滪根没,以水多故也。江大风雨,即太阴愁惨之象。鸟去龙吟,则人不可往矣。回首,见险知止也。泪襟,阻水难下也。少年无赖,逐利轻生,故戒其翻盐以掷金",其思想内容不算很深刻;只是前四句能抓住令人惊异的印象,并通过排奡的文笔、新奇的变律,将峡中天阴水涨的景象,以及人们处此境地的不安情绪表现出来,获得了强烈的艺术效果,历来为人们所称道。叶梦得说:"诗下双字极难,须使七言五言之间,除去五字三字外,精神兴致,全见于两言,方为工妙。唐人记'水田飞白鹭,夏木啭黄鹂'为李嘉祐诗,王摩诘窃取之,非也。此两句好处,正在添'漠漠''阴阴'四字,此乃摩诘为嘉祐点化,以自见其妙,如李光弼将郭子仪军,一号令之,精彩数倍。不然,如嘉祐本句,但是咏景耳,人皆可到。"[30]要之,当令

---

[30] 胡应麟《诗薮》:"世谓摩诘好用他人诗,如'漠漠水田飞白鹭',乃李嘉祐语,此极可笑。摩诘盛唐,嘉祐中唐,安得前人预偷来者?"周振甫《诗词例话·描状》亦论及此事,可参看。

如老杜'无边落木萧萧下，不尽长江滚滚来'与'江天漠漠鸟双去，风雨时时龙一吟'等，乃为超绝。近世王荆公'新秋浦溆绵绵静，薄晚园林往往青'与苏子瞻'沉沉炉香初泛夜，离离花影欲摇春'，皆可追配前哲也。"(《石林诗话》) 论下双字法有见。但所举老杜两联之妙，不全在此。若就整联而论，王、苏之句，非为警策。

今年七月一日恰好立秋。这天老杜在奉节终县令家饮宴，作《七月一日题终明府水楼二首》[31]，其一从水楼胜概说起结到称美主人，其二从主人说起结到水楼宴客情景。前首中"绝壁过云开锦绣，疏松夹水奏笙簧"一联写楼前峡景清新而富丽，为华筵雅集生色不少。后首中"可怜宾客尽倾盖，何处老翁来赋诗？楚江巫峡半云雨，清簟疏帘看弈棋"四句，是说：众宾客皆"白头如新，倾盖如故"(古语)的旧识，我这个羁旅老翁也来赋诗助兴；江上半晴半雨，楼头清簟疏帘，看人对弈，情境俱爽。《东坡题跋》卷三："参寥子言：老杜诗云：'楚江巫峡半云雨，清簟疏帘看弈棋。'此句可画，但恐画不就尔。仆言公禅人，亦复爱此绮语耶？寥云：譬如不事口腹人，见江瑶柱，岂免一朵颐哉？"绮语能移佛性，足见其艺术魅力之强。黄庭坚《题落星寺》其三"落星开士深结屋，龙阁老翁来赋诗。小雨藏山客坐久，长江接天帆到迟"云云，即学老杜此等诗，非但口吻神似，亦得其清爽之致。

---

[31] 仇注："按：杜诗凡称月称日者，皆指节候言。此七月一日，乃立秋之日，故(其一)曰'秋风此日洒衣裳'。后有诗题《大历二年九月三十日》，而诗云'悲秋向夕终'，则恰好秋尽矣。"又其一"看君宜著王乔履，真赐还疑出尚方"，原注："终明府，功曹也，兼摄奉节令，故有此句。"

四 "淹留为稻畦"

在今年夏秋之交写的《柴门》中,诗人表示要终老于瀼西("足了垂白年")。可是,为什么他突然改变主意,秋后就搬到东屯去呢?搬家前后的情况又是怎样?这些问题,以前都不大清楚。多亏《访古学诗万里行》诸位作者,经过实地勘查,并结合文字资料进行研究,写出了下面这段话,可供我们参考:

"东屯,在白帝城东北十余里,沿着白帝城北面旧基址走,城基下有河床蜿蜒如带,细流如绳,即旧之东瀼水,今之草堂河。走下山坡,又沿草堂河谷的公路向东北走了几里,就到了奉节县草堂区白帝公社的浣花大队。这里就是杜甫东屯草堂旧址。杜甫在大历二年秋收前移居这里。杜诗《行官张望补稻畦水归》说:'东屯大江北,百顷平若案。六月青稻多,千畦碧泉乱。'这些诗句,和我们眼前所见的情景相对照,感到很亲切。但现在这些田地已有很多改种玉米,看来可能是因为草堂河的水少了。东屯草堂是杜甫在夔州各住处中最确有其地可考的。陆游乾道七年(公元一一七一年)四月十日所撰的《东屯高斋记》,正是他亲自调查访问后,写得很好的证明材料。杜甫当年所以要移居东屯,就因为这里有一百顷公田,夔州都督柏茂琳曾委他代管。东屯本来就是当年公孙述屯田之所,他为了解决军粮问题,才开垦了这片田地。看来,这一百顷地从汉到唐一直是官有土地。柏托杜甫代管这片公田的责任是很大的。杜甫居瀼西时就开始代管了,他常常派人去料理,并把这郑重地写入诗中,但主管人行官张望又不太负责,于是杜甫便只好移居东屯,亲自督看秋收的情况。他把瀼西的草堂借给一个姓吴的亲戚。杜甫在《自瀼西荆扉移居东屯茅屋》之二就说.'东屯复瀼西,一种住清溪(东屯面临草堂河)。

来往皆茅屋，淹留为稻畦。'条件都一样，但为了便于管理不得不搬到这里来了。"(32)

了解了老杜迁居东屯的原因，以及迁居前后情事，再回过头来读有关诗作就方便多了。

说老杜居瀼西时就开始代管东屯这片公田，可信。《行官张望补稻畦水归》叙六月灌溉东屯稻田事，当时他仍居瀼西。诗说：

"东屯大江北，百顷平若案。六月青稻多，千畦碧泉乱。插秧适云已，引溜加溉灌。更仆往方塘，决渠当断岸。公私各地著，浸润无天旱。主守问家臣，分明见溪畔。芊芊炯翠羽，剡剡生银汉。鸥鸟镜里来，关山雪边看。秋菰成黑米，精凿传白粲。玉粒足晨炊，红鲜任霞散。终然添旅食，作苦期壮观。遗穗及众多，我仓戒滋漫。"行官是官府中的属官、小吏。邓绍基《读杜随笔二则·行官考释》(载《中华文史论丛》一九八一年第一辑)论之甚详，可参看。这诗写主管督察东屯农事的行官张望，检查稻田灌溉后，归与老杜谈话，以及老杜的想象和期望：大江北岸的东屯，万亩水田平得像桌面。六月里青青的禾苗一片，千畦稻田中碧泉历乱。秧刚刚插完，

---

(32) 这书接着写道："陆游作夔州通判时（公元一一七〇——一一七二年），东屯有个叫李襄的，在这里'居已数世'。陆游说，从杜甫到李氏，草堂才三易其主，杜甫在大历年间手书故券尚在。庆元时此地又被人购买，归诸官，在这里建立了杜甫祠堂，此后历代这里都有杜祠。所以这一带地名的命名往往与杜甫有关，如草堂河、浣花溪之类。东屯草堂故址，即是现在的草堂区委所在地，工部祠旧址在今小学与供销社的地方。……我们站在杜甫住过的东屯草堂旧址，这里地势较高，向北望去，草堂河分为两叉，左为草堂河，右为石马河。再往北二十里处就是麝香山，即杜诗所谓的'云暖麝香山'。草堂河在村前流过，峡谷越往南越宽阔，平地渐多。正如南宋庆元年间，夔洲通判于贲写的《东屯少陵故居记》所说：'稻田水畦，延袤百顷，前带清溪，石枕崇冈，树林葱蒨，气象深秀。'在村头路旁，一些柑树上正挂着青柑。我们说起杜甫在瀼西的'甘林'，杜诗说：'园甘长成时，三寸如黄金。诸侯旧上计，阙贡倾千林。'当地人告诉我们，奉节县的广柑，现在也还是国内外很著名的，在外贸市场上也得到好评，可见是一种历史悠久的土特产。"

就要引水加以灌溉。轮番更替地派遣仆夫到蓄水的口口方塘去，疏浚沟渠挖开塘岸。行官回来对我说："公家私人的田地都安置好了，水灌得很足不怕天旱。主守我问家童们灌得怎样，他们说这不是明摆着的，瞧这东瀼溪畔。"听着听着，我眼前不觉浮现出那儿美丽的风光：茂密闪光的秧苗像青翠的羽毛，挺秀地生在这地上的银汉。鸥鸟飞到了镜里来，关山映在明净的水中仿佛是在雪边看。[33] 秋天菰蒲的黑米成熟时稻谷也成熟了，舂出的上等精米白粲粲[34]。沈约诗云："玉粒晨炊，华烛夜炳。"这么多的白米真够煮早饭的了，那种"红鲜"[35]的红米就任凭它像云霞飘散。我始终希望增添客旅中的口粮，田家作苦，谁不期待收成可观。到那时得多掉些稻穗让众人捡，我的仓库决不准装得满登登的往外漫。——看起来，老杜受柏都督委托，代管东屯这万亩公田，责任很大，却能得以解决一家吃饭问题，好处也不小。一听说秧苗长势颇佳，便觉丰收在望，并从而想到不专利己而须分惠于人。此可见其性格的天真和心地的善良。这诗写得清新可爱。杨伦说："此少陵田家诗也，亦自整秀，但不及王、储之高妙耳。"忧国忧民，穷途老病，写稻畦美景，意在丰收，不能"脱俗"，岂得"高妙"？老杜与王、储各异，王、储的"高妙"固然不可厚非，而老杜的"不高妙"则有其植根于现实的深意在，宜更加重视。

---

[33]《汉书·食货志》："理民之道，地著为本。"注："地著，谓安土也。"仇兆鳌解"公私"一段说："上四，行官归答之词。下四，公想稻畦之景。自补水之后，公私地亩，浸润有余，今主守之茌事，问之家童，皆分明共见者。'主守'，属行官自称。"译文采此说。王嗣奭说："'关山雪边看'，东屯以西为上牢关，东为下牢关，故瀼西之山，得称'关山'，与他处不同。"

[34] 舂糙米为精米叫凿。凡舂米，一石得三斗为精，得四斗为凿。《左传》桓公二年："粢食不凿。"

[35] 仇注："鲜于注：江浙人谓红米曰红鲜。李百药诗：'羽觞倾绿蚁，落日照红鲜。'"

禾苗长到一定时候就得薅田除草，薅田须薅两三次。夏末初秋，最后一次薅田即将全部结束，老杜派了女仆阿稽、小厮阿段到东屯去向那位在那儿监工的行官张望询问工作进行情况，作《秋行官张望督促东渚耗稻向毕清晨遣女奴阿稽竖子阿段往问》说：

"东渚雨今足，仁闻粳稻香。上天无偏颇，蒲稗各自长。人情见非类，田家戒其荒。功夫竞揟揟，除草置岸旁。谷者命之本，客居安可忘！青春具所务，勤垦免乱常。吴牛力容易，并驱纷游场。丰苗亦已穊，云水照方塘。有生固蔓延，静一资堤防。督领不无人，提携颇在纲。荆扬风土暖，肃肃候微霜。尚恐主守疏，用心未甚臧。清朝遣婢仆，寄语逾崇冈。西成聚必散，不独陵我仓。岂要仁里誉，感此乱世忙。北风吹蒹葭，蟋蟀近中堂。荏苒百工休，郁纡迟暮伤。""东渚"，即指东屯。"耗稻"的"耗"，当借用来代"薅"字，谓拔去田草。这诗先述东屯除草之事，接着就有关问题发了大通议论：东屯这一场雨水很足，人们仿佛已闻到了粳稻香。老天爷一点儿也不偏心，青蒲、稗子都照样生长。古歌有言："非其种者，锄而去之。"这是人之常情，所以田家最戒忌田芜地荒。大伙儿争着显示功夫，把拔下来的草放在岸旁。五谷是万民的命根子，这一点客居在外的人就更加不会忘。开春便从事农务，辛勤垦植，庶免乱了谋生的正道之常。那"见月而喘"的吴牛[36]拉起犁耙来毫不费力，并排套两条，来往耕地纷忙。茁壮的秧苗也已密植[37]，水光云影掩映方塘。水多草长，

---

[36]《世说新语·言语》："(满)奋答曰：'臣犹吴牛，见月而喘。'"刘孝标注："今之水牛，唯生江淮间，故谓之吴牛也。南土多暑，而此牛畏热，见月疑是日，所以见月则喘。"
[37]"穊"，稠。《史记·齐悼惠王世家》："深耕穊种。"

惟恐滋生蔓延，故须专意提防。督领薅田的事并非无人，行官的职责在于提调抓纲。长江流域荆扬一带天气温暖，作物成熟得等候天降微霜。我还担心行官疏忽职守，遇事未必尽心思量。于是遣派婢仆给他捎话，一清早就前往东屯翻过山冈。《尚书·尧典》有云："平秩西成。"秋收后粮食有聚敛也必有俵散，不独指望像潘岳《藉田赋》所说"我仓如陵"，堆满官家的和我自己的仓。这哪里是想邀（要）个仁里善人的声誉，我真的觉得乱世黎民的境况凄凉。北风吹动芦苇，蟋蟀趋暖渐渐移近中堂。快到年底百工都将休业，我愁肠百结不胜迟暮的忧伤。——身经战乱，艰苦备尝，老杜对人民的同情确乎发自内心，感人至深。黄生说："'督领'二句，耗稻非一家，必邻里同往，公特命行官督率之。"又说："《信行修水筒》诗，极其奖赏。此诗乃有'尚恐主守疏，用心未甚臧'之语，则二人之贤否见矣。"官府屯田百顷，招垦农家当不在少数。州府常设行官掌管具体督领之事，现东屯既由杜甫代管，行官当听其节制。张望在东屯监工，老杜竟派婢仆去传话并察看工作，可见对张望很不信任。试想张望以往督领东屯，何等威风！如今不知从哪里忽然蹦出这样一个来打秋风的"二上司"，这对于衙门中的刁吏悍卒来说，能指望他心悦诚服、黾勉从事么？老杜跟张望关系不融洽，是可以理解的。俞犀月说："诗亦潇洒清真，是陶公一派，而微加沉郁之思，故自不同。"

农事稍暇，老杜也间或入城参加一些社交活动。三伏过后，一次，他在城中遇到大雨，回不了瀼西，心里很着急，作《阻雨不得归瀼西甘林》说：

"三伏适已过，骄阳化为霖。欲归瀼西宅，阻此江浦深。坏舟百板坼，峻岸复万寻。篙工初一弄，恐泥劳寸心。伫立东城隅，怅望高飞禽。草堂乱玄圃,不隔昆仑岑。昏浑衣裳外,旷绝同曾阴。园甘长成时,三寸如黄金。诸侯旧上计,厥贡倾千林。邦人不足重,所迫豪吏侵。客居暂封殖,日夜偶瑶琴。虚徐五株态,侧塞烦胸襟。安得辍雨足,杖藜出岖嵚。条流数翠实,偃息归碧浔。拂拭乌皮几,喜闻樵牧音。令儿快搔背,脱我头上簪。"浦起龙说:"甘林,即瀼西果园。"这话含糊。前论《园》时曾指出:老杜有个果园,离瀼西草堂不远,就在瀼溪对岸,有船可通;园中别建茅屋,绕屋种菜,果树也不少;老杜厌喧求静,经常来园中歇息(本章第三节)。

那么,"甘林"是不是就在这个园中呢?我看不是。理由是:(一)当时全家人都住在瀼西草堂。《阻雨不得归瀼西甘林》明说"欲归瀼西宅"而非归"瀼西宅"对岸的"园",而且末段写杖藜、数柑、拂几、搔背等等皆家居生活而非独处"园"中求静情状,故知"甘林"不在"园"中而在"瀼西宅"(即瀼西草堂)的周围。《甘林》也写从城中归瀼西所见所感,其中"入林解我衣""好鸟知人归""清旷喜荆扉"云云,可作为"瀼西宅"在"甘林"中、"入林"即归家这一论断的旁证。(二)《柴门》写从峡间乘船至瀼西登岸回家情事,说"泛舟登瀼西""宅幸蓬荜遮"。《甘林》述乘船自城中而归,走的完全是同一条路:"舍舟越西冈,入林解我衣。"可见"甘林"跟瀼西草屋同在瀼溪西岸,而那个种植"擔梨""梅""杏""柰"的"园"则在对岸,也就是说在瀼溪东岸。这不更足以表明"甘林"不在那个"园"中么?——搞清了"甘林"就在"瀼西宅"周围(换言之,即"瀼西宅"在"甘林"中),不仅有助于理解这两首诗,更可增加我们对老杜瀼西住处环境的了解。这首诗记城中阻雨欲归不得的感叹:三伏刚过,骄阳变为秋霖。欲归瀼西,江浦深阻。船只本不结实,加之江岸险峻,篙工不敢开船,怕我不死心老缠着他,干脆就一口回绝了。[38] 我伫立在东城一隅,怅惘地望着鸟儿高飞远去。哪能把我那草堂跟玄圃混为一谈,从这到那中间并不隔着个昆仑山。其奈水气侵衣、层阴旷绝,虽近也是枉然。接着遥忆柑林情景:柑可入贡(《新唐书·地理志》载夔州土贡有柑橘等),贵比黄金,而乡人之所以反不重视,苦于豪吏侵夺之故。我客寓此间暂时种植一些,日夜听其风韵就像听弹琴一样。我怀疑(虚徐)屋边那几株的幽姿已为风雨摧残,心里一直感到很烦闷。——老杜今春刚搬到瀼西草屋来,新育甚至新移柑树到这时都不可马上挂果("条流数翠实"),既然当地老乡苦于豪吏侵夺不甚看重柑橘,这"甘林"当是同"草屋"一起"赁"(《暮春题瀼西新赁草屋》)来或另行买来的。既然称之为"林",岂止"五株"?私意以为不过指屋边窗畔"日夜偶瑶琴"的那几株而已。赵次公说:"邦人既不重之,惟客居尚可封殖。"曹丕诗云:"弃置勿复陈,客子常畏人。"邦人苦于豪吏侵夺故不重柑,客子畏人?难道独不畏豪吏么?可见"客居暂封殖"实自谓而非泛指。老杜有当地最高长官柏都督当靠山,受托代管东屯,连张望那样"用心未甚臧"的行官也不得不受其节制,他当然不怕"豪吏侵"了。如前所述,老杜既已决计下峡东游,何以又在此代管官田,又"暂封殖"柑林呢?在我看来,这决不仅只为了"终然添旅食"和"日夜偶瑶琴",更是想尽力利用条件,为拖家带口、出峡东游的长途旅行筹措一笔可观的川资。这,无疑是柏都督诸人有意成全,也是老杜本人乐于尝试的。——末段预想归柑林情事:我巴不得雨脚一停,就拄着藜杖越过山冈回

---

[38] 赵次公解"坏舟"四句说:"言有船而破坏,舟人弃之不用,故寸心有恐泥之劳。"照字面讲不误,不过我认为这只是诗中夸饰之辞,故不直译。

柑林，去细数枝条上那滴溜儿圆的青柑，然后回瀼溪岸边的草屋休息。掸一掸擦一擦那张多年跟我的乌皮几[39]，靠着它听听樵歌牧笛该有多好！嗬，孩子们快给我挠挠背上的痒痒，把我头上的簪儿也摘下吧。

不久雨止归林，想是见枝头青柑无恙，诗人也就放心了。一天，他又上后园山脚，忽忆当年登临泰山所见所感，从而引出黩武致乱、久乱难归的哀叹，作《又上后园山脚》，前段上卷六七页已论及，从略。后段说：

"朝廷任猛将，远夺戎马场。到今事反覆，故老泪万行。龟蒙不可见，况乃怀故乡。肺萎属久战，骨出热中肠。忧来杖匣剑，更上林北冈。瘴毒猿鸟落，峡乾南日黄。秋风亦已起，江汉始如汤。登高欲有往，荡析川无梁。哀彼远征人，去家死路旁。不及祖父茔，累累冢相当。"诗人少壮登东岳，老大上后园山脚；当年已露盛极转衰迹象，而至今仍然干戈不断、太平无望：这样的强烈对照，自会令人兴叹。仇注："'久战'，病咳而身战也。公诗《过王倚》诗'寒热时交战'可证。旧注作世乱战伐者，非。"这时老杜正犯肺气肿之类病症，喘个不停，内心烦躁，人瘦得皮包骨头，可是待在家里更闷得慌，就挂着带鞘的宝剑第二次登上屋后林子北面的山冈（头次登山在夏天，详前）。登后园山脚何以要手持武器？须知此间多虎，虎出伤人的事时有发生。五月里，他为了防虎，曾遣仆伐木修补藩篱、院墙，作《课伐木》，其中"舍

---

[39]《将赴成都草堂途中有作先寄严郑公五首》其五："锦官城西生事微，乌皮几在还思归。"见诗人素爱此几。古人席地而坐，倦时可凭倚小几。乌皮几属今之髹漆器，甚轻巧。近年来老杜病体支离，坐船难以伸腰，更需此物。他既如此珍惜，离成都草堂时想已随身带了来。又《寄刘峡州伯华使君四十韵》有"凭久乌皮拆"句，还是这张乌皮几。

西崖峤壮，雷雨蔚含蓄"云云，就怀疑这个山冈茂密的草木丛中藏有猛兽。要不然，偶尔到后山走走，还要煞有介事地手持宝剑（何况又是挂着的），这模样，岂不有点像那位全身披挂、跃马挥戈、大战风车的堂吉诃德么？《悲歌》说："悲歌可以当泣，远望可以当归。思念故乡，郁郁累累。欲归家无人，欲渡河无船。心思不能言，肠中车轮转。"老杜也是一样，他带病登山，满以为"远望可以当归"，谁知走上山头，见瘴气熏天，峡日昏黄，秋风已起，江涛汹涌，欲归不得，就反而感到更加忧愁了。于是末尾托征人以寄慨，惟恐客死他乡，不及展省先茔。《熟食日示宗文宗武》："松柏邛山路，风花白帝城。汝曹催我老，回首泪纵横。"即此意。

转眼已是秋分，久旱无雨，菜蔬短缺，老杜只好催促小厮们一早起身，去泉石间摘些苍耳嫩苗，洗净焯过，凉拌了下饭：

"江上秋已分，林中瘴犹剧。畦丁告劳苦，无以供日夕。蓬莠独不焦，野蔬暗泉石。卷耳况疗风，童儿且时摘。侵星驱之去，烂熳任远适。放筐亭午际，洗剥相蒙幂。登床半生熟，下箸还小益。加点瓜薤间，依稀橘奴迹。乱世诛求急，黎民糠籺窄。饱食亦何心，荒哉膏粱客。富家厨肉臭，战地骸骨白。寄语恶少年：黄金且休掷！"（《驱竖子摘苍耳》）当年老杜与李白同访鲁城北范居士，途中李白的马在荒坡里迷了路，把李白摔落在苍耳丛中，后来他们还在范家吃了苍耳苗做的菜。李白曾在诗中写到这事，老杜想必还记得。没想到如今又在这里吃苍耳，跟那次相比，境况和心情迥异，真是不堪回首啊！"卷耳"即苍耳，可入药，主疗寒痛、风湿周痹、四肢拘挛。天旱缺菜，摘苍耳佐餐，还说有助于健康，这不过是聊以解嘲罢了。王嗣奭说："摘苍耳非难事，何用驱之？欲其早也。所以欲早者，秋热犹盛而瘴犹剧，故令避之，至亭午而放筐矣。公之使人俱兼经济。'加点瓜薤间',谓元有瓜薤,而参用野蔬,故云'小益'。若专用卷耳,便难下咽矣。……说到'黎民糠籺',知公寄意更远,虽食卷耳,甘之如饴矣。'黄金且休挪',似谓赌钱。'休翻盐井'所云恶少,即此辈。而'白昼摊钱',即其横黄金者也。……'加点瓜薤间,依稀橘奴迹',盖古人用橘以调和。杜预《七规》云:'庶羞既异,五味代臻。糁以丹橘,杂以芳鳞。'可证。"(40) 理解颇细,得其用心。"富家厨肉臭,战地骸骨白"二句虽不及"朱门酒肉臭,路有冻死骨"警快,但都写生活实感,内容同中有异,各具时代特色,并非简单套用。

不久他又进了一趟城。刚从城里回来的,他觉得城里官绅人家俗态可厌,还不如住在乡下过清静日子的好。第二天早上,他去街坊串门子,一位老大爷向他诉说官府赋敛繁重,旧粟都交给了催赋的人;新豆自己捞不到吃,要全部卖了缴军费。还问他战争到何时才能结束。他听了很难过,只得宽慰老人,说解除吐蕃之围已屈指可数,并勖以急公之义。……原来乡下也并不清静啊。于是作《甘林》叙事书怀说:

"舍舟越西冈,入林解我衣。青刍适马性,好鸟知人归。晨光映远岫,夕露见日稀。迟暮少寝食,清旷喜荆扉。经过倦俗态,在野无所违。试问甘藜藿,未肯羡轻肥。喧静不同科,出处各天机。

〈40〉老杜深恶此间过往商贾赌钱陋习,曾一再表露在诗中,如《夔州歌十绝句》其七:"长年三老长歌里,白昼摊钱高浪中。"仇注:"长歌者舟子,摊钱者贾客也。"又《滟滪》:"寄语舟航恶年少,休翻盐井挪黄金。"王氏以为"黄金且休挪"即指此辈等勾当,甚是。古人用橘调味,今亦有之。吾乡炒牛肉烹狗肉须加橘皮调味,即是。《水经注·沅水》:"又东历龙阳县之泛洲,洲长二十里,吴丹阳太守李衡植柑于其上,临死,敕其子曰:'吾州里有木奴千头,不责衣食,岁绢千匹。'"后因称柑橘树为"木奴"。"橘奴"一词出此。王氏谓"注引李衡木奴事不合",这是不对的。因为不注明出处,则不知"木奴"为何物。

勿矜朱门是，陋此白屋非。明朝步邻里，长老可以依。时危赋敛数，脱粟为尔挥。相携行豆田，秋花霭菲菲。子实不得吃，货市送王畿。尽添军旅用，迫此公家威。主人长跪问：戎马何时稀？我衰易悲伤，屈指数贼围。劝其死王命，慎莫远奋飞！"朱鹤龄说，《旧唐书》：大历元年三月，税青苗地钱，命御史府差使征之，又用第五琦什亩税一法，编户流亡。二年九月，吐蕃寇灵州、邠州，诏郭子仪率师镇泾阳，京师戒严，故有"时危赋敛数""戎马何时稀"等句。处在那种强敌压境、京师戒严的非常时期，诗人既同情不堪赋税重压的贫苦百姓，又不能不"劝其死王命，慎莫远奋飞"。这势必在他内心深处产生矛盾，使他痛苦，就像在《新安吏》中既伤未成丁的"中男"被抓去打仗，又不得不劝他们放心前往一样。

秋雨终于盼到，旱象解除。一天，老杜无事，在小园散心养病，见雨下得透，就督促仆人套牛耕地种菜，偶见飞来一双白鹤，公的受伤，垂翼哀号，不觉触动羁旅之悲，作《暇日小园散病将种秋菜督勒耕牛兼书触目》说：

"不爱入州府，畏人嫌我真。及乎归茅宇，旁舍未曾嗔。老病忌拘束，应接丧精神。江村意自放，林木心所欣。秋耕属地湿，山雨近甚匀。冬菁饭之半，牛力晚来新。深耕种数亩，未甚后四邻。嘉蔬既不一，名数颇具陈。荆巫非苦寒，采撷接青春。飞来双白鹤，暮啄泥中芹。雄者左翮垂，损伤已露筋。一步再流血，尚惊矰缴勤。三步六号叫，志屈悲哀频。鸾凤不相待，侧颈诉高旻。杖藜俯沙渚，为汝鼻酸辛。"《甘林》中已表露出厌喧喜静之意。仇兆鳌以为这诗依题作三段写。首段叙"暇日小园散病"，进一步申述《甘林》中所表露的厌喧喜静之意：我不愿到城里官府中去，是怕人嫌我太率真。等我回到乡下草堂，东邻西舍可没人嗔怪我性格中的这一毛病。我年老多病怕受拘束，应酬交往最费精神。一回到江村心情自然舒畅,见了树林不用说有多欢欣。杨伦在"林木"句旁加评语说:"所以散病。"次段记"种秋菜督勒耕牛"。"菁",蔓菁。浦起龙说:"按'冬菁饭之半',俭岁贫人之计也。如此则菜之功用亦重所以须督牛耕种,以供'采撷接春'之需。旧以'饭之半'作饭牛解[41],殊无理。"末段"兼书触目",隐以自况。汉乐府《艳歌何尝行》:"飞来双白鹄,乃从西北来。十十五五,罗列成行。(一解)妻卒被病,行不能相随。五里一反顾,六里一徘徊。(二解)吾欲衔汝去,口噤不能开。吾欲负汝去,毛羽何摧颓!(三解)乐哉新相知,忧来生别离。踌躇顾群侣,泪下不自知。(四解)"蔡梦弼以为末段全用上四解之意。浦起龙表示赞同,又补充说,少陵绝不作拟古诗,观此知间一为之,必臻妙境。杨伦说逼似陶语,入后又近古乐府。在我看来,老杜当时的生活、心境接近陶渊明,且素谙陶诗,不觉出语逼似;偶见二鹤一伤,适与《艳歌何尝行》暗合,感发自然,亦非有心套用;总之是诗人的人生领悟和生活实感同他的文学修养浑然一体的结合,不得视为寻常摹拟。

《雨》大概也是这几天写的:

"山雨不作泥,江云薄为雾。晴飞半岭鹤,风乱平沙树。明灭洲景微,隐见岩姿露。拘闷出门游,旷绝经目趣。消中日伏枕,卧久尘及屦。岂无平肩舆,莫辨望乡路。兵戈浩未息,蛇虺反相顾。悠悠边月破,郁郁流年度。针灸阻朋曹,糠籺对童孺。一命须屈色,新知渐成故。穷荒益日卑,飘泊欲谁诉。尪羸愁应接,俄顷恐违迕。浮俗何万端,幽人有高步。庞公竟独往,尚子终罕遇。宿留

---

[41] 仇兆鳌解"冬菁"二句说:"蔓菁饲牛,故力足能耕。"亦通。但据《驱竖子摘苍耳》,知秋分犹旱,蔬菜短缺,哪有这许多蔓菁喂牛!此说不足取。王嗣奭说:"耕迟以无牛俟牛故,至'牛力晚来新'而邻人先之矣。"不无道理,录以备考。

洞庭秋,天寒潇湘素。杖策可入舟,送此齿发暮。"浦起龙以为发端写微雨乍开乍暝之景,非绘画能到。中医学分消渴病为上中下三消,中消随食随饥,口渴多饮,大便秘结。"消中"即中消,或统指消渴病。这诗是对雨舒闷之作:经常卧病,很少下床,连鞋子上也积满灰尘。当然也可以坐轿子出去走走,只是望不清还乡的路更教人伤心。远阻兵戈,近畏毒蛇。栖身边鄙,蹉跎岁月。近来我正在接受针灸治疗,因而阻碍了跟朋友们的来往,只能在家带孩子们吃糠咽菜。对待有一官半职的人须卑躬屈节,否则人家会渐渐地变得喜新厌旧。我沦落穷荒越来越感到自卑,天涯漂泊之苦又将找谁去诉。身子虚弱最愁应酬交接,不去周旋又恐怕同熟人违迕。世风日下情巧万端,惟当追逐幽人高步。东汉的庞德公携妻子登鹿门山采药不返,当时另一位待儿女婚嫁事了便出游五岳名山、不知所终的高士尚子平毕竟难遇。我只有等待着何时下峡东游,去赏玩那洞庭、潇湘的素秋景物。我拄着拐杖仍可上船,就此打发我的齿落发稀的迟暮。——近来可能在与州府官吏的交往中遇到了什么不快的事,不然不会有偌大情绪,再三在诗中慨叹"经过倦俗态,在野无所违"(《甘林》)、"不爱入州府,畏人嫌我真"(《暇日小园散病……》)、"尪羸愁应接,俄顷恐违迕"(《雨》)。老杜深感与此间人士的交情日冷,亟思出峡东游洞庭、潇湘。岂知不幸言中,他果真在那里"送此齿发暮"、了此悲惨一生。今日思之,亦觉可伤!

这一时期也有些写得较轻松的小诗,如《溪上》:"峡内淹留客,溪边四五家。古苔生迮地,秋竹隐疏花。塞俗人无井,山田饭有沙。西江使节至,时复问京华。"《树间》:"岑寂双柑树,婆娑一院香。交柯低几杖,垂实碍衣裳。满岁如松碧,同时待菊黄。几回沾叶露,乘月坐胡床。"《白露》:"白露团甘子,清晨散马蹄。圃开连石树,船渡入江溪。凭几看鱼乐,回鞭急鸟栖。渐知秋实美,幽

径恐多蹊。"根据这些作品,不难将瀼西草堂里里外外的景色和诗人日常的生活情状作如下描绘:

老杜赁的草屋在瀼溪西岸,所以叫"瀼西草屋"。瀼溪流入长江,水深足以行船。从草堂乘船进城或过渡去对岸果园都很方便。草堂所在的村子很小,只有四五户人家(这恰如以前小儿描红模本常写的"烟村四五家")。正因地僻人稀,到处长满了年深日久的青苔。竹林间,隐隐约约露出些稀疏的秋花。此地人习惯到江边挑水,从来都不凿井。用山田里产的稻米煮饭,总免不了有沙子(山田多沙石,收割、脱粒时最易羼入)。院子里原来就种了两棵柑子树,老杜有时在树下歇息、行吟,那交错扶疏的枝叶简直低垂到他的几上杖头。要是打那儿经过,那沉甸甸的累累果实会碍人的衣裳。深秋时节,柑子熟了,香飘满院。这两棵柑子树美极了,它们既像松一般终年碧绿,又像菊花一般应时金黄。老杜很喜欢这两棵柑子树,好几回他把绳床(即胡床)搬到树下,一直坐到夜深叶子上滴露水。从屋边到石山(也就是老杜两次登临过的后园林北高冈)下,还有一大片柑林,今年果挂得多,快成熟了,最怕人来"光顾",就像古语说的那样,"桃李无言,下自成蹊"。所以近日来老杜大清早就骑着马出了门,有时也进城,也去东屯,有时不过在附近遛遛,可是每当他早出晚归时,总短不了要去柑林转转。

五 "青眼只途穷"

说入夏以来老杜厌倦交游而忙于农事,这固然不错。但不能简单地认为他从此已做到"身世两相弃",或者竟成了个地道的"经营地主"。

其实,这一时期他仍不时出游,仍与外界保持联系。比如他有首题为《诸葛庙》的五言排律即写出游事：

"久游巴子国，屡入武侯祠。竹日斜虚寝，溪风满薄帷。君臣当共济，贤圣亦同时。翊戴归先主，并吞更出师。虫蛇穿画壁，巫觋缀蛛丝。欸忆吟《梁父》，躬耕也未迟。"黄鹤认为此当作于大历二年，故云"久游""屡入"。老杜最景仰诸葛亮，前在成都，今来夔府，数谒祠庙，凭吊赋诗。诸作多已论及，其艺术成就虽稍有轩轾，而主旨不外是：羡其风云际会，敬其鞠躬尽瘁，叹其赍志而没，伤庙貌的凄凉，感祭祀的千秋不断，并借孔明以自况，抒己壮志莫酬的哀怨。比较起来，这首《诸葛庙》写得最不出色，但尾联却小有可讲究处。黄生读此联体会甚细："'欸忆吟《梁父》，躬耕也未迟。'诸葛时年尚少，虽躬耕以待际会，何迟之有？'欸忆'二字，转因己身思及诸葛耳。"具体地说，就是因他本人到五十六岁的今年才得代管东屯、经营柑林而忆及孔明的躬耕陇亩和好为《梁父吟》。年来老杜病情加重，身体虚弱，常恐客死他乡，内心愁苦，无时或释。不意健康情况稍有好转时，仍不忘以孔明自况，甚至竟认为"躬耕也未迟"，希冀有朝一日得展素志。这真可算得上是"衣带渐宽终不悔，为伊消得人憔悴"了。

此外，这年秋天写的《天池》，也表明他曾去夔州城东的天池登览过。

老杜不愿见的只是那种瞧不起人也令人瞧不起的州府俗物，对于一些跟他意气相投的人，他不仅不回避，还要登门相访，甚至不忍遽别：

"不见秘书心若失，及见秘书失心疾。安为动主理信然，我独觉子神充实。重闻西方止观经，老身古寺风泠泠。妻儿待米且归去，他日杖藜来细听。"（《别李秘书始兴寺所居》）黄鹤注：李秘书有二：一是李十五，一是李八。此当是大历二年在夔州别李十五者。

公有《赠李十五丈》诗："盖被生事牵。"又云："常受众目怜。"惟其生事薄，故常居于寺。燨案：李十五即李文嶷。他和老杜是亲戚。虽说他生事薄，境况比老杜还是好得多。去年（大历元年）秋天他从云安来夔州，一来就不断给老杜送礼，并设宴相待。他在夔州小住几天即下峡去江西访江西观察使李勉。想今年又回到夔州来了（详第十七章第六节）。杨伦说，李殆有得于学禅者，所居乃其静修处。这看法比黄鹤"惟其生事薄，故常居于寺"之说较近实际，因为他并未到穷得非住庙不可的地步啊。发端写相思之苦和相见之乐，语率而情真。仇注引黄希说：《摩诃止观》，陈、隋间国师天台智者所说，凡十卷。"止观经"，应上"安为动主"。又引杨慎说：佛经云：止能舍乐，观能离苦。又云：止能修心，能断贪爱；观能修慧，能断无明。止如定而后静，观则虑而后得。老杜今又重闻李讲《止观经》，不觉古寺风清，情境俱寂。其奈妻小在家等米下锅，不想走也得走，只好他日再来细听讲经了。前些日子，老杜听行官张望说东屯稻田灌溉过后禾苗长势很好，窃喜秋收有望，一家大小有饱饭吃了（详前《行官张望补稻畦水归》论述）。可见秋收前他家常缺粮。这次老杜想是来向李借米的；适逢李讲经，感而有作，亦见其内心苦闷、欲借佛法以求解脱的消极倾向。这诗与老杜当时的交游、境况、心情很符合。仇兆鳌说："起结似宋人率语，非杜真笔。"杜诗有开宋人诗风处。因此很难臆断杜似宋人，抑或宋人似杜。但凭口吻断诗之真伪，不亦殆乎？

老杜不仅去听"有得于学禅者"的李秘书讲经，有时还去探望当地的高僧。他认识一位叫大觉的和尚，"和尚去冬往湖南"（《大觉高僧兰若》题下原注），今年秋天他去寺中相访，见大觉仍未回来，就题诗道：

"巫山不见庐山远，松林兰若秋风晚。一老犹鸣日暮钟，诸僧但乞斋时饭。香炉峰色隐晴湖，种杏仙家近白榆。飞锡去年啼邑子，献花何日许门徒？"(《大觉高僧兰若》)"庐山远"，指居庐山东林寺的东晋高僧慧远。此借喻大觉。"兰若"即梵语阿兰若的省略辞，谓和尚的住所。"一老"句，可与《暮登四安寺钟楼寄裴十迪》"暮倚高楼对雪峰，僧来不语自鸣钟"参读。"诸僧"句，不及孟浩然《疾愈过龙泉寺精舍呈易业二上人》"傍见精舍开，长廊饭僧毕"的能见境界。"香炉峰"即庐山的北峰，状如香炉，故名。慧远《庐山记》：香炉山孤峰独秀，气笼其上，则氤氲若香炉。《神仙传》：董奉居庐山为人治病，病重而愈者令种杏五株，轻者一株，号董仙杏林。《陇西行》："天上何所有？历历种白榆。"朱注："香炉"二句皆用庐山事，则隐晴湖乃彭蠡，题下所注"湖南"，谓蠡湖之南。又，"近白榆"，言其高近乎天。这诗先写秋时日暮访大觉兰若所见，次述想象中庐山情景。末言前惜其去而今望其回。他自然不把自己置于善男信女的"邑子"和"门徒"之列，但对宗教的虔诚和对高僧的崇敬却情见乎辞。稍后又作《谒真谛寺禅师》说：

"兰若山高处，烟霞嶂几重。冻泉依细石，晴雪落长松。问法看诗妄，观身向酒慵。未能割妻子，卜宅近前峰。"未能割舍情爱、忘怀诗酒，怎能卜宅前峰、皈依佛法呢？黄生说："三、四，景中见时，与右丞'泉声咽危石，日色冷青松'同一句法，然彼工在'咽'字、'冷'字，此工在'冻'字、'晴'字。"佛教以身、口、意三方面的活动为业，称为三业。能写出这样好的诗句，足见意业之障未破，这岂不妨碍他修行？既然老杜尘念未除，业障未破，那就让他重新回到尘俗中来与凡夫俗子周旋吧！

却说别李十五秘书所居赋诗前后，又赋诗送李八秘书赴京入杜鸿渐幕：

"青帘白舫益州来，巫峡秋涛天地回。石出倒听枫叶下，橹摇背指菊花开。贪趋相府今晨发,恐失佳期后命催。南极一星朝北斗,五云多处是三台。"(《送李八秘书赴杜相公幕》)题下原注:"相公朝谒,今赴后期也。"大历二年六月,剑南节度使杜鸿渐入朝,辟李秘书入幕,鸿渐先走,李后走,诗云"菊花开",其时当在这年九月。鸿渐还朝后复知政事,故称"相公"。仇注:蜀舟赴峡,其波涛激荡,势若天地回旋,即所谓"大声吹地转,高浪蹴天浮"也。毛奇龄说:石崖横出,则落叶之声在上,故曰"倒听"。飞橹迅行,则菊岸之移忽后,故曰"背指"。《汉书·天文志》:南极星,在益州分野,觜参之旁,而三台三公,又在北斗旁。时杜相还朝,李从益州(成都)来赴京,故言南极而向北斗者,以三公在北斗旁也。《杜臆》:三、四句,言舟行之疾。五、六句,正发其急趋之心。"北斗"谓京师。"三台"谓杜相。这诗写官府气派、秋江壮观、舟行感触,笔墨飞动。古人以为太平之时云则五色而为庆。"五云",谓京师瑞气。尾联为李宠行,兼颂时君、时相,亦见作者向阙之情。老杜重返朝端之念始终未泯,这就是这种意识的流露。老杜去年作《赠李八秘书别三十韵》[42](参看第十七章第九节),钱谦益注该诗发端"往时中补右,扈跸上元初"二句说:"公于肃宗初拜左

---

[42] 黄鹤以为《赠李八秘书别三十韵》当是大历元年七月作。仇氏从之,并引朱注解其中"台星入朝谒,使节有吹嘘。西蜀灾长弭,南翁愤始摅。对扬抗士卒,乾没费仓储。势藉兵须用,功无礼忽诸"一段说:"'台星''使节',皆谓杜鸿渐。秘书盖因鸿渐表荐入朝,其奏对君前,当以师老财匮为言。盖全蜀之势,今方藉兵,不得不用,而诸将冒功无礼,如所谓'抗士卒''费仓储'者,其可忽之而不问乎?"诗中"幕府筹频问"句下原注:"山剑元帅杜相公,初屈幕府参筹画。相公朝谒,今赴后期也。"案:杜鸿渐入朝在大历二年六月。故杨伦编该诗于《送李八秘书赴杜相公幕》之后,以为同是二年所作。但大历二年蜀乱基本上已平定。据"台星"段所述蜀中兵变情况,该诗仍当作于元年。如此,则李于元年奉杜鸿渐遣派入京奏事,回蜀后又于二年继杜相之后赴京。两说各有所短,姑从黄鹤说,待考。又,黄鹤以为《送李八秘书赴杜相公幕》当是二年九月作。不误。但须指出:今仇氏详注本该诗题下原注:"相公朝谒,今赴后期也。"别本皆无。此显系从《赠李八秘书别三十韵》原注转引。

拾遗。所谓'中补右'者,必李秘书于是时官右补阙也。'中'者,右补阙属中书省也。'上元初',谓(皇)上之(纪)元(之)初,非若《寄题草堂》诗'经营上元始'也。"甚是。老杜今见旧日同列还朝,岂能无动于衷?

秋天的一个傍晚,老杜没想到他的四舅突然枉驾来瀼西草堂相访,真有空谷足音之喜,作《巫峡敝庐奉赠侍御四舅别之澧朗》说:

"江城秋日落,山鬼闭门中。行李淹吾舅,诛茅问老翁。赤眉犹世乱,青眼只途穷。传语桃源客,人今出处同。"去冬以来,老杜前后已送走了崔家的十七舅和表弟瀼去湖南(详第十七章第十五节)。如今四舅又要去澧州(今湖南澧县)、朗州(今湖南常德市)。老杜外婆家的人在湖南的真多,难怪他很想到那里去:"宿留洞庭秋,天寒潇湘素。杖策可入舟,送此齿发暮。"(《雨》)桃花源在朗州境,就不觉生出欲前往避世之想。《旧唐书·职官志》载:侍御史四员[43],从六品下,掌纠举百寮,推鞫狱讼。崔四若是现任,此去湖南当是出差。《楚辞·九歌·山鬼》:"余处幽篁兮终不见天,路险难兮独后来。"老杜离群索居于瀼西高冈之下、幽篁密林之中,自拟山鬼,诚匪夷所思,而境地与心绪立呈,颇觉警快。《晋书·阮籍传》:阮籍能为青白眼,见礼俗之士,以白眼对之。嵇康来,乃见青眼。由是礼法之士,疾之若雠。黄生说:"白眼固当取嫉于世,今青眼亦只途穷。此自伤自怪之词。"羁途穷愁之际,能在至亲好友前发发愤世嫉俗的牢骚,亦大快事。可见抒喜极之情,不必净写欢欣之态。

秋日村居,另一快事是跟孟家兄弟的结识和交往。他的《孟

---

[43]《新唐书·百官志》作"六人"。

氏》说：

"孟氏好兄弟，养亲惟小园。承颜胼手足，坐客强盘飧。负米夕葵外，读书秋树根。卜邻惭近舍，训子学谁门？"据其《九月一日过孟十二仓曹十四主簿兄弟》，知孟家兄弟一个排行十二，曾为仓曹；一个排行十四，曾为主簿。他俩当是本地人。诗赞二人孝友勤劳，仅靠种园卖菜、负米养亲。只要老人欢喜不惜手脚打起了胼子，老杜去了他们还尽力备饭款待。一有空，总是抓紧时间学习。尾联是诗人自述感想：选择了孟家做邻居颇觉惭愧，教育子女除了学他家还学谁家呢？旧注多以为末使孟母择邻事。李子德说："一幅隐君子养母图，正写得极情尽致。"春天所作《送惠二归故居》写不遇士子的村居生活亦佳，可参读："惠子白驹瘦，归溪唯病身。皇天无老眼，空谷滞斯人。崖蜜松花熟，山杯竹叶新。柴门了无事，黄绮未称臣。"

此外还有四首诗写到孟氏兄弟。《九月一日过孟十二仓曹十四主簿兄弟》：

"藜杖侵寒露，蓬门起曙烟。力稀经树歇，老困拨书眠。秋觉追随尽，来因孝友偏。清谈见滋味，尔辈可忘年。"拄着藜杖冒着冰冷的露水到你家来，茅屋里升起了缕缕炊烟。没有一点儿力气每经过一蔸树都得歇歇脚，年老了就是在家瞧书也会困得打瞌睡。今年秋天我有幸追随贤昆仲，眼看秋天就要过完了，我之所以最爱来拜访你们，就因为府上孝友满门。你们的谈吐清妙很有趣味，跟你们交往可真忘了彼此年龄上的差距。由此可见：（一）他们是今年秋天才认识的；（二）老杜比孟家两兄弟年长许多，他们是忘年交，过从甚密；（三）二孟不止人品好，谈吐亦不俗。老杜同州府中人合不来，不大愿意进城去玩。不意僻处荒村，居然能有这样一双佳士做伴，他自然喜之不尽，总想去找他们聊天了。邵子湘评这诗说:"写老人景态极真,此等诗质而有味。"李子德说:"老健清圆真候,即化境矣。"后者过当,"质而有味"四字得之。

一天,孟十二亲自提着新酿成的酒、新制成的酱各一瓮,徒步送到老杜家中,老杜接到很高兴,作《孟仓曹步趾领新酒酱二物满器见遗老夫》说:

"楚岸通秋屐,胡床面夕畦。籍糟分汁滓,瓮酱落提携。饭粝添香味,朋来有醉泥。理生那免俗?方法报山妻。"孟十二从岸上走来,我坐在交椅(即胡床,一名绳床)上面对着稻田远远地就见到他了(钟惺即认为"胡床"句写主人远望之情)。他用漉酒器(籍)分开酒酿的糟和酒,把酒装满一瓮,新酱也装得很满,他提了来沿途洒出了一些。有了酱就会给糙米饭增添香和味,有了酒朋友们来了就可烂醉如泥了。过日子哪能免俗?问清酿酒制酱的方法好告诉老伴儿也试试。——杨氏夫人想是不会酿酒制酱的,这会儿该给老杜缠着去干那些未能免俗的事儿了。别看发端平淡无奇,却获得了小说细节描写的效果,不仅显出岸上走来的孟十二和门前对着稻田坐着的杜二,更显出岸上走着的人渐渐由远而近直至认出是孟十二,而这一切又是坐在门前那个杜二眼中看到的。黄生说:"制题即见手法,见二物系新成,兼又满器,又自领而来,其深荷主人之意在言外矣。"

不久孟十二去东京参加选官的考试,老杜作《送孟十二仓曹赴东京选》说:

"君行别老亲,此去苦家贫。藻镜留连客,江山憔悴人。秋风楚竹冷,夜雪巩梅春。朝夕高堂念,应直彩服新。"《新唐书·选举志》载:凡选有文、武,文选吏部主之。每岁五月,颁格于州县,选人应格,则本属或故任取选解,列其罢免、善恶之状,以十月会于省,过其时者不叙。其以时至者,乃考其功过。同流者,五五为联,京官五人保之,一人识之。凡择人之法有四:一曰身,体貌丰伟;二曰言,言辞辩正;三曰书,楷法遒美;四曰判,文理优长。四事皆可取,则先德行;德均以才,才均以劳。得者为留,不得者为放。五品以上不试,上其名中书门下;六品以下始集而试,观其书、判。已试而铨,察其身、言;已铨而注,询其便利而拟;已注而唱,不厌者得反通其辞(不满意所拟授官职的可提出意见),三唱而不厌,听冬集(宣布拟注官职到第三次仍不满意的,可听任他参加下次十月的集试)。厌者即报省授官。初,吏部岁常集人,其后三数岁一集,选人猥至,文簿纷杂,吏因得以为奸利,士至蹉跌,或十年不得官,而阙员亦累岁不补。杨国忠以右相兼文部尚书,建议选人视官资、书判、状迹、功优,宜对众定留放。乃先遣吏密定员阙,一日会左相及诸司长官于都堂注唱,以夸神速。由是门下过官、三铨注官之制皆废,侍郎主试判而已(详上卷一六九页)。据此可知唐代选官制度的梗概。孟十二偕弟奉亲隐居,仓曹自是已卸之职而非现任。十月须集试,九月当启程。"秋风楚竹冷",写景与时令正切。自从五月吏部颁布选官规格以来,孟十二应该早就向他原来任职的那个官署提出申请并且得到了保荐。这就是说他这次的赴选,老杜应该早已得知。可惜这时铨法紊乱了,选官不重德而只试书判;不然,前引老杜那两首赞其孝友满门、耕读传家的诗篇,可能对他的入选,多少会在舆论上产生些积极影响呢。《选举法》又载:太宗时,以岁旱谷贵,东人选者集于洛州,谓之"东选"。今年(大历二年)九月吐蕃众数万围灵州,京师戒严。孟十二去参加的这次选举,之所以在东京举行,我看主要不"以岁旱谷贵"而是因为吐蕃进犯、京师戒严的缘故。这诗就亲老家贫而赴选命意,写得颇真切。"巩",巩县。"巩梅春",点到达东京集试之日。"巩梅"一辞甚生疏,不用洛而用"巩",非止巩县近洛阳，且为作者故里（直接提到故里巩县仅此一处）。于是，不觉牵动乡情，故有《凭孟仓曹将书觅土娄旧庄》之作：

"平居丧乱后，不到洛阳岑。为历云山问，无辞荆棘深。北风黄叶下，南浦白头吟。十载江湖客，茫茫迟暮心。"老杜乾元元年（七五八）冬归东都，次年春复返华州，到今年（七六七）将近"十载"。"土娄"，窑洞。"土娄旧庄"，指开元二十九年杜甫从齐鲁归洛，在偃师县北二十五里首阳山下建筑的陆浑庄（详上卷七〇页）。多年不到陆浑庄，战乱之后，想已荆棘丛生，满目荒凉。今日秋风落叶，送君南浦，托持书代访家山，略表白头游子的一点思乡心意。只要回想一下陆浑庄新居落成的那年寒食日，杜甫作《祭当阳君文》，昭告远祖，矢志"不敢忘本，不敢违仁"，要以杜预为榜样，争取在政治上有所建树（详上卷三、七〇页），再看看他如今竟落到怎样的地步，就会懂得他"迟暮心"中痛苦哀伤的深重了。仇注引《杜臆》："末云'迟暮心'，有首丘之思。"（今本无）《楚辞·九章·哀郢》："鸟飞反故乡兮，狐死必首丘。"曹操《却东西门行》："狐死归首丘，故乡安可忘？"从春天写的《晚登瀼上堂》《熟食日示宗文宗武》《又示二儿》等诗中可以看出，由于年老多病、身体越来越坏，老杜年来思乡之心确乎特炽，且有客死他乡之忧。

在送走孟十二赴东京选前后，一天，一位薛先生，带着他新娶的太太，从西边乘船打夔州经过，来看老杜，还赋诗相赠，老杜很高兴，便和了一首说：

"忽忽峡中睡，悲风方一醒。西来有好鸟，为我下青冥。羽毛净白雪，惨澹飞云汀。既蒙主人顾，举翮唳孤亭，持以比佳士，及此慰扬舲。清文动哀玉，见道发新硎。欲学鸱夷子，待勒燕山铭。谁重斩邪剑？致君君未听。志在麒麟阁，无心云母屏。卓氏近新寡，豪家朱门启。相如才调逸，银汉会双星。客来洗粉黛，日暮拾流萤。不是无膏火，劝郎勤六经。老夫自汲涧，野水日泠泠。我叹黑头白，君看银印青。卧病识山鬼，为农知地形。谁矜坐锦帐？苦厌食鱼腥。东西两岸坼，横水注沧溟。碧色忽惆怅，风雷搜百灵。空中右白虎，赤节引娉婷。自云帝季女，噀雨凤凰翎。襄王薄行迹，莫学令威丁。千秋一拭泪，梦觉有微馨。人生相感动，金石两青荧。丈人但安坐，休辨渭与泾。龙蛇尚格斗，洒血暗郊坰。吾闻聪明主，治国用轻刑。销兵铸农器，今古岁方宁。天王日俭德，俊乂始盈庭。荣华贵少壮，岂食楚江萍？"（《奉酬薛十二丈判官见赠》）

施鸿保认为："今按诗中'卓氏近新寡''荣华贵少壮'等句，则薛年必小于公，故又云'老夫自汲涧'，老夫，公自称也，当是世交长辈，题故称丈。"甚是。此诗构思离奇多变化，冯班说："初似不可解，再四读之，略得其旨。首言好鸟西来，言薛判官有赠诗之及也。'清文'以下，序薛来诗之意。言方欲学鸱夷伯越、勒铭燕然，惜利器如断蛇之剑，不为时君所知，然志在立功，岂溺情于云母屏之乐者哉？疑薛有临邛之遇，致诗于公以自明，故为序其意如此。下遂言薛有相如之逸才，得卓女于豪家，方洗粉黛、拾流萤，相勉以勤学，非风流放诞者比也。又言我在峡中，辛苦为农，犹不免结梦阳台，有襄王之遇；盖精灵感动，金石为开，人固能无情乎？特戏言以解之耳。末言薛不必苦辨清浊，但当乘时立功，自致荣华而已，相如之事，不足讳也。"在一些文意的理解上容有出入[44]，而大体得之。今据此参合己意试今译之如下：我正恍恍忽忽

---

[44] 施鸿保说："诗云：'欲学鸱夷子，待勒燕山铭。'注引冯班说，言其欲学鸱夷霸越、勒铭燕山。今按此言其欲功成身退，二句倒说：待勒燕山铭后，学鸱夷子浮五湖也。'欲'字贯下句，冯班说尚非。"冯说中像这样一些可商榷的细微处尚多，如说"我在峡中，……有襄王之遇"，虽指明此"特戏言以解之耳"，终觉于意不惬。

在峡中茅屋里睡觉,一阵凄凉的风把我惊醒。原来是一只从西方来的好鸟,特为我降落自青冥。它的羽毛洁白如雪,在一个天色惨淡的日子里飞到这云烟缭绕的沙汀。它受到了主人的照顾,就情不自禁地扑着翅膀啼叫在孤亭。——我拿这个飞来为我歌唱的好鸟比喻您这位来访赠诗的佳士,又酬此和章慰问您继续东下扬舲[45]。大作文辞清丽犹如玉磬声哀怨,说理迎刃而解那刀刃若新发于硎[46]。您在诗中表示要学那功成身退载西施泛五湖自称鸱夷子皮的范蠡,又表示要学那后汉的窦宪大破北单于命班固作纪功的《燕然山铭》。可惜当今谁看重您那像斩蛇利剑般的才具,您虽有致君大治的奇策君王也未必倾听。您有志立奇功画像在麒麟阁,并无心老厮守着那藏娇的云母屏。您才娶过来的夫人好似新寡的卓文君,她深处豪家朱门紧扃。只是您这司马相如才调俊逸,因此上天河边竟相会了牵牛、织女星。尊夫人同孟光一般的贤惠,有客来便洗掉粉黛下厨,天黑时为您拾取流萤。倒不是无钱去买油点灯,只是为劝勉您学囊萤的车胤勤读六经。这里的习俗不兴打井(《溪上》"塞俗人无井"),所以老夫我得亲自去涧边挑水,到秋天野水越来越清清泠泠。可叹我黑头早已变白,可羡您银印映着那绶带青青(《汉书·百官表》:凡吏人比二千石以上,银印青绶)。我长期卧病早结识了山鬼(参看《巫峡敝庐……》"山鬼闭门中"),代管东屯农务渐渐熟悉了这一带的地形。谁自矜尚书郎入直能在宫廷供给的锦帷中坐卧(典出《汉官仪》。此句意谓不再为工部员外郎)?滞留此间苦于吃厌了鱼腥。东岸西岸往两旁裂开,瀼溪中流直注沧溟。这碧绿的水色使我忽然

〈45〉薛十二自西过此当继续出峡东游,故勉其及时建功立业。老杜乘船出峡之期尚未确定,而薛十八之行即在目前,似不宜谓"'扬舲',公将出峡也"(仇注)。
〈46〉原句"见道发新硎"出《庄子·养生主》:"今臣(庖丁对文惠君自称)之刀十九年矣,所解数千牛矣,而刀刃若新发于硎(磨刀石)。"

感到惆怅，因为风雷大作正在搜寻百灵。半空中顿时幻现出白虎，赤色的旌节导引着巫山神女那娉婷。她说是天帝最小的女儿（详《水经注·江水》），飞翔在楚天行雨借仗着凤凰的翼翎。楚襄王后来行迹稀疏未免薄幸，更莫学那化鹤"重归人隔世"[47]的令威老丁。千秋万岁后梦见神女应为她一掬同情之泪，醒过来还仿佛剩有微馨。人的精诚，能感动开金石青荧。丈人您且请安坐，休去辨别那清渭浊径。战争尚在继续，这犹如龙蛇格斗，流血染暗了郊坰。我听说凡是聪明的主上，治理国家莫不采取轻刑。无论古往今来的哪朝哪代，只有将兵器销毁铸成农器，天下才可望安宁。由于大唐天子日益崇尚俭德，才俊之士开始集满了朝廷。建功业取富贵贵在少壮，岂能甘心在这里吃那甜蜜的果实，采自楚江萍（《家语》载楚昭王渡江得萍实，孔子识之）。杨伦评："离奇变化，不主故常，在杜诗中另是一格，昌黎多祖之。"不啻见诗风之一格，亦见其生活、交游、情趣之一斑。

同时所作另一首别具特色的应酬诗是《寄狄明府博济》：

"梁公曾孙我姨弟，不见十年官济济。大贤之后竟陵迟，浩荡古今同一体。比看伯叔四十人，有才无命百僚底。今者兄弟一百人，几人卓绝秉周礼？在汝更用文章为，长兄白眉复天启。汝门诸从曾翁说，太后当朝多巧诋。狄公执政在末年，浊河终不污清济。国嗣初将付诸武，公独廷诤守丹陛。禁中决策请房陵，前朝长老皆流涕。太宗社稷一朝正，汉官威仪重昭洗。时危始识不世才，谁谓荼苦甘如荠？汝曹又宜列鼎食，身使门户多旌棨。胡为漂泊岷汉间，干谒侯王颇历抵？况乃山高水有波，秋风萧萧路泥泥。虎之饥，下巉岩；蛟之横，出清泚。早归来，黄土污衣眼易眯。"

---

[47] 此李冰若先生感旧诗"丁令重归人隔世，麻姑三见海成田"一联，姑取五字，足成此句。

"梁公"，指狄仁杰。狄仁杰字怀英，并州太原（今山西太原市）人。举明经，调汴州参军。后迁大理丞，一年之中断久狱一万七千人，无冤诉者，时称平恕。任侍御史时，左司郎中王本立怙宠自肆，仁杰劾奏其恶，有诏原之。仁杰说："朝廷借乏贤，如本立者不鲜。陛下惜有罪，亏成法，奈何？臣愿先斥，为群臣戒。"本立抵罪。由是朝廷肃然。武则天天授二年（六九一），仁杰为地官侍郎同凤阁鸾台平章事，为来俊臣诬害下狱，贬彭泽令，转任魏州刺史、幽州都督。神功元年（六九七）入为鸾台侍郎同凤阁鸾台平章事。武则天的宠嬖张易之曾从仁杰问自安计，仁杰说："惟劝迎庐陵王（即中宗）可以免祸。"则天欲以武三思为太子，以问宰相，众莫敢对。仁杰说："臣观天人未厌唐德。比匈奴犯边，陛下使梁王三思募勇士于市，逾月不及千人。庐陵王代之，不浃日，辄五万。今欲继统，非庐陵王莫可。"则天怒，罢议。久之，召臣属问道："朕数梦双陆不胜，何也？"仁杰与王方庆俱在，二人同辞对答说："双陆不胜，无子也。天其意者以儆陛下乎！且太子，天下本，本一摇，天下危矣。（太宗）文皇帝身蹈锋镝，勤劳而有天下，传之子孙。先帝寝疾，诏陛下监国。陛下掩神器而取之，十有余年，又欲以三思为后。且姑侄与母子孰亲？陛下立庐陵王，则千秋万岁后常享宗庙；三思立，庙不祔姑。"则天感悟，即日遣徐彦伯迎庐陵王于房州。王至，则天匿王于帐中，召见仁杰语庐陵事。仁杰言辞恳切，涕下不能止。则天仍使王出，说："还尔太子！"仁杰降拜顿首。初，吉顼、李昭德数请还太子，而后意不回，唯仁杰每以母子天性为言，故终复唐嗣。则天将造浮屠大像，度费数百万，官不能足，更诏天下僧日施一钱助之。仁杰进谏说："工不役鬼，必在役人；物不天降，终由地出。不损百姓，且将何求？今边垂未宁，宜宽征镇之徭，省不急之务。就令顾作，以济穷人，既失农时,是为弃本。且无官助,理不得成。既费官财,又竭人力,一方有难,何以救之?"则天由是罢役。圣历三年(七〇〇)卒,享年七十一岁。仁杰所荐,如张柬之、姚崇等,皆为中兴名臣。中宗即位,追赠司空。睿宗又封梁国公。老杜的姨表弟狄博济是梁公的曾孙,作诗相赠,称颂对方祖德,亦为寻常俗套,但仍可从赞狄仁杰有功社稷一段议论中窥见:(一)杜甫在政治上是忠于"太宗社稷"的正统派,他反对包括武则天在内的一切篡夺和反叛。前在上卷第九页中指出诗人对"往者武后朝,引用多宠嬖"(《八哀诗·李公邕》)深表不满,对他祖父杜审言交接张易之兄弟等政治表现也并非无所腹非。现在读了他关于梁公的这段议论,就能更进一步认识到忠于"太宗社稷"是他忠君思想的核心。主张"万祀而一君",这无疑是最落后的封建思想。但唐太宗和"贞观之治",无论怎样说,在历史上所起的作用主要是进步的。老杜身处乱世,有意无意,总以太宗及其武功文治为准则来衡量、批评时君时政,这就是他的种种批评往往正确、尖锐却更觉其忠的根本原因。因此不能见他有忠君思想就以为他对皇帝总是俯首帖耳、百依百顺,也不能见他对玄宗颇著微词、对肃宗不满尤显就以为他并无忠君思想。(二)狄仁杰忠于"太宗社稷",又以不畏权势著称。杜甫仕途蹭蹬,难与比拟。但就其短暂立朝表现和诚笃、刚直性格看,他倒是狄仁杰这样一种类型的人。诗中赞美狄仁杰一段,之所以能突破应酬诗的局限,写得如此激昂慷慨、感人至深,我认为,主要是诗人在狄仁杰身上看到了他所希冀完成的人格和他所渴望实现的理想。(三)浦起龙说:"今玩篇尾一段,乃与昌黎《送董邵南序》同意。盖博济必不得志于朝,而历干藩镇者。时河北方多擅命,意颇不喜其往也。先以贤裔陵迟为多才惜,乃诗人忠厚之旨。中间追叙旧德,详言勋在反正,举家声为表率。末则以宜贵为慰,以历抵为非,而讽之使止也。"所论颇有理。如果真是这样,就更见赞颂狄仁杰一段意义的重大和诗人的善于规劝人了。

六 "两章对秋月,一字偕华星"

这一时期寄赠酬唱之作中,最能见老杜忧国忧民苦心和进步文学主张的是《同元使君舂陵行》。元结(七一九—七七二),字次山,号漫叟。河南(今河南洛阳)人。天宝六载(七四七),诏征天下士有一艺者诣京师就选,他和杜甫皆应诏而退(详第五章第二节)。天宝十二载(七五三)进士。曾参加抗击史思明叛军,立有战功。后历任道州刺史、容管经略使,因遭权臣嫉妒,辞官归隐。原有集,已散佚,明人辑有《元次山文集》。又曾编选《箧中集》行世。散文多涉及时政,风格古朴。作诗注意反映社会现实和民生疾苦。广德元年(七六三)冬,道州(今湖南道县)被当时称为"西原蛮"的少数民族统治者占领五十余日。这年元结授道州刺史,次年到任,有感而作《舂陵行》。序说:

"道州旧四万余户,经贼已来,不满四千,大半不胜赋税。到官未五十日,承诸使征求符牒二百余封,皆曰:'失其限者,罪至贬削。'……州是舂陵故地,故作《舂陵行》以达下情。"诗说:

"军国多所需,切责在有司。有司临郡县,刑法竞欲施。供给岂不忧?征敛又可悲。州小经乱亡,遗人实困疲。大乡无十家,大族命单羸。朝餐是草根,暮食仍木皮。出言气欲绝,意速行步迟。追呼尚不忍,况乃鞭扑之!邮亭传急符,来往迹相追。更无宽大恩,但有迫促期。欲令鬻儿女,言发恐乱随。悉使索其家,而又无生资。听彼道路言,怨伤谁复知!去冬山贼来,杀夺几无遗。所愿见王官,抚养以惠慈。奈何重驱逐,不使存活为?安人天子命,符节我所持。州县忽乱亡,得罪复是谁?逋缓违诏令,蒙责固其宜。前贤重守分,恶以祸福移。亦云贵守官,不爱能适时。顾惟孱弱者,正直当不亏。何人采国风,吾欲献此辞。"后又作《贼退示官吏》。序说:

"癸卯岁,西原贼入道州,焚烧杀掠,几尽而去。明年(广德二年,七六四),贼又攻永破邵,不犯此州边鄙而退。岂力能制敌欤?盖蒙其伤怜而已。诸使何为忍苦征敛?[48] 故作诗一篇以示官吏。"诗说:

"昔岁逢太平,山林二十年。泉源在庭户,洞壑当门前。井税有常期,日晏犹得眠。忽然遭世变,数岁亲戎旃。今来典斯郡,山夷又纷然。城小贼不屠,人贫伤可怜。是以陷邻境,此州独见全。使臣将王命,岂不如贼焉?今彼征敛者,迫之如火煎。谁能绝人命,以作时世贤?思欲委符节,引竿自刺船。将家就鱼麦,归老江湖边。"据《新唐书·元结传》载,元结不仅仅作诗表示对人民的深切同情,而且还上表朝廷为民请命:"结以人困甚,不忍加赋,即上言:'臣州为贼焚破,粮储、屋宅、男女、牛马几尽。今百姓十不一在,耄孺骚离,未有所安。岭南诸州,寇盗不尽,得守捉候望四十余屯,一有不靖,湖南且乱。请免百姓所负租税及租庸使和市杂物十三万缗。'帝许之。明年,租庸使索上供十万缗,结又

---

〔48〕《新唐书·南蛮列传》载西原蛮叛乱经过颇详:"至德初,首领黄乾曜、真崇郁与陆州、武阳、朱兰洞蛮皆叛,……攻桂管十八州。所至焚庐舍,掠士女,更四岁不能平。乾元初,遣中使慰晓诸首领,赐诏书赦其罪,约降。于是西原、环、古等州首领方子弹(等)……岁中战二百,斩黄乾曜……七人。……其种落张侯、夏永与夷獠梁崇牵、覃问及西原酋长吴功曹复合兵内寇,陷道州,据城五十余日。桂管经略使邢济击平之,执吴功曹等。余众复围道州,刺史元结固守不能下,进攻永州,陷邵州,留数日而去。"据此知西原蛮第二次之所以未能攻下道州,主要是由于"元结固守"。序说"岂力能制敌欤?盖蒙其伤怜而已",不止自谦,更在于突出"使臣将王命,岂不如贼焉"的讽意。

奏：'岁正租庸外，所率宜以时增减。'诏可。结为民营舍给田，免徭役，流亡归者万余。"元结奏明情况，动之以利害，请求减免遭乱地区人民的赋税徭役，并获诏可，足见其终极目的仍在巩固封建统治。但在当时，对于一个地方长官来说，竟然如此关心民瘼，并竭力解救，这确乎是难能可贵、值得尊敬的。

元结的《舂陵行》当作于广德二年他到任以后，《贼退示官吏》当作于这年西原蛮攻永破邵的当年或次年（永泰元年，七六五）。战乱道路阻隔，音讯难通。这两首诗传到久滞夔州的老杜手里，已是两三年后的大历二年（七六七）。老杜读后十分感动，便写作了《同元使君舂陵行》[49]以致慨。序说：

"览道州元使君结《舂陵行》兼《贼退后示官吏作》二诗，志之曰：当天子分忧之地，效汉朝良吏之目。今盗贼未息，知民疾苦，得结辈十数公，落落然参错天下为邦伯，万物吐气，天下小安可待矣。不意复见比兴体制，微婉顿挫之词，感而有诗，增诸卷轴，简知我者，不必寄元。"诗说：

"遭乱发尽白，转衰病相婴。沉绵盗贼际，狼狈江汉行。叹时药力薄，为客羸瘵成。吾人诗家流，博采世上名。粲粲元道州，前圣畏后生。观乎《舂陵》作，欻见俊哲情。复览《贼退》篇，结也实国桢。贾谊昔流恸，匡衡尝引经。道州忧黎庶，词气浩纵横。两章对秋月，一字偕华星。致君唐虞际，淳朴忆大庭。何时降玺书，用尔为丹青？狱讼永衰息，岂惟偃甲兵！凄恻念诛求，薄敛近休明。乃知正人意，不苟飞长缨。凉飙振南岳，之子宠若惊。色沮金

---

[49] 黄鹤注：此当大历二年在夔州作。朱注：按次山《舂陵行》序其诗作于广德二年间，公诗乃大历初年作。浦起龙说："元诗作于甲辰岁，系广德二年（七六四），至是（大历二年，七六七）已三年矣，何传致之迟欤？"战乱时难免如此，不足怪。杜诗首尾自叙病沉体衰情状颇似大历二年时光景。姑从黄鹤说。

印大,兴含沧浪情。我多长卿病,日夕思朝廷。肺枯渴太甚,漂泊公孙城。呼儿具纸笔,隐几临轩楹。作诗呻吟内,墨淡字敧倾。感彼危苦调,庶几知者听。"

浦起龙认为,老杜的这首和章,不是一般的应酬,而是"借次山作一榜样,亦聊以寓想望古治之意,为武健严酷、滔滔不反者告也",这固然很对,但其情意远较此深长:(一)"大庭",传说中的古代帝王神农氏的别称。"致君唐虞际,淳朴忆大庭",同其《奉赠韦左丞丈二十二韵》"致君尧舜上,再使风俗淳"的意思完全一样。老杜自幼即赍此大志,虽到老未遂,而无时或释。今"漂泊西南",峡中久滞,忧时添病[50],前路茫茫。不意忽见当年同时应诏而退的旧识有此悯世之作,情真语切,如出己怀,这无疑是同声之应,自然会使他更加感动了。(二)其实,"致君尧舜上,再使风俗淳",也并非虚无缥缈、不切实际的幻想。只要"知民疾苦,得结辈十数公,落落然参错天下为邦伯,万物吐气,天下小安可待矣"。如果进一步下诏征辟像元结这样爱民轻税的州郡长官为公卿大臣,就能平息战乱、天下大治:"致君唐虞际,淳朴忆大庭。何时降玺书,用尔为丹青(《盐铁论》:公卿者,神化之丹青)?狱讼永衰息,岂惟偃甲兵!凄恻念诛求,薄敛近休明。"这岂不就实现他"致君尧舜上,再使风俗淳"的理想了么?(三)可惜像元结这样悯世爱民的州郡长官,为"彼征敛者"所迫,转思辞官归隐:"色沮金印大,兴含沧浪情。"[51]看来大庭淳朴之治终难指望,他的理想注定要落空了。这样,就引出扶病和诗作结,情溢于辞,

---

[50]《杜臆》:"'叹时药力薄',奇语。盖公之叹时,亦以救世,而药力浅薄,无济于事,但自成其羸瘵而已。"
[51] 因元诗有"思欲委符节""归老江湖边"之意,故及之。

感人至深。(四)对现实政治失望之余,就只好退而求其次,想在同人中提倡一种"知民疾苦"而"优黎庶"的"比兴体制",在客观上竟开了中唐新乐府运动的先声。(杨伦在杜甫和章序"简知我者,不必寄元"二句旁边批道:"此意尤高。"这批很好,能参透杜甫和诗之意非止出于私谊,主要想有所提倡。)看起来,老杜对元结奏请减免道州赋税并获诏可之事尚无所闻;不然,对老杜这种有忠君思想的人来说,当是另一番议论,恐不免有颂圣之辞了。《新唐书·元结传》载:"结为(道州)民营舍给田,免徭役,流亡归者万余。进授容管经略使,身谕蛮豪,绥定八州。"大历二年老杜读原作赋和章时元结或已升官,只是不知近况,仍称"元使君"。元结原作、老杜和章三诗俱佳,不但情意感人,风力亦健,若容套用,不妨誉之为"三章对秋月"。三序皆古劲可诵;老杜散文能如此,殊不易!

七 "大或千言,次犹数百"

这年秋天老杜在瀼西还写了首最长的赠友诗《秋日夔府咏怀奉寄郑监审李宾客之芳一百韵》。赵次公因诗中"蓬莱汉阁连"句的用典而推知郑审为秘书监[52]。广德元年(七六三)李之芳兼御史大夫出使吐蕃,被扣留,二年(七六四)乃得归,拜礼部尚书,改太子宾客。诗云:"音徽一柱数,道里下牢千。……虽云隔礼数,不敢坠周旋。……东郡时题壁,南湖日扣舷。远游凌绝境,佳句染

---

[52] 赵云:"此句以言郑监。郑监者,秘书监也,故用'蓬莱'字。《后汉书》曰:学者称东观为老氏藏室、道家蓬莱山。唐秘书监掌图书秘记,即汉之东观也。今言为秘书监乃在蓬莱山,而其地与汉之宫阁相连,皆在禁中故也。"

华笺。""道里"句下原注:"郑在江陵(今湖北江陵),李在夷陵(今湖北宜昌市)。"荆州有一柱观。"音徽"句言郑书频至。《新唐书·地理志》载夷陵县西北二十八里有下牢镇(原为下牢戍)。"道里"句言李居尚远、"虽云"二句,言虽然远隔,却愿相与往来。夷陵郡在夔州之东,故曰"东郡"[53]。"南湖"指江陵郑监湖亭[54]。"东郡"四句言二公一在夷陵一在江陵,时有吟赏之乐,已欲往从之而不能。据此可知:老杜近来当多次得郑、李寄书相邀出峡同游,故尔赋此长律回报,大意是说:"久稽夔府,空想京华。喜郑、李侨居峡外,故于阻归坐困之余,思与共游。虽祝彼登朝,而仍约就访。因以投老空门,为此生归宿"(浦起龙语)。诗很长,不宜通篇移录,现就不同角度摘数段于后:

(一)前咏夔州风物,句句可以入画:"峡束沧江起,岩排古树圆。拂云霾楚气,朝海蹴吴天。煮井为盐速,烧畲度地偏。有时惊叠嶂,何处觅平川?鸂鶒双双舞,猕猴垒垒悬。碧萝长似带,锦石小如钱。春草何曾歇?寒花亦可怜。猎人吹戍火,野店引山泉。"

(二)"高宴诸侯礼,佳人上客前。哀筝伤老大,华屋艳神仙。南内开元曲,当时弟子传。法歌声变转,满座涕潺湲。"原注:"都督柏中丞筵,闻梨园弟子李仙奴歌。"见老杜参与官府宴会情况。"渔阳鼙鼓动地来,惊破《霓裳羽衣曲》。"梨园弟子(详第三章第一节)因而就流落人间,为了生计,只得以歌舞为官绅宴会侑酒。对于像老杜这样身处乱离而更思开元盛世的士大夫来说,自然不胜

---

[53] 钱注以为"东郡"指江陵。此从朱注。
[54] 黄鹤以为郑监湖在峡州。吴见思因《秋日寄题郑监湖上亭三首》其一有"沅湘""山简""庾公""高唐""昭丘"字样,皆引荆州事,认为湖在荆州(江陵)。证之以"郑在江陵"原注,吴说可信。后《暮春陪李尚书李中丞过郑监湖亭泛舟得过字韵》《宇文晁崔彧重泛郑监前湖》,所泛即此湖。

沧桑之感、兴衰之叹了。《云溪友议》记载说，安史乱起，唐明皇入蜀，宫廷音乐家李龟年流浪到湖南，曾经在湘中采访使举行的一次宴会上，歌唱了王维的"红豆生南国"和"清风明月苦相思"两诗，使满座的人听了，莫不望着明皇所在方向叹息。当时是这样，今已事过境迁还是这样。他们叹息的不止是明皇，更是那一去不复返的"全盛日"，和他们不幸遇到的艰难时世。老杜成都诗《赠花卿》："此曲只应天上有，人间能得几回闻？"虽含暗讽花惊定恃功骄恣之意，但侑酒歌者当是像李仙奴那样的梨园弟子，闻曲不能无感（详第十三章第十一节）。又，这年冬所作《观公孙大娘弟子舞剑器行》并序、后在湖南所作《江南逢李龟年》，也无不流露出这种感叹，可参读。

（三）述瀼西居处情况颇详："卜羡君平杖，偷存子敬毡。囊虚把钗钏，米尽折花钿。甘子阴凉叶，茅斋八九椽。阵图沙北岸，市暨瀼西巅。羁绊心常折，栖迟病即痊。紫收岷岭芋，白种陆池莲。色好梨胜颊，穰多栗过拳。敕厨惟一味，求饱或三鳣。儿去看鱼笱，朋来坐马鞯。缚柴门窄窄，通竹溜涓涓。堑抵公畦棱，村依野庙堧，缺篱将棘拒，倒石赖藤缠。"我羡慕那卖卜的严君平杖头常挂着百文钱[55]，我穷得像那遇小偷的王子敬只保存传家的旧物一青毡（见《晋书·王献之传》）。囊中无钱出卖金钗玉钏，缸里没米折变脂粉花钿。院内双柑树、周围柑树林满目阴凉的绿叶，我就住着这里面的茅斋八九椽。当年诸葛亮造八阵图于鱼复平沙之上。"峡人目

---

[55] 蔡梦弼笺："前汉严遵传：遵字君平，卜筮于成都市，日阅数人，得百钱则闭肆下帘。晋阮修，字宣子，常步行，以百钱挂杖头，至酒店便独酣畅。余谓此岂子美误以君平为阮宣乎？海陵卞圜又谓：今世图画所传严君平挟蓍策，携筇竹杖，亦挂百钱于杖头。故近岑参咏君平卜肆诗曰：'至今杖头钱，地上时时有。'又岂更别有所据乎？"《严君平卜肆》今岑集尚存，惟"地上"句作"时时地上有"。

市井泊船处曰市暨。江水横通山谷处，方人谓之瀼。"(原注)这村子在八阵图沙洲的北岸，在瀼溪渡口西边靠近那悬崖之巅。我给羁绊在这里内心经常感到难受，不过隐居乡间也有好处，那就是疾病得以渐痊。我刚收获了岷山的紫芋，也引种了吴中有名的陆家白莲（见《述异记》）。梨子的好颜色胜过脸蛋，瓤（同穰）儿很多的板栗其大如拳。厨房里每顿仅能准备出一味下饭的菜，要想吃饱间或可烹制些鲜美的黄鳝（通鱣）。儿子们时不时去查看鱼笱里是否逮着了鱼，朋友们来了只得委屈他们坐铺地的马鞯。树枝绑成的门户很窄，竹筒引来山溜流水涓涓。"京师农人指田远近多云'几棱'。棱，岸也，音去声。"(原注)屋边的沟堑接着官园的畦棱[56]，这村子依傍着那野庙的堨（余地。前说《晚登瀼上堂》"故跻瀼岸高""开襟野堂豁"，以为这"野堂"是瀼溪岸边的庙宇或祠堂。老杜暮春傍晚登临的"野堂"，想必就是这村边的"野庙"）。篱笆缺了拿荆棘来遮挡，后园高冈上掉下石块赖有藤蔓缠。——你看他写得多细多有趣！这使我们对他的瀼西村居生活了解得更深入更具体了。

（四）表露了诗人宗教意识的日益强烈："身许双峰寺，门求七祖禅。落帆追宿昔，衣褐向真诠。……本自依迦叶，何曾藉偓佺。炉峰生转眄，橘井尚高褰。东走穷归鹤，南征尽跕鸢。晚闻多妙教，卒践塞前愆。顾恺丹青列，头陀琬琰镌。众香深黯黯，几地肃芊芊。勇猛为心极，清羸任体孱。金篦空刮眼，镜象未离铨。"禅宗是中国佛教派别之一。以专修禅定为主，故名。南朝宋末菩提达摩由天竺来华传授禅法而创立。由达摩而慧可（四八七—五九三）、

---

[56] 这里所说的"堑"，当是房屋周围凿来作为掩护的沟堨。据《凭何十一少府邕觅桤木栽》"草堂堑西无树林"句，又《绝句四首》其一"堑北行椒却背村"句，知成都草堂也有这种"堑"。张耒说："'公畦'，官园也。"也就是《园官送菜》中那个园官管辖的园子。东屯公田离此较远，恐非所指。

僧璨（？—六〇六）、道信（五八〇—六五一），至第五祖弘忍门下，分成北方神秀的渐悟说和南方慧能的顿悟说两宗，有"南能北秀"之称。但后世唯南宗顿悟说盛行。主张不立文字，教外别传，直指人心，见性成佛。北宗以神秀为第六祖、普寂为第七祖。南宗以慧能为第六祖、荷泽为第七祖。《宝林传》载，慧能大师传法衣处在曹溪宝林寺，后枕双峰，人呼为双峰曹侯溪。"身许"联，言意主南宗。"迦叶"是摩诃迦叶波之略，"摩诃"是大的意思，迦叶波是他的姓。他是释迦十大弟子之一。中国禅宗传说他是传承佛法的第一代祖师。"偓佺"，槐山采药父，食松子，形体生毛数寸，能飞行，逐走马（见《列仙传》）。"本自"联，言学佛而不学仙。《后汉书·马援传》：马援击交阯还，曰：我在浪泊、西里间，仰视飞鸢，跕跕堕水中。顾恺之尝于瓦棺寺画维摩诘像，杜甫早年曾去观赏过（详上卷四九页）。《姓氏英贤录》：王巾，字简栖，为《头陀寺碑》，文词巧严，为世所重，碑在鄂州。"琬琰"，言如玉之贵。顾画王碑，皆想象东游之事。《涅槃经》：如目盲人为治目，故造诸良医，即以金篦刮其眼膜。《圆觉经》：诸如来心，于中显现，如镜中象。老杜很早就受到释、道的影响，偕李白漫游时曾一度热衷于炼丹求仙。如今已意识到飞升无望、大限临头，就更急于皈依佛法，以求解脱了。

以上是这首百韵诗在认识价值上和艺术表现上几点值得注意的地方。这是杜集中最长的一首五言排律。排律除首尾四句外，其余都须对仗，又讲究用典，还要一韵到底，因此越长越难作好。老杜得乃祖家法，专擅此体，居然能写出像这诗这样的一些格律严谨、属对精工、气势磅礴、挥洒自如的长篇巨制，诚非易事（详第一章第二节）。但元稹、白居易独推崇老杜此等诗，以为非李白所及，那势必褒贬俱失，也不足为训。胡震亨《唐音癸签》引胡应麟说：

"元微之以杜之铺陈终始，排比故实，大或千言，小（次）犹数百，为非李所及。白乐天亦云：杜诗贯穿古今，觑视格律，尽善尽美，过于李。二公盖专从排律及五言大篇定李、杜优劣，不知杜句律之高，自在才具兼该，笔力变化，亦不专在排比铺陈，贯穿觑视也。深于杜者，要自得之。"胡震亨案："元遗山有诗云：'排比铺张特一途，藩篱如此亦区区。少陵自有连城璧，争奈微之识碔砆。'此论所自出也。"这批评是中肯的。至于元、白继老杜排律余绪，竞为"千言律诗""和韵长篇"，借以"播扬名声"，"意欲定霸取威"，那就变本加厉，每况愈下，更没有多少可取的了。

《寄峡州刘伯华使君四十韵》也是同时作的五言长律寄赠诗，论魄力、情采，自然远逊前作，仅有一二片断有参考价值：（一）"雕刻初谁料？纤毫欲自矜。神融蹑飞动，战胜洗侵陵。妙取筌蹄弃，高宜百万层。白头遗恨在，青竹几人登！"朱注：此数句，当与《文赋》参看。"雕刻初谁料"，即"笼天地于形内，挫万物于笔端"。"纤毫欲自矜"，即"考殿最于锱铢，定去留于微芒"。"神融蹑飞动"，即"精骛八极，心游万仞"。"战胜洗侵陵"，即"方天机之骏利，夫何纷而不理"。"妙取"二句，即"形不可逐，响难为系。块孤立而特峙，非常言之所纬"。仇兆鳌按：杜诗必有来历，不特用其字句，而并融其神理，于此可以触悟。两相比附，意岂尽惬？若能参合其论诗篇什加以探讨，则可窥见其创作经验之一斑。（二）"乳赞号攀石，饥鼯诉落藤。药囊亲道士，灰劫问胡僧。凭久乌皮拆，簪稀白帽棱。林居看蚁穴，野食待鱼罾。……姹女紫新裹，丹砂冷旧秤。"赞号鼯诉，山居可怖；几拆簪稀，卧病疏慵；闲看蚁穴，百无聊赖；食待鱼罾，求饱仍难（当与"求饱或三鳣""儿去看鱼笱"同读）；可为前诗述瀼西居处情况的补充。前诗中刚表示欲遁空门以求解脱，此首即言与道士讲姹女丹砂修炼之术：挣扎于死生之际，依违乎释道之间，此可见其内心的空虚与苦痛。（三）"昔岁文为理，群公价尽增。家声同令闻，时论以儒称。太后当朝肃，多才接迹升。……学并卢王敏，书偕褚薛能。老兄真不坠，小子独无承。"诸家注多认定刘允济为刘伯华祖。刘允济博学善属文，与王勃早齐名，又与杜审言同事武后。史称审言雅善五言诗，工书翰，有能名。此云"学并卢（照邻）王（勃）""书偕褚（遂良）薛（稷）"，以伯华祖与审言并称，必属允济无疑。审言子杜并以手刃周季重被杀，苏颋为墓志，允济为祭文（详第一章第三节），则允济、审言交谊之厚可见。老杜从去年开始，早就在有意识地为自己的携家出峡，加强与沿途诸埠亲友的联系。如今又联系上这位当刺史的刘家世兄，来年坐船经过峡州（今湖北宜昌市）时，除了现在那里的李之芳，该又增加一位接待他的东道主了。只是后来无诗提及，未知果真见到否。

八　闲情付小诗

这年秋天一般抒情小诗也不少。《见萤火》这首七律，状物巧而不纤，很有意境，亦复情深：

"巫山秋夜萤火飞，疏帘巧入坐人衣。忽惊屋里琴书冷，复乱檐前星宿稀。却绕井栏添个个，偶经花蕊弄辉辉。沧江白发愁看汝，来岁如今归未归？"仇注引田艺说："北齐刘逖诗：'无由似玄豹，纵意坐山中。'张说诗：'树坐猿猴笑。'杜诗：'枫树坐猿深。'又：'黄莺并坐交愁湿。'又：'巫山秋夜萤火飞，帘疏巧入坐人衣。'豹坐、猿坐，犹人所能言；若黄莺并坐，语便新奇；而萤火坐衣，则更新更奇。"拟人手法在文学创作中极常见，此解引证亦详，本毋庸置疑，而浦起龙却以为"'坐人'二字连读，盖自谓也。

旧俱误看,萤火无坐理也",真是迂阔得很。巫山秋夜,四周静悄悄的。一个萤火虫居然巧妙地钻过疏帘,旁若无人地坐在我的衣上,绿光一闪一闪,把屋里的琴书都照得冷森森的,这给了我一个小小的惊喜。往外一瞧,嚄!檐前还有好多萤火虫在飞,把天上稀稀落落的星星也给搅乱了。绕井栏影映水仿佛平添了无数个,偶然经过花丛跟花蕊相映交辉。我这个沧江边的白发老人在忧愁地看着你们,来年的今天不知道已回去了还是没回?就是这样,诗人便借咏秋夜萤火抒发羁旅之情了。黄生说,去来聚散,高下远近,一一写出,体物精细,极神龙变化之奇。邵子湘说,流丽称情,此为咏物上乘。

一个人为某种情绪缠住了的时候,就像夜晚在野外迷了路,东绕西绕,总是在原地兜圈子。比如老杜见萤火而伤羁旅,对夜雨亦动归思:

"小雨夜复密,回风吹早秋。野凉侵闭户,江满带维舟。通籍恨多病,为郎忝薄游。天寒出巫峡,醉别仲宣楼。"(《夜雨》)仇兆鳌说,野气骤凉而侵户,见秋风之早。江水添满而系舟,见夜雨之密。多病薄游,言客况无聊。在夔则思出峡,往荆又思别楼,意在急于北归。意犹未尽,又作《更题》说:

"只应踏初雪,骑马发荆州。直怕巫山雨,真伤白帝秋。群公苍玉佩,天子翠云裘。同舍晨趋侍,胡为淹此留?"一想到今冬将从荆州起早骑马北归,便神往君臣朝会之乐,更怕苦雨悲秋再滞此间了。黄生说:"五、六句中不用虚字,谓之实装句。'苍玉佩''翠云裘',点簇浓至,与三、四寥落之景反照,此古文中传神写照之妙,其在于诗,惟杜公有之。"又说:"公尝与弟观约居江陵,此二章意更不欲驻足,急思归期,然汲引无路,何由得归?盖愤郁无聊之语,于口角吞吐间自会其意。"

前面提到，老杜今年在此代管官田、封殖柑林主要是想筹笔旅费。深秋收稻摘柑过后，稍事打点，到初冬他要是想马上离夔东下，那是来得及的。加之他乡居养息多时，秋后病体逐渐康复（《秋日夔府咏怀一百韵》"栖迟病即瘥"），这就更加坚定了他的去志。《秋清》即写他计划在十月轻舟出峡的事：

"高秋苏肺气，白发自能梳。药饵憎加减，门庭闷扫除。杖藜还拜客，爱竹遣儿书。十月江平稳，轻舟进所如。"身体好了些，生活能自理了。厌倦吃药，也懒于应接。毛竹的茎顶而碧绿，很招人喜欢，有时兴起，就命儿子（当是宗武）在上面代笔题诗。到了十月里就好了，到那时长江风平浪静，我就可以泛一叶轻舟到我所想去的地方去了。

老杜在《更题》中表示想初冬出峡归朝，其奈无人汲引，只是一厢情愿，希望很小。那么，他泛一叶轻舟到底想去何处呢？当然，洞庭、潇湘，甚至更远的东吴他都想去。而其中最明确的第一个要去的地方，当是他今年春末夏初与弟弟杜观约好同往卜居的江陵。因此，每当他想到出峡时，就不觉神驰彼方了：

"闻说江陵府，云沙静眇然。白鱼如切玉，朱橘不论钱。水有远湖树，人今何处船？青山各在眼，却望峡中天。"其实夔州鱼也很多，自己又有柑林也不愁没柑子吃。只是在一个地方住腻了，连柑子和鱼也不如别处多而且好了，这完全是感情在起作用。不然，老杜既已讨厌夔州人的"顿顿食黄鱼"（《戏作俳谐体遣闷二首》其一），为什么又对江陵府的"白鱼如切玉"如此津津乐道呢？同样，因久滞夔州而恶其峡隘天窄，自然就更加向往江陵那种云沙眇然的开阔景象了。卢注：时公弟观，归蓝田迎妇，望其早至江陵，故曰："人今何处船？"

他的《秋日寄题郑监湖上亭三首》也是这种心情的自然流露。

秘书监郑审的湖在江陵（详本章注〈54〉）。据其二"官序潘生拙，才名贾傅多"、其三"暂阻蓬莱阁，终为江海人"，知郑监时贬官江陵[57]，"新作湖边宅"（其二）以居。老杜寄诗题郑监湖上亭，除了表露厌居夔府、向往江陵的情绪外，还自有他的目的，那就是想跟郑监借几间"湖边宅"里的房子，待不久携家去江陵时居住："舍舟应卜地，邻接意如何？"

越急着走，一时又走不了，就越发令人感到厌烦。"不寐防巴虎，全生狎楚童"（《秋峡》），这样的地方还能再待下去么？可是，"摇落巫山暮，寒江东北流。烟尘多战鼓，风浪少行舟"（《摇落》），巫山秋暮，一望烟尘，欲留不可，欲去不能，这真叫他为难啊！

虽然如此，日子总得照样过。《秋野五首》可说是这年秋天诗人瀼西生活和心情多侧面的写照。其一说：

"秋野日疏芜，寒江动碧虚。系舟蛮井络，卜宅楚村墟。枣熟从人打，葵荒欲自锄。盘飧老夫食，分减及溪鱼。"首联写秋野寒江萧疏景象。左思《蜀都赋》："岷山之精，上为井络。"注：言岷山之地，上为东井维络。岷山之精，上为天之井星。《华严经》十布施内有分减布施。《杜臆》："'系舟蛮井''卜宅楚村'，则去住尚未能自决也。'枣从人打'，则人己一视；'葵欲自锄'，则贵贱一视；'盘飧及溪鱼'，则物我一视：非见道何以有此！""枣熟从人打"，跟同时稍后所作《又呈吴郎》："堂前扑枣任西邻，无食无儿一妇人"相对照，便知这"枣"即堂前之枣，这"人"非泛指而是那位无食无儿的西邻妇人。老杜写他参加劳动的诗句不少，如"自

〈57〉潘岳《闲居赋序》："（岳）自弱冠涉乎知命之年，八徙官而一进阶，再免，一除名，一不拜职，迁者三而已矣。虽通塞有偶，亦拙者之效也。"贾谊多才，后出为长沙王太傅。这些都是贬官的典故。"蓬莱阁"，借指秘书省（详注〈52〉）。"暂阻蓬莱阁，终为江海人"，岂不是明白表示郑已从秘书省贬到江陵了么？

锄稀菜甲"（《宾至》）、"荷锄先童稚"（《除草》）、"细雨荷锄立"（《暮春题瀼西新赁草屋五首》其三）等等，且不说耦而耕的长沮、桀溺和以杖荷蓧的丈人这些古代隐者，就是陶渊明也"晨出肆微勤"于前，老杜偶尔下地干点活儿也不算稀罕事。去年老杜作《缚鸡行》，流露出恻隐之心，其主旨当是借"鸡虫得失"之喻以叹世（详第十七章第十四节及注〈66〉）。现既已从《秋日夔府咏怀奉寄郑监审李宾客之芳一百韵》中窥知老杜近来的宗教意识日益强烈，而且"分减及溪鱼"显然是一种善男信女的行径，这就很难说别有深意了。以往说诗人多强调"堂前扑枣任西邻"，亦即"枣熟从人打"这种同情穷苦人的真挚感情，这是完全正确的。说他并不轻视劳动和劳动人民，多少能做到"贵贱一视"，也并非毫无根据。但是，还应该看到他内心深处确乎同时存在着宗教意识的一面。鲁迅评陶诗说："这'猛志固常在'和'悠然见南山'的是一个人，倘有取舍，即非全人，再加抑扬，更离真实。"（《且介亭杂文二集·"题未定"草》）这话讲得很好。其二说：

"易识浮生理，难教一物违。水深鱼极乐，林茂鸟知归。衰老甘贫病，荣华有是非。秋风吹几杖，不厌北山薇。"此言秋野可以遁世。水深鱼乐，林茂鸟归，此是物情，可悟浮生之理。我今托迹山林，以顺浮生之理而已。其三说：

"礼乐攻吾短，山林引兴长。掉头纱帽侧，曝背竹书光。风落收松子，天寒割蜜房。稀疏小红翠，驻屐近微香。"首联自称不拘礼法而性爱山林。"竹书"，竹简之书。曝背观书，故日光照书。黄生说："三、四与'吟诗坐（一作重）回首，随意葛巾低'（《课小竖锄斫舍北果林……》其二）正可参看。"这诗写幽居乐趣，颇清丽。刘辰翁说："幽事楚楚，然不寒俭。"尾联杨伦旁批："清远闲丽，亦开义山。"其四说：

"远岸秋沙白,连山晚照红。潜鳞输骇浪,归翼会高风。砧响家家发,樵声个个同。飞霜任青女,赐被隔南宫。"仇注:"输",如"输送"之"输",是逐浪而去。"会",如"际会"之"会",是顺风而回。"青女",神话传说中主降霜雪的女神。《淮南子·天文训》:"青女乃出,以降霜雪。"高诱注:"青女,天神,青霄玉女,主霜雪也。"《汉官仪》:郎官给青缣白绫被,或锦被。浦起龙以为:"四章言惟其引兴之长,是以深投远逝,往而不返,而向时官职,非所恋也。"理解颇表面,其实依恋之情溢于言表,不管是正说还是反说。其五说:

"身许麒麟阁,年衰鸳鹭群。大江秋易盛,空峡夜多闻。径隐千重石,帆留一片云。儿童解蛮语,不必作参军。"《世说新语·排调》:郝隆为蛮府参军,三月三日宴会,作诗一句说:"娵隅跃清池。"桓温问:"娵隅是何物?"答道:"蛮名鱼为娵隅。"恒温道:"作诗何以作蛮语?"郝隆道:"千里投公,始得蛮府参军,那得不作蛮语也!"衰老远隔朝班,空负了报国立功初衷。如今卧病瀼西,日对大江秋涨,夜闻空峡风涛。独寻幽径,远望归帆。及见儿童未作参军而解蛮语,心中真不是滋味!"尾句亦谑词,见客巴之久也。"(《杜臆》)

同时复作《课小竖锄斫舍北果林枝蔓荒秽净讫移床三首》可为前组诗的补充。其一说:

"病枕依茅栋,荒钽净果林。背堂资僻远,在野兴清深。山雉防求敌,江猿应独吟。泄云高不去,隐几亦无心。"茅屋北面果林里的荒秽清除干净以后,去那儿看雉听猿、凭几对云,自然僻静清雅得很。顾注:"防求敌",即下首"薄俗防人面"意,公自幸与世无争。"猿应独吟",不管是实情还是想象,总见境地的凄清。其二说:

"众壑生寒早,长林卷雾齐。青虫悬就日,朱果落封泥。薄俗防人面,全身学《马蹄》。吟诗重回首,随意葛巾低。"黄生解此诗精当:"扬子《法言》云:貌则人,心则兽。《庄子·马蹄篇》云:至德之世,同与禽兽居,族与万物并,恶乎知君子小人哉?此言薄俗人心叵测,已惟以浑同之道处之,庶可全身远害。上句以'人面'影兽心,下句以篇题括篇意。如此用事,真出神入化矣。"又说:"观二诗,则知此地人情之薄,不及浣花邻曲多矣。岂待读'异俗吁可怪'二作,始知'斯人难并居'乎?"不过,老杜骂起人来也是蛮厉害的。"朱果落封泥",是说熟透了的果子掉进泥里给泥封埋了。"青虫"事不美写得却美,从中可悟艺术上化丑为美之法。其三说:

"篱弱门何向?沙虚岸只摧。日斜鱼更食,客散鸟还来。寒水光难定,秋山响易哀。天涯稍曛黑,倚杖独徘徊。"篱弱,故篱门倾侧歪斜,很难说是朝向何方。沙虚岸崩,这是江边常见的景象。日头斜西时鱼又浮出觅食,客散后鸟飞回林来栖息了。寒水波光不定,秋山风叶声哀。天涯薄暮,倚杖徘徊,感慨万千,不言可想。

又《返照》:"返照开巫峡,寒空半有无。已低鱼复暗,不尽白盐孤。荻岸如秋水,松门似画图。牛羊识童仆,既夕应传呼。"《向夕》:"畎亩孤城外,江村乱水中。深山催短景,乔木易高风。鹤下云汀近,鸡栖草屋同。琴书散明烛,长夜始堪终。"皆写傍晚江村景物,变化多姿而情寓景中,可参读。"乔木易高风",堪与子建"高树多悲风"(《野田黄雀行》)、"高台多悲风"(《杂诗》)媲美。

天涯羁旅,最苦悲秋。诗人有感于前愁未已而后愁复至,作《复愁十二首》以自遣。其一记瀼溪景物便觉愁苦:"人烟生处僻,虎迹过新蹄。野鹘翻窥草,村船逆上溪。"其二写暮景亦复凄凉:"钓艇收缗尽,昏鸦接翅稀。月生初学扇,云细不成衣。"其三因思乡而愁："万国尚戎马，故园今若何？昔归相识少，早已战场多。"其四愁无家可归："身觉省郎在，家须农事归。年深荒草径，老恐失柴扉。"其五叹战乱不息："金丝镂箭镞，皂尾制旗竿。一自风尘起，犹嗟行路难。"其六忧人心好乱："胡虏何曾盛，干戈不肯休。闾阎听小子，谈笑觅封侯。"其七讽借兵回纥之失："贞观铜牙弩，开元锦兽张。花门小箭好，此物弃沙场。"朱注：史载收东京时，郭子仪战不利，回纥于黄埃中发十余矢，贼惊顾曰："回纥至矣。"遂溃。"花门小箭好"，此其一证。安史之乱，皆借回纥兵收复，中国劲弩，反失其长技，此所以叹之。其八愁降将骄奢，难以羁縻："今日翔麟马，先宜驾鼓车。无劳问河北，诸将角荣华！"太宗有十骥，皆为美名，九曰翔麟紫。仇兆鳌说，郭子仪将略威名，足以慑服降将，今置之闲散，犹翔麟之马，不用于战阵，而先驾鼓车。彼河北诸将，竞相角胜荣华，谁复起而问之？又引罗大经说，此诗言虽翔麟之马，亦必先使之驾鼓车，由贱而后可以致贵。今诸将骤登贵显，如马之未驾鼓车，而遽驾玉辂，安于荣华，志得意满，无复驱攘之志，河北叛乱，决难讨除，无劳动问，可想而知。又云，"杂虏横戈数，功臣甲第高"，亦此意。两说各有短长，可参看。其九言不当添设禁兵以耗损转运至京之粮："任转江淮粟，休添苑囿兵。由来貔虎士，不满凤凰城！""凤凰城"指长安。从来就并非满京城尽是禁兵啊！出语警快沉痛。其十因入秋宜凉却热、气候反常而生愁："江上亦秋色，火云终不移。巫山犹锦树，南国且黄鹂。"其十一写重阳将至，欲赊酒独酌的萧瑟情怀："每恨陶彭泽，无钱对菊花。如今九日至，自觉酒须赊。"

萧统《陶渊明传》：渊明尝九月九日出宅边菊丛中坐，久之，满手把菊，忽值江州刺史王弘送酒来，即便就酌，醉而归。一个有人送酒，一个酒尚能赊。说是名士风流，实俱郎当可悯。其十二以吟诗遣愁收结:"病减诗仍拙,吟多意有余。莫看江总老,犹被赏时鱼。""赏时鱼",谓当时所赏之鱼袋。朱注:末言己年虽老,犹有江总银鱼之赐,则流落亦未足为恨。公尝检校员外郎,赐绯鱼袋,故云。——这组诗不算精彩,却有助于了解诗人当时思想感情的真实情况。

九 "万里悲秋常作客"

今年暮春老杜迁居瀼西堂屋时就开始代管东屯那百顷公田了(详本章第四节)。为了便于亲自监督收稻子,秋天他又把家从瀼西搬到东屯来。《自瀼西荆扉且移居东屯茅屋四首》记其事甚详。其一说:

"白盐危峤北,赤甲古城东。平地一川稳,高山四面同。烟霜凄野日,粳稻熟天风。人事伤蓬转,吾将守桂丛。"先叙东屯方位、地势:在白盐之北,赤甲之东;一川平地,四面高山。接着描状东屯"熟禾天"景象,稍露移居之因。今春老杜一家先从西阁迁赤甲,随即迁瀼西,现又迁东屯,故有转蓬之叹,因思效古之隐者守桂丛(《楚辞·招隐士》"桂树丛生兮山之幽")而不出了。其二说:

"东屯复瀼西,一种住清溪。来往皆茅屋,淹留为稻畦。市喧宜近利,林僻此无蹊。若访衰翁语,须令剩客迷。"五句原注:"瀼西居近市。"瀼西离城不远,附近还有集市,《秋日夔府咏怀一百韵》也说"市暨瀼西巅"。东西两舍都是茅屋,都傍清溪,之所以移居,主要为收稻,也为躲避市集的喧嚣。要是朋友们来找我这衰弱的老头儿聊天,他们一定会在这世外桃源似的地方迷路的。其三说:

"道北冯都使,高斋见一川。子能渠细石,吾亦沼清泉。枕带还相似，柴荆即有焉。斫畲应费日，解缆不知年。"老杜东屯草堂的北面，住着位冯都使。都使高斋，隔川可见。冯铺细石为渠，杜引清泉作沼。枕带林泉，两家相似。柴门之外，可兼而有之。想砍树烧荒种点谷物却费时日，而解缆东下又不知将在何年。前一阵子他计划今年十月离夔东下，如今又这么说，可见能否成行仍须取决于各方面的条件，自己也不能完全做主。申涵光说："柴荆即有焉"不成句法。确乎如此。其四说：

"牢落西江外，参差北户间。久游巴子国，卧病楚人山。幽独移佳境，清深隔远关。寒空见鸳鹭，回首忆朝班。"顾注：公之北户，与冯都使居参差相对。《杜臆》：首言"牢落""参差"，见终非娱老之地。但以卧病故，取其幽独清深，以自休息。及见鸳鹭，又想朝班，此又公之转念。老杜有时在诗中表示已摈弃俗念、超然物外，其实他内心深处总忘不了立朝辅君的初衷。这是他的执着处，也是他的迂阔处。又如这时作的《社日两篇》其一"尚想东方朔，诙谐割肉还"[58]，其二"陈平亦分肉，太史竟论功。……鸳鹭回金阙，谁怜病峡中"[59]，因赛社而想朝赐，都是这种恋阙之情的自然流露。不管怎样，其中显然存在着庸俗因素，不能不算是他的局限性。这倒不是拿今天的标准去要求他；光就这一点而论，陶渊明的精神境界无疑比他高许多。

仇兆鳌据《自瀼西荆扉且移居东屯茅屋四首》其一"吾将守桂

---

[58]《汉书·东方朔传》：伏日赐从官肉，朔拔剑割肉，谓同官曰："伏日当早归，请受赐。"即怀肉去。大官奏之，诏朔自责。朔曰："拔剑割肉，一何壮也！割之不多，又何廉也！归遗细君，又何仁也！"《西溪丛语》：此诗"诙谐割肉"，社日用伏日事，苏、黄皆以为误。按《史记·诸侯年表》，古者止有春社，秦德公二年，始用伏日为秋社，磔狗四门以御灾虫。社乃同日，至汉方有春、秋二社，始与伏分。
[59]《杜臆》："太史公论陈平云：'割肉俎上时，意已宏远矣。'又云：'以功名终，称贤相。'所谓'太史论功'也。"

丛"推断说:"曰'桂丛',时盖八月矣。"老杜迁东屯既为收稻,谓时在八月近实。东屯有代管的稻田,瀼西也有其"客居暂封殖"的柑林。当家小都搬到东屯之后,瀼西不仅须留仆竖照应,老杜自己势必会不时去瀼西小住。因此,即使已迁居东屯,有些诗篇也可能作于瀼西。《八月十五夜月二首》《十六夜玩月》《十七夜对月》诸诗当是这年八月连续三晚作于同一地点。《十五夜》其二"稍下巫山峡,犹衔白帝城",瀼西靠近白帝城,似作于瀼西。又《十七夜》"茅斋依橘柚",瀼西草屋院内有双柑,屋后有柑林,作于瀼西无疑。正因为老杜迁东屯后也可能常去瀼西小住,所以既不能因为这几首诗都作于瀼西而遽谓八月十七夜以前老杜仍未迁东屯;也不能想当然地认为迁东屯既为收稻,不当延至八月十七仍未移居,并从而臆断这几首诗当作于东屯。《十五夜》其一后半截"水路疑霜雪,林栖见羽毛。此时瞻白兔,直欲数秋毫",状满月的光辉如在目前。其二"气沉全浦暗,轮仄半楼明",写将曙夜色,情境凄其。《十六夜》"关山随地阔,河汉近人流",胡应麟并他例而极称之:"咏物起自六朝。唐人沿袭,虽风华竞爽,而独造未闻。惟杜诸作自开堂奥,尽削前规。如题月:'关山随地阔,河汉近人流。'雨:'野径云俱黑,江船火独明。'雪:'暗度南楼月,寒深北浦云。'夜:'重露成涓滴,稀星乍有无。'皆精深奇邃,前无古人,后无来者。然格则瘦劲太过,意则寄寓太深。他鸟兽花木等多杂议论,尤不易法。"(《诗薮》)《十七夜》中二联"卷帘还照客,倚杖更随人。光射潜虬动,明翻宿鸟惊",亦清新警快。此等诗,赏其高唱可也,遑论其他? 此外作于这时却难确断在东屯还是在瀼西的小诗尚多,亦各有清句可赏,如"高峰寒上日,叠岭宿霾云。地坼江帆隐,天清木叶闻"(《晓望》)、"风月自清夜,江山非故园"(《日暮》)、"牛羊归径险,鸟雀聚枝深"(《暝》)、"人见幽居僻,吾知拙养尊"（《晚》）、"岭猿霜外宿，江鸟夜深飞"（《夜》）、"水花寒落岸，山鸟暮过庭"（《独坐二首》其一）、"峡云常照夜，江日会兼风"（前题其二）、"卷帘唯白水，隐几亦青山"（《闷》）、"号山无定鹿，落树有惊蝉"（《夜二首》其一）、"斗斜人更望，月细鹊休飞"（前题其二）、"野人时独往，云水晓相参。俊鹘无声过，饥乌下食贪"（《朝二首》其一）、"林疏黄叶坠，野静白鸥来"（前题其二）等等，或写景，或抒情，无不精妙，今录集一处，犹如掇英盈把，颇能见出诗人平淡生活中亦不乏绚丽色彩。

老杜移居东屯后不久，他家一位在州府里当司法参军的晚辈亲戚吴郎，带着家眷从忠州（今四川忠县）坐船来了，老杜派遣坐骑前去迎接，把他们安置在瀼西草屋住下，又以诗代简寄吴郎说：

"有客乘舸自忠州，遣骑安置瀼西头。古堂本买藉疏豁，借汝迁居停宴游。云石荧荧高叶曙，风江飒飒乱帆秋。却为姻娅过逢地，许坐曾轩数散愁。"（《简吴郎司法》）(60)《暮春题瀼西新赁草屋五首》说这草屋是"赁"的。暂住此间以"赁"为宜。这诗又说是"买"，可能是后来连同这里的四十亩果园一起买下来的。这是一座有"曾（同层）轩"颇为"疏豁"的"古堂"，可不能一听说是"草屋"就把它小看了。前面已经提到，瀼西有柑林，老杜不时会过来小住照料。如今，本来是他将瀼西草屋借给吴郎一家居住，尾联却反过来请求吴郎准许他来"坐曾轩数散愁"，这固然是相谑之辞，同时也是为他今后的常来常往预先向吴郎打个招呼。

---

(60) 施鸿保以为吴郎为老杜女婿，论证虽详而根据不足，殊不可信，故不移录。黄生说："遣骑安置，指本地地主而言，其寓必不甚适，公故以草堂借之。虞谓公迎吴，疏谬极矣。公此时一日舍翁耳，骑从何来？"瀼西诗《归》"束带还骑马"、《甘林》"青刍适马性"、《白露》"清晨散马蹄"、《雨四首》其二"上马回休出"，谁谓老杜无马？不必曲为之说。

瀼西草屋西邻，住着位无食无儿的妇人。杜家在这里时，堂前"枣熟从人打"（《秋野五首》其一）。吴郎住进去后，却特意筑篱加以防范。老杜得知，深为不满，又写诗寄吴郎委婉地开导说：

"堂前扑枣任西邻，无食无儿一妇人。不为困穷宁有此？只缘恐惧转须亲。即防远客虽多事，便插疏篱却任真。已诉征求贫到骨，正思戎马泪盈巾。"（《又呈吴郎》）我住在这里时是任凭西邻来堂前打枣的，你知道，那是个无食无儿的寡妇啊！她要不是穷得无可奈何哪会这样？只因为她心怀恐惧倒更应该对她表示亲近。她来打枣总提防你这位远客未免多此一举，不过你一来便插上疏篱却也太顶真了。她曾对我诉说过由于深受剥削已穷到骨髓，我想到至今战乱不息像她这样的穷苦人到处都有，正难过得热泪盈巾呢。——这诗写得情真语切，感人至深，惟太白《宿五松山下荀媪家》"我宿五松下，寂寥无所欢。田家秋作苦，邻女夜舂寒。跪进雕胡饭，月光明素盘。令人惭漂母，三谢不能餐"，差可比拟其对劳动人民的淳厚感情，而反映社会现实的深广度则远逊。仇兆鳌说："此诗是直写真情至性，唐人无此格调，然语淡而意厚，蔼然仁者恫瘝一体之心，真得三百篇神理者。"又说："此章流逸，纯是生机。"评此诗思想成就与艺术特色较中肯。但须补充的是，诗人的"真情至性"主要是他沉沦下层、洞察民生疾苦的结果。胡应麟认为此诗太粗。时下也有人以为此诗有思想性而无艺术性。卢世㴶说，此章极煦育邻妇，又出脱邻妇；欲开示吴郎，又回护吴郎；八句中，百种千层，莫非仁音。能说写得这么婉转尽致而又浑然一体的诗歌没有艺术性吗？朱瀚说："通篇借一妇人发明诛求之惨，当与'哀哀寡妇诛求尽'参看。"《诗经·豳风·七月》："八月剥（击）枣。"吴郎住进瀼西草屋时尚有枣可打，可见当在八月间。

不久就到了重阳节。节日前夕，吴郎去东屯茅屋看望老杜。老杜约他明天去喝重阳酒，作《晚晴吴郎见过北舍》说：

"圃畦新雨润，愧子废锄来。竹杖交头拄，柴扉扫径开。欲栖群鸟乱，未去小童催。明日重阳酒，相迎自酦醅。"《读杜诗说》："'竹杖交头拄'，注引钟、谭说：写两人对立之状。似吴郎亦拄杖者，当是误解'交'字。'交头'，但自言拄杖长并头耳，非吴郎亦拄杖也。"[61]甚是。新近下过雨菜地里很湿润，你放下锄畦的活儿来看我使我不胜感愧。我拄着长长的竹杖走出来，为你开门扫径。正要归巢的群鸟乱飞，一直跟着你的小厮催你趁早回去。明日你可要来舍下吃重阳酒，为了表示欢迎这酒将由我亲手漉。仇兆鳌说："此直叙情事，有朴质自然之致。"

明日重阳，吴郎爽约[62]，老杜登台独酌，感慨万千，作《九日五首》。吴若本云缺一首，赵次公以《登高》一首足之，因未尝缺。顾注：五章皆一时之作，随兴所至，体各不同。其一说：

"重阳独酌杯中酒，抱病起登江上台。竹叶于人既无分，菊花从此不须开。殊方日落玄猿哭，旧国霜前白雁来。弟妹萧条各何在，干戈衰谢两相催。""竹叶"，酒名。《梦溪笔谈》卷二四："北方有白雁，似雁而小，色白，秋深则来。白雁至则霜降，河北人称之'霜信'。杜甫诗云'故（旧）国霜前白雁来'，即此也。"胡道静按云：白雁非普通雁之白化个体，而为另一独立雁种，盖今称

---

[61] 邓绍基《读杜随笔二则·〈晚晴吴郎见过北舍〉浅议》（载《中华文史论丛》一九八一年第一辑）主此说并进一步有所论证，可参看。仇兆鳌说："钟、谭注杜，好从冷处着眼，多涉纤诡。然诗中刻画传神，标举自足醒目，如'竹杖交头拄'，写两人对立之状，'胡床面夕畦'，写主人远望之情，'白益毛发古'，俨然高人道貌，'风神荡江湖'，可想雅人深致，诗中有画，写生绝妙。"点拨诸句，确乎有得；只是吴郎当时尚不至于拄杖，苦细加推究，便觉与事理不合。
[62] 仇注："《〈晚晴吴郎见过北舍〉诗曰'明日重阳酒，相迎自酦醅'，而《九日》诗又云'重阳独酌杯中酒'，盖订吴不至而自饮欤？"

"雪雁"者是。值此佳节,抱病登台,独酌茕茕,不胜凄苦。殊方猿哭,益增羁旅之愁;故里雁来,适动雁行之念。因思弟妹流离各地,而干戈、衰谢两相催逼,恐此身难有重聚之时了。这种悲秋伤乱、渴望归乡之情也表露在《伤秋》其二中:"将军思汗马,天子尚戎衣。……何年灭豺虎,似有故园归。"可参看。"竹叶"一联骂得无理却真见此时心境,故妙。其二说:

"旧日重阳日,传杯不放杯。即今蓬鬓改,但愧菊花开。北阙心常恋,西江首独回。茱萸赐朝士,难得一枝来。"《杜臆》:"'传杯不放杯',见古人只用一杯,诸客传饮,非若今人各自一杯也。"据说西北一些地区至今饮酒亦如此。唐制:九日赐朝臣宴及茱萸。这诗思九日朝中旧事,流露出恋阙之情和沦落之悲。"即今"联与刘希夷《代悲白头翁》:"年年岁岁花相似,岁岁年年人不同"意近,但一实指一泛指,艺术效果便不一样。其三说:

"旧与苏司业,兼随郑广文。采花香泛泛,坐客醉纷纷。野树欹还倚,秋砧醒却闻。欢娱两冥漠,西北有浮云。"这诗忆旧日与好友苏源明、郑虔九日对菊酣饮情事。陆机《吊魏武文》:"悼穗帐之冥漠。""冥漠",谓苏、郑俱亡。曹丕《杂诗二首》其二:"西北有浮云,亭亭如车盖。惜哉时不遇,适与飘风会。吹我东南行,行行至吴会。吴会非我乡,安得久留滞?弃置勿复陈,客子常畏人。"杜诗末句用曹诗首句,兼含原诗以浮云喻客子之意以自况。其四说:

"故里樊川菊,登高素浐源。他时一笑后,今日几人存?巫峡蟠江路,终南对国门。系舟身万里,伏枕泪双痕。为客裁乌帽,从儿具绿樽。佳辰对群盗,愁绝更堪论!""樊川",在陕西长安县南,潏水的支流。其地即杜陵之樊乡,汉高祖以赐将军樊哙,食邑于此,故曰樊川。杜甫曾居住在杜陵南面的少陵附近,离樊川不远,北对沪水,故首联记故里重阳往事有赏樊川之菊、登素浐之源的话。盛会难再,战乱频仍,不知当日同游,尚有几人健在。佳辰独酌,忆旧伤怀;近闻吐蕃众数万围灵州京师戒严,就更加不胜愁苦了。王维十七岁作《九月九日忆山东兄弟》说:"独在异乡为异客,每逢佳节倍思亲。遥知兄弟登高处,遍插茱萸少一人。"情意深长,古今同赏。老杜这诗也是佳节思亲思乡之作,但流露出世乱年衰、日暮途穷的绝望情绪,就难免哀而过伤,令人不忍卒读了。

《登高》可能真是《九日五首》中的一首,只因写得格外成功,远胜其余四章,故尔为编诗者独立出来[63]。诗说:

"风急天高猿啸哀,渚清沙白鸟飞回。无边落木萧萧下,不尽长江滚滚来。万里悲秋常作客,百年多病独登台。艰难苦恨繁霜鬓,潦倒新亭浊酒杯。"首联写景细,却浑然一体。颔联写落木无边、长江滚滚,悲秋、伤逝之叹固深,却因空间的寥廓、时间的绵亘而易悲凉为悲壮。罗大经解颈联说:"盖'万里',地之远也;

---

[63]《读杜诗说》:"今按《登高》一首,旧编成都诗内,朱说因有'猿啸'句,改入夔州,其是夔州作否不可知,即以补五首之缺,亦可。若谓皆一时作,则未必然。《登高》诗末句'潦倒新亭浊酒杯',朱说:时公以肺病断酒,是也。《季秋缱江楼夜宴》诗:'老人因酒病,坚坐看君倾。'季秋,正九日前后也。又《舍弟观取妻子到江陵》云:'比年病酒开涓滴,弟劝兄酬何怨嗟。'注亦大历二年冬夔州作,云'开涓滴',则先此未开可知,是公此时犹断酒也。此四首,有云'重阳独酌杯中酒',又云'从儿具绿樽',与《登高》末句不合,知非一时作矣。"此诗写江峡猿啼之景、老病悲秋之情,断非成都之作。朱鹤龄改入夔州诗内,不误。燉案:老杜在夔州过了两个重阳节:(一)去年(大历元年)当地诸人相约于这天雅集林下,老杜自伤老病,作《九日诸人集于林》婉辞(详第十七章第九节)。(二)今年重阳,他"抱病起登江上台"(《九日五首》其一)。且不说《登高》题意自明,就是诗中所写,亦重阳独"登江上台"情事,可见这诗与《九日五首》中其余四首系同时所作。因病断酒,稍愈即开,时开时断,酒终难戒,此于酒人中屡见不鲜。施氏举此为证,未免迂阔。"潦倒",失意貌。"潦倒新亭浊酒杯",是说新近因病断酒,心情更觉不快。今逢佳节,江畔登高,姑且"从儿具绿樽","独酌杯中酒",但求一醉销忧,遑恤他!这样解释,又有什么不合呢?

'秋',时之凄惨也;'作客',羁旅也;'常作客',久旅也;'百年',齿暮也;'多病',衰疾也;'台',高迥处也;'独登台',无亲朋也:十四字之间含八意,而对偶又精确。"(《鹤林玉露》)知其意多而对偶精确,更须知凡此种种俱为"艰难苦恨"的具体内容,以及前后文意的自然过渡和虚实的结合。这是千古传诵的七律名篇。胡应麟说:"杜'风急天高'一章五十六字,如海底珊瑚,瘦劲难名,沉深莫测,而精光万丈,力量万钧。通章章法、句法、字法,前无昔人,后无来学。微有说者,是杜诗,非唐诗耳。然此诗自当为古今七言律第一,不必为唐人七言律第一也。(元人评此诗云:'一篇之内,句句皆奇;一句之中,字字皆奇。'亦有识者。——燉案:此系胡氏原引。)《黄鹤楼》、'郁金堂',皆顺流直下,故世共推之。然二作兴会诚超,而体裁未密;丰神故美,而结撰非艰。若'风急天高',则一篇之中句句皆律,一句之中字字皆律,而实一意贯串,一气呵成。骤读之,首尾若未尝有对者,胸腹若无意于对者;细绎之,则锱铢钧两,毫发不差,而建瓴走坂之势,如百川东注于尾闾之窟。至用句用字,又皆古今人必不敢道、决不能道者。真旷代之作也。然非初学士所当究心,亦匪浅识所能共赏。此篇结句似微弱者,第前六句既极飞扬震动,复作峭快,恐未合张弛之宜,或转入别调,反更为全首之累。只如此软冷收之,而无限悲凉之意,溢于言外,似未为不称也。'昆明池水'虽极精工,然前六句力量皆微减,一结奇甚,竟似有意凑砌而成。益见此超绝云。"(《诗薮》)胡氏之于此诗,知之至切,爱之弥甚,击节相赏,赞不绝口;但所论主要之点,确乎深中肯綮,非为溢美,细读自知。

重阳过后,天气日寒,东屯月夜,诗人不寐感怀,作《东屯月夜》说:

"抱病漂萍老,防边旧谷屯。春农亲异俗,岁月在衡门。青女霜枫重，黄牛峡水喧。泥留虎斗迹，月挂客愁村。乔木澄稀影，轻云倚细根。数惊闻雀噪，暂睡想猿蹲。日转东方白，风来北斗昏。天寒不成寐，无梦寄归魂。"《杜臆》："东屯之田，乃公孙述所开而积粮以养兵者。故云'防边旧谷屯'。……'云根'，石也，拆用为句。黄牛峡在夷陵，而此云'黄牛峡水喧'，寄弟诗云'青春不假报黄牛'，则夔亦有此峡，今不可考。《埤雅》云：'猴性动，猿性静。'静必善睡，故云'暂睡想猿蹲'。"我抱病久滞于此，因代管屯田而亲见巴乡异俗；从春到秋，长期住在乡间。青女当令枫丹霜重，黄牛峡近流水声喧。泥地里留下了虎斗的痕迹，明月高挂在客子生愁的孤村。树拖瘦影，云起石根。几次给鸟雀的叫声惊醒，蜷着身子打一会儿盹简直像个蹲着睡觉的猿。太阳转到了东方天边泛出鱼肚白，风刮了起来使得北斗星也变昏。天气寒冷我通宵都不能成寐，没有梦就无法寄付我的归魂。黄生说："因月夜不寝而作，首尾见羁旅之意，妙在先安首（'抱病漂萍老'）五字，觉全篇字字写景，字字写情。"仇兆鳌说："'鸡声茅店月，人迹板桥霜'，此晚唐人佳句。欧阳《送张秘书归庄》云'鸟声梅店雨，柳色野桥春'，可谓善于摹拟。若杜诗'泥留虎斗迹，月挂客愁村'，已先有此刻画语矣。"此诗读后能依稀想见东屯境地，令人神往。

东屯之北有山谷，一天傍晚，老杜从这里经过，见秋景荒凉、人烟稀少，有感于世乱民困而作《东屯北崦》说：

"盗贼浮生困，诛求异俗贫。空村唯见鸟，落日未逢人。步壑风吹面，看松露滴身。远山回白首，战地有黄尘。"老杜深恶夔俗之薄，曾一再见之于吟咏，但对当地贫苦大众的遭世乱而备受剥削却很同情。当时吐蕃寇边，离此尚远，回首天涯，哪能真见战地黄尘？这不过是表示他的忧思已由近及远罢了。顾注谓山起黄尘，如见古战场之色。仇注谓玩起二语，只言崦人之贫困而已，其地未尝经战伐。皆未得其解。杨伦以为"空村"联似贾岛辈句法。清苦之境或似之，而其深广之忧愤非贾岛辈所能及。

十 "破甘霜落爪，尝稻雪翻匙"

老杜迁居东屯后，偶尔也进城去玩玩。一次从城里回来，没坐船，从江边驿站借了匹马骑，先到瀼西草屋看了看柑橘，接着回到东屯，作《从驿次草堂复至东屯茅屋二首》纪行志感。其一说：

"峡内归田客，江边借马骑。非寻戴安道，似向习家池。山险风烟僻，天寒橘柚垂。筑场看敛积，一学楚人为。"不乘船而骑马，故非如王子猷的雪夜访戴安道，而似山简的出游习家池（二事均见《世说新语·任诞》）。橘子柚子经霜渐熟，沉甸甸地挂在枝头。农家都在修筑禾场，我也该学楚人的样儿准备收稻子了。其二说：

"短景难高卧，衰年强此身。山家蒸栗暖，野饭射麋新。世路知交薄，门庭畏客频。牧童斯在眼，田父实为邻。"人情冷暖，世态炎凉。老杜每入州府，受了委屈，回来总是牢骚满腹。这次也是一样。所以他气不忿儿地说，泛交无益，倒不如跟田父牧童为伍，以务农为生，吃点山货、野味的好。

牢骚归牢骚，该进城还得进。不久开镰收稻子了，他又进了一趟城马上便赶回东屯：

"复作归田去，犹残获稻功。筑场怜穴蚁，拾穗许村童。落杵光辉白，除芒子粒红。加餐可扶老，仓廪慰飘蓬。"（《暂往白帝复还东屯》）来了又得马上回去，因为还剩下些收获稻子的事儿没完成，筑禾场平了些蚂蚁窝真于心不忍，掉在田里的稻穗准许村里的孩子们去捡。新谷舂出亮晶晶的白米，还舂出鲜艳的红米。吃饱了饭我衰老的身子显得有点劲儿了，仓廪装得满满的对我们这些流离失所的人真是个莫大的安慰。可见柏都督成全老杜代管屯田这个美差使，除了交公，他个人委实沾惠匪浅。屯田获稻，他当然免不了要不时因公入州府，免不了与俗吏打交道而常受委屈了。"筑场"一联，可与《秋野五首》其一"枣熟"四句参读（详前）。

又有《茅堂检校收稻二首》，专写他在东屯督察获稻诸事。其一说：

"香稻三秋末，平田百顷间。喜无多屋宇，幸不碍云山。御裌侵寒气，尝新破旅颜。红鲜终日有，玉粒未吾悭。"据首联知收稻在农历九月间。早就盼望新谷登场有饭吃了，今见有这么多的红米、白米可解客旅粮匮之忧，自然喜之不尽。"喜无"联绝妙，既见洒脱襟怀，又见空廓境地。其二说：

"稻米炊能白，秋葵煮复新。谁云滑易饱？老藉软俱匀。种幸房州熟，苗同伊阙春。无劳映渠碗，自有色如银。""房州"，今湖北房县。"渠"，车渠，玉属。"伊阙"，又名龙门，在今河南洛阳市南约二十五里处。"葵"是冬寒菜（详本章注〈24〉），做好的葵菜很滑溜。新米煮出的饭真白，秋天刚长起来的冬寒菜炒了吃真新鲜。谁说这冬寒菜滑溜容易饱？老人家就爱吃这松软的新米饭。幸亏从房州换来这些易熟的良种，一栽上就长得跟我家乡东都伊阙那里的春苗一样茂盛。这新米饭无须乎用通明透亮的车渠玉碗来映衬，它本身的色泽就晶莹如银。——真可怜见儿的！吃上了一顿饱饭，想到一家大小至少从眼下到年底不愁没米下锅了，竟把老杜乐得唱起新米饭的赞歌来了。

稻子收割完毕，他又作《刈稻了咏怀》说：

"稻获空云水，川平对石门。寒风疏草木，旭日散鸡豚。野哭初闻战，樵歌稍出村。无家问消息，作客信乾坤。"这诗前半状寒村景象如在目前：收完了稻子，百顷田畴空余云水；平川顿豁，遥对瞿塘双崖如门。草木因寒风而凋谢稀疏，鸡豚为争食遗穗而散于田野。后半咏怀，抒伤乱思归之情。仇注："前诗'野哭千家闻战伐'，指崔旰之乱。是年无事，而云'初闻战'者，意蜀兵远戍，战没而信归也，当指吐蕃寇灵州事。"

在东屯收完了稻子，该回瀼西草屋去收柑橘了。《寒雨朝行视园树》就透露了个中消息：

"柴门拥树向千株，丹橘黄甘此地无。江上今朝寒雨歇，篱中秀色画屏舒。桃蹊李径年虽古，栀子红椒艳复殊。锁石藤梢元自落，倚天松骨见来枯。林香出实垂将尽，叶蒂辞枝不重苏。爱日恩光蒙借贷，清霜杀气得优虞。衰颜动觅藜床坐，缓步仍须竹杖扶。散骑未知云阁处，啼猿僻在楚山隅。"仇注："公瀼西诗，有果园，有甘林。果园四十亩，他日所举以赠人者。甘林为治生计，所云'客居暂封殖'者。《杜臆》谓：朝行所视之园树，专指果园，于甘林无豫，故云'丹橘黄甘此地无'。今按：'此地无'，正言柑橘之独盛。篇中'林香出实'二语，明说丹橘矣，岂可云甘林又在果园之外乎？大抵分而言之，则甘林另为一区，合而言之，甘林包在果园之内，盖四十亩中，自兼有诸果也。"所论甚是，但须补充一点，老杜明年正月离夔东下前夕赠南卿瀼西果园四十亩（详后），其中除了屋后的柑林和果园，还应包括瀼西对岸那个果园。许许多多的树木拥着柴门，园里的丹橘黄柑多而且好，在此地可说是独一无二。今天早上江上的寒雨停息了，篱间的秀色简直像画屏般的美。桃李栽种多年下面早走出了路，黄澄澄的栀子映着红通通的花椒颜色真鲜艳。我曾在那首百韵诗中写过"倒石赖藤缠"，这会儿那锁石的藤梢已自行落了下来；还有那倚天的松树不知怎的忽然枯死，空余傲骨嶙峋。挂满枝头香喷喷的柑橘快摘尽了，那离开枝柯的叶蒂不会复生。园树沐浴着可爱的阳光，却担心清霜杀气的侵凌。我容颜衰老动不动要找藜床坐,缓步走走仍须竹杖来扶。潘岳《秋兴赋序》说:"(余)以太尉掾兼虎贲中郎将,寓直于散骑之省,高阁连云,阳景罕曜。"可叹我不能寓直于散骑之省而身登云阁,只是流落在这偏僻的楚山角落里愁听猿啼。——如果把这首诗当篇抒情小品文看,倒还是很亲切的。

另有《季秋江村》:"乔木村墟古,疏篱野蔓悬。素琴将暇日,白首望霜天。登俎黄甘重,支床锦石圆。远游虽寂寞,难见此山川。"时在九月间,柑橘已收了。顾注:公方图出峡,而曰"难见此山川",则知出峡之故,非为山水不可居。《峡中览物》诗尝言之:"形胜有余风土恶。"又《小园》:"由来巫峡水,本是楚人家。客病留因药,春深买为花。秋庭风落果,瀼岸雨颓沙。问俗营寒事,将诗待物华。"因病滞此就医是事实。春时买园本为治生计,却说为花,这未免是故作风雅了。据此知其四十亩果园是暮春迁居瀼西时买下的。来此地不到一年,不知园中果木、药材、菜蔬应如何保护过冬,故须问俗而营。《杜臆》:"园亦有物华,则将诗待之,不令寂寞也。"这两首当作于老杜来瀼西收柑橘期间,见当时生活剪影与心境。又《即事》:"天畔群山孤草亭,江中风浪雨冥冥。一双白鱼不受钓,三寸黄甘犹自青。多病马卿无日起,穷途阮籍几时醒?未闻细柳散金甲,肠断秦川流浊泾。""草亭",指瀼西草屋。仇注引张纯说,峡中有嘉鱼,长身细鳞,肉白如玉,春社前出,秋社即归。时已九月,故云不受钓。《解闷十二首》其一"溪女得钱留白鱼"也提到"白鱼"。又《白小》"白小群分命,天然二寸鱼",指的是小白鱼。江中白鱼非止一种,不必拘看。朱注:葛亮、马卿截用,始自六朝。庾信碑文:"渡泸五月,葛亮有深入之兵。"薛道衡碑文:"尚寝马卿之书,未允梁松之奏。"汉名将周亚夫的细柳营在长安昆明池南,时有吐蕃之警,故有七句。《陇头歌辞》:"陇头流水，鸣声幽咽。遥望秦川，肝肠断绝。"《杜臆》："秦中川水莫大于泾、渭，今言浊泾，不言清渭，喻吐蕃之乱。"据"三寸黄甘犹自青"，这诗当作于收摘柑橘以前。

深秋时节，除了忙于获稻、收柑，老杜也偶尔应邀入城去参加一些亲友宴会。《季秋苏五弟缨江楼夜宴崔十三评事韦少府侄三首》《戏寄崔评事表侄苏五表弟韦大少府诸侄》即叙其事。读前题其一，可见诗人异乡逢故人、喜悲交集心情之一斑：

"峡险江惊急，楼高月迥明。一时今夕会，万里故乡情。星落黄姑渚，秋辞白帝城。老人因酒病，坚坐看君倾。"古乐府《东飞伯劳歌》："黄姑织女时相见。"黄姑，即河鼓，又叫牵牛，俗称牛郎里。《杜臆》："'黄姑渚'，即天河。季秋昏定而天河已落，则星与之俱落矣。"颈联谓夜将尽秋亦将尽。自己不能喝酒，却始终坐在那里看他们喝酒聊天，足见怀念故乡和依恋亲友的深情。黄生说："此亦虚实相间格。三、四云：'（何期）今夕一时会，（共话）故乡万里情。'识得藏头二字，尾联之意始警。五、六，地名中见人名，已极有色，又贴'星'字、'秋'字，工甚巧甚，与'水落鱼龙夜，山空鸟鼠秋''地阔峨眉晚，天高岷首春'，皆名对也。"

就在这年深秋，真是不幸得很，老杜的耳朵突然聋了。他感到很难过，作《耳聋》说：

"生年鹖冠子，叹世鹿皮翁。眼复几时暗？耳从前月聋。猿鸣秋泪缺，雀噪晚愁空。黄落惊山树，呼儿问朔风。"我是那以鹖为冠、常居深山的鹖冠子（见刘向《七略》），我是那衣鹿皮、居岑山的鹿皮翁（见《列仙传》）。我本想付世间万事于不见不闻，但不知眼还要多久才瞎，耳倒是从前月开始聋了。说什么"猿鸣三声泪沾裳"，我听不见猿鸣哪有悲秋之泪；听不见麻雀噪晚且喜暮愁空。惊见那黄叶纷纷离树，叫儿子过来问是不是起了北风。杨伦评："刻划自趣，不病其巧。"其实苦笑比诉苦更能显示内心的悲痛。《独坐二首》其二说："亦知行不逮，苦恨耳多聋。"脚走不动了[64]，耳朵聋了，人眼看就完了，他哪能真不在乎呢？

就在这种悲痛的心情之中，老杜度过了他在夔州的第二个秋天。他还特意在三秋的最后一天，作《大历二年九月三十日》，向即将消逝的惨淡秋光告别，并宣泄久客悲秋之情：

"为客无时了，悲秋向夕终。瘴馀夔子国，霜薄楚王宫。草敌虚岚翠，花禁冷叶红。年年小摇落，不与故园同。"作客他乡，没完没了；今天是秋季最后一天，悲秋总算就要告终。瘴气还残留在这古代的夔子国，薄霜已降落到楚王宫。草不肯枯黄正在跟山岚斗翠，花禁止不了林中的冷叶变红。我年年见南方的深秋树木只小有摇落，同故乡的景象完全不同。——南方人认为只小摇落最好。可是在北方人看来就很不顺眼，倍觉异乡的不可久居了。

第二天接着写了《十月一日》[65]记当地的风土人物：

"有瘴非全歇，为冬亦不难。夜郎溪日暖，白帝峡风寒。蒸裹如千室，焦糖幸一样（同盘）。兹辰南国重，旧俗自相欢。"古夜郎地在夔州南。"溪"，指五溪。"蒸裹"是一种类似粽子的食品（见《齐民要术》）。瘴气还没有完全消歇，冬天就来了。听说南边夜郎五溪一带现在还很暖和，白帝瞿塘峡这里天气已经寒冷了。当地人家都在忙着做蒸裹，我也有幸收到了一盘饴糖。原来此地很看重十月初一，按照旧时的习俗大伙儿互相祝贺这节日可过得真欢。黄生

〈64〉仇注："黄注：'行不逮'，本《论语》'耻躬不逮'。公以济世自命，而衰飒如此，是行不逮其言矣。今按：公诗言'容易收病脚'，作足行不逮为平顺。"

〈65〉仇注："杜集中凡诗题记日月矣，皆志节气也。上章云'悲秋向夕终'，是夜秋尽也。此章云'为冬亦不难'，是日立冬也。如'露从今夜白''晨朝有白露'亦然。杜诗不特善于记事，抑且长于纪历。"录以备考。

说：" '兹辰南国重，旧俗自相欢'。秦建亥，以此日为岁首。岂蜀地沿秦俗，故以节物相馈耶？"这也可能是从当地兄弟民族传来的一种习俗。又《戏作俳谐体遣闷二首》其一"异俗吁可怪，斯人难并居。家家养乌鬼[66]，顿顿食黄鱼"、其二"於菟（虎）侵客恨，粔籹（油炸拌蜜糯米粑粑，见《齐民要术》）作人情。瓦卜传神语，畬田费火耕"，亦见当地土俗，可参看。

自从宋玉发出了"悲哉秋之为气也"的浩叹以来，我国历代的骚人墨客大多患了一种带有遗传性的"悲秋病"。老杜去年这病发得很厉害，写了《秋兴》等等大量的悲秋诗。这种病，是不是一进入冬季就会自行痊愈呢？当然不会。可见老杜在《大历二年九月三十日》中说的"悲秋向夕终"（悲秋病等过完了今晚就会好了的），只是句聊以解嘲的幽默话。不过入冬以来他心情确乎好多了，这显然是今年代管屯田和封殖柑林得到了好处所致。莫说稻谷、柑橘变卖了还能筹笔出峡东游的川资，就是眼下可以不愁过冬无粮，而且还有柑子吃，这就够他高兴的了。难怪他在《孟冬》中颇为自得地吟咏道：

"殊俗还多事，方冬变所为。破甘霜落爪，尝稻雪翻匙。巫峡寒都薄，黔溪瘴远随。终然减滩濑，暂喜息蛟螭。"没想到在这个习俗不同的异乡，前一阵还有那么多课督田园的事。一到冬天情况就变了，整天没什么事做，只剥些仿佛还带着霜露的鲜橘吃吃，尝

---

[66] 仇注："《蔡宽夫诗话》：元微之《江陵》诗：'病赛乌称鬼，巫占瓦代龟。'自注云：'南人染病，竞赛乌鬼；楚巫列肆，悉卖龟卜。'乌鬼之名见于此。巴、楚间，常有杀人祭鬼者，曰乌野七神头，则乌鬼乃所事神名耳。或云'养'字乃'赛'字之误，理或然也。邵伯温《闻见录》：夔峡之人，岁正月，十百为曹，设牲酒于田间，已而众操兵大噪，谓之养乌鬼。长老言地近乌蛮战场，多与人为厉，用以禳之。《艺苑雌黄》谓乌蛮鬼。按：乌鬼，别有三说：《漫叟诗话》以猪为乌鬼；《梦溪笔谈》以鸬鹚为乌鬼；《山谷别集》以乌鸦献神为乌鬼。今以蔡、邵二说为正。"

第十八章 丛菊两开

尝松软如雪的新米饭,日子倒也过得挺惬意。巫峡这儿不算太冷,多瘴的黔溪一带又远远地送来暖气。峡口湍急的滩濑水势终于减弱了,且喜蛟螭蛰伏,暂得风平浪静。——心情舒畅了,你看他"破甘"一联写得有多雅气!

十一 "俯仰俱萧瑟"

刚说"暂喜息蛟螭",谁知十月里竟打起雷来,原来龙蛇并未冬眠呢。于是作《雷》记异说:

"巫峡中宵动,沧江十月雷。龙蛇不成蛰,天地划争回。却碾空山过,深蟠绝壁来。何须妒云雨,霹雳楚王台?"题云便有秀蔚之色,咏雷如闻霹雳之声,以"划"字写电光,何等简妙(李子德语)!我爱此诗如泼墨山水,气势磅礴,形神俱得,赏之令人神往。

南方冬天打雷到底少见,毛毛雨可经常下个不停。《雨四首》写的就是这年暮秋初冬雨天的事。[67]其一说:

"微雨不滑道,断云疏复行。紫崖奔处黑,白鸟去边明。秋日新沾影,寒江旧落声。柴扉临野碓,半湿捣香粳。"微雨并没有湿透地面所以路上不滑,断云稀稀疏疏的还在飘行。云经过其势如骏奔的紫崖山色随即变黑,白鸟飞去的那边云很稀疏而易见其明。[68]太阳重新出来,万物的影子都给沾湿,不一会儿江上依旧响起落雨的声音。柴门靠近野外的水碓(碓而在野,当是水碓),那儿正在

---

[67] 黄鹤认为这组诗当是大历二年冬瀼西作。案:诗中有"秋日""暮秋""岁时晏""朔风""寒雨""山寒"等字样,谓作于暮秋初冬之际,当不致有误。

[68] 仇注:"顾注谓云奔之处,紫崖便黑;云去之一边,白鸟还明。'奔''去',指云,作倒装句。按:公《入宅》诗'奔峭背赤甲'、《伤秋》诗'山长去鸟微',则'奔'就'崖'言,'去'就'鸟'言,皆可证矣。"

春半湿的香粳。这诗写得很有生活气氛。葛立方说:"老杜《雨》诗云:'紫崖奔处黑,白鸟去边明。'而'江碧鸟逾白,山青花欲燃'之句似之。《赠王侍御》云:'晓莺工迸泪,秋月解伤神。'而'感时花溅泪,恨别鸟惊心'之句似之。殆是同一机轴也。"陈师道说:"余登多景楼,南望丹徒。有大白鸟飞近青林而得句云'白鸟过林分外明',谢朓亦云'黄鸟度青枝',语巧而弱。老杜云'白鸟去边明',语少而意广。余每还里,而每觉老,后得句云'坐下渐人多'。而杜云'坐深乡里敬',而语益工。乃知杜诗无不有也。"前者见句式、思路类似而内容、情境自别,后者见观感虽同而表现却有工拙深浅之分,此等细微处作诗说诗人不可不知。其二说:

"江雨旧无时,天晴忽散丝。暮秋沾物冷,今日过云迟。上马回休出,看鸥坐不移。高轩当滟滪,润色静书帷。"江乡的雨何时停何时下向来就没有个准,天刚放晴忽然又下起来了。暮秋的雨沾到哪里哪里就冰冷,今天这云带着雨浮动得很慢。上了马又折回不出,静坐观鸥不觉移时。高轩遥对滟滪堆,润泽的山光水色映入书窗的帷幔来。这诗写得不算出色,而寒天雨景、孤寂情怀仍可想见。据《简吴郎司法》"古堂本买藉疏豁""许坐曾轩数散愁",知瀼西草屋地势疏豁且有层轩。此诗"高轩当滟滪"与之恰合,足证黄鹤谓此组诗作于瀼西不误。既作于瀼西,必在大历二年秋冬之际了。其三说:

"物色岁时晏,天隅人未归。朔风鸣淅淅,寒雨下霏霏。多病久加饭,衰容新授衣。时危觉凋丧,故旧短书稀。"这诗叙雨中客愁。《杜臆》:"想到岁晏而未归,便觉风雨之可厌。所喜病久加饭,则将愈矣;衰容授衣,有起色矣。……病虽稍安,而念及时危,便觉凋丧。乃故旧之短书犹稀,则世亦以废人待我矣,我亦何心于斯世耶!友朋相与,近者短书,远者长书。短书犹稀,况长书乎?近者且然，况远者乎？"能串通大意，可供参考。其四说：

"楚雨石苔滋，京华消息迟。山寒青兕叫，江晚白鸥饥。神女花钿落，鲛人织杼悲。繁忧不自整，终日洒如丝。"中二联写雨中见闻与遐想美而凄苦，有助于首尾愁绪的抒发。若以为此"四句比凶人得志，贫士坎壈，寡妇穷民，苦于兵凶赋急"(王嗣奭语)，则不惟穿凿失实，也破坏了诗的意境，殊不足取。

"故旧短书稀"，客居已自寂寥。约王将军枉驾瀼西，又因久雨阻隔而未至。这使老杜感到很失望，作《久雨期王将军不至》说：

"天雨潇潇滞茅屋，空山无以慰幽独。锐头将军来何迟，令我心中苦不足。数看黄雾乱玄云，时听严风折乔木。泉源泠泠杂猿狖，泥泞漠漠饥鸿鹄。岁暮穷阴耿未已，人生会面难再得。忆尔腰下铁丝箭，射杀林中雪色鹿。前者坐皮因问毛，知子历险人马劳。异兽如飞星宿落，应弦不碍苍山高。安得突骑只五千，崒然眉骨皆尔曹。走平乱世相催促，一豁明主正郁陶。恨昔范增碎玉斗，未使吴兵著白袍。昏昏阊阖闭氛祲，十月荆南雷怒号。"白起头小而锐，"锐头将军"，借白誉王。《汉书·高帝纪》：鸿门之会，张良以玉斗献范增，增怒撞其斗。"恨昔"句惜王将军如范增老谋而未用。《南史·陈庆之传》：陈庆之麾下悉著白袍，所向披靡。先是洛中谣曰："名军大将莫自牢，千兵万马避白袍。""未使"句惜王将军未能如陈庆之的得以建立军功。这王将军或是退居夔州的"故将军"。这诗先写风雨天寒、久待王将军不至的凄苦情怀；接着追述他骑射技艺的高超和射猎场面的惊险；末思猛士急起靖乱以解主忧，深慨王将军被弃置而未能报国立功。同时所作《雷》说："巫峡中宵动，沧江十月雷。"又《朝二首》其二说："巫山终可怪，昨夜有奔雷。"知此诗末二句"昏昏阊阖闭氛祲，十月荆南雷怒号"确是写实，但颇饶象征意味，有振聋发聩的力量。张上若说："少陵每见一才勇，便欲导之尽忠君国,推是心,何减吐握?"难得老杜这种以天下为己任的精神!郝楚望说:"此诗奇突豪迈,直可追风掣电。"其中写将军射猎一段尤其精彩。

也是这年冬天写作的《虎牙行》《锦树行》,与《久雨期王将军不至》感愤同深,风格相似,堪称鼎足。《虎牙行》说:

"秋风欻吸吹南国,天地惨惨无颜色。洞庭扬波江汉回,虎牙铜柱皆倾侧。巫峡阴岑朔漠气,峰峦窈窕溪谷黑。杜鹃不来猿狖寒,山鬼幽阴霜雪逼。楚老长嗟忆炎瘴,三尺角弓两斛力。壁立石城横塞起,金错旌竿满云直。渔阳突骑猎青丘,犬戎锁甲围丹极。八荒十年防盗贼,征戍诛求寡妻哭,远客中宵泪沾臆。""虎牙",山名。在荆门山(今湖北宜都县境)之北。《名胜志》:两山相去五里,其山乱石巉岩,上合下开,有如虎牙重门之状。"铜柱",滩名。在今四川涪陵江口。《太平寰宇记》:昔人于此维舟,见水底有铜柱,故名。相传马援欲铸柱于此。滩最峻急。王洙载原注:"萧铣僭号江陵日,屯兵于虎牙,后常为屯戍之地。"黄鹤编此诗在大历二年。谢省说:因篇内有"虎牙"二字,摘以为题,非正赋虎牙。下《锦树行》亦然。这诗前半状朔风惨阴景象,可看作为当时动乱局势在诗人脑海中的艺术缩影;后半因见关塞屯兵备战,而有感于安史乱后,征戍诛求不息所带给人民的深重苦难。"征戍诛求寡妻哭",可与《白帝》"哀哀寡妇诛求尽,恸哭秋原可处村"合看。《锦树行》说:

"今日苦短昨日休,岁云暮矣增离忧。霜凋碧树作锦树,万壑东逝无停留。荒戍之城石色古,东郭老人住青丘。飞书白帝营斗粟,琴瑟几杖柴门幽。青草萋萋尽枯死,天马跛足随牦牛。自古圣贤多薄命,奸雄恶少皆封侯。故国三年一消息,终南渭水寒悠悠。五陵豪贵反颠倒,乡里小儿狐白裘。生男堕地能膂力,一生富贵倾邦国。莫愁父母少黄金，天下风尘儿亦得。""锦树"，指叶色斑斓的经霜之树。黄鹤谓此诗当是大历二年作。首伤时光流逝之速。次叙客居苦况，叹善穷恶达、天道不公。末慨武夫的骤贵。王嗣奭说："此等诗皆有所避忌，故颠倒朦胧其语。……大抵有武夫恶少，乘乱得官，而豪横无忌，观'膂力''风尘'语可见。自玉环得宠，有'不重生男重生女'之说，此又反之，谓天下风尘，有力村夫，皆可得官，多金而荣其父母矣。"

这三首诗都有一定意义，而《久雨期王将军不至》又较有艺术性。但是，这年冬天写的七古，最成功的名篇当推《观公孙大娘弟子舞剑器行并序》。序说：

"大历二年十月十九日，夔州别驾元持宅，见临颍李十二娘舞剑器，壮其蔚跂。问其所师，曰：'余公孙大娘弟子也。'开元三载余尚童稚，记于郾城，观公孙氏舞剑器浑脱，浏漓顿挫，独出冠时。自高头宜春、梨园二教坊内人，洎外供奉舞女，晓是舞者，圣文神武皇帝初，公孙一人而已。玉貌锦衣，况余白首，今兹弟子，亦匪盛颜。既辨其由来，知波澜莫二。抚事慷慨，聊为《剑器行》。昔者吴人张旭，善草书书帖，数尝于邺县见公孙大娘舞西河剑器，自此草书长进。豪荡感激，即公孙可知矣。"有关"公孙大娘""剑器浑脱""高头宜春、梨园二教坊"等等问题，第二章第二节论之甚详，请参看，此不重复。诗说：

"昔有佳人公孙氏，一舞剑器动四方。观者如山色沮丧，天地为之久低昂。㸌如羿射九日落，矫如群帝骖龙翔。来如雷霆收震怒，罢如江海凝青光。绛唇珠袖两寂寞，晚有弟子传芬芳。临颍美人在白帝，妙舞此曲神扬扬。与余问答既有以，感时抚事增惋伤。先帝侍女八千人，公孙剑器初第一。五十年间似反掌，风尘澒洞昏王室。梨园弟子散如烟，女乐馀姿映寒日。金粟堆南木已拱，瞿唐石城草萧瑟。玳筵急管曲复终，乐极哀来月东出。老夫不知其所往，足茧荒山转愁疾。""圣文神武皇帝"是玄宗在开元二十七年二月为群臣所加的尊号。"金粟堆"即金粟山，在今陕西蒲城县城东北三十里，玄宗的陵墓——泰陵在此山。玄宗卒于宝应元年（七六二），至此已五年，故曰"木已拱"。序"开元三载余尚童稚"，"三载"一作"五载"。杜甫时年六岁。诗云"五十年间似反掌"，从开元五年到今年共五十一年。小时看过公孙大娘的剑器舞，如今她人、舞俱亡，自己已年老头白，就是她的弟子临颍李十二娘也不年轻，这当然会使诗人感叹不已。不过这诗的好处却在于能突破个人的伤逝之情，而为开元天宝五十年间的治乱兴衰发一浩叹：从前有位绝色佳人叫公孙大娘，她一舞剑器便轰动四方。重叠如山的观众看了她的表演莫不大惊失色，似乎天地也为这精彩的舞蹈而久久低昂。流光闪烁犹如尧时的后羿射下九个多余的太阳，动作矫捷就像群仙驾着龙在飞翔。一跳起来好似雷霆逐渐收住它的震怒[69]，舞一停止仿佛江海顿时凝固而泛出青光。可叹那绛唇珠袖早已同归寂灭，且喜晚年收了这个弟子能传播她精湛舞艺的芬芳。临颍美人眼下正在白帝城，她表演一曲剑器妙舞神态飞扬。她回答我的提问讲了这些情况，我不由得抚事感时倍觉悲伤。先帝玄宗的侍女有八千人，公孙的剑器当初名列第一。五十年的时光过得简直像反掌般的迅疾，铺天盖地的战乱风尘惊扰了久享升平的王室。梨园弟子像轻烟似的逃散人间，现今只剩下你临颍的舞姿影弄寒日。金粟堆南玄宗的墓木已拱，瞿塘峡口的石城草木萧瑟。华筵上笙箫急促的曲调终于奏完，乐极生悲蓦地见东方月出。老夫我心神迷惘不

---

[69] 萧涤非说："剑器舞有音乐（主要是鼓）伴奏，大概舞者趁鼓声将落时登场，故其来也如雷霆之收震怒，写出舞容之严肃。"聊备一说。

知所往，足茧行迟我满怀忧愁往荒山中走去。——这诗情至悲而力不弱。刘克庄说："《舞剑器行》世所脍炙绝妙好辞也。……余谓此篇与《琵琶行》，一如壮士轩昂赴敌场，一如儿女恩怨相尔汝。杜有建安、黄初气骨，白未脱长庆体尔。"《琵琶行》自有其特色不容忽视，而评论这诗的话却很精当。

《剑器行》结尾说这次宴会乐极哀来、东方月出之后他心情迷惘地独自经过荒山回家，这当是实情。他的《夜归》虽然不一定作于这次，但可见出他确曾有过从城里夜归瀼西的经验。诗说："夜半归来冲虎过，山黑家中已眠卧。傍见北斗向江低，仰看明星当空大。庭前把烛嗔两炬，峡口惊猿闻一个。白头老罢舞复歌，杖藜不睡谁能那？"这诗写得好，正如王嗣奭所说："黑夜归山，有何奇特？而身之所经、心之所想、耳目所闻见，皆人所不屑写，而一一写之于诗，字字灵活，语语清亮，觉夜色凄然、夜景寂然，又人所不能写者。"此间真有虎，夜经荒山，哪能不提心吊胆？写夜行感受逼真，读之不觉如身临其境。常人惟知以熟境、熟意、熟词、熟字、熟调、熟貌去写所谓的诗情画意，老杜却懂得直接去把握并表现活生生的现实生活，这是他高出于常人的地方。

入冬农闲，又有新米饭和鲜橘吃，老杜的身体和心情都比较好一些了。岂料没过上几天安生日子，不管是友人来约，还是寒天独坐，甚至是赴筵观舞，都会触发他身世之悲、家国之恨。《写怀二首》，更是他冬日愁绪直截了当的宣泄。其一说：

"劳生共乾坤，何处异风俗？冉冉自趋竞，行行见羁束。无贵贱不悲，无富贫亦足。万古一骸骨，邻家递歌哭。鄙夫到巫峡，三岁如转烛。全命甘留滞，忘情任荣辱。朝班及暮齿，日给还脱粟。编蓬石城东，采药山北谷。用心霜雪间，不必条蔓绿。非关故安排，曾是顺幽独。达士如弦直，小人似钩曲。曲直吾不知，负喧候樵牧。"老杜不喜此间人的逐利轻生等等，以为异俗，曾一再斥之于诗。不过平心静气地想想，乾坤之内，共趋名利，何处不然？阮籍《大人先生传》："无贵则贱者不怨，无富则贫者不争，各安于身而无所求。"苟能达观，则穷达生死，皆可一视，也就无所谓哀乐了。自从我来到近峡的县城云安，转眼不觉已是三年。为了养病延年我甘心在此留滞，早已忘情世事哪计较荣辱得失。我也曾列朝班、食俸禄，今已颓年暮齿。东方朔《非有先生论》有"居深山之间，积土为室，编蓬为户"的话。我也在白帝城东住着间茅屋，采药在北边的山谷。只要专心在霜雪中寻找也能挖到药材，倒不必等春回条蔓转绿。谢灵运的诗说："安排徒空言，幽独赖鸣琴。"我隐居于此亦无意于安排，不过是顺着自己幽独之性而已。东汉顺帝时京都童谣说："直如弦，死道边；曲如钩，反封侯。"曲直是非我不知道，我只知道蹲在墙根晒太阳等候归村的牧童和樵夫。——故为达观任运之辞以自宽，足见其忧愤之深。其二说：

"夜深坐南轩，明月照我膝。惊风翻河汉，梁栋日已出。群生各一宿，飞动自俦匹。吾亦驱其儿，营营为私实。天寒行旅稀，岁暮日月疾。荣名忽中人，世乱如虮虱。古者三皇前，满腹志愿毕。胡为有结绳，陷此胶与漆？祸首燧人氏，厉阶董狐笔。君看灯烛张，转使飞蛾密。放神八极外，俯仰俱萧瑟。终然契真如，得匪金仙术？"夜深独坐南轩，明月照到我的双膝。忽然刮起大风简直要把天河吹翻，梁上脊檩上映着朝晖原来天已大亮。所有的动物休息了一宿，现在都跟着各自的伴侣出来活动了。我也驱使儿子，去为自家奔些私利。天寒地冻在外面赶路的人少了，到年底日子就过得特别的快。人们遭名利思想的侵袭，便会像吸食血液的虮子虱子把世道搞乱。上古三皇（天皇、地皇、人皇）以前人们有如"偃鼠饮河，不过满腹"（《庄子·逍遥游》），欲望低也容易满足。自从有了结绳记事以后不免智巧日生，饮食起而贪夫殉利，于是矛盾重重，如胶似漆般难于解开，可见那个始作结绳之政、始教人火食的燧人氏真是罪魁祸首；接着名教立而烈士殉名，可见春秋时晋国那个敢秉笔直书的史官董狐倒开了祸端。您看灯烛点了起来，反使投火的飞蛾密密麻麻地烧死一地。名利委实不足关心，惟有神游物外，俯仰皆空，最终能契合真如本性，那岂非得力于金仙佛陀的法术？杨伦以为末句即王维诗"不向空门何处销"意。又说庄、老放言，大逞笔势，亦属有激而云。一般地说，那些自愿遁入空门的，多因遇到莫大人生烦恼而无法解脱所致。王维说他"一生几许伤心事，不向空门何处销"（《叹白发》），就是如此。老杜一生的伤心事无疑比王维的多而大，加之晚景很惨，有时萌奉佛之想，这也是可以理解的。不过，一会儿是"处困而亨"的"圣贤大道"，一会儿是"绝圣弃智"的"老庄玄谈"（张𬘘分别评其一、其二语），而且愤世嫉俗的火气竟有这么大，可见他于佛学知之不深，也算不上是个大彻大悟的修行人。

十二　天气像心情一样多变

江村冬日，离群索居，寂寥已甚。老杜除了"写怀"自遣，有时也出去走走散散心。《白帝楼》《白帝城楼》等作，可见诗人岁暮游踪之一斑。《白帝楼》说：

"漠漠虚无里，连连睥睨侵。楼光去日远，峡影入江深。腊破思端绮，春归待一金。去年梅柳意，还欲揽边心。"连绵不断的女墙（睥睨）上接云天。日光虽能照到城楼而楼与日仍然相去甚远，天寒水落峡影倒映在深邃的江面上。腊破春归我正想有一端绮罗缝春服，也期待着一个值万钱的金锭作川资。只怕像去年那样仍滞此

间,又让梅柳搅乱我这个羁旅边城的客子的思乡之心。又《白帝城楼》说:

"江度寒山阁,城高绝塞楼。翠屏宜晚对,白谷会深游。急急能鸣雁,轻轻不下鸥。夷陵春色起,渐拟放扁舟。"大江从寒山脚下我曾经住过的那西阁前流过,是山城垫高了这绝塞的城楼。[70]山如翠屏最宜在晚晴中相对,白帝山谷的佳趣只有深游之后才能领会。鸿雁叫不停,鸥鸟轻翔而不下。等到峡外夷陵那边的春色起来,我就准备放舟东下。

从这两首诗中可以看出:(一)他已初步决定明年一开春即出峡东游。(二)他的重游白帝城诸胜,不止是为了"登兹楼以四望兮,聊暇日以销忧",还含有前来告别之意。

当时他还做了一件颇有留别意义的事,那就是趁堂舅崔卿翁暂代夔州刺史之机,上诗请求修补武侯庙中的遗像:

"大贤为政即多闻,刺史真符不必分。尚有西郊诸葛庙,卧龙无首对江濆。"(《上卿翁请修武侯庙遗像缺落时崔卿权夔州》)老杜是很尊崇孔明的,他常来武侯庙游览,见孔明塑像的头也没有了,心里当然不是滋味。如今难得他堂舅暂理州务,既然这位老外甥提出这一请求,当舅舅的想必会欣然同意的。又有《奉送卿二翁统节度镇军还江陵》:"火旗还锦缆,白马出江城。嘹唳吟笳发,萧条别浦清。寒空巫峡曙,落日渭阳情。留滞嗟衰疾,何时见息兵?""卿二翁",即前诗题中的"卿翁""崔卿","二"为其排行。舅称渭阳,本《诗经·秦风,渭阳》诗序"我见舅氏,如母存焉"。此云"落日渭阳情",谓崔卿为其舅氏不误。浦起龙说:"公有《上卿翁修武侯

---

[70]《杜臆》:"'高'与'度'对,皆作活字用,言楼之高,由城高之也,如《白帝城最高楼》可见。"(仇注引,今本无)

像》绝句，题末云：'时崔卿权夔州。'兹则权摄事竣，还就江陵本职也。"如果统军权摄、来去真是如此匆忙，为武侯遗像续头，究属细事，也很有可能来不及去做了。前诗末句"卧龙无首对江渍"系从《易》"见群龙无首"化来，语谐而意哀。

崔家二舅回到江陵，那里又多了一门亲戚。前些日子夔州柏都督派田将军到江陵去问候阳城郡王、荆南节度使卫伯玉，老杜曾作《送田四弟将军将夔州柏中丞命起居江陵节度使阳城郡王卫公》，以晋征南将军山简称誉伯玉，对田四必将受到卫的礼遇表示艳羡："定醉山翁酒，遥怜似葛强。"又作《奉贺阳城郡王太夫人恩命加邓国太夫人》[71]祝贺卫母加封，并颂扬伯玉忠孝双全："委曲承颜体，骞飞报主身。可怜忠与孝，双美画麒麟。"老杜早就在注意加强与江陵亲友的联系。现在联系得差不多了，明年开春可以携家前往江陵了。

不久接到弟弟杜观从蓝田把家眷接到了江陵的消息，就更加坚定了他尽快出峡去江陵的决心。他的《舍弟观赴蓝田取妻子到江陵喜寄三首》即写获讯喜慰之情和即将东下相聚之意。其一说：

"汝迎妻子达荆州，消息真传解我忧。鸿雁影来连峡内，鹡鸰飞急到沙头。峣关险路今虚远，禹凿寒江正稳流。朱绂即当随彩鹢，青春不假报黄牛。""峣关"，即蓝田关。"沙头"，即今湖北沙市，在长江北岸，离江陵城十五里。西陵峡（在今湖北宜昌市西北），附近有险滩名黄牛滩。滩边峭壁上有石纹，像人背刀牵牛，人黑色牛黄色。从黄牛滩溯流而上，险曲难走，故《三峡谣》说：

---

[71] 题下原注："阳城郡王，卫伯玉也。"仇注："《旧书·代宗纪》：大历二年六月，荆南节度使卫伯玉，封城阳郡王。公诗乃贺其母受封，盖伯玉封王后，母亦进封大国也。'阳城'，新旧《唐书》作'城阳'。"

"朝发黄牛,暮宿黄牛。三朝三暮,黄牛如故。"你已将妻子接到荆州,我听了不觉客忧顿解。这喜讯好像是鸿雁带到峡内的,我犹如飞鸣求其同类的鹡鸰急着要到沙头去。你既然平安抵达,那崆关的险阻遥远就不须去管它;且喜大禹开凿的这段寒江,现正风平浪静。我即将衣朱绂乘彩鹢顺流而下,明春就不劳你派人经黄牛滩送信来约我出峡了。——李子德说:"诗有喜不自持之意,正以无事修饰为佳。"仇兆鳌说:"衣朱绂而乘彩鹢,兄弟骨肉,须作此慰劳语,不嫌侈张也。"又说:"此诗末二句,与'即从巴峡穿巫峡,便下襄阳向洛阳'语意相似,但彼诗语势轩豁,此诗'朱''彩'、'青''黄'作对,不免拙滞矣。"其二说:

"马度秦山雪正深,北来肌骨苦寒侵。他乡就我生春色,故国移居见客心。欢剧提携如意舞,喜多行坐白头吟。巡檐索共梅花笑,冷蕊疏枝半不禁。"蓝田属京兆府,故曰"故国"。故国移居,苦寒侵骨;他乡就我,物色生春。喜多欢剧,欲舞还吟。步绕檐楹,索梅花共笑,而此时冷蕊半放于疏枝,也仿佛笑不能禁了[72]。朱瀚说:孔德绍《夜宿荒村》诗:"劳歌欲叙意,终是白头吟。"袁朗《秋夜独坐》诗:"如何悲此曲,坐作白头吟。"六朝人皆通用,不必专属文君。杨伦按:公诗如"南浦白头吟""长夏白头吟",皆不拘本意。这些诗句中的"白头吟",不过是说白头人吟哦而已。其三说:

"庾信罗含俱有宅,春来秋去作谁家?短墙若在从残草,乔木如存可假花。卜筑应同蒋诩径,为园须似邵平瓜。比年病酒开涓

---

[72] 黄生串讲说:"因我在他乡,难为归计,特从故国移居相就,足征友爱之心,觉春色忽从天降。此时起舞行吟,欣喜之至,无可告语,只索对花而笑,觉冷蕊疏枝,亦解人意,不禁唇绽而颊动矣。"亦有可取之处,录以备考。

滴，弟劝兄酬何怨嗟！"梁庾信因侯景之乱，自建康逃往江陵，居宋玉故宅，宅在城北三里。东晋罗含为桓温别驾，于江陵城西三里小洲上立茅屋而居。汉蒋诩隐居后，舍中开三径，只与求仲、羊仲二人交往。故秦东陵侯邵平，种瓜于长安城东，瓜美，时称"东陵瓜"。今年夏天，老杜在《舍弟观归蓝田迎新妇送示二首》中表示希望杜观能在秋天将家眷接到江陵，自己于八月携家前往相会，并一同在江陵卜居："汝去迎妻子，高秋念却回。……卜居期静处，会有故人杯。"(其一)"满峡重江水，开帆八月舟。此时同一醉，应在仲宣楼。"(其二)从秋盼到冬，终于盼来了杜观携眷平安到达江陵的消息，眼看计划即将实现，这自然会使诗人喜之不尽，便不由得琢磨起筑室卜居之事、畅想起兄弟欢聚之情来了：庾信、罗含在那儿都有故宅，经过了无数的春秋不知如今已属谁家。要是能赁来居住，若短墙尚在，就任凭它照旧立在乱草丛中千万别去损坏；古时的乔木如存，花开时倒可借以观赏娱情。要是另行卜地盖房，也当效蒋诩开三径以延客、学邵平种瓜而谋生。年来我因病戒了酒到那时说什么也得开戒，弟劝一杯兄回敬一杯就不再有值得嗟叹的了。黄生说："观约公同居江陵，此诗嘱其预卜所止，特借先贤旧宅以寓意，乃见诗肠之曲、诗趣之灵。若直言卜居，则无味矣。"

"弟劝兄酬何怨嗟"，不过极言天伦之乐可解百忧而已。要是偶然触发恋阙忆旧之情，无论何时何地，老杜总会感慨万千而不能自已的。比如每年阴历十一月中过冬至(二十四节气之一，在阳历十二月二十二日前后)，要举行朝参大会。老杜贬华州司功参军那年冬至，他想起了"去年今日侍龙颜"，而"孤城此日肠堪断"，不禁勾起了迁客之情，作《至日遣兴奉寄北省旧阁老两院故人二首》以抒怀(详上卷五一○—五一二)。去年冬至后一日，他作《小至》写客居对酒思乡国之情(详第十七章第十四节)。今年冬至，他又作《冬至》伤客途而想紫宸说：

"年年至日长为客，忽忽穷愁泥杀人。江上形容吾独老，天涯风俗自相亲。杖藜雪后临丹壑，鸣玉朝来散紫宸。心折此时无一寸，路迷何处是三秦？"杨伦说，"风俗"句，即古诗"入门各自媚，谁肯相为言"意。每逢此日，倍伤羁旅。形容独老乃穷愁所致，风俗彼自相亲而于远客无关。身临丹壑，意想朝参。心折路迷，不辨京华何在。八句皆对，不觉割裂。

虽说"冬至阳生春又来"（《小至》），而数九寒天却只是刚刚开始。这年冬至，夔州已下雪（"杖藜雪后临丹壑"），天气很冷，老杜作《前苦寒行二首》以记所见所感。其一说：

"汉时长安雪一丈，牛马毛寒缩如猬。楚江巫峡冰入怀，虎豹哀号又堪记。秦城老翁荆扬客[73]，惯习炎蒸岁絺绤。玄冥祝融气或交，手持白羽未敢释。"《西京杂记》：元封二年大寒，雪深五尺，野中鸟兽皆死，牛马踡跼如猬，三辅人民冻死者十有二三。鲍照有"马毛缩如猬"（《代出自蓟北门行》）之句。长安雪寒，古以为灾。谁知楚江巫峡今年竟冷得像怀中抱着冰似的，连山中虎豹都给冻得嗷嗷叫。我这个秦中长安城里的老翁、荆州扬州的客子，习惯了潮湿而闷热的天气，整年都穿葛布衣裳。水神玄冥跟火神祝融或者会很快交换冷热之气，所以我还不敢放下手中老是拿着的白羽扇。古史有

---

[73] 黄彻《䂬溪诗话》："诸史列传，首尾一律，惟左氏传《春秋》则不然，千变万状，有一人而称目至数次异者，族氏、名字、爵邑、号谥，皆密布其中，而寓诸褒贬，此史家祖也。观少陵诗，疑隐此旨。若云：'杜陵有布衣''自为青城客''长安布衣谁比数''杜曲幸有桑麻田''肯访浣花老翁无''东郭先生住青丘''秦城老翁荆扬客''杜子将北征''臣甫愤所切''甫也东西南北人''有客有客字子美'，盖自见其里居名字也。'不作河西尉''白头拾遗徒步归''备员窃补衮，凡才污省郎'，补官迁陟，历历可考。至序他人亦然，如云'粲粲元道州'。又云'结也实国桢'。凡例森然，诚《春秋》之法也。"（此据仇注所引，今本稍有不同）

记天象和自然灾异的传统，如《春秋》庄公七年"夜中星陨如雨"等等。以后史书辟《天文志》《五行志》专记之。诗中所谓"又堪记"，非止指"虎豹哀号"而言，实谓今年峡内奇寒，作为灾异，可与汉时长安大雪同记之于史册。老杜作诗，还想到记灾异，称之为"诗史"，真是当之无愧。其二说：

"去年白帝雪在山，今年白帝雪在地。冻埋蛟龙南浦缩，寒刮肌肤北风利。楚人四时皆麻衣，楚天万里无晶辉。三足之乌骨恐断，羲和送之将安归？"前年我作诗说："南雪不到地，青崖沾未消。"（《又雪》）去年也是这样，今年地上可铺了厚厚的一层。蛟龙给冻埋在江底，南浦仿佛缩小了；北风吹到身上，像刀割似的。此地向来炎热，人们一年四季都穿麻衣；今冬可彤云密布，万里暗淡无光。恐怕是日中乌骨头折了，但不知那位赶六龙车的羲和把它送归何处。

"玄冥祝融气或交，手持白羽未敢释。"这话总算应验了，一天傍晚终于雾开日出，可是老杜的心境却并未随之而开朗：

"高唐暮冬雪壮哉！旧瘴无复似尘埃。崖沉谷没白皑皑，江石缺裂青枫摧。南天三旬苦雾开，赤日照耀从西来，六龙寒急光徘徊。照我衰颜忽落地，口虽吟咏心中寂。未怪及时少年子，扬眉结义黄金台。泪乎吾生何飘零，支离委绝同死灰。"（《晚晴》）这场大雪下得很有气势，它消除了瘴气，埋住了山崖，填平了山谷，冻裂了江石，摧折了青枫，一片白茫茫的。现是暮冬，前后阴了近一月，今日傍晚转晴，红日从西边照耀雪地，寒光闪烁，六龙徘徊。斜晖将我衰老瘦弱的身影投射到地面上，我见了口里虽在吟哦心里却很悲哀。正当年的小伙子们，扬眉吐气地在黄金台上结义，这又何足怪？恨只恨我那疾若流水的一生在飘零中度过，如今只落得个病体支离、心如死灰。

天气并未晴稳，第二天天又变了：

"方冬合沓玄阴塞，昨日晚晴今日黑。万里飞蓬映天过，孤城树羽扬风直。江涛簸岸黄沙走，云雪埋山苍兕吼。君不见夔子之国杜陵翁，牙齿半落左耳聋。"谢惠连《雪赋》："玄阴凝，不昧其洁。"不但不昧，反而因黑白对比强烈更见其洁。某画师好画东北冰天雪地风景，说画出的作品真是"白山黑水"，就是同一个道理。昨日晚晴，今日天又黑成这个样子。狂风卷着蓬草满天乱飞；孤城上竖着旗杆，羽旄之类军旗在呼啦啦地飘。惊涛拍岸冲走黄沙，云雪封山犀牛饥吼。您不见夔子国中的那个杜陵翁，他牙齿掉了一半，左耳前不久也聋了。杨伦说："以客子衰翁，当此境象黯惨，情其何以堪耶！"在我看来，将如此凄苦可哀的自画像衬以色调沉重的严冬背景，更增强了悲剧气氛和震撼人心的力量，艺术表现上也有可取之处。

接着他又作《后苦寒行二首》记瘴乡大雪之异，写风雪严寒之苦。其一说：

"南纪巫庐瘴不绝，太古以来无尺雪。蛮夷长老畏苦寒，昆仑天关冻应折。玄猿口噤不能啸，白鹄翅垂眼流血。安得春泥补地裂？"旧注：巫、庐二山，南国之纲纪。仇注："昆仑天关欲折，言天上地下皆冻也。"此地自古以来都没有下过这么大的雪，不光人怕冷，连猿猴、鸿鹄都受不了。真希望早日春回大地啊！其二说：

"晓来江门失大木，猛风中夜吹白屋。天兵斩断青海戎，杀气南行动坤轴；不尔苦寒何太酷！巴东之峡生凌澌，彼苍回斡人得知？"首句"晓"一作"晚"。白屋僵卧，半夜起了大风，早上起来一看，门外江边的大树没有了。以作"晓"为佳。浦起龙说："'天兵'三句，作意绝奇，言此殆天心厌乱，厉威杀贼，寒气激而南行乎？不尔，何寒之酷若此！'巴峡凌澌'，就'苦寒'敷衍一笔。'彼苍回斡',即微足'天兵断戎'意。盖言西戎炽盛久矣,意者气机旋转,将欲灭此丑类耶?'人得知',若曰:天意盖可知矣。借寒威杀气,一畅殄寇之怀,思入非有想天。"此解得之。

"南纪巫庐瘴不绝,太古以来无尺雪。"这亘古未有的大雪偏偏让可怜的老杜赶上了。他贫病交加,久滞此间,初来时逢酷暑,临去前遇奇寒,真是天时、地利、人和全都于他无份啊!

虽然如此,他总算熬过了在夔州的第二个,也是最后的一个冬天。

第十九章　江汉风帆

一　"正月喧莺未，兹辰放鹢初"

过了年就是大历三年（七六八）。元宵节前后老杜携家离夔东下，多年愿望终于实现，不管以后情况如何，总是一件快意的事。

这年的天下大事，从史书中摘录几条于后。

正月，乙丑，代宗去章敬寺，度僧尼千人。这寺是去年在鱼朝恩献出的庄子上为超度章敬太后亡魂而修建的。至于代宗的佞佛，则是元载、王缙、杜鸿渐三位宰相共同努力的结果。如此君臣，政事紊乱可想。

二月，癸巳，商州兵马使刘洽杀防御使殷仲卿，不久即讨平之。甲午，郭子仪禁无故军中走马。其妻南阳夫人乳母之子犯禁，都虞候杖杀之。诸子泣诉于子仪，且言都虞候之横，子仪叱遣之。明日，以事语僚佐而叹息说："子仪诸子，皆奴材也。不赏父之都虞候而惜母之乳母子，非奴材而何！"子仪颇能明辨是非，处事往往如此。

四月，壬寅，西川节度使崔旰入朝。初，上遣中使征李泌于衡山，既至，复赐金紫，为之作书院于蓬莱殿侧，皇上时着汗衫、蹑屦过之，自给事中、中书舍人以上及方镇除拜、军国大事，皆与之议。又命鱼朝恩于白花屯为泌建外院，使与亲旧相见。皇上欲以泌为门下侍郎、同平章事，泌固辞。皇上说："机务之烦，不得晨夕相见，诚不若且居密近，何必署敕然后为宰相邪！"皇上与李泌谈到齐王李倓，欲厚加褒赠，泌请用岐王李范赠惠文太子、薛王李业赠惠宣太子故事赠太子，皇上哭道："吾弟首建灵武之议，成中兴之业，岐、薛岂有此功乎！竭诚忠孝，乃为谗人所害。向使尚存，朕必以为太弟。今当崇以帝号，成吾夙志。"乙卯制，追谥李倓为承天皇帝；庚申，葬顺陵。至德二载正月，建宁王李倓因张良娣与李辅国合谋进谗而为肃宗赐死，广平王李俶（即代宗）与李泌皆甚危。由于李泌的决意归山，和他对肃宗的恳切陈辞，对李俶的面授机宜，广平遂得以免祸并立为太子，杜诗"羽翼怀商山"即咏此事（详上卷四四八—四五二页）。可见代宗与李泌的关系非同一般。崔旰入朝，以弟崔宽为留后，泸州刺史杨子琳帅精骑数千乘虚突入成都；朝廷闻之，加崔旰检校工部尚书，赐名宁。

六月，壬辰，幽州兵马使朱希彩、经略副使昌平朱泚、泚弟滔共杀节度使李怀仙，希彩自称留后。朝廷派兵讨伐，不能取胜，只得任命他为留后。崔宽与杨子琳战，数不利。

七月，崔宁妾任氏出家财数十万，募兵得数千人，帅以击子琳，子琳败走。丙戌，大内出盂兰盆赐章敬寺。设七庙神座，书尊号于幡上，百官迎谒于光顺门。从此成为常例。

八月，壬戌，吐蕃十万众犯灵武。丁卯，吐蕃尚赞摩二万众犯邠州，京师戒严；邠宁节度使马璘击破之。

九月，壬申，命郭子仪将兵五万屯奉天以备吐蕃。白元光、李晟二将击吐蕃，吐蕃释灵州之围而去。戊戌，京师解严。

十一月，丁亥，以幽州留后朱希彩为节度使。

十二月，癸亥，西川破吐蕃万余众。

朝廷无能，内不能惩横将，外不能靖强敌，颓势早成，已很难扭转，这就难怪老杜对国家民族的前途越来越丧失信心了。

"独在异乡为异客，每逢佳节倍思亲。"这是王维十七岁在长安过重阳节时怀念故乡亲人的诗句。年少时平，离家不远，节日思亲，尚且如此；那么，像老杜这样久经战乱、漂泊天涯、垂老难归的人，逢年过节，就自会倍觉悲伤了。今年元旦老杜试笔之作《元日示宗武》，抒写的就是这种莫大的悲哀：

"汝啼吾手战，吾笑汝身长。处处逢正月，迢迢滞远方。飘零还柏酒，衰病只藜床。训谕青衿子，名惭白首郎。赋诗犹落笔，献寿更称觞。不见江东弟，高城泪数行。"第十一句下原注："第五弟漂泊江左，近无消息。"前年有《第五弟丰独在江左近三四载寂无消息觅使寄此二首》，其一说"十年朝夕泪"，知老杜同五弟杜丰自从天宝十五载避乱分别以来到前年已有十年没见面，没得到他的消息也有三四载。从觅使寄诗到眼下又有二年。五六年一直杳无音信，也难怪老杜挂念。仇兆鳌说："首言父子，末及兄弟，中皆触景而伤怀。"又说："此诗皆悲喜并言：啼手战是悲，笑身长是喜；逢正月是喜，滞远方是悲；对柏酒是喜，坐藜床是悲；子可教是喜，身去官是悲；赋诗称觞又是喜，忆弟泪行又是悲。只随意序述，而各有条理。"谓其百感交集可也，但不得遽分悲喜；即使在平日是可喜之事，但处于此时此境，喜中含悲，喜亦生悲，也就无所谓喜了。请即以杜诗举例言之。如"汝曹催我老"（《熟食日示宗文宗武》）言子长而我老，"令节成吾老"（《又示两儿》）言令节亦促人老，"送客逢春可自由"（《和裴迪登蜀州东亭送客逢早梅相忆见寄》）言客中逢春亦愁，等等，岂非喜中含悲、喜亦生悲么？还是李子德说得好："衰年远客，触绪增悲，其中蕴义甚长，非可视为浅率。"旧日有元旦试笔之俗，一般人多书"元旦发笔，大吉大利"之类俗套云云于红纸条上，能文者亦可赋诗自书。诗中"赋诗犹落笔"对"献寿更称馂"，元旦献寿称馂已成习俗，赋诗落笔似亦指此日另一习俗，或元旦试笔之俗唐时已有之。同时作《又示宗武》说：

"觅句新知律，摊书解满床。试吟青玉案，莫羡紫罗囊。假日从时饮，明年共我长。应须饱经术，已似爱文章。十五男儿志，三千弟子行。曾参与游夏，达者得升堂。"张衡《四愁诗》："美人赠我锦绣段，何以报之青玉案。"《晋书·谢玄传》：谢玄少好佩紫罗香囊。叔父安患之，而不欲伤其意，因戏赌取，即焚之，于此遂止。《楚辞·离骚》："奏《九歌》而舞《韶》兮，聊假日以媮乐。""十五"句虽暗用孔子"吾十有五而志于学"（《论语·为政》）的话，但宗武这年总得有十五岁。姑论周岁，则可推知宗武当生于天宝十二载（七五三）。上卷三六九页据《遣兴》"骥子好男儿，前年学语时。问知人客姓，诵得老夫诗"估计当时（至德二载，七五七）宗武大约只有五六岁，大体不差。十五六岁的孩子长得快的个儿该不小了，所以前诗说"吾笑汝身长"，这诗说"明年共我长"。孔子有弟子三千，入室升堂者七十余人。曾参（曾子）、子游、子夏都是孔子的入室弟子。曾参以孝著称。相传《大学》是他著的。后被封建统治者尊为"宗圣"。子游擅长文学。曾为武城宰，提倡以礼乐为教，境内有"弦歌之声"。子夏曾提出"学而优则仕，仕而优则学"等看法。相传《诗》《春秋》等儒家经典是由他传授下来的。这诗专言训子之意，舐犊情深，满怀希望，是老杜愁苦中惟一堪引为慰藉的：你新近懂得点诗歌格律已开始在琢磨着作诗了，为了查找出处你打开了书卷摊满一床。倒不妨吟吟平子的"青玉案"，可别学好佩紫罗香囊的幼度赶时髦。有闲暇不时陪我喝点酒（今春《王十五前阁会》说："病身虚俊味，何幸饫儿童！"可见老杜不仅让孩子们在家里陪自己喝点酒，甚至还带着他们出去"趁食"，增加点营养），明年你就会长得跟我一般高了。你似乎已显示出对文学的爱好,但仍须在经术上狠下功夫。你已十五了该有志于学,做个起码的儒门弟子。然后再进一步争取成为像曾参、游、夏那样品学兼优、升堂入室的贤人。——或疑老杜有誉儿癖。胡夏客为之辩解说:"宗武定是有才;若宗文,则但使树鸡栅耳。后宗武之子嗣业,能葬祖乞志,不坠其家声云。"[1]除了《催宗文树鸡栅》,老杜只在去春病重、寒食日有感而预言后事的《熟食日示宗文宗武》和《又示两儿》中提到宗文。他写到或写给宗武的诗则不少,多称其聪颖好学而望其有成。宗武显然比宗文强一些,又因父亲宠爱,受到的教育也势必会好一些。不过,希望他成为曾参、游、夏那样的"贤人",谈何容易!之所以提出这样不切实际的要求,与其说是由于老杜有誉儿癖,倒不如说是他壮志未酬、深以为憾,不觉寄幻想于其子。胡应麟说:"唐小说载杜甫子宗武作诗示友人,友人以斧答之。宗武曰:'欲使我斤正(于)吾父耶?'友人云:'令若自断其臂耳。不尔,天下诗名又在杜家矣。'此事甚新,然史传不载。宗武诗亦竟弗传。岂三世为将,道家所忌哉?按'斧'字从父从斤。杜尝命宗武熟精《文选》,又作诗屡令其诵,友人言宜有可信者,惜无从互订之。"小说家言,仅资谈助,但见历来人们对宗武的无诗文传世颇感遗憾。看起来,一个作家的产生,其原因是多方面的;即使本人天资不低,又得名师指点,如果生活经验、创作实验、真知灼见、艺术感受……或有所缺,也会写不出佳作,成不了名家的。

张远认为《远怀舍弟颖观等》亦元日所作,因前诗"不见江东

---

[1] 《诗薮》:"杜子宗武,李(白)子伯禽,皆流落早卒。而宗武子嗣业,能乞元碑以葬先人,孝矣。伯禽二女妻野人,当道欲为易婚不愿,而以厥祖遗言,俾卜葬青山,以成先志,亦无忝也。伯禽子先二女出游,不知所终。(或以白无孙,不然。)"李、杜生前遭遇相仿,身后子孙情况亦相当,真令人叹息!

弟"句，故又有此诗，观落句"旧时元旦会"可见。焞案："冰霜昨夜除"，亦暗点昨为除夕，可作旁证。诗说：

"阳翟空知处，荆南近得书。积年仍远别，多难不安居。江汉春风起，冰霜昨夜除。云天犹错莫，花萼尚萧疏。对酒都疑梦，吟诗正忆渠。旧时元日会，乡党羡吾庐。"只知道颖弟在阳翟（今河南禹县），远别多年一直没见到；最近倒收到了荆州观弟的信，说他还没安居下来。江汉春风一起，冰霜旋即消除。但恨云天漠漠，弟兄离散。此刻我对酒翻疑是梦，吟诗正念着他们。以往元旦阖家团聚，为乡党所称羡，现在回想起来，真令人神往。蒋弱六评："一派自言自语，读之黯然魂消。将前聚首之乐，衬出今离别之悲，倒煞作结，更觉含情无限。"

就在这一两天，老杜又接到杜观的信，说已经在荆州西北边的当阳（今湖北当阳县）找到了住处，请他携家前往。他就决定在本月中旬出峡前往，作《续得观书迎就当阳居止正月中旬定出三峡》[2] 说：

"自汝到荆府，书来数唤吾。颂椒添讽咏，禁火卜欢娱。舟楫因人动，形骸用杖扶。天旋夔子峡，春近岳阳湖。发日排南喜，伤神散北吁。飞鸣还接翅，行序密衔芦。俗薄江山好，时危草木苏。冯唐虽晚达，终觊在皇都。"崔寔《四民月令》：元旦进椒柏酒。椒是玉树星精，服之令人却老。柏是仙药，能驻年却病。尊卑次列，以年少者为先，各饮毕，遂献尊长寿。自从你到了荆州，几次来信催我去。这增添了我新正饮酒吟诗的兴致，最迟到三月初的寒食

---

[2] 浦起龙以为此诗当是大历二年岁底作，旧编三年岁初，非。理由是："公有《舍弟观到江陵喜寄三首》，……此则观得公诗后，复以书来约也。"焞案：若此诗果作于头年岁底，既已告知将"迎就当阳居止"，则今年元日所作《远怀舍弟颖观等》不当复说"多难不安居"了。仍从旧编为是。

节我们总可欢聚一堂了。雇船动身川资尚有待于人,瘦弱的形骸须倚仗拐杖扶持。阳和初转瞿塘峡,春光已近洞庭湖。出发时我将尽情排放出南行之喜,同时又黯然伤神为不得北归而叹息。哀鸣失所的鹡鸰终将与同类比翼齐飞,咱兄弟们在外旅行,也得学那衔芦而翔以避矰弋的雁行多注意安全。此间民俗浇薄而江山景色倒委实的好,草木可不管时局的危急总是照样复苏。西汉的冯唐虽老仍能显达,我还始终觊觎着重返皇都。

旧历纪年所用值岁干支的别名叫"太岁"。大历三年岁次戊申,戊申即是"太岁"。旧注据《旧唐书》所载是年正月丙午朔,推知"太岁日"戊申乃初三日。老杜有《太岁日》,即是这年正月初三日作:

"楚岸行将老,巫山坐复春。病多犹是客,谋拙竟何人?阊阖开黄道,衣冠拜紫宸[3]。荣光悬日月,赐予出金银。愁寂鸳行断,参差虎穴邻。西江元下蜀,北斗故临秦。散地逾高枕,生涯脱要津。天边梅柳树,相见几回新。""黄道",地球上的人看太阳于一年内在恒星之间所走的视路径。古人多以"黄道"喻殿前皇帝经行之道。"紫宸",唐正殿名。宋之问《龙门应制》"嚣声引扬闻黄道,佳气周回入紫宸",又《奉和幸神皋亭应制》"清跸喧黄道,乘舆降紫宸",可与"阊阖"一联参看。楚岸巫山再度逢春,我越来越老了。客居多病,谋生计拙而落后于人。想此时殿堂大启,新正朝

〈3〉仇兆鳌说:"诗家采用成语,有增字减字法,而工拙不同。如庾信诗:'地中鸣鼓角,天上下将军。'骆宾王赋云:'隐隐地中鸣鼓角,迢迢天上出将军。'此增五字为七字,而精警不及。王维诗:'漠漠水田飞白鹭,阴阴夏木啭黄鹂。'李嘉祐诗云:'水田飞白鹭,夏木啭黄鹂。'此减七字为五字,而风韵不如。王维诗:'九天阊阖开宫殿,万国衣冠拜冕旒。'杜云:'阊阖开黄道,衣冠拜紫宸。'则节去二字,而语更清劲。薛据诗:'省署开文苑,沧浪学钓舟。'杜云:'独当省署开文苑,兼泛沧浪学钓舟。'则增加两字,而句便流逸。用语入化,全系乎作者身份也。"

会,既赐荣光,又赐金银;叹我远隔鸳行,结邻虎穴,愁苦何堪!这长江西边的上游原本是出蜀东下的水路,那北斗七星的下面就是我时刻想念的长安城。我长期在瀼西这闲散之地高枕卧疾,早已脱离了官场仕途。我浪迹天涯,已几回见梅花开柳叶新。由此诗"阊阖"诸句,可看出老杜的"终觊在皇都",仍有不忘荣华富贵的庸俗一面。

正月初七为人日,又作《人日二首》。其一说:

"元日到人日,未有不阴时。冰雪莺难至,春寒花较迟。云随白水落,风振紫山悲。蓬鬓稀疏久,无劳比素丝。"此感人日阴寒而作,前写阴惨气象,后言触景增忧。《杜臆》:"昔比素丝,蓬鬓犹在;今又稀疏,并失素丝矣。"其二说:

"此日此时人共得,一谈一笑俗相看。樽前柏叶休随酒,胜里金花巧耐寒。佩剑冲星聊暂拔,匣琴流水自须弹。早春重引江湖兴,直道无忧行路难。"《荆楚岁时记》:人日剪彩为人,或镂金箔为人,以贴屏风,亦戴之头鬓。人人都欢度人日,我也随俗谈笑为乐。元旦过了不须再饮柏叶酒,天色犹阴只彩胜金花最耐寒。拔剑醉舞则气冲牛斗,开匣鸣琴而志在流水。早春的到来重新引动我浪迹江湖的逸兴,我也就不再感到行路的艰难了。这诗不止见唐人习俗,亦见老杜临行前的好兴致。

去年十月,朔方节度使路嗣恭破吐蕃于灵州城下,斩首二千余级;吐蕃引去。今年开春,老杜听说敌人已全部撤退,喜甚,作《喜闻盗贼总退口号五首》记事抒情。其一喜王师之能御敌:"萧关陇水入官军,青海黄河卷塞云。北极转愁龙虎气[4],西戎休纵犬羊群。"其二追咎边将之起衅:"赞普多教使入秦,数通和好止烟尘。

---

[4] 张远注:龙虎军,盖禁旅。时鱼朝恩掌禁兵,中外受制,故深愁之。

朝廷忽用哥舒将,杀伐虚悲公主亲。"[5] 其三记吐蕃叛服之不常:"崆峒西极过昆仑,驼马由来拥国门。逆气数年吹路断,蕃人闻道渐星奔。"其四以往时和戎为得计:"勃律天西采玉河,坚昆碧碗最来多。旧随汉使千堆宝,少答胡王万匹罗。"其五为颂圣之辞:"今春喜气满乾坤,南北东西拱至尊。大历三年调玉烛,玄元皇帝圣云孙。"这不过表达了闻讯之后一时的喜悦激情而已,其实唐王朝当时仍然风雨飘摇,一点儿也不可乐观。就拿吐蕃来说,今年八月,又有十万众犯灵武,二万众犯邠州,京师再一次戒严了。虽然如此,这一时的高兴定会增添他出峡东游的兴致不少。

已定于正月中旬出峡。行期已近,老杜就赶着将去年在瀼西置的四十亩果园送给了一位他称之为"南卿兄"的友人,作《将别巫峡赠南卿兄瀼西果园四十亩》说:

"苔竹素所好,萍蓬无定居。远游长儿子,几地别林庐。杂蕊红相对,他时锦不如。具舟将出峡,巡圃念携锄。正月喧莺未[6],兹辰放鹢初。雪篱梅可折,风榭柳微舒。托赠君家有,因歌野兴疏。残生逗江汉,何处狎樵渔?"青苔绿竹是我平素所好,可叹我萍流蓬转而无定居。在长期的远游中儿女们长大了;自秦而蜀又自阆而夔,已经别离了好几处的园林茅庐。等到这儿的果树红花怒放,那光景连五彩缤纷的锦缎都自愧不如。我已经包了船即将出峡,还不时去园中巡视,总忘不了拿着松土的锄。正月里黄莺尚未鸣啭,这时我却要放舟东下,开始漫长的征途。积雪篱边梅枝可

---

[5] 开元末,金城公主卒。吐蕃遣使告哀,因请和,明皇不许。天宝七载,以哥舒翰节度陇西,攻拔石堡城,收九曲故地。仇兆鳌说:"当时吐蕃请和,正可息兵,自哥舒翰迎合上意,纵兵恣杀,而边衅从此开矣。据此章,则哥舒翰当服善战之刑。前赠哥舒翰开府诗,又盛夸其武功,能免谀词乎?"

[6] 各本均作"未",惟仇兆鳌定作"末",并说:"'喧莺末',谓莺喧正月之末,'末'字属月不属莺。"

折,春风榭畔柳眼微舒。谨以这四十亩果园奉赠归君家所有,又因此而唱出这支歌子,把心里的野兴闲情疏一疏。我的余生大概会在江汉之上度过,只恐怕不再能像这里一样亲近樵渔。赵次公说:"果园四十亩,而公直举以赠人,此一段美事,而古今未尝扬揄,杜公之气义良可叹也。"老杜此举当然是慷慨的,但鉴于他"舟楫因人动"的实际情况,那位"南卿兄"想也会多少送他一些川资的。钟惺说:"以果园赠好友,全写出一片爱惜郑重之意,方见诗人情趣。若说作轻弃所有,反觉寻常肤浅矣。"这话貌似有理而实无理。赠人产业,自然有"爱惜郑重之意",哪会"说作轻弃所有"呢?有此真情实意且能写出便好,并非为了诗好而故意揣摩出这种或那种情意来加以表现。上面的那种说法,似乎有本末倒置之嫌。仇兆鳌说:"陆放翁有《野饭》诗,自注云:《杜氏家谱》谓子美下峡,留一子守浣花旧业[7],其后避乱成都,徙眉州大垭,或徙大蓬云。今按:当时若留子在夔,应见于诗章,集中既无,或谱说未可信耶?"

二 夔艺雌黄

赠送了果园,当即打点行装携家启程。多时愿望终于实现,老杜自然喜之不尽。且趁老杜行船赏景之际,我们就好抽出身来对他这两年在夔州期间创作的诗歌做一番回顾了。

---

〔7〕 北宋吕陶《朝请郎潼川府路提点刑狱杜公墓志铭》(载《净德集》)也有大致相同的记载:"吾友杜公讳敏求,字趣翁,其先出于唐杜氏,历世有显人。……子孙又以文章显者,有曰审言。审言生闲,闲生甫,字子美。……甫初娶司农少卿杨怡女,生二子。及下江陵,留二子守成都。借杨子琳之乱,避患奔眉之东山大垭,因家焉。其后族属蕃衍,遂为郡大姓。后有葬青神者,遂为青神人。"录以备考。

最早也最看重老杜夔州诗的是黄庭坚。他"谪居黔州,欲属一奇士而有力者,尽刻杜子美东西川及夔州诗,使大雅之音久湮没而复盈三巴之耳"。后遇丹棱杨素翁,约好由他"尽书杜子美两川夔峡诸诗",由杨鸠工刻石并建大雅堂以藏之(见《刻杜子美巴蜀诗序》《大雅堂记》)。他又在《与王观复书三首》其一中说:"观杜子美到夔州后诗,韩退之自潮州还朝后文章,皆不烦绳削而自合矣。"(黄文三篇均见《豫章黄先生文集》)可见他于老杜巴蜀诗中尤重夔州诗,以为是最成熟的作品。陈善也有类似的看法,说:"观子美到夔州以后诗,简易纯熟,无斧凿痕,信是如弹丸矣。"(《扪虱新话》)王十朋也很推崇夔州诗,曾在《夔路十贤·少陵先生》(载《梅溪先生后集》)中说:"夔州三百篇,高配风雅颂。"在传统观念中,风雅颂地位之高是无与伦比的。今竟以此相比,足见他给予夔州诗评价之高了。

与上述看法恰恰相反,朱熹对夔州诗却持否定态度。他说:"杜甫夔州以前诗佳;夔州以后,自出规模,不可学。"又说:"李太白始终学选诗,所以好。杜子美诗好者,亦多是效选诗。渐放手,夔州诸诗则不然也。"又说:"人多说杜子美夔州诗好,此不可晓。夔州诗却说得郑重烦絮,不如他中前有一节诗好。鲁直一时固自有所见,今人只见鲁直说好,便却说好,如矮人看戏耳。……杜子美晚年诗都不可晓。吕居仁尝言:诗字字要响。其晚年诗都哑了。不知是如何以为好否。"(均见《朱子语类》)朱熹虽嫌老杜不闻道:"顾其(指《同谷七歌》)卒章叹老嗟卑,则志亦陋矣,人可以不闻道哉?"(《晦庵先生朱文公文集·跋杜工部同谷七歌》)又最称道李白诗:"李太白诗非无法度,乃从容于法度之中,盖圣于诗者也。"(同上)但也不薄老杜前期诗:"杜诗初年甚精细,晚年横逆不可当,只意当处便押一个韵。如自秦州入蜀诸诗,分明如画,乃其少作也。"(同上。以为入蜀诗为少作,误)根据以上所引语录可知,在他看来:

(一) 李白诗之所以好,在于"始终学选诗","非无法度,乃从容于法度之中";杜甫夔州以前诗之所以好,亦在于"多是效选诗","甚精细""分明如画"。(二) 夔州诗之所以不好,在于"渐放手"不效选诗,"说得郑重烦絮""诗都哑了",且"横逆不可当,只意当处便押一个韵",总而言之是"自出规模,不遵法度"。

欲判两派对立意见的是非曲直,仍须从具体探讨夔州诗思想艺术特征及其成败得失入手。

夔州诗到底有多少?王十朋说"夔州三百篇",又说"暮年流落来夔子","赋诗三百六十篇"(《梅溪先生后集·诗史堂荔枝歌》)。于頔却说"夔州之诗,多至四百余篇"(《修夔州东屯少陵故居记》)。仇兆鳌《杜少陵集详注》在前人研究的基础上酌订编年诗,大致可信。据此书统计,夔州诗共有四百三十五首。⁽⁸⁾唐云安县属夔州。若将三十二首云安诗计入,则有四百六十七首。仇氏所编杜诗计一千四百三十九首(逸诗和附录他人诗不计算在内),夔州诗就约占三分之一。老杜于永泰元年(七六五)九月到云安,大历三年(七六八)正月去夔出峡,在夔州(包括云安)一共住了两年零四个月。这一时期他身体很不好,居然写出了这么多的作品,不能不惊讶他创作力的旺盛。如果说,"忆在潼关诗兴多"(《峡中览物》),大而言之,安禄山叛乱爆发前后是老杜第一个创作高潮;秦州诗、成都诗是另外两个高潮;那么,夔州诗可说是最后也是最大的一个高潮了。因此,对这一创作高潮的研究,无疑是很有意义的。

夔州诗不仅数量多,内容也很广。胡铨《僧祖信诗序》说:"少陵杜甫耽作诗,不事他业,讽刺、讥议、诋诃、箴规、姗骂、比兴、赋颂、感慨、忿懫、恐惧、好乐、忧患、怨怼、凌遽、悲

⟨8⟩ 从《移居夔州作》算起,到《将别巫峡赠南卿兄瀼西果园四十亩》为止。

歌、喜怒、哀乐、怡愉、闲适，凡感于中，一以诗发之。仰观天宇之大，俯察品汇之盛，见日月、霜露、丰隆、列缺、屏翳、沉潏、烟云之变灭，云岩、邃谷、悲泉、哀壑、深山、大泽，龙蛇之所宫，茂林、修竹、翠筱、碧梧，鸾鹄之所家，天地之间，诙诡谲怪，苟可以动物悟人者举萃于诗。故甫之诗，短章大篇，迁馀妍而卓荦杰，笔端若有鬼神，不可致诘。后之议者至谓：书至于颜（真卿）、画至于吴（道子）、诗至于甫极矣。"⁽⁹⁾这里虽是就全部杜诗而言，若拿来概括夔州诗，也同样是合适的。因为论内容的丰富多彩、手法的变化多端，哪一时期的创作都赶不上夔州诗。

自从老杜来到夔州，村居多闲，旧事萦怀，曾写作了《昔游》"昔者与高李"首、《壮游》、《遣怀》、《昔游》"昔谒华盖君"首等诗为自己立传，又作《八哀诗》为他人立传。这些诗不但见个人遭遇，亦见时代变迁，方面颇广，感情亦深。叶梦得认为《八哀》"李邕、苏源明中极多累句"（《石林诗话》），其余诸篇并非如此。若就大体而论，这都是些有一定思想深度和艺术高度的鸿裁巨制，不得归之于朱熹所谓"说得郑重烦絮"一类。刘克庄说："杜《八哀诗》，崔德符谓可以表里雅颂，中古作者莫及。韩子苍谓其笔力变化，当与太史公诸赞方驾。……余谓崔、韩比此诗于太史公纪传，固不易之语。至于石林之评累句之病，为长篇者不可不知。"（《后村先生大全集》卷一七六《诗话后集》）郝敬说："《八哀诗》雄富，是传纪文字之用韵者。文史为诗，自子美始。"（仇注引）雅颂中有关于古史的记载，文史为诗，非始于子美。但是，若从体裁性质和写作特色的

⑼ 这里指的就是苏轼如下的意见："知者创物，能者述焉，非一人而成也。君子之于学、百工之于技，自三代历汉至唐而备矣。故诗至于杜子美、文至于韩退之、书至于颜鲁公、画至于吴道子，而古今之变，天下之能事毕矣。"（《东坡集·书吴道子画后》）

相近来看，谓《八哀》之类篇章可以表里雅颂、中古作者莫及，而其规模雄富、笔力变化当与太史公诸赞方驾，也并不是毫无根据的溢美。

仇兆鳌评《昔游》"昔者与高李"首亦大佳："公夔州后诗，间有伤于繁絮者，此则长短适中，浓淡合节，整散兼行，而摹情写景，已觉兴会淋漓，此五古之最可法者。"不止此诗，就是《壮游》、《遣怀》、《昔游》"昔谒华盖君"首等，以及去夔出峡后所作《忆昔行》，也无不如此。因此，当论及老杜壮游情事时常为说诗人所援引而津津乐道（可参看上卷第二、第三、第四章有关论述）。刘克庄又说："《壮游》诗押五十六韵，在五言古风中，尤多悲壮语，如云：'往者十四五，出游翰墨场。斯文崔魏徒，以我似班扬。'又云：'脱略小时辈，结交皆老苍。''东下姑苏台，已具浮海航。到今有遗恨，不得穷扶桑。'又云：'上感九庙焚，下悯万民疮。''小臣议论绝，老病客殊方。'虽荆卿之歌、雍门之琴、高渐离之筑，音调节奏，不如是之跌荡豪放也。"褒奖难免言甚其辞，但这类诗中跌荡豪放的悲壮语固多，不得谓夔州"诗都哑了"。除《忆昔行》，其余皆五古。以古体写史实、传记，词气浩荡，其势"横逆不可当"（朱熹以此为病，我却以为这恰恰是老杜不可企及的优点），所作既见史笔，又富诗情，对开拓诗歌领域、丰富艺术表现显示了实绩，能这样"渐放手"不效选诗而"自出规模"，又有什么不好呢？朱熹在《答巩仲至书》（载《晦庵先生朱文公文集》）中曾明确表示："顷年学道未能专一之时，亦尝闲考诗之原委，因知古今之诗，凡有三变。盖自书传所记虞夏以来及魏晋，自为一等；自晋宋间颜谢以后，下及唐初，自为一等；自沈宋以后，定著律诗，下及今日，又为一等。然自唐初以前，其为诗者固有高下，而法犹未变。至律诗出，而后诗之与法，始皆大变，以至今日，益巧益密，而无复古人之风矣。故尝妄欲抄取经史诸书所载韵语，下及文选汉魏古词，以尽乎郭景纯、陶渊明之所作，自为一编，而附于三百篇、楚辞之后，以为诗之根本准则。又于其下二等之中，择其近于古者，各为一编以为之羽翼舆卫。（且以李杜言之，则如李之《古风五十首》，杜之秦蜀纪行、《遣兴》、《出塞》、《潼关》、《石壕》、《夏日》、《夏夜》诸篇。律诗则如王维、韦应物辈，亦自有萧散之趣，未至如今日之细碎卑冗、无余味也。）其不合者，则悉去之，不使其接于吾之耳目而入于吾之胸次，而使方寸之中，无一字世俗言语意思，则其为诗，不期于高远而自高远矣。"我们不否认三百篇、楚辞和汉魏古词像希腊艺术和史诗一样能显示出永久的魅力，也认为诗歌形式或创作流派向既定方向发展终有衰落、停滞的一天[10]，但朱子这种贵古贱今、重正轻变的文艺观却是不正确的。由此可见，他之所以不爱夔州诗，除了夔州诗部分作品中确也存在烦絮之病，主要是出于这种偏见。

老杜有不少写得认真也很成功的组诗，五古如《前出塞九首》、《后出塞五首》、《大云寺赞公房四首》、《羌村三首》、两组《遣兴三首》、两组《遣兴五首》等，七古如《秋雨叹三首》《乾元中寓同谷县作歌七首》，五律如《陪郑广文游何将军山林十首》《重过何氏五首》《秦州杂诗二十首》《有感五首》《春日江村五首》等。这些组诗，即使是古体，每首篇幅也不很长。这样，就便于灵活掌握、惨淡经营，写出各自相对独立的精彩篇章，但合了起来，又能从各个角度丰富多彩地集中表现较广阔的生活场景，或较重大的题材和思

---

[10] 鲁迅说："歌，诗，词，曲，我以为原是民间物，文人取为己有，越做越难懂，弄得变成僵石，他们就又去取一样，又来慢慢的绞死它。"（一九三四年书信，载《鲁迅全集》十卷）就从一个方面很好地论证了这一问题。

想内容。老杜的这些组诗写得确乎好，只是前代当代已有不少名家写出了不少著名的组诗[11]，因此他的五古、七古、五律组诗创作不能算是一种开创性的尝试。

但是，他的七律组诗的创作却有所不同，而是带有探索性的。

莫说在老杜以前少有写七律组诗的，就是他本人，在来夔州以前，三首以上的组诗也只有《将赴成都草堂途中有作先寄严郑公五首》《十二月一日三首》。这两组诗都能较宽阔、较多侧面地显示出特定情境下诗人的生活和心态，堪称佳作；但用力之勤，锤炼之精，在表现艺术上开拓之深广，却远逊于《诸将五首》《秋兴八首》《咏怀古迹五首》。

《诸将五首》是一组政论性很强的作品。其一为吐蕃内侵责诸将不能御敌。其二为回纥入侵责诸将不能分主上之忧。其三为乱后民困责诸将不屯田自给。其四为贡赋不修责诸将不能怀远。其五为镇蜀失人而思严武的将略。（详第十七章第八节）这都是些重大的军政问题，诗人的责难也都很正确很尖锐。这样一些问题、这样一些意见，若出之以奏章，慷慨陈词，痛哭流涕，也可能会收到振聋发聩的强烈效果。不过，若简单地加以压缩写成七律，就很有可能会制作出一些徒发议论而罕有诗意的歌诀。老杜创作这组诗时就不是这样。首先，从自己最深切的感受出发，选取最具体最典型最能说明

---

[11] 光就汉魏到老杜当代而言，各体组诗名篇即有传苏武《诗四首》，传李陵《与苏武诗三首》，秦嘉《留郡赠妇诗三首》，曹植《杂诗六首》，王粲《七哀诗三首》，刘桢《赠从弟三首》，潘岳《悼亡诗三首》，左思《咏史八首》，郭璞《游仙诗十四首》，陶渊明《归园田居五首》《饮酒二十首》，鲍照《拟行路难十八首》《拟古八首》，沈佺期《杂诗三首》，李白《行路难三首》《塞下曲六首》《宫中行乐词八首》《月下独酌四首》，等等。至于两首的组诗和绝句组诗就更多，不赘录。阮籍《咏怀八十二首》、庾信《拟咏怀二十七首》、陈子昂《感遇诗三十八首》、张九龄《感遇十二首》、李白《古风五十九首》等等，自是大型组诗，但同组各首多非一时之作，题材亦广，主题各异，又有所不同。

问题的事件，然后使出浑身解数，尽量调动七律音调宛转可曲尽其意、中须对仗可逞其巧思等特色，又借鉴于古体一气呵成、浑然一体之长以补律体易显割裂之短，使精美的艺术形式得以最圆满地表现重大题材和丰富的思想内容。"韩公本意筑三城，拟绝天骄拔汉旌。岂谓尽烦回纥马，翻然远救朔方兵！胡来不觉潼关隘，龙起犹闻晋水清。独使至尊忧社稷，诸君何以答升平？"（其二）你看这高屋建瓴的气势，这鞭辟入里的讽喻，这气青血热的激情，这典雅流丽的辞藻，这奇变莫测的对仗，这掷地铿锵的音韵，这疾徐称情的节奏，经过诗人巧妙的烹炼，竟水乳交融地凝聚起来，成为一首思想性艺术性高度相结合的作品。其余几首也无不如此。与国风、张衡《四愁诗》那种一篇几章章几句的民歌重沓形式不同，这组诗每首都是写得很饱满很完美的独立单篇，但同时又统一于同一风格和思想倾向的基调之上，从而大大扩展了律诗表现的深广度，犹如由每幅自成格局的山水图画组成六曲屏风能显示更广阔的天地一样。

　　《咏怀古迹五首》也是用同样办法精心制作的成功组诗。其一咏怀，以庾信自况。其二因宋玉宅而缅怀其人的风流儒雅。其三因昭君村而哀叹其人的遭遇，兼以自哀。其四因永安宫而追怀刘备。其五因武侯庙而追怀诸葛亮。（详第十七章第十一节）前三首因本道境内的古人遗迹而兴身世之叹。后二首因当地古君臣祠堂而抒己未得际会风云之憾。与前一组借咏事以发忧时浩叹的《诸将五首》相较，二者的着眼点与着重点是有所不同的。但是一组通过各种问题写出唐王朝局势的风雨飘摇，一组从不同角度展现作者内心的苦恨非止一端，每组诸篇都不是简单的拼凑而是独具匠心的有机结合。这，与后世那种连篇累牍、翻来覆去为某一较单一且无深意的情绪而咏叹不已的组诗（如某些不成功的《落花诗》等），不仅在思想内容上有深浅之分，就是在艺术表现上也有高低之别。

《秋兴八首》更是一组以创新的艺术手法表现时代风貌和作者情怀的最佳篇什,历来脍炙人口。其一对秋而伤羁旅。其二写夔州暮景和望长安不见、缅怀旧事之情。其三写清晨登临西阁楼头的所见所感。其四慨叹长安政局的多变和边境战乱的频仍。其五记殿前景象和早朝情事。其六写远眺峡口而思曲江,慨叹玄宗的游乐致乱。其七忆长安昆明池,因想池景苍凉,而兴已漂流衰谢之叹。其八思长安近畿胜境,忆旧游而叹衰老。(详第十七章第十节)光看这些简短的内容提要,这组诗倒也一般;但一当接触到作品本身,自会感到其艺术特色的与众不同。关于这一点,现代说诗人不是没注意到,只是担心这些作品多少犯形式主义和唯美主义之忌,因此大都不愿多谈,甚至对之持否定态度。

冯文炳先生平生雅好庚子山、李义山的清词丽句,所撰小说亦清丽可喜,其《杜诗讲稿》(载《杜甫研究论文集》二辑)等文说杜诗亦不乏创见,惟独不取夔州诗和《秋兴八首》,认为:"夔州诗才开始突出了老杜的文字禅(庾信、李商隐是这方面的能手),就是说从写诗的字面上大逞其想象,从典故和故事上大逞其想象,……到了文字禅,它一泛滥起来,真容易把生活淹没了,是很危险的。"又说:"我们再看杜甫的《秋兴》,无疑的,杜甫所谓'晚节渐于诗律细'是指这一类的诗了,总括一句这类诗情调是悲哀的,兴致是饱满的,而生活不能不说是贫乏的。一个人如果专门作这些诗,结果终日只有吟咏的分,就是《秋兴八首》最后一句说的'白头吟望苦低垂'的状态,其实也应该说是无病呻吟。"接着他又概论夔州诗说:"确切地说,诗人不接近人民,不从人民生活取得诗的泉源,他的诗的材料就要窘竭,他就要向故纸堆中去乞怜,他就要向逝去的光阴去讨生活,杜甫在夔州两年,因为生活单调,又比较地安闲,一方面是一组一组的往事回忆(《诸将》《八哀》《秋兴八首》

《洞房》等八首,《往在》《昔游》《壮游》,还有《夔州百韵》),一方面就有《吹笛》这样的吟风弄月,确乎是吟风弄月!……我们讲夔州诗,应该认识到夔州诗的趋向是危险的。主要的问题是生活,杜甫在夔州孤独而安闲的生活,使得他的诗离不开'风'和'月'……"(《杜诗讲稿》)说诗人离开人民、生活贫乏就不会写出好诗来,这本不错,但是以此为理由来笼统否定老杜在夔州的创作活动、否定包括《诸将》《八哀》《秋兴八首》《昔游》《壮游》等回忆往事的作品,那就未免太不公道了(就是认为冯先生自己素所爱好的子山、义山是文字禅能手,也同样否定过多)。老杜病滞夔州,百无聊赖,念旧怀人,不能自已,回忆平生遭遇,追寻盛衰之迹,非止自伤身世,益发忧国忧民,感慨万千,浮想联翩,发为吟咏,写出《秋兴》诸组名篇,以情纬文,以文被质,文质彬彬,堪称绝唱,岂可好恶随心,任意斥之为不接近人民、生活贫乏、材料窘竭、只得向故纸堆去乞怜、向逝去的光阴去讨生活的所谓"文字禅"?《秋兴八首》确乎写得比其余组诗更加美丽而富于想象,我倒认为这不是"文字禅",而是老杜对七律艺术的一个重大突破和成功尝试。在这组诗中,诗人努力从心灵深处积累着的纷繁生活感受中去把握兴衰之际的时代风云,并以彩笔画出绮丽的旧梦,来和残酷的现实作对比,从而极大地加强了忧时浩叹的感染力,使七律组诗有限的容量得以表现异常博大的内容和复杂的思想感情。这难道不是很好地显示了他"晚节渐于诗律细"的实绩?这种精湛的艺术难道不值得肯定么?

方管《谈〈秋兴八首〉》(载《杜甫研究论文集》三辑)说:"宋孟元老《东京梦华录》于南渡之后追记汴梁之盛,周密《武林旧事》又于宋亡以后追记临安之盛,后来还有张岱的《陶庵梦忆》等等。这一类的重温旧梦之作,愈是写得繁华热闹,便愈见沧桑之感。《秋兴八首》，特别是其后四首，在同一意义上正复相似。所写蓬莱宫、曲江、昆明池、渼陂，皆极富丽秾郁之致，几乎纯用初唐应制之作的手法。然在彼为当时实景，则俗艳痴肥，略无诗意；在此为乱离之后，穷秋孤城，沧江遗老，感怀故国，当时实景成了今日'梦华'，则板实者皆化为虚灵，达到了以乐景写哀思的极境。而此悲慨之情，又因为有这些富丽秾郁的景物融入其中，遂乃丰富多姿，博厚宏实，而不流于贫薄寒俭。"又说："七律之体起自初唐应制，杜甫开始致力于七律，从现存诗篇看来，亦在长安任拾遗，初近宫廷那段时期，这里面似乎有点什么道理。而《紫宸殿退朝口号》《奉和贾至舍人早朝大明宫》之类，正是一片宫廷气氛，与此时共相唱和的贾至、王维、岑参等在伯仲之间。可是，收京的喜悦迅即消淡，'中兴'的颂声掩不住昏乱的实情，名为拾遗而谏不能行，言不能听，'天颜有喜近臣知'的荣宠不能长期惑溺伟大的诗心，张良娣、李辅国、贺兰进明等黑暗势力更已向着以房琯为首包括杜甫在内的一帮清流步步逼来，凡此皆为当时国家人民之不幸，亦即杜甫之不幸。然正因此，杜甫这一时期的七律中，如《曲江二首》《曲江对酒》《曲江对雨》《题省中院壁》之类，富丽堂皇的宫廷气氛与深沉的悲感愤慨，乃有着微妙的结合。甚至表面上全是浓丽字样，而哀伤之意，凄寂之境，即寓于中。此则王维、贾至、岑参等所不能到，而杜甫却为诗国开拓一新境界，后来集中地表现于《秋兴八首》等诗中者，已萌芽于此。"所论《秋兴八首》艺术特色的意义及其对七律表现艺术的发展，甚中肯綮。在本书第五章第三节中曾谈到老杜从前期写作《郑驸马宅宴洞中》开始，就在着手尝试一种风格苍秀、意境冷峭的拗体七律新表现艺术。而这种风格、艺术上的"异味"，在他晚年许多诗歌中都或多或少地有所表露，例如《秋兴八首》就是最明显的例证。这组诗平仄合律，音乐性很强，一点儿也不拗口，但依然存在着格调高雅、手法多变、意境精美等艺术风格上的"异味"。由此可见，杜甫虽到"晚节"才"渐于诗律细"，但早在前期就着手对之进行探索和尝试了。而且这种探索和尝试不仅止于"诗律"和表现艺术的创新，更在于诗人独特的艺术风格（这种独特的艺术风格借古今常讲的"沉郁顿挫"四字差可意会）、独特的生活美感的发展和形成。我的这些不成熟的看法，或可有助于从另一个角度去理解《秋兴八首》表现艺术的特色及其发展过程。

《秋兴八首》这种美丽而精致的七律表现艺术，得到李商隐的继承和发展，写出了不少独具特色的华章，如《锦瑟》、《重过圣女祠》、《隋宫》"紫泉宫殿锁烟霞"首、《二月二日》、《即日》、《碧城三首》等等，以及《无题》多首。这些作品，或写爱情相思，或发思古幽情，或抒离愁别绪，并非毫无意义，且有较高艺术鉴赏价值，因此不得贸然声称这种创作趋向是危险的。至于经义山而出现了宋初一味追求辞藻秾艳的文学末流西昆体，这连义山也难以负责，又怎能归咎于老杜呢？

"晚节渐于诗律细"，如前所述，这自然是老杜诗歌艺术臻于老境的一种表现。而与此恰恰相反，偶有感发，辄率意而成，这又是他诗歌艺术臻于老境的另一种表现。

文学艺术家，到了晚年，由于见多识广、经验丰富、技艺娴熟，如有真切感受，往往会突破寻常法度，放开手来，随意挥斥，而又能不烦绳削而自合。老杜夔州诗中不少作品就达到了这一境地。五律如《洞房》《宿昔》《能画》《斗鸡》《历历》《洛阳》《骊山》《提封》八首和《鹦鹉》《孤雁》《鸥》《猿》《麂》《鸡》《黄鱼》《白小》八首，或因事咏史，或借物寓言，莫不挥洒自如又不违格律，铅华洗净却更见清真。

又如《王十五前阁会》《熟食日示宗文宗武》《又示两儿》《入宅三首》《暮春题瀼西新赁草屋五首》《过客相寻》《竖子至》《得舍弟观书自中都已达江陵今兹暮春月末行李合到夔州悲喜相兼团圆可待赋诗即事情见乎词》《喜观即到复题短篇二首》《舍弟观归蓝田迎新妇送示二首》《月三首》《晨雨》《溪上》《树间》《白露》《孟仓曹步趾领新酒酱二物满器见遗老夫》《秋野五首》《课小竖锄斫舍北果林枝蔓荒秽净讫移床三首》《茅堂检校收稻二首》《刈稻了咏怀》《晚晴吴郎见过北舍》《九日五首》《晓望》《日暮》《耳聋》《十月一日》《孟冬》《闷》《返照》《向夕》《暝》《夜》《云》《雷》《戏作俳谐体遣闷二首》《谒真谛寺禅师》等等，光看题目，便会感到有一股浓郁的生活气息，老杜简直在这里拿五律"从心所欲不逾矩"地写日记、立遗嘱、志异俗、状物候、写游记、作素描了。

这一时期的七律除上述那一类制作精美的篇什外也有若干苍老率真之作。如《白帝城最高楼》"城尖径仄旌旆愁，独立缥缈之飞楼。……杖藜叹世者谁子？泣血迸空回白头"、《白帝》"白帝城中云出门，白帝城下雨翻盆。……哀哀寡妇诛求尽，恸哭秋原何处村"等，其艺术的老境非只在以率笔作拗体，亦在出语"横逆不可当"。至于《示獠奴阿段》《又呈吴郎》等，如话家常，不露律对痕迹，而古道热肠感人至深，此最见斫轮老手的真功夫。

与王昌龄、王维、李白诸家相较，老杜的绝句写得就更加自由了。比如《三绝句》："前年渝州杀刺史，今年开州杀刺史。群盗相随剧虎狼，食人更肯留妻子？""二十一人同入蜀，惟残一人出骆谷。自说二女啮臂时，回头却向秦云哭。""殿前兵马虽骁雄，纵暴略与羌浑同。闻道杀人汉水上，妇女多在官军中。"前两首都用仄韵，其一前两句还连押两"史"字，三首都不调平仄，这种非律非古的形式被他用来表现时世动乱和人民遭劫的沉痛的思想内容，似乎更能增加诗歌骚动不安的感觉。他的《解闷十二首》，犹如散文中的小品和随笔，画中的速写和杂画卷，或抒情，或叙事，或议论，写起来很随便，读起来很亲切，颇能窥见诗人当时的心境，有一定认识价值，艺术上也独具不拘绳墨、挥洒尽致之妙。

夔州诗中的五古大多写得极恣肆，诸如《客堂》、《课伐木》、《雷》、《火》、《毒热寄简崔评事十六弟》、《贻华阳柳少府》、《七月三日亭午已后校热退晚加小凉稳睡有诗因论壮年乐事戏呈元二十一曹长》、《信行远修水筒》、《驱竖子摘苍耳》、《催宗文树鸡栅》、《雨》"峡云行清晓"首、《雨》"行云递崇高"、《种莴苣》、《听杨氏歌》、《西阁曝日》、《晚登瀼上堂》、《园官送菜》、《园人送瓜》、《柴门》、《槐叶冷淘》、《上后园山脚》、《行官张望补稻畦水归》、《秋行官张望督促东渚耗稻向毕清晨遣女奴阿稽竖子阿段往问》、《阻雨不得归瀼西甘林》、《又上后园山脚》、《甘林》、《暇日小园散病将种秋菜督勒耕牛兼书触目》、《奉酬薛十二丈判官见赠》等等，若容妄加比附，其中有人物和情节的勾勒，有场面和景物的描写，有细节和心理的刻画，……合在一起，颇能生动地显示出老杜当时的风貌，及其交游、生活情况，而使读者仿佛有看小说的感觉。我认为这是老杜对诗歌艺术领域在表现日常生活上的另一种开拓，是很有意义的，不得斥之为"说得郑重烦絮"而一概抹杀。（须知写小说就需要有意识有选择地把话"说得郑重烦絮"，以达到逼真地塑造人物和再现生活的目的。）

七古中的《缚鸡行》《醉为马坠诸公携酒相看》《别李秘书始兴寺所居》《大觉高僧兰若》《久雨期王将军不至》《夜归》《晚晴》《复阴》《前苦寒行二首》《后苦寒行二首》等，生活气息也很浓，诵之仿佛见老杜身影。至于《古柏行》抒不遇之憾而气势磅礴，《观公孙大娘弟子舞剑器行》抚事慷慨而词气纵横，皆臻老境却无颓丧之病，这很难得。

苏轼说："杜诗、韩文、颜书、左史，皆集大成者也。"（《后山诗话》引）又说："诗至于杜子美、文至于韩退之、书至于颜鲁公、画至于吴道子，而古今之变，天下之能事毕矣。"（《东坡集·书吴道子画后》）陈师道说："子美之诗，奇、常、工、易、新、陈，莫不好也。"（《后山诗话》）张戒说："王介甫只知巧语之为诗，而不知拙语亦诗也。山谷只知奇语之为诗，而不知常语亦诗也。欧阳公诗专以快意为主，苏端明诗专以刻意为工，李义山诗只知有金玉龙凤，杜牧之诗只知有绮罗脂粉，李长吉诗只知有花草蜂蝶，而不知世间一切皆诗也。惟杜子美则不然：在山林则山林，在廊庙则廊庙，遇巧则巧，遇拙则拙，遇奇则奇，遇俗则俗，或放或收，或新或旧，一切物、一切事、一切意，无非诗者。故曰'吟多意有余'。又曰'诗尽人间兴'。诚哉是言！"（《岁寒堂诗话》）以上各家高见自然皆就全部杜诗言之，但从前面我所做的粗浅评介中可以看出，这些特点和优点，在夔州诗中几乎无不具备（虽不在廊庙，却有回忆或想象廊庙生活情景的诗），足见老杜晚年对诗歌艺术探索之勤和造诣之深。"晚节渐于诗律细"，说的是"诗律"，我认为这话包含的意思还要更广些。因为老杜晚年在诗歌艺术上所取得的成就是多方面的，决不止于对诗律的掌握和发展。

综上所述，夔州诗无论在题材的开拓、主题的深化还是在艺术的创新上都做出了有益的探索和重大的贡献，应该给予充分的肯定。但是仍须看到：

（一）虽然夔州诗中思想艺术高度相结合的篇什不少，可是像以前《望岳》《房兵曹胡马》《画鹰》《兵车行》《丽人行》《自京赴奉先县咏怀五百字》《哀江头》《北征》、"三吏""三别"等那样一些具有深刻现实意义和强烈时代感的作品到底不是很多了。这固然主要是因为诗人"漂泊西南"、远离战乱更频繁、人民更痛苦的中原，比较缺乏直接感受；但也同他精力日衰、对"中兴"又越来越失去信心、不觉变面对现实为回顾过去以总结历史教训的精神状态分不开。

（二）夔州诗中大量表现生活感受或描绘山光水色、物候变化的作品，无不渗透了家国之忧和身世之感，不得讥之为"吟风弄月""无病呻吟"，但其中确有不少意庸笔劣之作，如《吹笛》《覆舟二首》《赤甲》《覃山人隐居》《柳司马至》《有叹》等。此外，这一时期的诗歌大多情绪低沉（虽然情有可原），有些篇什在写法上确乎存在"郑重烦絮"之弊。因此，在充分肯定夔州诗成就的同时，对这些思想感情和艺术表现上的缺陷，也应该实事求是地指出来。

三 乘兴而来

评完夔州诗，马上就去追赶老杜，没料到下水船行甚速，他早到了夔州城东七十二里的巫山县（今四川巫山），又将解缆东下，这会儿正在参加欢送他的宴会呢。东道主是前汾州刺史、时贬施州、暂来巫山的唐十八。他是杜甫的老朋友，理应设宴饯别。老杜叨扰了盛筵，又见当地的一些头面人物携酒乐前来相送，不胜感激，即作《巫山县汾州唐使君十八弟宴别兼诸公携酒乐相送率题小诗留于屋壁》致谢说：

"卧病巴东久，今年强作归。故人犹远谪，兹日倍多违。接宴身兼杖，听歌泪满衣。诸公不相弃，拥别借光辉。"即席之作，不算太好，差可见老杜带病出峡、拄杖赴宴请状。黄生说："独称唐为故人，其余以诸公概之，笔下自分泾渭。对故人语极悲凉，对诸公语如欣荷。悲凉者情真,欣荷者意淡。本集云:'取别随厚薄',其此之谓与?"从鸡肋上剔肉吃,倒也有味。此评或似之。

又有《敬寄族弟唐十八使君》说:"与君陶唐后,盛族多其人。圣贤冠史籍,枝派罗源津。在今气磊落,巧伪莫敢亲。介立实吾弟,济时肯杀身。物白讳受玷,行高无污真。得罪永泰末,放之五溪滨。……泊舟楚宫岸,恋阙浩酸辛。除名配清江,厥土巫峡邻。登陆将首途,笔札枉所申。……"黄鹤注:前诗盖下峡时与唐相别于巫山。此是既别之后唐寄书(据"登陆"二句揣知)而公赋诗以简之,时犹未出峡。[12] 公《万年县君杜氏墓铭》:"其先系统于伊祁,分姓于唐杜。"师古曰:唐,太原晋阳县。杜,京兆杜县。仇兆鳌按:《左传》:豕韦、唐杜与刘氏皆出陶唐后,故于唐使君、刘判官皆称为弟而各叙渊源。这就像过去我们姓陈的人为了拉关系、套热乎和竟称姓田的为本家一样。俗话说:"五百年前是一家。"这何止五百年!真是好笑。浦起龙也说:"派别辽远,竟以族弟称之,甚奇。"唐施州清江县,即今湖北恩施县。永泰二年(七六六)十一月方改元为大历。"永泰末"当指永泰二年。据"得罪永泰末""除名配清江",知唐十八遭谗得罪流配施州在前年。老杜很称道唐十八的人品,很同情他的遭遇。二人意气相投,关系确乎不一般,这倒并非出于邈远的"手足之情"。

不久舟次峡州(今湖北宜昌市),当地田侍御在津亭摆酒饯行。席间分韵赋诗,老杜作《春夜峡州田侍御长史津亭留宴得筵字》说:

---

[12] 浦起龙说:"此诗之寄,乃在未与唐巫山相遇之前,考诗尾语意了然也。若如鹤说,便多不可解。详诗意,唐以永泰末讵误,至是被谪施州,将近贬所,书来道故,并邀公叙旧,公遂以此简之,时公正在下峡启行之会也。唐自北到施必经巫山,公自夔出峡亦必经巫山,故约晤于此。"此解亦可通,但尚不足以驳倒鹤说,并录备考。

"北斗三更席，西江万里船。杖藜登水榭，挥翰宿春天。白发烦多酒，明星惜此筵。始知云雨峡，忽尽下牢边。"当时长江沿途各埠均有水驿。"津"，渡口。《风俗通》："亭，留也，行旅宿会之所馆也。""津亭"，即指水驿宾馆。[13] 田侍御在江边驿馆宴请老杜，饮酒赋诗，直到半夜宾主犹不忍分手。诗虽清淡，这种情意倒也写出来了。王嗣奭说："公诗：'上牢下牢修水关'（《秋风二首》其一），注者不详其处，读此诗知下牢在此；而巫山诸峡，亦尽于此。"瞿塘峡、巫峡、西陵峡总称三峡，西起今四川奉节白帝城，东迄今湖北宜昌南津关（唐下牢关可能在此附近），全长三百八十六里。（老杜携家从白帝城坐船到峡州恰好走了这么远。）沿三峡而东，名胜古迹甚多，如神女峰、高唐观、昭君村、屈原宅等。老杜多年在蜀、两载滞夔，渴望出峡，又常赋诗咏及峡中诸胜，谁知今日经过诸胜迹，未及一登览，而船已出峡了。"始知云雨峡，忽尽下牢关。"杨伦评："惊喜如出意外。"多年愿望，一旦实现，宜有此惊喜，但回思往事，亦复不胜怅惘。人之常情，往往如此，亏老杜写得出。

老杜当时在船上确乎是百感交集。他的《大历三年春白帝城放船出瞿塘峡久居夔府将适江陵漂泊有诗凡四十韵》[14] 首段就明白表示："老向巴人里，今辞楚塞隅。入舟翻不乐，解缆独长吁。"何以故？仇兆鳌答："公久欲出峡，及登舟后，仍不乐而长吁者，感怀在于身世。玩末二段可见。"照仇氏的分析，末二段皆申明不乐长吁之故。一为生遭世乱而思救时："朝士兼戎服，君王按湛卢。旄

---

[13]《大历三年春白帝城放船出瞿塘峡……》："津亭北望孤。"仇注："《水经注》：江津戍，南对马头岸，北对大岸，谓之江津口。朱注：此云津亭，疑即江津之亭。"杨伦以为"津亭北望孤"即此诗题中的津亭。炊案：各水驿无一不有津亭；朱、仇以为即"江津之亭"，杨以为两诗同指一亭，均误。

[14] 诗本四十二韵，此举其成数而言。

头初俶扰，鹢首丽泥涂。甲卒身虽贵，书生道固殊。出尘皆野鹤，历块匪辕驹。"戎服按剑，臣主俱忧，总以吐蕃俶扰，而长安涂炭。此时武夫得志，儒术不尊，岂知出群历块，吾道固堪济世。此公仍自负不浅。一慨致治无人而忧叛将："伊（尹）吕（尚）终难降，韩（信）彭（越）不易呼。五云高太甲，六月旷抟扶。回首黎元病，争权将帅诛。山林托疲苶，未必免崎岖。"朝无伊吕大臣，故尔韩彭难驭。今者五云之下，鹏抟南徙，将适江陵以托迹。但恐生民疲敝，而将帅争权，又未免崎岖播迁，漂泊难安。日暮穷途，仍心忧天下，自负如此，自苦如此，这就难怪他"入舟翻不乐，解缆独长吁"了。诗中记沿途所见所感和行船情状颇详："窄转深啼狖，虚随乱浴凫。石苔凌几杖，空翠扑肌肤。叠壁排霜剑，奔泉溅水珠。杳冥藤上下，浓淡树荣枯。神女峰娟妙，昭君宅有无？曲留明怨惜，梦尽失欢娱。摆阖盘涡沸，敧斜激浪输。风雷缠地脉，冰雪曜天衢。鹿角真走险，狼头如跋胡（原注：鹿角、狼头二滩名）。恶滩宁变色，高卧负微躯。书史全倾挠，装囊半压濡。生涯临臬兀，死地脱斯须。不有平川决，焉知众壑趋？"三峡行船，美不胜收，亦复惊险可怖。诗人巧妙地利用五排一联紧接一联的对偶句，从一平一险两方面，快速而跳跃地刻画出船移景换的观感，谈之令人神旺。黄鹤说，诗言舟行所经之地，至宜都而止，故知此诗作于宜都（今湖北宜都）。诗云："转盼拂宜都，县郭南畿好。"原注："路入松滋县。"当时的松滋县治在今湖北松滋老城。宜都与松滋均在长江南岸，相距不很远。过了宜都，下一站就是松滋了。松滋属江陵府。朱注：肃宗以江陵府为南都，故称松滋为"南畿"。

船泊松滋城边，作《泊松滋江亭》说：

"纱帽随鸥鸟，扁舟系此亭。江湖深更白，松竹远微青。一柱应全近，高唐莫再经。今宵南极外，甘作老人星。"在巴蜀时多次咏及一柱观，今来松滋，观即在境内，哪能不惦着前往一游？老杜在夔州时曾作《南极》诗，首句云"南极青山众"，以南极指夔州（黄希说：此是用《尔雅》四极中之南极。夔在长安之极南）。《史记·天官书》："狼比地有大星，曰南极老人。"仇注："此曰'南极外'，去夔至江陵也。但玩诗意，乃取'南极老人'而拆用之。"黄生解此诗甚佳："前《四十韵》极言下峡之险，此诗盖志出险之喜也。前瞻'一柱应全近'，回望'高唐莫再经'，系明说。三、四系暗说。三、四皆非峡中之景，今乍见之，其喜可知。平时不伏老，今宵甘作老人星何？老人，寿星也。前诗云'生涯临臬兀，死地脱斯须'，几有性命之忧。今幸而免，则虽老人星，亦甘为之矣。"

江陵快到了，他作《行次古城店泛江作不揆鄙拙奉呈江陵幕府诸公》说：

"老年常道路，迟日复山川。白屋花开里，孤城麦秀边。济江元自阔，下水不劳牵。风蝶勤依桨，春鸥懒避船。王门高德业，幕府盛才贤。行色兼多病，苍茫泛爱前。"钱注："《水经注》：江水又东径陆抗故城北。又云：北对夷陵县之故城，城南临大江。此所谓古城也。"战国楚夷陵邑，汉、晋夷陵县均在今湖北宜昌市东南。唐夷陵县在今宜昌市。如果古城店确系陆抗故城，那么，即使陆抗故城较唐夷陵更偏于东南的古夷陵，它的位置也应该处在宜都和松滋的上游。当然，在未过宜都和松滋以前，老杜也可以作诗预告江陵幕府诸友已将到达，但揆诸常情，此诗似当作于过松滋以后渐近江陵时。[15] 如此，则"古城店"或非陆抗故城。待考。原注："卫

---

[15]《钱注杜诗》《杜诗镜铨》置此诗于《泊松滋江亭》和刚抵江陵时所作《乘雨入行军六弟宅》之间（仇氏详注本则置于《泊松滋江亭》之前），可见他们也认为此诗似当作于过松滋后近江陵时。

伯玉为江陵节度，时封阳城郡王。"为了来江陵好得到卫伯玉及其幕下旧识的关照，老杜在夔州时早就一再寄诗致意以加强联系。而今到了门口，就更须赋诗"奉呈"。"白屋"一联写初春野景美丽而悲哀，"风蝶"一联写虫鸟依人而物情亲切，无不曲折反映出客子心境的孤寂凄凉。后四句颂扬与倾诉兼之，希冀垂青，投奔之意自明。

当时他的族弟杜位正在卫伯玉节度使府任行军司马。他们预先有诗和书信来往，而且老杜一直很关怀这个受牵连而"十年流"的李林甫的女婿，所以船一靠岸他就冒雨直奔杜位家而去：

"曙角凌云乱（一作罢），春城带雨长。水花分堑弱，巢燕得泥忙。令弟雄军佐，凡才污省郎。萍漂忍流涕，衰飒近中堂。"（《乘雨入行军六弟宅》）王嗣奭说，曙角声断于高城上，故云"凌云罢"；入城值雨，老人艰行，故云"带雨长"。张潜说，堑低处经雨水溢，故水花不能植立而弱。上半写景见时令和清晨冲雨入城之状。下半写久别重逢之情："虽忍住流涕，不免意思衰飒；以颓白而上堂皇，自顾殊觉黯然耳。"（杨伦语）

老杜跟杜位的关系较深（详上卷一七三、一七四页），一来江陵就投奔他家自是情理中事。问题是何以不见早已来到江陵的杜观呢？这可能是杜观尚在"当阳居止"一时未能赶到；也可能是就在江陵，只是无诗咏及而已。后有《和江陵宋大少府暮春雨后同诸公及舍弟宴书斋》，顾注以为弟指杜位，浦起龙以为指杜观。若指杜观，则老杜和杜观在江陵共出交际情事总算稍稍点到了。至于老杜到后是否即将家安在当阳，不得而知，但他在江陵的行止则可窥其一斑。

四 "苦摇求食尾，常曝报恩鳃"

现存到江陵后最早的一首诗是《上巳日徐司录林园宴集》："鬓毛垂领白，花蕊亚枝红。欹倒衰年废，招寻令节同。薄衣临积水，吹面受和风。有喜留攀桂，无劳问转蓬！"古时以阴历三月上旬巳日为上巳节。《后汉书·礼仪志上》："是月上巳，官民皆洁东流水上，曰洗濯祓除，去宿垢疢，为大洁。"魏晋以后改为三月三日。吴自牧《梦粱录》："三月三日上巳之辰，曲水流觞故事，起于晋时。唐朝赐宴曲江，倾都禊饮踏青，亦是此意。"当年老杜在长安作《丽人行》，即写是日倾都禊饮踏青于曲江情景。今天江陵的一些官绅修禊于徐司录林园，老杜得预雅集，感而赋诗说：鬓白花红，相对堪惊。衰年断酒，久已不曾醉倒；今蒙招饮，佳节喜共人同。换上单衣临水洗濯，迎面吹来习习的和风。且喜能如《招隐士》所说的"攀援桂枝兮聊淹留"，请别提我多年辗转道路类飞蓬！赵汸说，邵康节诗："梧桐月向怀间照，杨柳风来面上吹。"僧志高诗："沾衣欲湿杏花雨，吹面不寒杨柳风。"意本于邵，亦为朱子所赏。老杜"吹面受和风"句，已先道之。

暮春花飞时节，又宴于胡侍御书堂，"李尚书之芳、郑秘监审同集，得归字韵"(原注)，作诗说：

"江湖春欲暮，墙宇日犹微。暗暗书籍满，轻轻花絮飞。翰林名有素，墨客兴无违。今夜文星动，吾侪醉不归。"(《宴胡侍御书堂》)李之芳是老杜天宝四载（七四五）夏天游齐州（今山东济南市）时相偕宴赏的旧识（详第四章第四节）。广德元年（七六三）李出使吐蕃被扣留，二年（七六四）乃得归。郑审也是老杜的老朋友。去秋知郑在江陵，李在夷陵（今宜昌市），老杜即作《秋日夔府咏怀奉寄郑监审李宾客之芳一百韵》《秋日寄题郑监湖上亭三首》以寄相思（详第十八章第七、八节）。后诗其三说："赋诗分气象，佳句莫频频。"如今终于如愿以偿，能与李、郑及其他旧雨新知宴集赋诗，他内心的喜悦可想。也可能是太兴奋了，率意哦成，诗不甚佳，聊志一时盛会而已。

酒筵散后，兴犹未尽，老杜又邀李之芳下马步月，作七绝说：

"湖月林风相与清，残樽下马复同倾。久拼野鹤如双鬓，遮莫邻鸡下五更。"（《书堂饮既夜复邀李尚书下马月下赋绝句》）风月既清，酒兴未阑，素不以老为意，无妨对酌通宵。这确乎如李子德所评："逸气超超。"《鹤林玉露》："诗家用'遮莫'字，盖今俗语所谓'尽教'者是也。故杜陵诗云：'已拼野鹤如双鬓，遮莫邻鸡下五更。'言鬓如野鹤，已拼老矣；尽教邻鸡下五更，日月逾迈，不复惜也。"口吻宛若，见此老兴来"遑恤他"的旷达神情。

头年作《秋日寄题郑监湖上亭三首》，其二说："新作湖边宅，还闻宾客过。……舍舟应卜地，邻接意如何？"除了想去湖滨郑府作客，还想跟主人借几间房子待携家到江陵后居住。老杜在江陵时，与郑监结邻之愿似未实现，去郑家"湖边宅"做客却非止一次。他的《暮春陪李尚书李中丞过郑监湖亭泛舟得过字韵》说：

"海内文章伯，湖边意绪多。玉樽移晚兴，桂楫带酣歌。春日繁鱼鸟，江天足芰荷。郑庄宾客地，衰白远来过。"首誉二李为当代文坛伯（霸）主，次以西汉常置驿马于长安诸郊以迎宾客的郑当时比郑审。这诗写春日湖亭之胜和宾主泛舟饮酒赋诗之乐。诗平平，聊见游踪而已。去年作《秋日夔府咏怀一百韵》称李之芳为宾客，诗中原注说他当时在夷陵（今宜昌市）。今年暮春来江陵后所作《宴胡侍御书堂》题下原注则称之芳为尚书。时隔一年，想已得尚书衔，且由夷陵来江陵了。据此知此诗题中的"李尚书"即指之芳。"李中丞"未详。浦起龙说："《百韵》诗自注'郑在江陵'，则湖亭明属江陵矣。黄鹤前后诸注皆云在峡州，何也？"湖亭确在江陵无疑，详第十八章注〈54〉。可能是黄鹤见前引原注谓李之芳在夷陵（峡州治此），今老杜既与在峡州的李之芳同过湖亭，便误以为郑审虽在江陵而其湖亭却在峡州了。另有《宇文晁（尚书之子）崔彧（司业之孙）重泛郑监（审）前湖》。仇注："此当是大历三年初夏作。《唐书·宰相世系表》：崔彧官太子少詹事。同游当是三人，'尚书之子''司业之孙'，当是小注。"此诗先赞湖亭境地幽寂，次写泛舟同饮情事，末美主人好客。申涵光说："'樽当霞绮轻初散'，补缀不成语。'棹拂荷珠碎却圆'，景真而近俗矣。"

暮春还写作了《奉送苏州李二十五长史之任》《暮春江陵送马大卿公恩命追赴阙下》。前诗末"赤壁浮春暮，姑苏落海边。客间头最白，惆怅此离筵"四句，小有情致。后诗正如浦起龙所说，以多年去国之人，送新命趋朝之客，猛然感触，真不能不问天而悲老："天意高难问，人情老易悲。"另"卿月升金掌，王春度玉墀"一联，亦典雅可诵。刘克庄说："'天意高难问，人情老易悲。'惠子（指《送惠二归故居》）云：'皇天无老眼，空谷滞斯人。'唐人送山人处士，五言多矣，此二联刘随州、鲍溶辈精思不能逮。"

《唐会要》：大历二年，岭南节度使徐浩奏："十一月二十五日，当管怀集县阳雁来，乞编入史。"从之。先是五岭之外，朔雁不到，浩以为阳为君德，雁随阳者，臣归君之象。老杜有《归雁》说：

"闻道今春雁，南归自广州。见花辞涨海，避雪到罗浮。是物关兵气，何时免客愁？年年霜露隔，不过五湖秋。"朱注：诗云"闻道今春雁，南归自广州"，正是三年春所作。又云"是物关兵气，何时免客愁"，盖浩以为祥，公以为异。南岳七十二峰的首峰叫回雁峰。清同治《衡阳县志》载："自唐以前，皆云南雁飞宿,不度衡阳,故峰受此号。"在今人看来,大雁飞往岭南越冬自是稀罕,但也无关祥瑞或灾异。钱谦益说:史称浩贪而妄,公诗盖深讥之。单就这一点而论,这诗还是有意义的。前论《前苦寒行》曾说,老杜作诗,还想到记灾异,称之为"诗史",真是当之无愧(详第十八章第十二节),这诗也是如此。黄生认为此诗"章法层层倒卷,矫变异常",艺术上颇有特色。

这年春天写得最好的一首诗是《短歌行赠王郎司直》:

"王郎酒酣拔剑斫地歌莫哀,我能拔尔抑塞磊落之奇才。豫章翻风白日动,鲸鱼跋波沧溟开。且脱佩剑休徘徊。西得诸侯棹锦水,欲向何门趿珠履。仲宣楼头春色深,有眼高歌望吾子。眼中之人吾老矣!"(16)宝应元年(七六二)四月,老杜在成都作《戏赠友》其二说:"元年建巳月,官有王司直。马惊折左臂,骨折面如墨。"(详第十四章第三节)钱谦益认为这诗中的王司直即骑马摔断左胳膊的那位。"豫章",一种名木。《文选》李善注引《荆州记》,谓王粲登当阳(今湖北当阳)城楼,感而作《登楼赋》。《方舆胜览》载:仲宣楼在荆州府城(今湖北江陵城)东南隅,后梁时高季兴所建。案:昭丘在当阳之东,与赋"西接昭丘"不合,以后说为是。王郎将西游成都,老杜参加了在荆州仲宣楼举行的欢送宴会。王郎酒酣哀歌,老杜乃即席赋此诗以赠,意谓:奇才终当大用,不须抚剑悲歌;今荆南春深,楼头饯别,望君此去干谒诸侯,不久即有佳音相报,以慰我衰老之人。这也不过是送别时一般相劝勉的话,但由于诗人内心激动、感触万千,发为诗歌,自是"突兀横绝,跌宕悲凉"(卢世㴶评语)。

---

(16)朱注:此诗"仲宣楼头"二句,乃在荆南时作。诸本误入宝应元年成都诗内。独草堂本编在大历三年,最是。

又有《忆昔行》[17]，记当年渡黄河去王屋山寻访道士华盖君旧事（详上卷九四页），亦佳。

来到这里，当然早已见过江陵节度使阳城郡王卫伯玉了。入夏，卫伯玉派遣向某入京进奉端午御衣。老杜往昔在朝，曾叨端午赐衣。今遇此事，岂能无感？因作《惜别行送向卿进奉端午御衣之上都》，不觉发出了迟暮漂零的悲叹："卿到朝廷说老翁，漂零已是沧浪客！"（详上卷五页）这时卫伯玉建成一座新楼，大宴宾客。老杜也出席了，作《江陵节度使阳城郡王新楼成王请严侍御判官赋七字句同作》《又作此奉卫王》，前诗平常，后诗首、领二联极雄健："西北楼成雄楚都，远开山岳散江湖。二仪清浊还高下，三伏炎蒸定有无。"另《夏日杨长宁宅送崔侍御常正字入京得深字韵》《夏夜李尚书筵送宇文石首赴县联句》《多病执热奉怀李尚书之芳》等作，略见这年夏天诗人在江陵的交游和生活情况。

夏天，老杜曾暂离江陵，外出告贷，作《水宿遣兴奉呈群公》记之颇详：

"鲁钝仍多病，逢迎远复迷。耳聋须画字，发短不胜篦。泽国虽勤雨，炎天竟浅泥。小江还积浪，弱缆且长堤。归路非关北，行舟却向西。暮年漂泊恨，今夕乱离啼。童稚频书札，盘飧诇糁藜。我行何到此？物理直难齐。高枕翻星月，严城叠鼓鼙。风号闻虎豹，水宿伴凫鹥。异县惊虚往，同人惜解携。蹉跎长泛鹢，展转屡鸣鸡。巇嶫珊瑚器，阴阴桃李蹊。余波期救涸，费日苦轻赍。杖策门阑邃，肩舆羽翮低。自伤甘贱役，谁愍强幽栖？巨海能无钓，浮云亦有梯。勋庸思树立，语默可端倪。赠粟囷应指，登桥柱必题。丹心老未折，时访武陵溪。"老杜在江陵，当会得到卫伯玉等

---

[17] 黄鹤以为此诗当是大历三年出峡后作。

的资助。现又在炎天冒雨乘船去外县求援,可能其中有难言之隐。"糁",以米和羹。《说苑·杂言》:"七日不食,藜羹不糁。"杨伦解"童稚频书札,盘飧讵糁藜"二句得之:"公在江陵时,妻子或留当阳,故家人以困乏来告。"诗又说:"余波期救涸,费日苦轻赍。"可证此确为生计所迫。[18]《杜臆》:"'归路非关北,舟行却向西',盖必武陵有故人,将往访之。武陵在荆州西南,即今常德,故落句云'丹心老未折',终当北归,今则时访武陵溪尔。"这诗是老杜舟中水宿寄卫伯玉幕府诸公之作,散译之,见此老在江陵生活的窘迫情状:我生性鲁钝而且体弱多病,今又远行,故尔有违诸公风范。耳聋发短(少),可叹我仍然不得安生。水乡虽常下雨,小江里波浪滔滔水还是在涨,谁知在这大热天里我的船竟给河泥胶住搁浅了,只好暂且把细缆系在长堤边在此过夜。这不是坐船北归,而是往西走啊。想到暮年漂泊、常有乱离之恨,今晚我不由得伤心痛哭了。当阳寓中孩子们接连不断地给我写信,说他们每顿连糠菜糊糊都已喝不上。我何以竟落到了这步田地?《庄子·齐物论》说做到了齐物就能无闷,可是这个物我真不知道该怎样跟它齐。高枕偃卧舟中只见星月在波浪间翻动,夜深,戒了严的城中传来阵阵鼓鼙声。从怒号的风声中可以听到虎啸豹叫,睡在水上独自跟野鸭沙鸥作伴。附近的县城算是白去了,因为那里的朋友们吝惜钱财不愿周济。[19]乘船求助一再蹉跎,经常辗转反侧直到金鸡报晓。诸公人品不凡有如瑚琏祭器(《论语·公冶长》载孔子称子贡犹瑚琏,喻其

---

[18]《杜臆》:"'童稚频书札',谓儿子代书,公右臂偏枯有诗。"似不如杨说可信。
[19]《读杜诗说》:"'异县惊虚往,同人惜解携。'注:上句伤近邑无赠遗,下句惜与诸公分手。又引宋之问、张九龄、岑参诗,'解携',皆分离之意。今按:他诗或当从此解,此诗二句一意,'同人'即指异县诸友,'解携'借言解推,'惜'则吝惜,言异县诸人吝于解推,故伤'虚往'也。若此注说,则与下'蹉跎'二句不贯;且'崷崒'二句,方说'群公',亦不应此句杂出。"施说为优。

有立朝执政的才能），又如众所奔趋的阴阴桃李蹊；我却像车辙中期待水来救涸的小鲋鱼（见《庄子·外物》），过不了几天又苦于轻微的赐予将竭。我拄杖步行趋府，看门的人不给通报，这真的是"侯门深似海"了；要是坐着轿子来拜会倒能进得去，无奈开不起轿钱，只好耷拉着翅膀低三下四。自伤碰壁甘操贱役为生，又能指望谁来怜悯我勉强过的这种幽栖生活？垂长钓于大海岂无所得，青云直上也有天梯。我总想建立功勋，这在平时的言谈中曾微露端倪。鲁肃家富于财，周瑜为居巢长，闻之往求资粮。肃时有米二囷，各三千斛，直指一囷与瑜。瑜奇之，乃结侨札之交。司马相如当初西去，题升仙桥柱曰："不乘驷马车，不复过此桥。"后果乘传至其处。今当旅困，倘有赠我以粟者，则题柱之志犹存，寸心未灰，终期有济。至于这次武陵之行，不过是暂时去去就回。——前久滞夔府，只想出峡定居江陵。初来尚受礼遇，诗酒游乐，尚觉快意。稍久便遭厌弃，告贷无门，走投无路，外出求援，已经碰壁，但不知武陵之行的结果如何。境况如此，犹存妄想，哀哉老杜，夫复何言！这次舟行，又作《遣闷》说：

"地阔平沙岸，舟虚小洞房。使尘来驿道，城日避乌樯。暑雨留蒸湿，江风借夕凉。行云星隐见，叠浪月光芒。萤鉴缘帷彻，蛛丝胃鬓长。哀筝犹凭几，鸣笛竟沾裳。倚著如秦赘，过逢类楚狂。气冲看剑匣，颖脱抚锥囊。妖孽关东臭，兵戈陇右疮。时清疑武略，世乱踢文场。余力浮于海，端忧问彼苍。百年从万事，故国耿难忘。"《汉书·贾谊传》：秦人家贫子壮则出赘（招赘于女家）。《史记·平原君列传》：夫贤者处世，譬如锥处囊中，其末立见。毛遂曰："使遂早得处囊中，乃脱颖而出。"这诗前半写舟中夜景，能给人以清新而凄凉的感受；后半忧时而自伤，写得很真实。仇兆鳌说："随地漂流，身如出赘矣；意多感愤，迹若楚狂矣。看剑，壮心犹在；抚囊，欲试未能。关东，安史之乱；陇右，吐蕃之警。时方右武，故文人失志。浮海，思避世；问苍，乃悲天。万事听其自然，唯故国难忘，所以常闷耳。"一经诠释，更可清楚见出诗人忧愤的深广。

另《舟月对驿近寺》《舟中》亦似作于这次武陵之行途中。前诗说："更深不假烛，月朗自明船。金刹青枫外，朱楼白水边。城乌啼眇眇，野鹭宿娟娟。皓首江湖客，钩帘独未眠。"后诗说："风餐江柳下，雨卧驿楼边。结缆排鱼网，连樯并米船。今朝云细薄，昨夜月清圆。飘泊南庭老，只应学水仙。"俱清丽可赏。

不久老杜想又回到了江陵。《江边星月二首》其一说："骤雨清秋夜，金波耿玉绳。"其二说："江月辞风缆，江星别雾船。……客愁殊未已，他日始相鲜。"他去武陵正值"炎天""暑雨"，今"清秋"犹在船上为星月牵动"客愁"，这岂不是归途么？（江陵离武陵不远，乘舟前往，不须从夏到秋。）老杜秋在江陵，客况寥落，因有慨于平生遭遇而作《秋日荆南述怀三十韵》。胡震亨说："杜之去国，以救房琯，琯之贬，虽以陈涛之败，实因诸王分镇之策，深中肃宗之忌，为谗者所构而致。集中诗为琯伤者不一，伤琯正伤己也。而尤莫详于《荆南述怀》之三十韵。中间'盘石圭多剪'，为琯之建策原；'凶门毂少推'，又若为琯之自将咎：最一篇警策所在。其'汉庭和异域，晋史坼中台。霸业寻常体，宗臣忌讳灾'等语，似又举和亲回纥事，较分镇抑扬论之。若曰琯去位始有和亲事，国体损而宗臣以忌讳斥矣。无非宛转为琯出脱，明己之救琯者，未为不是。生平出处，一大关目，莫备此篇，无一字不深厚悱恻，读之如起少陵与之晤语。"（《唐音癸签·诂笺七》）老杜胸怀大志，刚走上政治舞台即因疏救房琯摔了个大跟头，使他从此一蹶不振，再也爬不起来，这确乎是他"生平出处"的"一大关目"。他经常在诗中"伤琯正伤己",也不足怪。只是在千载之后的我们看来,房琯的为人、为政、用兵,纰漏并不少,老杜对他的看法也不尽客观,加之讲得多了难免令人生厌。因此这诗虽然写得很认真很有工力,却嫌不够新鲜,缺乏强烈的艺术吸引力。不过其中叙述流寓江陵一段经历,颇能见出当时窘迫境况和悲愤心情,不无认识价值,亦复感人:"琴乌曲怨愤,庭鹤舞摧颓。秋水漫湘竹,阴风过岭梅。苦摇求食尾,常曝报恩鳃。结舌防谗柄,探肠有祸胎。苍茫步兵哭,展转仲宣哀。饥藉家家米,愁征处处杯。休为贫士叹,任受众人咍。"

五　失望而去

江陵既不可久留,更无法定居,他就不得不重新考虑今后的去向。这时石首县令薛某辞满告别回京,其兄尚书薛景仙是老杜旧识,他头年十一月刚从吐蕃出使还朝,老杜乃作《秋日荆南送石首薛明府辞满告别奉寄薛尚书颂德叙怀斐然之作三十韵》[20],其中就谈到自己自峡至荆,又将渡江淮、过孟诸而北归[21]的打算:"应讶耽湖橘,常餐占野蔬。十年婴药饵,万里狎樵渔。扬子淹投阁,邹生惜曳裾。但惊飞熠耀,不记改蟾蜍。烟雨封巫峡,江淮略孟诸。"老杜一直想重游吴越江淮(见《第五弟丰独在江左……》其二"闻汝依山寺,杭州定越州。……明年下春水,东尽白云求"、《解闷

---

[20] 浦注:前有《送宇文石首》诗,此云"石首薛明府辞满",可知宇文正是代薛之任。"告别",谓明府来荆南告别。辞满在夏,告别在秋。"明府",薛尚书之弟。"尚书",乃薛景仙。《旧唐书·吐蕃传》:大历二年十一月,和蕃使、检校户部尚书薛景仙,自吐蕃使还。首领论泣陵随入。燉案:《评传》上卷三七三页提到薛景仙,可参看。

[21] 此采仇说。

十二首》其二"商胡离别下扬州,忆上西陵故驿楼。为问淮南米贵贱,老夫乘兴欲东游"等),原来他计划重游江东、兼访杜丰,然后循江南河、邗沟、淮水、广济渠,经梁宋返洛入京。可怜这只是一个永远不能变为现实的美梦!

美梦能否变成现实暂且不管,江陵可不可以再待了。于是,老杜决计在这年暮秋携家登舟,离此而去公安(今湖北公安县)。时郑审为江陵少尹。当船出江陵南浦,老杜作诗寄郑审说:

"更欲投何处?飘然去此都。形骸元土木,舟楫复江湖。社稷缠妖气,干戈送老儒。百年同弃物,万国尽穷途。雨洗平沙净,天衔阔岸纡。鸣螀随泛梗,别燕起秋菰。栖托难高卧,饥寒迫向隅。寂寥相响沫,浩荡报恩珠。溟涨鲸波动,衡阳雁影徂。南征问悬榻,东逝想乘桴。滥窃商歌听,时忧下泣诛。经过忆郑驿,斟酌旅情孤。"(《舟出江陵南浦奉寄郑少尹审》)江陵城离长江尚有十余里,乘船去公安故出南浦。江淹《别赋》说:"送君南浦,伤如之何!"不管怎样,老杜当日离荆州时总短不了有人来南浦送行,至于他们伤别之情究竟如何,不得而知。(杜观是一个一贯在衙门里办小差使的人,他很可能已经在这里找到点事做就留下了。要是这样,他来送行,自会"别是一般滋味在心头"的。)不过,从这首诗中却可窥见老杜当时心头涌起的万千感慨已压倒离情别绪:离开这儿,又将飘流到何处?我"土木形骸"(《晋书·嵇康传》)、不修边幅,如今又乘舟放浪江湖。战乱的妖气老缠着社稷不散,此起彼伏的干戈断送了我这百无一用的老儒。人生百年,可叹我如同弃物;辗转各地,处处都效阮籍哭穷途。瞧那大雨洗过的平沙多么干净,那与长天衔接起来的广阔江岸弯弯曲曲。寒螀停在水面漂浮着的木头上叫,开始南翔的别燕掠过岸边的秋菰。流寓他乡难以安心高卧,饥寒交迫独自心伤向隅。庄子说:"鱼相响以湿,相濡以沫。"像那样对待我的人真寥寥无几。传说随侯见伤蛇，以药封之，蛇衔明珠以报。我本也有心报恩，只可叹茫茫大地，教我去何处寻找这报恩珠。汪洋水涨鲸波翻动，向着衡阳飞去的鸿雁正在征途。我也想到南边去，但不知能否得到当地长官的礼遇，就像后汉的太守陈蕃特意为徐稚设榻；孔子说："道不行，乘桴浮于海。"如今我也想东入海去追随夫子乘桴。卫人宁戚，修德不用，退而商贾，宿齐东门外；桓公夜出，宁戚方饭牛叩角而商歌，桓公闻之，知其贤，举用为客卿，备辅佐。卞和得玉璞以献楚王，王刖其足，乃抱璞而哭于荆山之下。知己难逢，我为那位被桓公听了商歌而见用的宁戚窃喜，又心忧那抱璞哭泣的卞和险些儿遭诛。我永远忘不了您这位置驿马迎宾的郑当时，把我接到湖亭雅集；您热情地为我斟酒，以慰藉我客旅情孤。《杜臆》："在人少相响之沫，而我亦旷于报恩之珠，见人亦不足深怪，与一味责人者异矣。"这也是老杜为人忠厚的地方。

公安在江陵南九十里，老杜携家乘船顺流而下，很快就到了。船到今公安县治所在的陡湖堤（一作斗市）起岸，离当时的县城（在今治南，旧址已不可考）还有一段距离，途中住店歇息，作《移居公安山馆》说：

"南国昼多雾，北风天正寒。路危行木杪，身迥宿云端。山鬼吹灯灭，厨人语夜阑。鸡鸣问前馆，世乱敢求安？"浦起龙说："似是未至馆之前夜，托宿山中时所作。上四，从途次说到投宿。五、六，就投宿处写景。'吹灯灭'，上着'山鬼'字，此地之黯惨可知。'语夜阑'，上着'厨人'字，此时之阒寂可知。'前馆'，乃是题中'山馆'。今所宿之境如此，则山馆之凄苦亦可知。问之必有云不安者，故解之曰'世乱敢求安'。此二句，记凌晨将赴馆事。"其说得之。鲍照《代东门行》："行子夜中饭。"温庭筠《商山早行》:"鸡声茅店月。"以往官商行旅多"未晚先投店,鸡鸣早看天","厨人语夜阑",当是客栈里的厨子、伙计们在为那些起早赶路的旅客准备饭菜。顺手拈来,便见诗人投宿野店、夜深不寐情状。"山鬼吹灯灭",犹"山鬼闭门中"(《巫峡敝庐奉赠侍御四舅别之澧朗》),用意不过在借"山鬼"以增添境地阴森气氛。黄生说:"五、六串读始得其解,得解始知其妙。'鸡鸣',言起早也。乃厨人之起,则又早,故夜阑已闻其语,所语即上五字,因手灯忽灭,戏语为鬼所吹,细人口角如见。"理解稍异,可参看。

六 "江深刘备城"

老杜在江陵,曳裾王门,为阍者所轻(详前《水宿遣兴奉呈群公》"杖策门阑邃"散译)。今来公安,县尉颜十和卫大郎等,都热情地接待他,他感到格外高兴。一次,颜十请他和东吴顾戒奢喝酒。顾是位善写八分的著名书法家(详后)。老杜酒酣耳热,一时兴起,就作了首歌儿,教顾写在主人的墙壁上。歌说:

"神仙中人不易得,颜氏之子才孤标。天马长鸣待驾驭,秋鹰整翮当云霄。君不见东吴顾文学,君不见西汉杜陵老?诗家笔势君不嫌,词翰升堂为君扫。是日霜风冻七泽,乌蛮落照衔赤壁。酒酣耳热忘头白,感君意气无所惜,一为歌行歌主客。"(《醉歌行赠公安颜十少府请顾八题壁》)汉梅福任南昌县尉,传说后成仙。颜为尉,故称之为"神仙中人"。《子虚赋》:"楚有七泽,其小小者,名曰云梦。"乌蛮在西,赤壁在东,"乌蛮"句谓落照自西而映东。这诗先称美颜少府若天马远行、秋鹰高举,正见才气孤标,待时而用。次记作歌题壁之事。末写天寒日落欢宴情景,结出醉歌,以志宾主豪兴。痛饮狂歌,想老杜胸中多时郁结之气可得宣泄了。

另《官亭夕坐戏简颜十少府》，虽是戏简索饮的小诗，亦见主客关系的融洽：

"南国调寒杵，西江浸日车。客愁连蟋蟀，亭古带蒹葭。不返青丝鞚，虚烧夜烛花。老翁须地主，细细酌流霞。"大概是颜十约老杜来官亭相待。谁知一直等到日落西江、寒砧声起，仍不见青丝鞚返，只怕空燃夜烛、留客无人，故有尾联索饮的戏言。顾注：用一"连"字，倍增客情凄切；用一"带"字，愈觉亭畔苍凉。

原来顾戒奢是老杜多年的朋友，不久顾要离此去江西，老杜作《送顾八分文学适洪吉州》赠别说：

"中郎石经后，八分盖憔悴。顾侯运炉锤，笔力破余地。昔在开元中，韩蔡同赑屃。玄宗妙其书，是以数子至。御札早流传，揄扬非造次。三人并入直，恩泽各不二。顾于韩蔡内，辨眼工小字。分日侍诸王，钩深法更秘。文学与我游，萧疏外声利。追随二十载，浩荡长安醉。高歌卿相宅，文翰飞省寺。视我扬马间，白首不相弃。骅骝入穷巷，必脱黄金辔。一论朋友难，迟暮敢失坠。古来事反复，相见横涕泗。向者玉珂人，谁是青云器？才尽伤形骸，病渴污官位。故旧独依然，时危话颠踬。我甘多病老，子负忧世志。胡为困衣食，颜色少称遂。远作辛苦行，顺从众多意。舟楫无根蒂，蛟鼍好为祟。况兼水贼繁，特戒风飙驶。崩腾戎马际，往往杀长吏。子干东诸侯，劝勉防纵恣。邦以民为本，鱼饥费香饵。请哀疮痍深，告诉皇华使。使臣精所择，进德知历试。恻隐诛求情，固应贤愚异。烈士恶苟得，俊杰思自致。赠子《猛虎行》，出郊载酸鼻。"欧阳修《集古录》：唐吕𬤇表，元结撰，顾戒奢八分书。景祐三年，余谪夷陵，过荆南，谒吕公祠堂，见此碑。《西溪丛语》：吕公表，前太子文学翰林待诏顾戒奢书。唐洪州豫章郡（今江西南昌市）、吉州庐陵郡（今江西吉安市），俱属江南西道采访使，治洪州。"适洪吉州",指去江西洪州、吉州一带。蔡邕以熹平四年(一七五),与五官中郎将堂谿典等,奏求正定七经文字,灵帝许之,邕乃自书丹于碑,使工镌刻,立太学门外。《本草纲目·介部一》:"蠵龟,贔屃。贔屃者,有力貌,今碑趺象之。"碑趺是碑下的石座,习惯相沿雕作贔屃的形状,取其力大能负重之义。《书苑》:明皇好图画,工八分、章草,丰茂英特。张说等献诗,明皇各赐赞褒美,自于彩笺上八分书之。这诗首叙顾君书法曾见重于朝廷:自从蔡中郎写了熹平石经以后,八分书是衰落了。顾君你却能锻炼以成一家之书,笔力有余足破凡俗。往昔开元年间,你跟韩择木、蔡有邻(详第十七章第十四节)写的石碑都一同矗立在贔屃之上。玄宗称美三人的书法,所以诸位都到京城里来了。精工的御札早已流传,皇上本人就是行家,可见他对你们的赞扬决非造次。三人都入直待诏,所赐恩惠并无二致。何况顾君你在韩、蔡这些人里面,眼睛特好使,还独工小字。你被安排好日程分别侍奉诸王,给他们讲解写字的秘诀。接着叙诗人与顾的交情,见其始终无间:太子文学你和我是君子之交淡如水,不为名也不为利。我们之间的交往前后已有二十年,在长安曾无拘无束地相偕买醉。我们也曾乘兴高歌在卿相的宅第,也曾有诗文流传于禁省、观寺(22)。你认为我的文学成就在扬雄、司马相如之间,说要同我好到老决不相弃。于今我们漂泊到公安重逢,这光景,犹如骏马走入了穷巷,势必要脱下它的黄金辔。谈到了真挚友谊的难能可贵,当此迟暮之年我哪敢把它失去。自古以来世事多反复无常,这次我见到你止不住感慨

---

(22) 元稹《白氏长庆集序》:"而乐天《秦中吟》《贺雨》《讽谕》等篇,时人罕能知者。然而二十年间,禁省、观寺、邮候、墙壁之上无不书,王公、妾妇、牛童、马走之口无不道。"可有助于理解"文翰飞省寺"句。"省寺"即此所谓"禁省、观寺"。

万千、痛哭流涕。过去那班乘马鸣珂的熟人中,到头来又有谁是个直上青云的大器?我已像江郎才尽自惭形秽,得了消渴病真有污朝廷授予的官位。老朋友中惟独我依然如故,世乱时危且共话拯救之计。我心甘情愿多病老死,且喜你怀抱忧世壮志。你何以也为衣食所困,看样子也很少称心遂意。你即将辛苦远行,顺众从俗。船和桨都没根没蒂十分的不牢靠,蛟和鼍龙又好在暗中作祟;何况江湖上盗贼纷繁,特戒挂帆乘风飙急驶。值此戎马倥偬、四海崩腾之际,下属叛乱往往杀戮长吏。你这次去干谒东边的诸侯⁽²³⁾,得劝勉他防止纵恣。国以民为本,要是官逼民反,那就会大费手脚,恰如鱼饥贪香饵。应哀怜民间满目疮痍,请以此意告诉皇上派往那里的观察使。观察为民择官,进有德而须历试。见民困诛求而动恻隐之情,贤者必当与庸愚有异。烈士厌恶苟得富贵,俊杰也想青云直上却全凭政绩自致。"渴不饮盗泉水,热不息恶木阴。恶木岂无枝,志士多苦心。"临别我赠你这首陆机的《猛虎行》,送你到郊外我不觉伤心酸鼻。王嗣奭说:"通篇无一字虚饰,可知其相与之情;至末而爱民之真恳,规友之直谅,两见之矣。"杨伦说:"放笔为直干,抒写淋漓,势若江河之决。子美晚年五古,另有一种意境。"二家对此诗思想、艺术的评论各有所得。

  卫大郎名钧,是公安县的一位颇为不俗的后生。老杜初来此地,承他看重,不胜感激,作《移居公安敬赠卫大郎钧》说:

  "卫侯不易得,余病汝知之。雅量涵高远,清襟照等夷。平生感意气,少小爱文词。江海由来合,风云若有期。形容劳宇宙,质朴谢轩墀。自古幽人泣,流年壮士悲。水烟通径草,秋露接园葵。

〈23〉仇注:"洪吉州在荆州之东,故曰东诸侯。旧史:大历二年魏少游为洪州刺史,兼江西观察使。洪州即观察使治所也。"

入邑豺狼斗，伤弓鸟雀饥。白头供宴语，乌几伴栖迟。交态遭轻薄，今朝豁所思。"这诗首从卫郎叙起：我处贫病，你独知之，足见你雅量能包涵高远，清襟能照鉴朋从。且感平生意气，如江海之流易合；又爱你少而能文，知风云之会有期。次叙客旅苦况："寓形宇内，能复几时"（陶渊明《归去来兮辞》），且息交以保朴；自古以来遁迹幽人莫不为此偷泣，壮士也为时光流逝而伤悲。水烟秋露，风景凄凉；狼斗雀饥，慨世乱而嗟羁旅。末以赠卫之意作结：白头谁供宴语，平日惟伴乌几栖迟（还是那张他最心爱的旧乌皮几）；交态之薄如此，幸亏结交了你，我的忧思顿豁。卢元昌说：公在江陵，至小吏相轻，吾道穷矣。于颜少府曰"不易得"，于卫大郎亦曰"不易得"，志幸亦志慨。是时公安有警，故于《山馆》有"世乱敢求安"句，后《晓发》则曰"邻鸡野哭如昨日"，《发刘郎浦》则曰"岸上空村尽豺虎"。此章"入邑豺狼斗"，必有所指。

暮秋在公安作的《暮归》，可见老杜客居孤寂情怀：

"霜黄碧梧白鹤栖，城上击柝复乌啼。客子入门月皎皎，谁家捣练风凄凄。南渡桂水阙舟楫，北归秦川多鼓鼙。年过半百不称意，明日看云还杖藜。"无钱买舟南渡[24]，世乱难以北归。年过半百，流寓他乡。日暮秋深，情怀何似？这诗感触极深，却写得很美丽。卢世㴶说：全首矫秀，原是悲诗，却绝无一点悲愁溽气犯其笔端，读去如竹枝乐府。申涵光说：作拗体诗，须有疏斜之致，不衫不履，如"客子入门月皎皎"，及"落日更见渔樵人"，语出天然，欲不拗不可得，而此一首律中带古，倾欹错落，尤为入化。

公安县无多名胜古迹可供登览，只是其地与三国时吴、蜀史实有关，于是老杜就作《公安县怀古》说：

---

[24]《杜臆》："'阙舟楫'，无钱为雇直也。"

"野旷吕蒙营，江深刘备城。寒天催日短，风浪与云平。洒落君臣契，飞腾战伐名。维舟倚前浦，长啸一含情。"公安县有孱陵城，吴大帝封吕蒙为孱陵侯，即此地（见《太平寰宇记》《十三州志》）。吴大帝推刘备为左将军、荆州牧，镇油口，即居此城，时人号为左公，故名其城为公安（见《荆州记》）。《名胜志》则谓公安县北二十五里有吕蒙城，即蒙屯兵处。仇兆鳌说："先主得公安，使关羽守之。及羽讨樊城，吕蒙乘虚袭之，孙、刘之战争，始自公安。汉业之不振，亦挠于公安。公至其地，故吊古而有慨。"又说："先主之待关、张，谊同兄弟。其得孔明，欢如鱼水。所谓'洒落君臣契'也。吕蒙之破皖城，军士皆腾跃而升。其擒庐陵贼帅，孙权称其百鸟不如一鹗。所谓'飞腾战伐名'也。"缅怀古迹，自然长啸含情，但诗人的兴奋点仍在于叹己未得君臣契合之机，叹时无良将以立靖乱之功。

老杜来公安后不久，得知李之芳病殁于江陵的噩耗，十分哀痛，作《哭李尚书之芳》说：

"漳滨与蒿里，逝水竟同年。欲挂留徐剑，犹回忆戴船。相知成白首，此别间黄泉。风雨嗟何及，江湖涕泫然。修文将管辂，奉使失张骞。史阁行人在，诗家秀句传。客亭鞍马绝，旅榇网虫悬。复魄昭丘远，归魂素浐偏。樵苏封葬地，喉舌罢朝天。秋色凋春草，王孙若个边？"李之芳乃太宗子蒋王李恽之孙。安禄山奏为范阳司马。禄山反，自投归京师。广德元年（七六三）四月，时兼御史大夫，奉命出使吐蕃，被扣留，到第二年才放回。拜礼部尚书，改太子宾客。刘桢《赠五官中郎将》："余婴沉痼疾，窜身清漳滨。"魏文帝为太子时，刘桢等并见友善。之芳卒于太子宾客，故用"清漳"事。"蒿里"，是古人认为人死后魂魄聚居的地方。乐府《相和曲》中有《薤露》《蒿里》，都是挽歌。"挂剑"，用吴季札解宝剑系徐君冢树而去事（见《说苑》）。"回船"，用东晋王子猷雪夜乘船访戴安道、兴尽而返事（见《世说新语·任诞》）。这诗首叙李得病、亡故同在一年；挂剑、回船，叹己欲赴吊而未果成行。[25]《诗经·郑风·风雨》："风雨凄凄，鸡鸣喈喈。既见君子，云胡不夷。"序："《风雨》，思君子也。"传说颜回、卜商为地下修文郎（见王隐《晋书》）。《三国志·魏书·方技传》：管辂举秀才，对弟管辰说："天与我才明，不与我年寿，恐四十七八间，不见女嫁儿娶妇也。"明年二月卒，年四十八。此"修文"句兼用两事。"奉使"句谓李曾出使吐蕃。《周礼·秋官》有大行人、小行人。次记交情并念李事迹：你我相知直到白头，从此永诀便隔绝黄泉。风雨思友，又值浪迹江湖，更令我悲伤无已。你定将修文地下，可叹如管辂年寿不长；你曾经奉使吐蕃，今后却失掉了你这位当代的张骞。然而你的外交功绩当载诸青史，你的清诗秀句会长久流传。"昭丘"，楚昭王墓，在荆州当阳东。潘岳《西征赋》："南有玄灞、素浐。"《长安志》："浐水在万年县东，北流四十里入渭。"《后汉书·李固传》：斗为天之喉舌，尚书亦犹陛下之喉舌。"若个"，疑问词。指地犹云哪里，指人犹云哪个。末伤李客死荆州而归葬京兆。仇注："马绝""虫悬"，见空馆荒凉。"昭丘""素浐"，言归途辽阔。"喉舌"，点尚书。"秋色"，点时景。"王孙"，切李姓。"若个边"，言葬于旧垒之傍。

情犹未已，复作《重题》哭之：

"涕泗不能收，哭君余白头。儿童相识尽，宇宙此生浮。江雨铭旌湿，湖风井径秋。还瞻魏太子，宾客减应刘。"鲍照《芜城赋》："边风急兮城上寒，井径灭兮丘陇残。"李善注引九夫为井，遂上有径。黄生说："似与此处无干。余意井径似指隧道，今形家

---

[25] 此用仇注。杨伦说："（回船）疑其未死也。旧注非。"私意杨说不可取。

目穴内为金井也。"黄说近是。吾乡尚谓掘墓穴为"开金井（读如基）"。篇末原注："公历礼部尚书，薨于太子宾客。"曹丕《与吴质书》："徐、陈、应、刘，一时俱逝。"尾联用此典甚切。申涵光说："二首是挽诗绝调。'儿童相识尽'，哭及众友。'宇宙此生浮'，兼哭自己矣。"邵子湘说："八句一气，妙于言情。"

同时又遇自岭南归葬长安的李峄常侍灵榇，作《哭李常侍峄二首》，其一"斯人不重见，将老失知音"，其二"次第寻书札，呼儿检赠诗"，亦复有情。

老杜在公安还写了几首应酬诗，其中值得一提的是《公安送李二十九弟晋肃入蜀余下沔鄂》："正解柴桑缆，仍看蜀道行。樯乌相背发，塞雁一行鸣。南纪连铜柱，西江接锦城。凭将百钱卜，漂泊问君平。"《旧唐书·李贺传》："李贺字长吉，宗室郑王之后。父名晋肃，以是不应进士，韩愈为之作《讳辩》，贺竟不就试。"韩愈《讳辩》："愈与李贺书，劝贺举进士。贺举进士有名，与贺争名者毁之。曰：'贺父名晋肃，贺不举进士为是，劝之举者为非。'听者不察也，和而倡之，同然一辞。"周阆风《诗人李贺》考证李贺为唐高祖李渊的从父大郑王李亮之后（另一郑王为李渊第十三子李元懿）。又，老杜外祖母的父亲，是唐太宗李世民第十子纪王李慎的次子义阳王李琮。他外祖父的母亲，是李渊第十八子舒王李元名的女儿（详上卷二二页）。综上可知：（一）此诗题中的"李二十九弟晋肃"即李贺之父。（二）老杜与李晋肃有疏远的亲戚关系，且为同辈，故称之为"弟"。[26] 如此说来，那个距当时还差二十二年才出世的李贺（七九〇—八一六），原来跟老杜这样一位大诗翁竟有点瓜葛，这也是颇有意思的事。这诗写己将东下而送李西航入蜀

---

[26] 刘衍《关于李贺的家世》（载《文学遗产》一九八二年第三期），对此有所论述，可参看。

的情意和感慨。黄生说:"柴桑在江州,前有句云:'江州涕不禁',岂公有弟客此,而欲寻之耶?又《游子》诗云:'巴蜀愁谁语,吴门兴杳然。九江春草外,三峡暮帆前。'则公久有此兴可知。然此诗题云云,而其行终不果。则公诗尝有'舟楫因人动'之句,此行不果,亦岂事不由己耶?"王嗣奭说:"按《名胜志》:'衡阳城北百二十里有铜柱。吴黄武二年,程普与蜀关羽分界,立铜柱为誓。'公将下衡州,正指此铜柱,恰与李之锦城相当。因李锦城之便,求将百钱向君平卜我漂泊何时已乎?"各有所见,均佳。

陆游《入蜀记》说:"老杜《晓发公安》诗注云:'数月憩息此县。'按公《移居公安》诗云:'水烟通径草,秋露接园葵。'而《留别公安太易沙门》诗云:'江村白雪仍含冻,江县红梅已放春。'则是以秋至此县,暮冬始去。其曰'数月憩息',盖为此也。"考来去公安的时节可信。杜集有《呀鹘行》,蔡梦弼编在大历三年江陵诗内,以诗有"江边""秋日"之语。今既知老杜秋冬之际在公安,若谓该作乃诗人在公安见鹘而自伤之辞,于其时境况、心情亦甚相合:

"病鹘孤飞俗眼丑,每夜江边宿衰柳。清秋落日已侧身,过雁归鸦错回首。紧脑雄姿迷所向,疏翮稀毛不可状。强神非复皂雕前,俊才早在苍鹰上。风涛飒飒寒山阴,熊黑欲蛰龙蛇深。念尔此时有一掷,失声溅血非其心。"这个张着嘴直喘气的孤飞病鹘在俗眼中显得特别的丑,它每夜在江边的老柳上歇宿。清秋日暮它那病得歪歪斜斜的身子站也站不直,可是那些过往的大雁和归巢的乌鸦还怯生生地绕飞而回首。它脑胀神迷无复向日模样,翮疏毛稀不可言状。强打精神再也超不过皂雕,论英雄早先可在苍鹰之上。风涛飒飒寒山阴沉,熊黑将冬眠龙蛇也蛰伏在江底很深。想到眼下正好是搏击之时,你竟病得叫不出声,伤口又直流血;你之不得出击决非出于本心。浦起龙说："少时《画鹰》诗云：'何当击凡鸟，毛血洒平芜。'其气概可想。乃今病泊江边，见嗤俗眼，故见'呀鹘'而寄慨焉。……与前华州诗《瘦马行》一类。"当时所作《久客》："羁旅知交态，淹留见俗情。衰颜聊自哂，小吏最相轻。去国哀王粲，伤时哭贾生。狐狸何足道？豺虎正纵横。"《冬深》："花叶惟天意，江溪共石根。早霞随类影，寒水各依痕。易下杨朱泪，难招楚客魂。风涛暮不稳，舍棹宿谁门？"皆直抒胸臆，与《呀鹘行》托物寓意的写法虽有不同，却都能见诗人日暮途穷之恨、客子畏人之情。看起来，老杜在公安的遭遇也并不尽如人意，终于在年前离此东下岳阳了。

七 "昔闻洞庭水，今上岳阳楼"

此行亦可从存诗中得其大概。

行前，除《公安送李二十九弟晋肃入蜀余下沔鄂》，还写作了《留别公安太易沙门》。东晋高僧慧远，居庐山东林寺。刘宋沙门惠休，本姓汤，善属文。世祖命之还俗，位至扬州刺史。留别太易诗首联"隐居欲就庐山远，丽藻初逢休上人"，以慧远、惠休称之，见此僧不俗。颈联"沙村白雪仍含冻，江县红梅已放春"，见离公安时物候。

《晓发公安》写早发所见所感："北城击柝复欲罢，东方明星亦不迟。邻鸡野哭如昨日，物色生态能几时？舟楫眇然自此去，江湖远适无前期。出门转眄已陈迹，药饵扶吾随所之。"这是首拗体诗，写得很苍老很沉痛。王嗣奭说："七言律之变至此而极妙，亦至此而神。此老夔州以后诗，七言律无一篇不妙，真山谷所云'不烦绳削而自合'者。"蒋弱六说："乱离漂泊之余，若感若悟，真堪泣下。"

《江陵图经》：刘郎浦在石首县（今湖北石首），先主纳吴女处。吕温《刘郎浦口号》："吴蜀成婚此水浔，明珠步障幄黄金。谁将一女轻天下，欲换刘郎鼎峙心。"即咏此。老杜舟行至此，停泊一宿，晨发，作《发刘郎浦》说：

"挂帆早发刘郎浦，疾风飒飒昏亭午。舟中无日不沙尘，岸上空村尽豺虎。十日北风风未回，客行岁晚晚相催。白头厌伴渔人宿，黄帽青鞋归去来。"一连刮了十来天大北风，昏天黑地，连中午都不见日光，连江上船中也吹来了沙尘。岁暮赶着行船，年老厌倦水宿，加上见沿途农村凋敝，这就更令他思归了。途中作《别董颋》，末段说："老夫缆亦解，脱粟朝未餐。飘荡兵甲际，几时怀抱宽。汉阳颇宁静，岘首试考槃。当念著皂帽，采薇青云端。"因董溯汉水赴邓州（今河南邓县，与襄阳相近）而起兴，言己亦将取道汉阳，登岘山（在襄阳），皂帽采薇，为终隐之计。这恰可看作"黄帽青鞋归去来"的注脚。老杜常思重返长安立朝辅君，有时又想归隐祖籍襄阳或洛阳，可叹都成了泡影。

一天晚上，老杜闻邻舟有人吹觱篥，顿起旅愁，通宵不眠，作《夜闻觱篥》说：

"夜闻觱篥沧江上，衰年侧耳情所向。邻舟一听多感伤，塞曲三更欻悲壮。积雪飞霜此夜寒，孤灯急管复风湍。君知天地干戈满，不见江湖行路难。""觱篥"，古代管乐器，用竹做管，用芦苇做嘴，汉代从西域传入。夜晚觱篥声起于沧江之上，老年人侧耳而听情何以堪。我在邻舟乍听便很感伤，更何况在三更半夜听着这悲壮的塞上曲。积雪飞霜，今夜很寒冷；对孤灯，听急管，加之满耳风涛，这情况真凄凉。那吹觱篥的人啊，你吹奏这曲子，只知干戈离乱之苦，独不见舟中漂泊者江湖行路的艰难！——这诗写得真凄惨，但其中仍有一点令人感到高兴的是，去年深秋，老杜忽然"耳从前月聋"，连刮风也听不见，"黄落惊山树，呼儿问朔风"（《耳聋》），幸好今已痊愈，能听见音乐了。

不久舟次岳阳，有感于世乱民穷，作《岁晏行》以致慨：
"岁云暮矣多北风，潇湘洞庭白雪中。渔父天寒网罟冻，莫徭射雁鸣桑弓。去年米贵阙军食，今年米贱大伤农。高马达官厌酒肉，此辈杼柚茅茨空。楚人重鱼不重鸟，汝休枉杀南飞鸿。况闻处处鬻男女，割慈忍爱还租庸。往日用钱捉私铸，今许铅铁和青铜。刻泥为之最易得，好恶不合长相蒙。万国城头吹画角，此曲哀怨何时终？"多谓潇水、湘水在今湖南零陵县西北合流，称"潇湘"。魏源在《三湘棹歌序》中对此提出异议："楚水入洞庭者三：曰蒸湘，曰资湘，曰沅湘，故有'三湘'之名。洞庭即湘水之尾，故君山曰湘山也。资湘亦名潇湘，今资江发源武冈上游之夫夷水（燉案：此水为资水南源。源出广西资源县南，北流经湖南新宁县境，到邵阳县塘渡口和赧水汇合后称资水。广西梅溪镇以下可通航），土人尚曰潇溪，其地曰萧地。见《宝庆府志》。《水经注》不言潇水，而柳宗元别指永州一水为潇，遂以蒸湘为潇湘，而三湘仅存其二矣。"我是新宁人，知魏说不谬。数年前旋里，曾溯夫夷水观赏，觉风景殊佳丽，因赋诗说："飞帆一片出幽篁，峰影亭亭流水长。非效襄阳美乡土，奈何此地是潇湘。"孟浩然有句云："山水观形胜，襄阳美会稽。"我这么说，倒不只是溢美故土。《隋书·地理志》：长沙郡杂有夷蜑，名曰"莫徭"，自言其先祖有功，曾免征役，故以为名。"杼柚"，织布机具。《风俗通》：吴楚之人嗜鱼盐，不重禽兽之肉。天宝年间，富商奸人渐收好钱，运往江淮之南，每一好钱可换私铸恶钱五，再冒充官钱，入京私用。唐制：盗铸者死，没其家属。至天宝间，盗铸益多，杂以铅锡，无复钱形。这诗首记岁暮风雪严寒，伤湘中以渔猎谋生者不易。次叹年成无论丰歉，受害者总是耕织贫民，而达官贵人，则暴殄天物如故。次叹民困赋敛以致卖儿鬻女。次叹民穷财尽，故恶钱泛滥，官府却听其相蒙，不加禁止。末借城头画角之声，抒己无穷忧时哀怨。这诗揭露深刻，感愤深广，是老杜晚年最富现实意义的一篇力作。近来他一再哀叹"豺虎正纵横"（《久客》）、"岸上空村尽豺虎"（《发刘郎浦》）。可见他从公安到岳阳，沿途对民生疾苦还是有所关心、有所体察的。我看这"豺虎"非尽实指，亦寓"苛政猛于虎"之意啊！

老杜携家安抵岳阳，泊船于城下，作《泊岳阳城下》记观感说：

"江国逾千里，山城近百层。岸风翻夕浪，舟雪洒寒灯。留滞才难尽，艰危气益增。图南未可料，变化有鲲鹏。"岳阳，在天岳山之阳，故名；即今湖南岳阳市。千里而来，见此层城。傍岸晚风吹浪，舟中雪洒寒灯。留滞他乡有才难展，时世艰危志气反增。今我图南，说不定还会扶摇直上有似鲲鹏。——到了一个新的地方，难免产生新的希望，这也是人之常情。但想到老杜处困境而出此壮语，又觉得他有点可怜了。

暂住船上，苦于北风老刮个不停，就写了《缆船苦风戏题四韵奉简郑十三判官泛》，要他邀饮：

"楚岸朔风疾，天寒鸧鹒呼。涨沙霾草树，舞雪渡江湖。吹帽时时落，维舟日日孤。因声置驿外，为觅酒家垆。"风狂雪大，野景凄凉。蜷伏舟中，苦况可想。寄语郑十三索酒以御寒，这倒是个好主意。据"维舟日日孤"，知老杜一家到岳阳后起码有好几天仍然住在船上。既然与郑泛联系上了，老杜在岳阳度岁，总会得到当地官绅的一些照顾，我们也就不必太为他一家的饥寒担心了。

这时写作了名篇《登岳阳楼》：

"昔闻洞庭水，今上岳阳楼。吴楚东南坼，乾坤日夜浮。亲朋无一字，老病有孤舟。戎马关山北，凭轩涕泗流。"岳阳楼在湘北洞庭湖畔，矗立在岳阳西门城楼上，是我国有名的江南三大楼阁之一（另二为黄鹤楼、滕王阁）。历来有"洞庭天下水，岳阳天下楼"的盛誉。相传楼始为三国吴将鲁肃训练水师的阅兵台。有关著名诗文，除杜甫此诗，还有宋代范仲淹的《岳阳楼记》等。后几经兴废，清同治六年（一八六七）再建。主楼平面呈长方形，楼三层，重檐盔顶，纯木结构，四面环以明廊，腰檐设有平座，建筑精湛，气势雄伟。主楼右有"三醉亭"，因传说吕洞宾三醉岳阳楼而得名；左为"仙梅亭"，系据明崇祯年间维修中挖出一石板，上有似枯梅的花纹，当时人视为仙迹，故名。今枯梅仿雕石板仍嵌立在亭中。解放后，经过几次较大的维修，连同附近地区辟为公园，一九八三年以来又大修一次。老杜此诗，当是到后不久初次登楼时所作。黄生说："前半写景，如此阔大。转落五六，身事如此落寞。诗境阔狭顿异。结语凑泊极难，不图转出'戎马关山北'五字，胸襟气象，一等相称，宜使后人阁笔也。"此诗易懂，诵之自知其妙，缕析反失其真。古今咏洞庭的诗不少，只有孟浩然的《望洞庭湖赠张丞相》"八月湖水平，涵虚混太清。气蒸云梦泽，波撼岳阳城。欲济无舟楫，端居耻圣明。坐观垂钓者，徒有羡鱼情"，堪与此相敌。唐庚认为此诗"气象阔放，涵蓄深远，殆与洞庭争雄"。那么，以此力作来结束这一年、这一章，确乎是再好也没有的了。

第二十章 潇湘夕霁

一 自岳之潭

大历四年（七六九），二月，杨子琳既败还泸州，招聚亡命之徒，得数千人，沿江东下，声言入朝；涪州守捉使王守仙伏兵黄草峡（在涪州之西。杜诗《黄草》"黄草峡西船不归"即咏此），子琳悉擒之，击守仙于忠州，守仙仅以身免。子琳遂杀夔州别驾张忠，据其城。荆南节度使卫伯玉欲结以为援，以夔州许之，为之请于朝。阳曲人刘昌裔说子琳遣使诣阙请罪，子琳从之。乙巳，以子琳为峡州团练使（老杜前后离秦州、同谷、成都、夔州，不久战乱即继踵而至，可见他诗中常有时世深忧，不是没有原因的）。初，仆固怀恩死，代宗怜其有功，置其女宫中，收为养女。回纥请以为可敦。

五月，辛卯，册怀恩女为崇徽公主，嫁回纥可汗。壬辰，遣兵部侍郎李涵送之，涵奏祠部郎中虞乡董晋为判官。

六月，丁酉，公主辞行，至回纥牙帐。回纥说："唐约我为市马，既入，而归我贿不足，我于使人乎取之。"涵惧，不敢对，视晋，晋说："吾非无马而与尔为市，为尔赐不既多乎！尔之马岁至，吾数皮而归资（言不计其生死，皆付马价），边吏请致诘也。天子念尔有劳，故下诏禁侵犯。诸戎畏我大国之尔与也，莫敢校焉。尔之父子宁而畜马蕃者,非我谁使之!"于是其众皆环拜谢罪。

九月,吐蕃寇灵州;丁丑,朔方留后常谦光击破之。

十月,常谦光奏吐蕃寇鸣沙,首尾四十里。郭子仪遣兵马使浑瑊将锐兵五千救灵州,子仪自将进至庆州,闻吐蕃退,乃还。黄门侍郎、同平章事杜鸿渐以疾辞位,壬申,许之;乙亥,卒。丙子以左仆射裴冕同平章事。初,元载为新平尉,冕尝荐之,故载举以为相,亦利其老病易制。受命之际,蹈舞仆地,载趋扶之,代为致谢词。仅此一端,即见朝政之腐败。

十二月,戊戌,裴冕卒。

在大动乱的年代,今年的时局不算最糟。"图南未可料,变化有鲲鹏。"(《泊岳阳城下》)老杜至今虽对自己的前途尚存幻想,但已走上最后一段苦难的人生历程,这一年也不可能有什么新的转机了。

正如前章所揣测的,到岳阳后,他果真与当地官绅联系上了,《陪裴使君登岳阳楼》就透露出个中消息:

"湖阔兼云雾,楼孤属晚晴。礼加徐孺子,诗接谢宣城。雪岸丛梅发,春泥百草生。敢违渔父问,从此更南征。"后汉徐稚,字孺子,南昌人,恭俭礼让。太守陈蕃在郡不接宾客,唯稚来,特设一榻,去则悬之。"礼加"句即用此典故,以陈蕃况裴,以徐稚自况。据此可知,老杜来岳阳后不久便受到当地裴刺史接待,即使他准备过年后继续乘原来那条船南行,也是会被接上岸去住几天的。南齐诗人谢朓曾为宣城太守。此借喻裴刺史的能诗。《楚辞·渔父》:屈原既放,游于江潭,渔父见而问之:"子非三闾大夫欤?何故至于斯?"屈原说:"世人皆浊我独清,众人皆醉我独醒,是以见放。"渔父说:"圣人不凝滞于物,而能与世推移。举世皆浊,何不淈其泥而扬其波?众人皆醉,何不餔其糟而歠其醨?何故深思高举，自令放为？"尾联意谓不敢有违渔父之意，从此将更往南行，俾能与世浮沉。《楚辞·招魂》："献岁发春兮，汩吾南征。"老杜过了年一开春即将赴潭州，用此甚切。颈联写早春景物美丽而有情致；亦见此诗当作于大历四年春。

不久老杜又继续携家南征了：

"春岸桃花水，云帆枫树林。偷生长避地，适远更沾襟。老病南征日，君恩北望心。百年歌自苦，未见有知音。"（《南征》）据首句，知此行在开春桃花汛发时。本拟北归，岂料南征？故乡远隔，还朝无日，老病奔波，又无知音，这就无怪他悲歌自苦、涕泪沾襟了。而《归梦》："道路时通塞，江山日寂寥。偷生唯一老，伐叛已三朝。雨急青枫暮，云深黑水遥。梦魂归未得，不用楚辞招"，就是当时乡思萦怀、梦魂颠倒心境的写照。写了这些诗以后，他又像写作"自秦州赴同谷县纪行"诗和"自陇右赴成都"纪行诗那样，写作了一组湖南纪行诗。东北樊维纲先生，在湖南执教多年，作《杜甫湖南纪行诗编次诠释》（载《文学遗产》一九八二年第三期），多有创获。比如该文认为：杜甫湖南纪行诗集中写于大历四年春，当时他刚到湖南不久（大历三年冬末到岳阳），准备由岳阳出发到衡山去游南岳，再到衡州去投奔旧友韦之晋（当时任衡州刺史）。这一路行程分为两段；一段是从当时的岳州巴陵县（今岳阳市、岳阳县、临湘县）出发，经洞庭湖、青草湖入湘江，过湘阴县（今名同）、长沙县（今长沙县、望城县）北部到潭州（今长沙市），一段是从潭州出发，经长沙县南部、湘潭县（今湘潭县、株洲县）、衡山县（今名同）到衡州（今衡阳市）。这总的路线勾勒得很清楚（并附行踪图），诸作编次也大多可信，故本节多所采纳。

老杜携家乘船离岳阳将过访南岳（在湖南中部，衡山县南岳镇离主峰最近），入洞庭湖，作《过南岳入洞庭湖》[1]说：

"洪波忽争道，岸转异江湖。鄂渚分云树，衡山引舳舻。翠牙穿裛蒋，碧节吐寒蒲。病渴身何去？春生力更无。壤童犁雨雪，渔屋架泥涂。欹侧风帆满，微冥水驿孤。悠悠回赤壁，浩浩略苍梧。帝子留遗恨，曹公屈壮图。圣朝光御极，残孽驻艰虞。才淑随厮养，名贤隐锻炉。邵平元入汉，张翰后归吴。莫怪啼痕数，危樯逐夜乌。"浦起龙以为前八句明意中所向，中八句正身之所经，后八句结出不得已而为此行之故：洪波汹涌争趋水道，转过堤岸一望无际，湖中景象自与大江不同。湘、资、沅、澧汇于洞庭，至巴陵与荆江合流。那么北边的云树该是跟鄂渚的分界，而南边的衡山却远远地在吸引着我们的船只前进。湿润的菰蒋抽出翠芽，香蒲在轻寒中也吐了碧绿的节。我病渴身衰又将何往？春生天暖老年人更是惝困无力。眼下年轻的农民正在犁冬水田，渔家在湖边搭起了草盖顶、泥涂壁的渔棚子（采樊说）。欹侧的风帆张得很饱满，远处的水驿（详上卷四五页）隐隐约约显得孤零零的。我不觉发思古之幽情，神驰南北而回略赤壁、苍梧。舜崩于苍梧之野，给娥皇、女英留下了千古幽恨；火烧赤壁抑制住曹公的壮志宏图。今上虽复长安，吐蕃之乱犹未平息。才士沦为析薪、炊烹的厮养，名贤像嵇康一样以开炉锻铁为生。秦东陵侯邵平入汉，却能种瓜于青门；晋张翰为远祸全身，因秋风起，思念故乡菰菜、莼羹、鲈鱼脍而归吴。惟独我追逐着那些绕危樯无枝可栖的乌鹊奔波，这就莫怪我啼痕满面了。

〈1〉 浦起龙说："鹤云：自岳州之潭州作，是也。按自岳而南至潭，自应入湖。但南岳更在湖南。题曰《过南岳入洞庭》，旧注以为过而后入。仇氏遂以前八为过南岳，中八为入洞庭。诗义、图经，两相背戾矣。不知'过'者将然之事，'入'者现在之事。题意盖谓将欲过彼，故入此湖也。"

《名胜志》载，青草湖，北连洞庭，南接潇湘（指湘江），东纳汨罗水。每夏秋水泛，与洞庭为一。水涸，此湖先干，青草生，故名。老杜乘船入青草湖夜泊，对景言情，作《宿青草湖》说："洞庭犹在目，青草续为名。宿桨依农事，邮签报水程。寒冰争倚薄，云月递微明。湖雁双双起，人来故北征。"诗殊清丽，的是湖中早春月夜情景。樊文解"宿桨依农事，邮签报水程"一联最可信[2]，略谓：前句是写杜甫夜宿所见，而不是写自己。"宿桨"即停船夜宿。"依"是彼此相依而泊。"农事"是说相依夜泊者乃以忙于农事。当地多围田，围田在湖中，离家较远，农民种田，乘船而来，入夜即宿于船上，船多便依次而泊。后句中的"邮签"即邮驿所立的标识。(《一切经音义》卷一四释"便签"引《通俗文》："记识曰签。")据《唐会要》卷八七，唐代漕运，陆行、水行都规定有日行路程，水行之程分江、河，分顺水、逆水，各规定不同路程。王建《水运行》"县官部船日算程"即谓此。据此可知，后句中邮签所报者乃水行之路程。从姚合《送林使君赴邵州》"驿路算程多是水"句看，当时邮驿必在水边建立有一种标识，标出此驿距上下驿间水路里程，犹今之路标，行人好依此来计算路程。末因人来惊起宿雁北翔而伤己南征，现成而自然，亦小有情致。

樊文考，过青草湖便进入湘水，这里是湘阴县界（唐属岳州），杜甫有《宿白沙驿》《湘夫人祠》和《祠南夕望》三诗写初入湘阴界所历情况。白沙驿，原注："初过湖五里。"《一统志》卷二七七长沙府："白沙戍，在湘阴县北五十里湘江上，唐有驿，久废。"道光修《湘阴县志》卷一二："白沙驿在县西北五十里。"下引杜甫

---

[2] 仇注："孤舟防盗，故须宿依农畔；水程夜泊，故闻驿报更筹。"似是而非。其余诸注，亦未尽善。

《宿白沙驿》诗，按其地当在今营田镇附近。湘夫人祠，旧注皆引《水经注》谓即黄陵山下之黄陵庙。同上县志卷六："黄陵山，在县北四十五里大江之滨，虞舜二妃墓在焉。"卷三四："虞舜二妃墓，在县北五十里（宜作'四十五里'）黄陵山。"又《读史方舆纪要》卷八〇长沙府所记引《括地志》云："黄陵庙北即白沙戍。"可见白沙驿与湘夫人祠相距不远。

《宿白沙驿》前半写薄暮驿边景色，后半抒宿驿客旅之情：

"水宿仍余照，人烟复此亭。驿边沙旧白，湖外草新青。万象皆春气，孤槎自客星。随波无限月，的的近南溟。"首二句写出洞庭无际、不见人烟之恐（蒋弱六语）。《湘中记》：湘川，清照五六丈，下见底，石如樗蒲，五色鲜明，白沙如霜雪，赤崖如朝霞。驿以沙白得名。颔联写实，兼点白沙驿、青草湖之名。颈联悲凉中见壮阔气象。

《湘夫人祠》，因祠中祠外景象凄凉而生感慨，写得很美丽：

"肃肃湘妃庙，空墙碧水春。虫书玉佩藓，燕舞翠帷尘。晚泊登汀树，微馨借渚蘋。苍梧恨不尽，染泪在丛筠。""虫书"，虫蚀之纹如字。卫恒《书势》：四曰虫书。《诗经·召南·采蘋》："于以采蘋，南涧之滨。……于以奠之，宗室牖下。""微馨"句，意谓聊借渚蘋的芳香表示对二妃的敬意。李衎《竹谱详录》卷六："泪竹生全湘九嶷山中……《述异记》云：舜南巡，葬于苍梧，尧二女娥皇、女英泪下沾竹，文悉为之斑。亦名湘妃竹。"这是一种有斑纹的竹子，也叫斑竹。黄生说：此近体中之《九歌》。春时仅"空墙碧水"，其荒凉之状可想。三、四再写二语，景虽荒凉，语转浓丽。结倒叙，因"染泪在丛筠"，故知"苍梧恨不浅（尽）"。苍梧何恨？恨不得从舜。用本色作收，而作自喻之旨自见。开口"肃肃"二字，即令人凛然起敬。较李群玉之"二女明妆自俨然""九疑如黛隔湘川"(《黄陵庙》),不离文士轻薄口角。公诗发源于《楚辞》,波澜故自老成。

又作《祠南夕望》说:

"百丈牵江色,孤舟泛日斜。兴来犹杖屦,目断更云沙。山鬼迷春竹,湘娥倚暮花。湖南清绝地,万古一长嗟!"黄生说:此近体中之吊屈原赋,结亦自寓。泛舟之际,江中景色已佳;兴来犹复枝屦登临,目断更觉云沙缥缈。既而日夕空祠,仿佛湘娥、山鬼,灵均所赋,若或见之。因叹地虽清绝,而俯仰兴怀,万古共一长嗟。与前诗之解相较,此解稍嫌刻意求深。张綖说:如此清绝之地,徒为迁客羁人之所历,此万古所以同嗟。结句极有含蓄。如此联系屈原,较自然。就读后印象而论,这诗写湖中平远山水、日夕眺望情意和有关美丽想象,俱极娟秀丽雅致。"湖南清绝地",入湖南诸什亦复清绝。

方志载乔口镇在长沙西北九十里,为乔口水流入湘江处,在湘江西岸(详樊文)。老杜舟行至此,作《入乔口》,题下原注:"长沙北界。"适相符。诗说:

"漠漠旧京远,迟迟归路赊。残年傍水国,落日对春华。树蜜早蜂乱,江泥轻燕斜。贾生骨已朽,凄恻近长沙。"故乡遥远,归去无期。如今老客江乡,时当日落而对春花,难免有桑榆之叹。这真不如树间采蜜之蜂、江畔衔泥之燕的能自适其性了。更何况地近长沙,念及贾生的遭贬于此,就令人倍觉凄恻。黄生说:"'凄恻'二字,如见其神色惨沮之意。而此一诗,竟成自谶,可哀也已。"

铜官渚在长沙北六十里的湘江东岸,其地有铜官山,相传为楚铸钱处。老杜从乔口溯江而南,至铜官渚遇风停泊,作《铜官渚守风》说:

"不夜楚帆落,避风湘渚间。水耕先浸草,春火更烧山。早泊云物晦，逆行波浪悭。飞来双白鹤，过去杳难攀。"先述船因避风，天未黑即下帆停泊。湖南尚蓄水浸田，开春后耕耙，谓之耕"冬水田"。烧去杂草灌木，以其灰作肥料，种植杂粮，谓之火耕，是一种原始的耕作方法。《史记·货殖列传》载："楚、越之地，地广人希（稀），饭稻羹鱼，或火耕而水耨。"我以前在家乡，春天常见远方岭上烧山，就是为了火耕。"水耕"一联，写湘中耕作之异。后半谓云物冥晦，而浪阻行舟，不若飞鹤的乘风自适。

从铜官渚南行不远，即到湘江西岸的新康镇。《一统志》卷七长沙府："沩江，在宁乡西，源出大沩山。东北流入长沙界，名新康河。又东北入湘水。"新康镇即在新康河入湘江水口之南（铜官、沩水、新康镇在一般分省地图中都可找到），而铜官渚，则更接近新康河入湘江水口。《北风》题下原注说："新康江口，信宿方行。"可见老杜泊船避风的铜官渚就在新康江口，当时并未到今天的新康镇江畔。"信宿"，连宿两夜。这次北风一连刮了两天两晚，到第三天早上，风势稍减，老杜就催船老板开船，作《北风》说：

"春生南国瘴，气待北风苏。向晚霾残日，初宵鼓大炉。爽携卑湿地，声拔洞庭湖。万里鱼龙伏，三更鸟兽呼。涤除贪破浪，愁绝付摧枯。执热沉沉在，凌寒往往须。且知宽病肺，不敢恨危途。再宿烦舟子，衰容问仆夫。今晨非盛怒，便道却长驱。隐几看帆席，云山涌坐隅。"用现代的话说，这是春天里一次从北方寒冷地区侵袭来的寒潮，所以北风如此之大。南行遇北风，张帆虽顺，但惧风大翻船，不能不停泊避风。傍晚变天，阴霾蔽日。《庄子》以天地为大炉。入夜风起，犹如谁在鼓动这大炉的风箱，吓得万里江湖中的鱼龙潜伏水底，吓得鸟兽在三更半夜里狂呼乱叫。入春以后南方多瘴气，北风吹来，气温骤降，可涤荡长沙卑湿地的郁热之气，使患肺气病的老杜觉得精神很爽朗。所以今早一见风小些，便催船家解缆,自己则端坐船中,靠着那张常陪伴他的乌皮旧几,兴致勃勃地欣赏起两岸的风景来了。春天里刮大北风,老杜居然还会感到这么惬意,恕我不敬,这似乎只能从"胡马依北风,越鸟巢南枝"的现象中得到解释。

《双枫浦》当是同时之作[3]:

"辍棹双枫浦,双枫旧已摧。自惊衰谢力,不道栋梁材。浪足浮纱帽,皮须截锦苔。池边地有主,暂借上天回。"这是首托物自寓之作:停船浦口,见有两株枯死的枫树。年来我每惊叹自己的精力日益衰谢,没想到这样的栋梁之材也烂成这个样子。江湖的波浪,足以浮载我这头戴隐者之冠(纱帽)的老人到处漂泊;截去长满苔藓、斑驳如锦的树皮,便可将这两株枯枫当作槎来泛。要是能从江边的地主那儿把它们借来,直上青天,那就太令人高兴了[4]。浦起龙说:"地名虽号青枫,其实'双枫'已成枯树,略似槎形。会得此意,便不讶此诗设想奇奥矣。……点化海槎字绝妙。"

自岳入潭途中,老杜还写了几首咏怀遣闷的抒情诗。《上水遣怀》说:

"我衰太平时,身病戎马后。蹭蹬多拙为,安得不皓首?驱驰四海内,童稚日糊口。但遇新少年,少逢旧亲友。低头下邑地,故人知善诱。后生血气豪,举动见老丑。穷迫挫囊怀,常如中风走。

---

[3] 旧注引《方舆胜览》:青枫浦在潭州浏阳县。樊文考杜甫在湖南行踪,不曾亦不可能入浏阳河(或醴陵河)到浏阳。湘江流经长沙南北一带,两岸多枫树(杜甫湖南诗中也多处写到枫),这一带以枫为名的地方也颇多,故双枫浦可能是当时长沙、湘潭一带湘江岸边的一个小地名,惜今已无考。
[4] 仇兆鳌串讲说:"言停舟枫浦,见双树久摧,自从衰谢以后,人但惊其精力已竭,又谁道未衰之先,材堪栋梁乎?今兀立江干,浪高而枫顶微露,似浮纱帽,波平而皮藓半呈,如截锦苔。其摧朽若此,我欲问江边地主,借作上天浮槎,庶不终弃于无用耶。"解"浪足"句等稍嫌穿凿,仍能自圆其说,可参看。

一纪出西蜀，于今向南斗。孤舟乱春华，暮齿依蒲柳。冥冥九疑葬，圣者骨已朽。蹉跎陶唐人，鞭挞日月久。中间屈贾辈，谗毁竟自取。郁悒二悲魂，萧条犹在否？嶕峷清湘石，逆行杂林薮。篙工密逞巧，气若酣杯酒。歌讴互激越，回斡明受授。善知应触类，各藉颖脱手。古来经济才，何事独罕有？苍苍众色晚，熊挂玄蛇吼。黄罴在树颠，正为群虎守。赢骸将何适，履险颜益厚。庶与达者论，吞声混瑕垢。"仇兆鳌说，此诗首伤老病飘流，从叙怀说起。太平，指天宝以前。戎马，指至德以后。蹭蹬，谓贬官入幕。童稚，谓携子远游。次叹无人可依，乃上水之故。亲友知而善诱，见旧交款洽。少年视为老丑，见新知轻薄。穷途既无可仗之人，则奔走南行，实非得已。夔州诗云"新知已暗疏"，后生之交态可知。次写上水而动吊古之思。春华、蒲柳，即所见以兴感。言舜葬九疑，其骨已朽，因思陶唐至今，人生代谢久矣。中间如屈、贾忠魂，尚有存焉者乎？此从暮齿而伤叹及之。次述上水行舟之事。水中石露，则舟经险。岸多林薮，则路易迷。上水，故曰逆行。"歌讴"句，言其气壮。"回斡"句，言其力巧，回旋斡转其船。舟人首尾相呼，以求水脉，谓之受授。善知者，若能触类以推，则凡事皆如锋颖之脱手。乃从来经济之才，如操舟敏捷者，何独罕有乎？末乃触景生愁，结出遣怀之意。熊蛇罴虎，见闻可畏。赢躯又且履险，总缘穷迫所致。其欲达观以混尘俗，见前途亦未必有知音。——读此诗则老杜当时垂老投荒、吉凶莫卜的惶惑心情可见。又作《遣遇》说：

"磬折辞主人，开帆驾洪涛。春水满南国，朱崖云日高。舟子废寝食，飘风争所操。我行匪利涉，谢尔从者劳。石间采蕨女，鬻市输官曹。丈夫死百役，暮返空村号。闻见事略同，刻剥及锥刀。贵人岂不仁，视法如秋蒿。索钱多门户，丧乱纷嗷嗷。奈何黠吏徒，渔夺成逋逃。自喜遂生理，花时甘缊袍。"《易》："利涉大川。"《左传》昭公六年："锥刀之末，将尽争之。"亦作"锥刀之利"。《后汉书·舆服志》："争锥刀之利，杀人若刈草。""锥刀之末"，比喻微小的利益。此诗重点在伤民之困于征求，意义较前首更为深广：辞别了主人，挂帆解缆，在南方春水洪涛中航行。船夫们废寝忘食，在跟狂风搏斗。我倒不急于赶路，多谢你们为了我受累。途中我见到有位妇女在山石之间采蕨子（嫩苗可当菜），好拿到市上卖了还官家的赋税。她丈夫因为接连不断服劳役累死了，她日暮回家常常会在空荡荡的荒村里哭号。看到的和听到的事大致相同，百姓遭剥削连一文钱都不放过。那班贵人可真不仁啊，把你们当狗尾草和蒿子割。从各个部门摊派下来的苛捐杂税多得不得了，逼得遭丧乱的穷苦人嗷嗷叫。奈何狡黠的吏卒渔夺不止，人们不得不逋逃在外。比较起来我现在过的日子就足以自喜，那么当此春暖花开时节我还脱不下绵袍子，那也心甘情愿。杨伦引张惕庵评："贼盗皆从聚敛起，而下之贪纵，又从上好货来。古今积弊，数语道尽。"又于"贵人"二句旁加批说："以下极唱叹之致。"

上水风大浪高，差点翻了船，事后作《解忧》说：

"减米散同舟，路难思共济。向来云涛盘，众力亦不细。呀坑瞥眼过，飞橹本无蒂。得失瞬息间，致远宜恐泥。百虑视安危，分明曩贤计。兹理庶可广，拳拳期勿替。"我曾分给船工们一些米，本来就期望大伙儿同舟共济。果不其然船在云涛之间盘旋不出，多亏众人出了不小的力。呀开的滩口[5]一闪而过，划得飞快的桨和橹，本来是不生根长蒂的啊！安危得失在瞬息间分判，这次所幸得免风波，出远门总难免会遇到些不顺利的事。视安若危，这确乎是

〈5〉仇注："呀坑"者，淤坑，如口之呀开。"坑"，一作"吭"。蔡注："呀吭"，乃滩口。

前贤虑事的深计，若能按照这个道理推而广之，那不管做什么都能免于倾覆，所以要拳拳遵行而勿忘。后半议论一般，前半"笔力高，故所挥如意"(李子德语)。俗语说："湖上的天气像孩儿的脸，说变就变。"春天里风大浪大，行船风险也大。老杜预先俵分些大米给船工们，以期临危效力，看起来是做对了，自己也感到得意，但又不敢稍存懈怠，可见旅人心理。铜官渚在长沙北六十里的滨湖地区，对着新康江口。老杜曾在这里停船避了两天两晚的大北风(详前引《铜官渚守风》《北风》及有关论述)。这次他险遭覆舟，很可能就在这一带。

二　岳麓游踪

不久来到潭州（长沙），已时近清明，作《清明二首》。[6] 其一说：

"朝来新火起新烟，湖色春光净客船。绣羽衔花他自得，红颜骑竹我无缘。胡童结束还难有，楚女腰肢亦可怜。不见定王城旧处，长怀贾傅井依然。虚沾周举为寒食，实藉君平卖卜钱。钟鼎山林各天性，浊醪粗饭任吾年。"唐制，清明日赐百官新火。《韩非子·二柄》："楚灵王好细腰，而国中多饿人。"又，《后汉书·马廖传》："传曰：'楚王好细腰，宫中多饿死！'"此故有"楚女腰肢"之句。汉景帝前二年（前一五五）立皇子刘发为长沙定王，都长沙(见《汉书·景十三王传》)。今湖南长沙市西区福胜街三条巷有贾谊故宅。现仅存祠屋一间。祠前巷侧有井，传为贾谊所凿，上敛下大，其状如壶，称太傅井。又称长怀井，即据此诗"长怀"句而得名。

〈6〉　黄鹤注：当是大历四年春初到潭州时作。

"寒食"，节令名，在清明前一天（一说前两天）。相传起于晋文公悼念介子推事，以介子推抱木焚死，就定于是日禁火寒食。后汉周举为并州刺史，以去火寒食，残损民命，令复温食（见《后汉书·周举传》）。仇注：寒食之时，周举虽开火禁，而舟鲜熟食，故曰"虚沾"，此皆无钱之故，因思君平卖卜以自给。浊酒粗饭，即舟中饮食。这诗写清明时节舟次长沙时的所见所感。其二说：

"此身飘泊苦西东，右臂偏枯半耳聋。寂寂系舟双下泪，悠悠伐枕左书空。十年蹴踘将雏远，万里秋千习俗同。旅雁上云归紫塞，家人钻火用青枫。秦城楼阁烟花里，汉主山河锦绣中。春水春来洞庭阔，白蘋愁杀白头翁。"东晋殷浩为中军将军，北伐失利，被黜放，口无怨言，态度自若，谈咏不绝，就只整天往空中书写"咄咄怪事"四字（见《晋书·殷浩传》）。四句用此典故。右臂偏枯，故用左臂书空。宗懔《岁时记》：寒食有打球、秋千、施钩之戏。杨伦说："春取榆柳之火。用青枫，亦见异俗。"又说："前首从湖南风景叙起，说到自家；后首从自家老病说起，结到湖南，亦见回环章法。"这两诗写得不大好，"诗圣"也难免有"拙作"，如无确证，决不可像朱瀚那样遽以无一字近少陵风骨而判此二诗为赝品。

相对而言，同时所作《岳麓山道林二寺行》[7]就写得较为出色。这诗首段说：

"玉泉之南麓山殊，道林林壑争盘纡。寺门高开洞庭野，殿脚插入赤沙湖。五月寒风冷佛骨，六时天乐朝香炉。地灵步步雪山草，僧宝人人沧海珠。塔劫宫墙壮丽敌，香厨松道清凉俱。莲池交响共命鸟，金榜双回三足乌。"岳麓山在长沙湘江西岸，古人将其列入南岳七十二峰之一。南朝刘宋时《南岳记》载："南岳周围

---

〔7〕 樊文疑题中"岳"字衍。

八百里，回雁为首，岳麓为足。"岳麓山总面积八平方公里，最高峰海拔二九七米，碧嶂屏开，秀如琢玉，层峦耸翠，山涧幽深。自西汉以来，历代都有遗迹可觅，以岳麓书院、麓山寺、唐李邕麓山寺碑、宋刻禹王碑为最有名。麓山寺在岳麓山半腰。今山门有联云："汉魏最初名胜，湖湘第一道场。"建于晋泰始四年（二六八），是长沙最早的一座佛寺。明神宗时更名万寿寺，民国初年复名"古麓山寺"。一九四四年大殿被毁，仅存前门和藏经阁。阁前左右各有罗汉松一株，称为"松关"。寺内有"玉泉"，寺后古树环抱之中有泉从石隙中流出，冬夏不涸，清洌甘甜，名"白鹤泉"。现已辟白鹤茶室。麓山寺碑在岳麓山下岳麓书院左侧。唐开元十八年（七三〇），著名书法家、文学家李邕为麓山寺所撰并书。全文共一千四百余字，记述自晋至唐该寺历代建庙及禅师传法的情况。此碑笔力雄健，是我国著名的唐碑，惜诗中未咏及。道林寺在岳麓之下，久废。据说北宋时拆此夺取其材以建岳麓书院，待考。玉泉寺在湖北当阳城西三十里的玉泉山东麓。汉建安年间，普净禅师结茅于此，梁宣帝敕建覆船山寺，隋开皇时，智者禅师继倡立法门。当时与栖霞、灵岩、天台等并称天下丛林"四绝"。首句"玉泉"即指玉泉山玉泉寺。《岳阳风土记》：赤沙湖在华容县南，夏秋水涨，与洞庭湖通。《阿弥陀经》：极乐国土，常作天乐。昼夜六时，天雨曼陀罗华。《楞严经》：雪山大力白牛食其山中肥腻香草，此牛惟饮雪山清水，其粪微细，可和合旃檀。《起信经》：一真如是觉性，名佛宝。二真如有执持义，名法宝。三真如有和合义，名僧宝。《譬喻经》：王舍国人欲作寺，钱不足，入海得名宝珠。《维摩经》：上方有国，佛号香积如来，以一钵盛香饭，恒饱众生。《阿弥陀经》：极乐国土，有七宝池，池中莲花大如车轮。又有伽陵频伽共名之鸟，昼夜六时，出和雅音。《宝藏经》：雪山有鸟，名为共命，一身二头，识神各异，同共报命，曰共命。古代传说，太阳里有"三足乌"，名踆乌（见《淮南子·精神训》及高诱注）。这段叙两寺胜景：玉泉山玉泉寺以南就数岳麓山麓山寺最特殊，道林寺似乎在比赛谁的山林沟壑最幽静盘纡。寺门高开向着洞庭之野，殿脚仿佛插入了远处的赤沙湖。据说炎热的五月天这里的风还是凉飕飕的会把佛骨吹冷，昼夜六时天乐不绝总有人来朝拜香炉。来到这灵山胜地步步踩的都是像雪山上长着的香草，僧宝和合人人顿觉心性圆明犹如沧海之珠。多层寺塔⁽⁸⁾只有壮丽的宫墙差堪匹敌，跟松间道路同样清凉的还有那香积厨。莲池里交响着共命鸟，红日高照两寺的黄金榜（匾额）都反映出三足乌。中段说：

"方丈涉海费时节，玄圃寻河知有无？暮年且喜经行近，春日兼蒙暄暖扶。飘然斑白身奚适？傍此烟霞茅可诛。桃源人家易制度，橘洲田土仍膏腴。潭府邑中甚淳古，太守庭内不喧呼。"孙绰《游天台山赋》："涉海则有方丈、蓬莱。""玄圃"，亦作悬圃，传说中昆仑山巅名。《汉书·张骞传赞》："《禹本纪》言河出昆仑。……自张骞使大夏之后，穷河原，恶睹所谓昆仑者乎？""橘洲"，即橘子洲，在长沙西南不远的湘江中。《太平寰宇记》载：时有大水，诸洲皆没，唯橘洲独浮，上多美橘，故以为名。这段记此间山川风俗之美：渡海去寻方丈、蓬莱很费时间，穷河源寻玄圃谁知是有还是无？暮年且喜到这儿来路很近，更何况春天里游山还可仰仗蒸腾的暖气把我搀扶。白发飘然此身何往？傍烟霞诛茅筑室倒可在这里隐居。虽然桃花源里人家的制度已有改变，可羡那橘子洲头的田土仍极膏腴。潭州城中民风淳古，太守衙门里不闻喧呼。末段说：

"昔遭衰世皆晦迹，今幸乐国养微躯。依止老宿亦未晚，富贵

〈8〉"塔劫"的"劫"通级。

功名焉足图！久为谢客寻幽惯，细学周颙免兴孤。一重一掩吾肺腑，山鸟山花吾友于。宋公放逐曾题壁，物色分留待老夫。""老宿"，此指高僧（也可指年老而在学艺上有造诣的人）。《异苑》：谢灵运生于会稽，其家以子孙难得，送于钱塘杜明师养之。十五方还。故曰"客儿"。《宋书·谢灵运传》：灵运出为永嘉太守。郡有名山水，灵运素所爱好。出守既不得志，遂肆意游遨。南齐周颙好佛，虽有妻子，于钟山西立精舍独处。"宋公"下原注："宋之问。"《新唐书·宋之问传》："睿宗立，以狯险盈恶诏流钦州。"钦州属岭南。之问道经长沙，故有诗题寺壁。杨伦说："按《宋之问集》有《高山引》：'攀云窈窕兮上跻悬峰，长路浩浩兮此去何从？水一曲兮肠一曲，山一重兮悲一重。松槚邈已远，友于何日逢？况满室兮童稚，攒众虑于心胸。天高难诉兮远负明德，却望咸京兮挥涕龙钟。'公诗多用其语，疑此即放逐题壁之诗。杨用修谓宋诗今已失传，非也。"这段意谓欲卜居养生于此：古时候的人遭遇衰世都韬光养晦，于今幸喜来此乐国休养多病的微躯。就是现在来投靠老禅师也不算晚，功名富贵并不值得贪图。我早如谢客已惯于访胜寻幽，还应细学周颙以免清兴孤。一重一掩的山林跟我息息相关简直是我的肺腑，山鸟山花我把它们都当成自己的兄弟友于。宋公放逐岭南过此曾赋诗题壁，他还分了份景色留给了老夫。

这诗非律非古、亦律亦古，因此有人以为是七排，有人以为是七古。[9] 浦起龙说："按诗题曰'行'，本属歌体。然亦可作拗体长排也。"杨伦说："前半述二寺之胜，后半思欲结庐终老。一气抒

---

[9] 王嗣奭说："此七言排律，一气抒写，如珠走盘，阅者不知，而类编者不入排律何耶？"邵子湘说："排比绵丽，子美七古，此又为变调，盖永叔、子瞻之滥觞也。"前者以为是七排，后者以为是七古。

写，如珠走盘，所谓文如翻水成，初不用意为者，足以见公诗境之愈老而愈熟。"一调和体裁之争，一评其艺术造诣之高，俱各有见。老杜见麓山、橘洲一带地幽土沃，偶生诛茅卜居之想，未必真有此打算，故不宜拘看。据"潭府"二句，知老杜过境，与当地官府不无过从，想此行系"过南岳"，不暇盘桓相周旋而已。

三 "望衡九面"

老杜初到长沙，稍事游览之后，又乘船溯湘江赴南岳。开船后作《发潭州》说：

"夜醉长沙酒，晓行湘水春。岸花飞送客，樯燕语留人。贾傅才未有，褚公书绝伦。名高前后事，回首一伤神。"褚遂良（五九六—六五八或六五九），字登善，钱塘（今浙江杭州）人，一作阳翟（今河南禹县）人。博涉文史，尤工书法。唐太宗时历任起居郎、谏议大夫，主张维护礼法，定嫡庶之分。累官至中书令。贞观二十三年（六四九）受太宗遗诏辅政。高宗即位，封河南郡公，任尚书右仆射，世称"褚河南"。后因反对高宗立武则天为后，屡被贬潭州都督等职而死。其书法继王羲之、王献之、欧阳询、虞世南之后，别开生面。晚年正书丰艳流畅，变化多姿。对后代书风影响很大。后人把他与欧阳询、虞世南、薛稷并称为唐初四大书家。碑刻有《伊阙佛龛记》《孟法师碑》《房玄龄碑》《雁塔圣教序》等。贾谊、褚遂良俱贬长沙，二人立朝，各有鲠亮之节，故离此不觉念及而兴叹。夜醉晓行，而送客但见飞花，留人惟闻燕语，孤寂旅愁可想。洪仲说："此诗三、四托物见人，五、六借人形已。此皆言外寓意，实说便少含蓄矣。"

又有《发白马潭》。旧注谓白马潭在潭州，姑从仇注本编次缀于《发潭州》之后[10]。诗说：

"水生春缆没，日出野船开。宿鸟行犹去，丛花笑不来。人人伤白首，处处接金杯。莫道新知要，南征且未回。"昨晚春水涨了，系着的船缆已沉没到水中，太阳出来了，我们这条停泊在荒野里的船才开。栖宿于近旁的水鸟随着船走了一段还是离去了；岸边丛花仿佛对着我微笑，无奈上水船走得慢它好久也到不了我的身旁来。人人同情我老年漂泊，处处都为我设宴倾杯。不要以为我把这些新朋友的邀请看得很重要，就只管南行而不掉转船头回。《杜臆》说："春水方生，逆流而上，故缆没。船日出而后开，亦以逆流故。宿鸟必水宿之鸟，鸟虽步行，犹先我舟而去。岸有丛花，对我而

---

[10] 樊文对此诗曾着重加以探讨，并提出假说，现简介于后备考：白马潭所在地，旧注有说在潭州的，无据也无可考；魏泽一《试论杜甫在湖南作诗的编次问题》（载《文学遗产》增刊第十三辑）仅据湘阴县有白鸟潭，便怀疑白马潭即白鸟潭之"夺误"亦不足据信；有的则只说岳州巴陵县有白马矶（或口或湖），可是既未能确指其地，也未说明与白马潭有何相关。旧注都引《水经注》："江水又东，径彭城口（矶），北对隐矶，二矶之间有巨石，孤立大江中，其江东浦世谓之白马口。"《读史方舆纪要》卷七七将其地列入岳州府，并说"白马口亦谓之白马矶"。经查有关地志，其地在岳州巴陵县东北长江东岸，亦即长江流经今临湘县那一段的中间。如王琦注李白诗引《湖广通志》说就"白马矶在岳州临湘县北十五里"（县志作"十里"，皆依旧县治陆城），清嘉庆、同治修《临湘县志》则记载说在县东北十里（"十里"，是；"东北"当为北）。白马矶是指那块江中巨石，白马口指矶旁的江东浦，而白马潭则在白马矶下，并说其地"磴道险仄"，与李白《夜泛洞庭寻裴侍御清酌》所述"遇憩裴逸人，岩居陵丹梯"的情况亦合。这里唐时有裴隐居居于此。隐曾官侍御，与李白、贾至有交往。李白流夜郎至江夏，应隐之约，"期月满泛洞庭"，曾来白马矶相访，有诗记其事。杜甫发白马潭、入洞庭湖再到岳阳时写有一首《陪裴使君登岳阳楼》诗，这个"裴使君"或即裴隐，此时似已出牧岳州，故杜甫称他为"使君"。李白于肃宗乾元元年（七五八）流夜郎途中经洞庭湖（贾至于此年贬为岳州司马），至大历三年（七六八）正好十年，裴隐或尚在。裴隐与李白、贾至相好，李白、贾至与杜甫相好，基于这种关系，杜甫大历三年冬至岳阳后与之相识，得到照顾，乃是情理中事。杜甫初到岳阳时正值隆冬，又一路劳累，体弱多病，裴隐便把他安排到自己在白马矶的居所去住，这也是很可能的，杜甫在白马矶住到春节过后，天气转暖了，便决意南行，于是就从白马潭登船出发，写了《发白马潭》一诗，宣布南征就此开始。

笑，不肯便来，状逆水行舟之难也。舟之难进如此，纵使人人伤我之白首，处处接我以金杯，莫道赴新知为紧要事，只管南征，且未思回也。盖因行舟之难而思返也。后四句虚说，不然安得处处金杯乎？"理解间有可取，录以备考。

旧注引赵子栎《年谱》说："发潭州，溯湘，宿凿石浦，过津口，次空灵岸，宿花石戍，过衡山。"大体得之。凿石浦、空灵岸、花石戍这几个地方，唐以来属湘潭县，今属株洲县。凿石浦在湘潭县东南七十里，湘江西岸。宋代书法家米芾过此时曾题"怀杜厓"三字刻于崖（详樊文）。老杜《宿凿石浦》说：

"早宿宾从劳，仲春⁽¹¹⁾江山丽。飘风过无时，舟楫不敢系。回塘澹暮色，日没众星嘒。阙月殊未生，青灯死分翳。穷途多俊异，乱世少恩惠。鄙夫亦放荡，草草频年岁。斯文忧患余，圣哲垂彖系。"仇注：《礼记》："月三五而盈，三五而阙。"初三之月，为哉生明。"阙未生"必初二。灯死无光，故分夜色之阴翳。又：《易传》："作《易》者其有忧患乎？"文王蒙难而作彖，孔子蒙容而赞《易》，皆从忧患得之。彖谓卦辞，系谓《系辞传》。这诗前段写晚泊情事：停船早宿多亏宾从帮忙⁽¹²⁾，而江山春景殊觉佳丽。江边风狂浪急，不敢系缆停船，只好把船移入回塘里躲避。⁽¹³⁾暮色苍茫，日落而众星微细。初二的缺月尚未生光，灯灭了只好分取夜色的阴翳。后段叙宿浦之情：日暮途穷幸好遇到这许多俊异的宾从，乱离

⟨11⟩ 前采清明前后老杜已到长江的说法，那么发长沙宿凿石浦当在清明以后。而此云"仲春江山丽"（仇注更据"阙月"句定此诗作于大历四年二月初），何耶？可见有关时地的考察与作品的编次未尽妥帖。（一）清明前后在长沙，（二）凿石浦在长沙以南，（三）此句中之"仲春"，三者必有一误。

⟨12⟩《杜臆》："飘风不敢系舟，则舟子固须操舟，而舟中之人俱须助力，故云'宾从劳'。"

⟨13⟩ 樊文：《嘉庆县志》卷三说，其地有"山塘坳，合马家坳水入于湘"，故又名凿石塘，诗中"回塘澹暮色"句，显然是眼前景的实写。

之世很少能得到别人的恩惠。我这么到处飘荡，不知不觉就上了年岁。斯文人经历了种种忧患，就会像圣哲那样传下解释《易》的彖和系。王嗣奭说："公之自负如此，乃知其虽穷而有以自乐也。向使终身富贵，安有一部《杜诗》悬于日月乎？"李子德说："忽发高言，却无理障。"

凿石浦往南是渌口，在湘江东岸，渌水（亦名醴陵河）由此入湘江。老杜《过津口》之"津口"，后世方志以为即渌口（详樊文）。诗说：

"南岳自兹近，湘流东逝深。和风引桂楫，春日涨云岑。回道过津口，而多枫树林。白鱼困密网，黄鸟喧嘉音。物微限通塞，恻隐仁者心。瓮余不尽酒，膝有无声琴。圣贤两寂寞，眇眇独开襟。"南岳离这里很近，湘江往东北流去。和风引着桂楫前进，春天里的太阳从云雾蒸腾的山头升起。迂道过了渌水入湘江的津口，两岸多是青青的枫树林。白鱼困在密网之中，黄鸟叫得可真好听。鱼困鸟喧，微物的通塞虽异，触动了人们的恻隐之心不觉一视同仁。瓮里还剩余下没喝完的酒，膝上横着陶渊明的那种无弦琴。圣人贤人他们都很寂寞啊，惟独我能怡然自得，仗琴酒开阔胸襟。李白《将进酒》："古来圣贤皆寂寞，唯有饮者留其名。"可与此诗末二句参读。浦起龙说："喜遇风水平和，而为怡神之语，居然靖节风味，忘乎其为穷途矣。"

渌口往南是空洲，在江中，西岸有石崖，即空灵岸，空灵岸在湘潭县南一百三十里（详樊文）。老杜舟行次此，作《次空灵岸》说：

"沄沄逆素浪，落落展清眺。幸有舟楫迟，得尽所历妙。空灵霞石峻，枫栝隐奔峭。青春犹无私，白日已偏照。可使营吾居，终焉托长啸。毒瘴未足忧，兵戈满边徼。何者留遗恨，耻为达人诮。回帆觊赏延，佳处领其要。"樊文考：旧县志皆对空灵岸的石崖有描述：《乾隆县志》卷二二说，"石若悬钟，故曰空灵"；《嘉庆县志》卷五说，"地据湘滨，巨石矗立，左右斗绝，呀然张口，现大洞天"，又说，"溯江峭立，峰壑窗然"；《光绪县志》"山水"说，"盘石踞波，状若蹲虎。苍壁嵌空，仅容层构"。诗中"空灵霞石峻，枫栝隐奔峭"的话，就是对崖状的描绘。此崖旧刻有观音像，故亦称观音崖。其地清朝时也建有纪念杜甫的祠堂。又"霞石"云云，以其地石赤如霞之故（《湘中记》即有"赤岸如朝霞"的记载）。空灵岸稍北有渡口名霞石埠，或云即依杜诗"空灵霞石峻"句而得名。逆着粼粼白浪，江上视野空旷最宜远眺。幸好在这里靠了一会儿船，得以历览景色的美妙。空灵岸巨石矗立，色赤如霞；枫栝丛生，隐蔽了悬崖奔峭。青春无私，无处不在；地势高敞，偏受到较长的日照。我真想卜居终老于此，托林泉以寄啸傲。有毒的瘴气倒不足忧，只怕这边地(14)动兵戈祸福难料。常自恨未能择胜地而隐（也可理解为：常自恨未能遍览名胜），耻被达人讥诮。潘尼的诗句说得好："回帆转高岸，历日得延赏。"我得抓紧这岸转帆回的当口，领会这山川佳处以何者为最主要。王嗣奭说："'佳处领其要'，须别具只眼，但经一处，即景赋诗，无不复绝，盖所领得其要也。谭云：'领要二字，吾取以为读书法。'又云：'必有此意，乃可作山水间记。'"黄生说："道途虽苦征役，然有山水之趣。入蜀及湖南诸诗，一边述征行，一边志赏眺，胸次已越俗流。然犹云'耻为达人诮'，尚有经过草草之憾。"

空灵岸以南有三门、昭陵二险滩，过滩稍往西即至湘江西岸的花石戍（唐时此与渌口同为潭州二戍），戍在湘潭县南一百五十里（详樊文）。老杜过此作《宿花石戍》说：

---

(14) 仇注：就中原而言，湖南为边徼之地。

"午辞空灵岑，夕得花石戍。岸疏开辟水，木杂古今树。地蒸南风盛，春热西日暮。四序本平分，气候何回互！茫茫天造间，理乱岂恒数？系舟盘藤轮，杖策古樵路。罢人不在村，野圃泉自注。柴扉虽芜没，农器尚牢固。山东残逆气，吴楚守王度。谁能叩君门，下令减征赋？"据发端二句知由空灵岸至花石戍，逆水行舟仅半日之程。首段写景，有感于此间地蒸春热，四时平分之气犹回互不齐，难怪治乱无常，因引起登岸而伤民困之意："系舟之后，杖策而行，见其民罢（疲）征戍，村野荒凉，因叹吴楚之人，未经寇逆，奈何穷迫至此，谁能一叩帝阍，而下宽赋之令乎？"（仇注）泉自浇圃，农器尚在；而村无一人，柴扉荒没：状农村凋敝之象如在目前，此为实录，极富现实意义和认识价值。朱注："山东"，谓河北诸降将。唐史：大历四年三月，遣御史税商钱。时必吴楚为甚，故末语云然。

从花石戍坐上水船往南再偏西折，即可到达江中的晚洲。其南岸属衡山县，北岸属湘潭县（今属株洲县）。老杜过此作《次晚洲》说：

"参错云石稠，坡陀风涛壮。晚洲适知名，秀色固异状。棹经垂猿把，身在度鸟上。摆浪散帙妨，危沙折花当。羁离暂愉悦，羸老反惆怅。中原未解兵，吾得终疏放？"《杜臆》："沙危"，人所不能到者，舟因水高而过之，沙上有花，折之最便，犹俗言便当。张远注：孔德绍诗"逆浪取花难"，可以反证。这诗先写舟次晚洲情景：云石参错，风涛壮阔。才听说晚洲的风景很有名，果然秀色奇得难以言状。水涨船高，挂臂垂饮的猿猴可以一把抓住棹，船上人的身体简直比掠过水面的飞鸟还高。摆动的波浪妨碍在船上散帙观书，当船经过那儿时去折沙洲边盛开的鲜花最便当。结尾说：旅途中对此美景暂时也很愉快，但一想到自己年老体弱，又不胜惆怅了。中原至今尚未撤兵,我难道真能就这样疏放以终老么?此见其忧虑之深。

樊文认为:《早发》诗有"仰惭林花盛"句,与《次晚洲》的"危沙折花当"结合起来看,说明季节已近晚春。又从"早行篙师怠""今则奚奔命"和"烦促瘴岂侵,颓倚睡未醒"等句看,已是经过长期的水上生活了。诗中还有"涛翻黑蛟跃,日出黄雾映"的话,与《次晚洲》"坡陀风涛壮"的情景亦合。故此诗当编列《次晚洲》下,属入衡山界所写的诗。诗说:

"有求常百虑,斯文亦吾病。以兹朋故多,穷老驱驰并。早行篙师怠,席挂风不正。昔人戒垂堂,今则奚奔命?涛翻黑蛟跃,日出黄雾映。烦促瘴岂侵,颓倚睡未醒。仆夫问盥栉,暮颜腼青镜。随意簪葛巾,仰惭林花盛。侧闻夜来寇,幸喜囊中净。艰危作远客,干请伤直性。薇蕨饿首阳,粟马资历聘。贱子欲适从,疑误此二柄。"首叙早发之故,《杜臆》解之最惬当:"以斯文而朋故多,以朋多而驱驰并,意在有求;一有求便须百虑,是反以斯文受病也。语极曲折,总为苦于有求。以此自病,不能解脱,而迁病于斯文,然斯文不任受病也,可以窥其苦衷矣。"次记早发情景:波涛翻腾,仿佛是黑色的蛟龙在跳跃;太阳出来了,蒙上了一层黄雾。心烦气促,该不是遭到瘴气的侵袭了吧?歪着身子睡在船舱里总是醒不来。仆人来请我梳洗,对着青铜镜羞见自己那迟暮衰颜。随随便便簪上葛巾,抬头望见那盛开的林花也暗自惭愧。末叹客子远行之苦:听说昨夜过了强盗,幸喜我囊空如洗。艰危做客哪得不求人,可一求人就势必要伤我鲠直的本性。我既不能抗节高隐,有如那采薇而食,终于饿死在首阳山的伯夷、叔齐;又不屑屈己干人,效法那历聘六国,诸侯皆以粟马迎之的苏秦、张仪。这就教我进退两难,不知何去何从了。张远注:《韩非子》有《二柄》篇,此借用其字。

不久，船入衡山县境，望得见南岳了。于是老杜作《望岳》说：

"南岳配朱鸟，秩礼自百王。欻吸领地灵，鸿洞半炎方。邦家用祀典，在德非馨香。巡狩何寂寥！有虞今则亡。洎吾隘世网，行迈越潇湘。渴日绝壁出，漾舟清光旁。祝融五峰尊，峰峰次低昂。紫盖独不朝，争长嶪相望。恭闻魏夫人，群仙夹翱翔。有时五峰气，散风如飞霜。牵迫限修途，未暇杖崇冈。归来觊命驾，沐浴休玉堂。三叹问府主，曷以赞我皇。牲璧忍衰俗，神其思降祥。"南岳衡山是我国著名的五岳之一，在湖南中部，山势雄伟，盘纡数百里，大小山峰七十二座，以祝融、天柱、芙蓉、紫盖、石廪五峰为最著。祝融峰海拔一二九〇米。可俯瞰群山，观赏日出。相传舜南巡和禹治水都到过这里，其后除汉武帝以衡山道远而迁祀安徽潜山外，历代帝王祀典，南岳相沿不变。山上文物古迹、历代碑石甚多。有南岳大庙、祝圣寺、藏经殿、方广寺、上封寺、南台寺、福严寺等建筑（皆创建于唐以前）。而祝融峰之高、藏经殿之秀、方广寺之深、水帘洞之奇，为南岳"四绝"。南岳风景，绚丽多彩；古木参天，终年翠绿；奇花异草，四时不绝。"朱鸟"，一称朱雀，南方七宿（井、鬼、柳、星、张、翼、轸）的总称。《尚书·尧典》："日中星鸟。"传："鸟，南方朱鸟七宿。"《三辅黄图》："苍龙、白虎、朱雀、玄武，天之四灵，以正四方。"这诗首述祭祀南岳之典由来已久，因思虞舜南巡至此之事。《水经注·湘水》：衡山东南二面，临映湘川，自长沙至此，江湘七百里中，有九向九背，故渔歌曰："帆随湘转，望衡九面。"潇湘十景之一为"岳峰远碧"。王夫之《蝶恋花》写此景说："见说随帆瞻九面，碧藕花开，朵朵波心现。晓日渐飞金碧巅，晶光返射湘江练。"可与此诗"渴日绝壁出，漾舟清光旁"参读。《树萱录》：南岳诸峰，皆朝于祝融，独紫盖一峰势转东去。《南岳魏夫人传》：夫人名华存，字贤安，晋司徒魏舒之女，嫁南阳刘文。幼而好道，味真耽玄。忽太极诸真人授以《黄庭内景经》，令昼夜存念，遂得冥心斋静，真灵累感。凡在世八十三年，以晋成帝咸和九年，托剑化形而去。诣上清宫玉阙之下，诸真君授夫人玉札金文，位为紫虚元君，领上真司命南岳夫人，比秩仙公。次写湘水行舟望岳所见及有关传说，描状飞动，笔力遒劲。"府主"，朱注谓指岳神，如仙府、洞府之"府"。末云此行迫于期限，未暇登山，来日归帆经此，望能往大庙沐浴致祭，但不知神灵何以赞助我皇，降福人世。仇注以为"府主"指衡山（州）太守，若采朱注，则下句"牲璧忍衰俗"，几乎责备神灵，于理不合，并解末段说："封内山川，府主当祭，问何以仰赞皇猷。其牲璧之荐，忍如衰俗之循行故事，而谓神其降康乎，是当精诚以格之矣。"实可两存其说。钟惺说：岱宗乔岳，若著山水清妙语及景状奇壮语，便是一丘一壑、文人登临眼孔。须胸中典故、笔下雍容，有郊坛登歌气象，始为相称。老杜没上过南岳，没法描写山上的情况。后来的韩愈上去过，还在那里住了一晚，他的七古《谒衡岳庙遂宿岳寺题门楼》，写登岳宿寺情景，具体生动，不妨一读。

此后无记程之作，想不久即平安抵达目的地衡州（今湖南衡阳市）了。

四　回雁峰前的歌哭

老杜的《早行》《咏怀二首》或亦作于自长沙赴衡州途中（樊文对此有所推测，可参看），现一并稍加评述。《早行》说：

"歌哭俱在晓，行迈有期程。孤舟似昨日，闻见同一声。飞鸟数求食,潜鱼何独惊?前王作网罟,设法害生成。碧藻非不茂,高帆终日征。干戈未揖让,崩迫关其情。"每天早上都听到同样的哭声,其实,赶路的长行船每晚停泊都不是同一个地方,可见到处都有被逼得走投无路的人在放声大哭,真是"哀鸿遍野"啊!黄生说:"首四句,前《上水》作道篙工,有'歌讴互激越'之语,《遭遇》诗道采蕨女,有'暮返空村号'之语,故曰'歌哭'云云。"又说:"飞鸟以求食,故不能安居。鱼虽安居于水,而又有网罟之患。人在故乡,犹鱼在碧藻;其迫于干戈,犹困于网罟也。今此挂帆行迈,是以网罟之惊鱼,转为求食之飞鸟。然则闻见关情,皆干戈崩迫使然,深叹宁静之无日也。"《咏怀二首》命意各有侧重。其一追述世乱,见壮志所以不酬之因:

"人生贵是男,丈夫重天机。未达善一身,得志行所为。嗟余竟辙轲,将老逢艰危。胡雏逼神器,逆节同所归。河洛化为血,公侯草间啼。西京复陷没,翠盖蒙尘飞。万姓悲赤子,两宫弃紫微。倏忽向二纪,奸雄多是非。本朝再树立,未及贞观时。日给在军储,上官督有司。高贤迫形势,岂暇相扶持?疲苶苟怀策,栖屑无所施。先王实罪己,愁痛正为兹。岁月不我与,蹉跎病于斯。夜看鄜城气,回首蛟龙池。齿发已自料,意深陈苦词。"丈夫处世,贵乎乘势得时,穷则独善其身,达则兼济天下。可叹我一生竟如此坎坷,将老又逢世乱。安禄山称帝,变节者归附。鲜血染红了黄河洛水,公侯们都躲在草间啼哭。(15)西京失陷,御驾蒙尘。百姓悲号如同赤子,玄宗、肃宗俱各弃京出奔。十二年为一纪,乱起至今已十五年,早进入第二个纪了,而在这一段不算短的期间内,奸雄作乱,此起彼伏,人世间的是非真多啊!今上(指代宗)平河北,逐

---

(15)《哀王孙》亦有"可怜王孙泣路隅""已经百日窜荆棘"云云,可参看。

吐蕃，本朝得以再立。当事迫于军储，不暇扶持旅困，此亦时势使然，无足深责。但我怀济世之略，而无从一试，有负先朝罪己之意，因此深感愁痛。如今岁月蹉跎，尚有何望？晋张华听说斗牛间紫气，系豫章酆城宝剑之精上彻于天，即命人于酆城狱屋基下掘得龙泉、太阿双剑。其夕，斗牛间气不复见。后双剑会合于延平津，俱化为龙。正像当年夜看酆城剑气、转眼间便见化龙入水一样，我自幼胸怀大志，到头来终于落空。自料身老不复有为，唯有陈词见意而已。其二专叙行踪，犹思避世求仙：

"邦危坏法则，圣远益愁慕。飘飘桂水游，怅望苍梧暮。潜鱼不衔钩，走鹿无反顾。曒曒幽旷心，拳拳异平素。衣食相拘阂，朋知限流寓。风涛上春沙，千里侵江树。逆行值吉日，时节空复度。井灶任尘埃，舟航烦数具。牵缠加老病，琐细隘俗务。万古一生死，胡为足名数？多忧污桃源，拙计泥铜柱。未辞炎瘴毒，摆落跋涉惧。虎狼窥中原，焉得所历住？葛洪及许靖，避世常此路。贤愚诚等差，自会受驰骛。羸瘠且如何？魄夺针灸屡。拥滞僮仆慵，稽留篙师怒。终当挂帆席，天意难告诉。南为祝融客，勉强亲杖屦。结托老人星，罗浮展衰步。""桂水"即漓江，在广西东北部。上源大溶江出兴安县境苗儿山，西南流到阳朔以下称桂江（水）。同湘江上源海洋河有灵渠（湘桂运河）相通。朱注以为老杜未尝至桂林，而此又言"飘飘桂水游"，他诗又云"桂江流向北，满眼送波涛"，盖湘水自临桂而来，亦得称桂水。相传舜南巡，葬于今湖南宁远县南的苍梧山（又名九疑山）。老杜入湖南，即思虞舜，如说："冥冥九疑葬，圣者骨已朽。"（《上水遣怀》）"巡狩何寂寥！有虞今则亡。"（《望岳》）仇兆鳌解首段说："法制既坏，则太平难见矣。故有'圣远愁慕'之叹。涉桂水而望苍梧，伤去圣年远也。前二，承上'（未及）贞观（时）'。后二，起下南游。"指出追慕虞舜实寓缅怀贞观治世之意,甚是。大宝十一载秋,老杜同诸公登慈恩寺塔,忧天下将乱而赋诗说:"秦山忽破碎,泾渭不可求。俯视但一气,焉能辨皇州?回首叫虞舜,苍梧云正愁。"(《同诸公登慈恩寺塔》)仇注:"'回首'二句思古,以虞舜苍梧,比太宗昭陵也。"可见因南望苍梧而思虞舜,并借之以喻太宗,这在老杜的联想中不仅自然,而且还是有一贯性的。次段叙舟行穷迫状况:深潜水底的鱼不会去吞钓钩,奔走逃命的鹿无暇回顾。我本来也有幽旷的心,今拳拳屈身于人而有违素志者,只为衣食所驱、朋知远隔耳。风涛涌上了春江的沙洲,猛涨的江水在侵袭着千里江岸上的树木。逆水行舟正好遇到这暮春佳日,可惜虚度了这清明时节。井灶远离,舟楫屡涉,凭我这老病之躯,又为琐细俗务所累,这就难免穷途生死之患了。王嗣奭说:"'万古一死生',一死不复生矣,将胡以号为人,而足当人之名数乎?懿哉斯言,令人深省。然如公者,真可列于人数矣。"衡阳亦有铜柱(详第十九章第六节《公安送李二十九弟晋肃入蜀余下沔鄂》注)。葛洪(二八四—三六四),东晋道教理论家、医学家、炼丹术家。字稚川,自号抱朴子,丹阳句容(今江苏句容)人。葛玄从孙。少好神仙导养之法,从葛玄的弟子郑隐受炼丹术。司马睿为丞相,用为掾,后任咨议、参军等职。因镇压石冰领导的农民起义"有功",赐爵关内侯。闻交趾出丹砂,求为勾漏令,携子侄至广州,止于罗浮山炼丹。在山积年而卒。著有《抱朴子》、《金匮药方》(一百卷,后节略为三卷,称《肘后备急方》)、《神仙传》等。又曾托名汉刘歆撰《西京杂记》。《三国志·蜀书·许靖传》:孙策东渡江,皆走交州以避其难,太守士燮厚加敬待。裴松之注引《魏略》:王朗与靖书:"足下周游江湖,以暨南海,历观夷俗,可谓遍矣。"三段述南行之意与中途困顿情状。《水宿遣兴奉呈群公》有云:"丹心老未折,时访武陵溪。"那次没去成武陵倒好，免得多忧多虑的我去弄污那世外桃源。我谋生计拙，不得不奔赴这也有铜柱的衡州。我之所以不辞炎瘴、甘心跋涉，只因为虎狼窥伺中原，我到过不少地方都没能住下。想当年葛洪、许靖他们，避世南来，走的也是这一条路。我与古人，贤愚差距确乎很大，理合受此驰骛。我羸弱瘦瘠的身子如今又是怎样了？好几次全仗针灸把命救。因此耽误了行程童仆很厌烦，停留过久篙师也恼怒。我相信终当挂帆前进，奈何老天的意思又凭谁来告诉。——这一段写得较具体，诗人带病乘船的苦况可想。罗浮山在广东博罗县境内东江之滨。亦称东樵山，与南海县西樵山齐名，享有"南粤名山数二樵"的盛誉。罗浮本两山，传说罗山自古有之，浮山由东海浮来，倚于罗山东北，由横贯的铁桥峰将两山相连。罗山主峰飞云顶，海拔一二九六米。浮山主峰称上界三峰，鼎足峭立，与飞云顶并峙。由顶峰俯瞰，层岚积翠，云气往来，但见罗浮山脉四百三十二个大小峰峦，形态各异，变幻无穷，气象万千。道教称之为"第七洞天""第三十二泉源福地"。山中悬崖怪壑，乱石丛林，构成朱明、桃源、夜乐等十八个洞天和白水漓、水帘洞等九百八十多处飞瀑幽泉。东晋咸和年间（三二六—三三四）葛洪在此山修道炼丹、行医采药，始建庵舍，辟都虚（后称冲虚）、孤青、白鹤、酥醪四庵。南朝梁武帝时将佛教引上山，相继建华首、明月、龙华、延祥、宝积五个佛寺。现有冲虚古观、葛洪炼丹灶、洗药池等遗迹。老杜去年出峡后所作《忆昔行》结尾说："更讨衡阳董炼师，南浮早鼓潇湘柁。"知其旧师董奉先时在衡阳（详第四章三、五节）。故篇末表示欲赴祝融峰一亲董炼师杖屦，若托庇于南极老人星而长寿，则当再访罗浮而不返了。邵子湘说："杜子美暮年思为岭南之游也，亦总是无聊寄托。此章专叙行踪，见犹思以'未达善一身'处。"到了衡阳，想去见见董炼师，这倒不难。拖家带口、年老体衰,却想去罗浮山修炼学长生,谈何容易!这确乎是在做聊以自慰的白日梦!老杜昔年随李白求仙学道未成,作《赠李白》对之表示怀疑:"秋来相顾尚飘蓬,未就丹砂愧葛洪。"如今日暮途穷,他又想起了葛洪和丹砂,但不知他心里作何感想,是何滋味?从写到的有关情况看,这诗当作于逆水行舟、途中阻病而将到衡州时。

又有郭受《杜员外兄垂示诗因作此寄上》和老杜《酬郭十五判官受》二诗。仇兆鳌说:杜必先有诗寄郭,故郭作前诗以答,但杜原诗未载集中。又说:《唐诗纪事》:郭受,大历间为衡阳判官。据此,杜酬章当是发潭以后,未到衡州时作。郭诗说:

"新诗海内流传遍,旧德朝中属望劳。郡邑地卑饶雾雨,江湖天阔足风涛。松花酒熟旁看醉,莲叶舟轻自学操。春兴不知凡几首,衡阳纸价顿能高。"西晋左思著《三都赋》成,洛阳豪贵之家,竞相传写,纸价因之而贵(见《晋书·文苑传》)。后遂以"洛阳纸贵"誉人著作流传之广。这诗是说:您的诗歌海内流传,旧德又久为朝中推重。如今泛轻舟于雾雨风涛之中,酒酣兴发,吟成佳什,定能令衡阳纸贵。杜诗说:

"才微岁晚尚虚名,卧病江湖春复生。药裹关心诗总废,花枝照眼句还成。只同燕石能星陨,自得隋珠觉夜明。乔口橘洲风浪促,惊帆何惜片时程。"《太平御览》卷五一引《阙子》:"宋之愚人,得燕石于梧台之东,归而藏之,以为大宝。周客闻而观焉,主人端冕玄服以发宝,华匮十重,缇巾十袭。客见之,卢胡而笑曰:'此燕石也。与瓦甓不异。'主人大怒,藏之愈固。"后用以比喻不足珍贵的假古董,又用作对自己的作品或收藏的谦称,与"敝帚自珍"同义。《左传》僖公十六年:"陨石于宋五,陨星也。"《淮南子·览冥训》:"譬如隋侯之珠,和氏之璧,得之者富,失之者贫。"

高诱注："隋侯，汉东之国，姬姓诸侯也。隋侯见大蛇伤断，以药傅之。后蛇于江中衔大珠以报之，因曰隋侯之珠，盖明月珠也。"我才微年老空有虚名，卧病江湖奈何春又生。这一向只关心药物，连作诗也给荒废了；没想到一见花枝照眼，拙句还能拼凑成。只是我的诗如同燕石，如同那坠地不见光彩的陨星；自从展获大作，真像喜得隋珠照夜明。我逆流而上，且喜越过了乔口、橘子洲边的急促风浪；这里离衡州已没有多远，就是船再颠簸，我也不惜坚持走完这短短的路程。仇兆鳌说："集中酬答诸诗，皆据来诗和意，语无泛设。如此章，首句酬'旧德'，次句酬'江湖'，三、四酬'新诗''春兴'，五、六酬'衡阳纸价'，七、八酬'天阔风涛''莲叶操舟'，逐句酬答，却能一气贯注，所以为佳。"

"惊帆何惜片时程"，想老杜一行不久即平安抵达衡州了。惜无诗记述，不知当时的具体情况如何。

《奉和韦中丞之晋赴湖南》当是老杜来衡州后所作现存较早的诗：

"宠渥征黄渐，权宜借寇频。湖南安背水，峡内忆行春。王室仍多故，苍生倚大臣。还将徐孺榻，处处待高人。"《旧唐书·代宗本纪》：大历四年二月，以湖南都团练观察使、衡州刺史韦之晋为潭州刺史，因是徙湖南军于潭州。旧注多以此诗当是在衡州送韦者。浦起龙不同意，说："同在湖南，题不得泛云'赴湖南'。……考湖南哭韦诗：'犀牛蜀郡怜'，乃知韦先官川峡之间，此盖送韦由川迁衡诗，亦是峡内作也。如此，诗意始明。"说亦有理，但仍有可商榷处：同在湖南，固不得泛云"赴湖南"。今韦既以湖南都团练观察使由衡州刺史调潭州刺史，且湖南军随之迁潭州，那么，以为题中"湖南"非泛指而实切军府、军职亦无不可。故仍从旧说，订此诗作于初来衡州时。前汉黄霸为颍川太守，户口岁增，治行为天下第一，征守京兆尹。后汉寇恂为颍川太守，盗平，又拜汝南太守。颍川寇贼复群起，恂从帝至颍川，百姓遮道说："愿从陛下复借寇君一年。""征黄渐"，望渐将如黄霸的内召。"借寇频"，以寇恂誉衡潭频借助其力。湖南背水，赖其练军得安；峡内行春，蜀人忆其遗泽。今天下多故，苍生倚重大臣，正当设榻求贤，图长治久安之计。临别赠言，勉之以德，见此老忠厚，见二人交谊。

前面解"拙计泥铜柱"句，说老杜来衡，为谋生计。那么，此行的具体目的究竟何在？闻一多说是"欲依韦之晋"。如果真是这样，可叹他在韦中丞"处处待高人"的"徐孺榻"上还没睡暖，主人即奉召调离，很快又病卒于潭州了。

老杜当时还在衡州，闻噩耗作《哭韦大夫之晋》说：

"凄怆郇瑕地，差池弱冠年。丈人叨礼数，文律早周旋。台阁黄图里，簪裾紫盖边。尊荣真不忝，端雅独翛然。贡喜音容间，冯招疾病缠。南过骇仓卒，北思悄联绵。鹏鸟长沙讳，犀牛蜀郡怜。素车犹恸哭，宝剑欲高悬。汉道中兴盛，韦经亚相传。冲融标世业，磊落映时贤。城府深朱夏，江湖渺霁天。绮楼关树顶，飞旐泛堂前。帘幕旋风燕，笳箫咽暮蝉。兴残虚白室，迹断孝廉船。童孺交游尽，喧卑俗事牵。老来多涕泪，情在强诗篇。谁继方隅理？朝难将帅权。《春秋》褒贬例，名器重双全。"朱注：之晋在湖南加御史大夫，常衮撰制，见《文苑英华》。这诗首叙交谊，称韦之贤。老杜弱冠之年在郇瑕结交之晋，诗文早相周旋（详上卷四七页），后在京师又有过往。二人关系既如此密切，可见老杜来衡原拟依韦之说不无可信。"黄图"，昔在京。"紫盖"，今在衡。"尊荣"，称其位。"端雅"，重其品。次述哭韦之情。西汉王吉（字子阳）和贡禹很要好，王吉在位，贡禹就准备出去作官。世称："王阳在位，贡公弹冠。""贡喜"句，喜韦腾达而恨音容暌隔。左思《咏史八首》

其二："冯公岂不伟？白首不见招。""冯招"句，叹已为郎而身族病废。"南过"联，杜在衡，韦在潭，惊闻噩耗而自南思北。贾生鵩鸟比其刺潭，李冰石犀，比其守蜀。东汉山阳人范式与汝南张劭为友，劭亡，将葬，式"素车白马，号哭而来"。吴季札聘晋过徐，心知徐君爱其宝剑，及还，徐君已殁，遂解剑系其冢树而去。"素车"联用此二事以表永诀之悲。次思其有盛朝丰采。西汉韦贤少子玄成，复以明经为相，故曰"亚相"。"城府"，韦治潭州。"江湖"，杜客衡州。"朱夏"，见韦卒及杜在衡作此诗哭之俱在盛夏。次痛其殁后凄凉。"兴残"，杜不复往。"迹断"，韦不复来。末致哀挽之意。

老杜来衡，本为投韦，今既如此，无意久留，是夏当即复归潭州。

五　新知旧雨会潭州

《湘江宴饯裴二端公赴道州》，可见老杜夏归潭州后交游之一斑：

"白日照舟师，朱旗散广川。群公饯南伯，肃肃秩初筵。鄙人奉末眷，佩服自早年。义均骨肉地，怀抱罄所宣。盛名富事业，无取愧高贤。不以丧乱婴，保爱金石坚。计拙百寮下，气苏君子前。会合苦不久，哀乐本相缠。交游飙向尽，宿昔浩茫然。促觞激百虑，掩抑泪潺湲。热云初集黑，缺月未生天。白团为我破，华烛蟠长烟。鹍鹍催明星，解袂从此旋。上请减兵甲，下请安井田。永念病渴老，附书远山巅。"朱注：浯溪观唐贤题名：河东裴虬，字深源，大历四年为著作郎，兼侍御史、道州刺史。舒元舆《御史记》：中丞为端长。"端公"，御史的尊称。这诗首叙潭州群公设宴于湘江水师楼船之上为裴道州送行的盛大场面：白日照耀着水师的楼船，红旗在广阔的江面上到处飘扬。诸公在这里饯送南州的方伯，华筵初上气象肃然。《礼记·王制》："千里以外设方伯，……二百一十国以为州，州有伯。"注："殷之州长曰伯，虞、夏及周皆曰牧。"道州在南，故称"南伯"。次叙平日交情：鄙人深蒙眷顾，早年就对您很佩服。论情义如同骨肉，我的怀抱已向您尽情倾诉。要是盛名、富贵有愧高贤，那又有什么可取？不要以为遭逢乱世，就不注意保爱您的玉体。王嗣奭说：公盖推裴为前辈，观"佩服自早年"可见，而语气亦加恭谨。"盛名"二句，正公平生所佩服，而今罄怀抱以相质，言纵享盛名、富事业，而所以致此者一愧高贤，则无取焉。次叹聚散不常：我生计拙劣远在座上百寮之下，只有在您面前才能一舒抑郁之气。聚会的时间苦于太短，哀和乐总是纠缠在一起，交游凋谢将尽，回想过去真令我感叹不已。（这时他必会想到新去世的韦之晋了。）多喝了几杯酒激起百感交集，便不觉伤心落泪。末写宴别赠言情事：黑压压的热云开始集聚拢来，盈而复缺的月亮尚未升天。童仆为我们扇破了白团扇，华烛高烧蟠曲着缕缕长烟。鹧鹆的啼叫催出了启明星，就此分袂您即将起程。只望您到任后裁兵安民，还要大力发展农耕。您要是长想念我这个患有消渴病的老人，就请多给我捎来些书信。朱注：道州先经西原蛮寇掠，元结为守，稍得安戢。裴继元之后，故以裁兵安农告之。燨案：《旧唐书·代宗本纪》载：大历三年八月，贬崔涣为道州刺史；十二月，道州刺史崔涣卒。据此知元结由道州进授容管经略使（见《新唐书·元结传》）在大历三年，继其道州刺史任者为崔涣。实崔涣继元结，裴虬继崔涣。朱谓"裴继元之后"，言犹未审。前年（七六七）老杜在夔州得读元道州《舂陵行》《贼退后示官吏作》二诗，嘉其为政知民疾苦，为诗存比兴体制（详第十八章第六节）。

今见早年旧识复刺此州,他自会以裁兵安民、发展农耕相勉了。了解到这一点,才能体会出"上请减兵甲,下请安井田"寥寥二语中所蕴藏的深意来。

夏末初秋,韦迢赴韶州(唐州治在今广东韶关市西南)刺史任,经过潭州时,特来看望老杜,并作诗留别说:

"江畔长沙驿,相逢缆客船。大名诗独步,小郡海西偏。地湿愁飞鵩,天炎畏跕鸢。去留俱失意,把臂共潸然。"《潭州留别杜员外院长》)贾谊《鵩鸟赋序》:"谊为长沙王傅,三年,有鵩鸟飞入谊舍,止于坐隅;鵩似鸮,不祥鸟也。谊既已谪居长沙,长沙卑湿,谊自伤悼,以为寿不得长,乃为赋以自广。"《后汉书·马援传》:吾在浪泊、西里间,下潦上雾,毒气熏蒸,仰视飞鸢,跕跕堕水中。仇注:上四,记乍逢之迹。下四,叙惜别之情。"大名"指杜,"小郡"自谦。"飞鵩",用贾谊事,伤杜在潭。"跕鸢",用马援事,怜己往韶。"去留"二字承此。

老杜当时也赋诗相送说:

"炎海韶州牧,风流汉署郎。分符先令望,同舍有辉光。白首多年疾,秋天昨夜凉。洞庭无过雁,书疏莫相忘。"(《潭州送韦员外迢牧韶州》)《新唐书·宰相世系表四上》"龙门公房"载:"迢,岭南节度行军司马。"除此条,与此诗谓迢曾为韶州刺史外,余未详。汉代朝廷委派郡守,为符各分其半,以为凭证。老杜亦曾为郎官,故有"同舍"句。仇注:"秋在昨夜,诗作于立秋次日矣。"您这位炎方近海的韶州牧,原来是风流的汉署郎。分符出守首先得挑选像您这样声望很高的人物,我忝居同列脸上也感到有光。可叹我白发苍苍多年患病,且喜一立秋从昨夜就开始转凉。听说洞庭湖到岭南无鸿雁过往,仍望您常寄信不要把我淡忘。何义门说:"此种诗淡而有味。"确乎如此。但我以为这诗稍逊于韦迢留别之作的清新流转而一往情深。

不久韦迢舟次湘潭,早发时又寄诗给老杜说:

"北风昨夜雨,江上早来凉。楚岫千峰翠,湘潭一叶黄。故人湖外客,白首尚为郎。相忆无南雁,何时有报章?"(《早发湘潭寄杜员外院长》)《汉书·苏武传》:"教使者谓单于,言天子射上林中,得雁,足有系帛书。"后因有鸿雁传书之说。昨夜又刮北风又下雨,早晨江上有点凉。楚地的无数山峰依然青翠,可湘潭这里已一叶惊秋忽变黄。我最同情您远离中原身为湖外客(潭州在洞庭湖以南,就中原而言,是在湖外),更何况还像西汉的冯唐白首为郎。今后彼此相忆可惜没飞往岭南的鸿雁,不知何时才能得到您赐答的篇章[16]。仇兆鳌说:杜有"白首多年疾"之句,故韦云:"故人湖外客,白首尚为郎。"杜有"洞庭无过雁"之句,故韦云:"相忆无南雁,何时有报章?"前后赠答三诗,埙篪相应如此。

虽无鸿雁传书,且喜两地有水陆驿路相通,老杜的和章想不用多久就会寄到韦韶州的手中:

"养拙江湖外,朝廷记忆疏。深惭长者辙,重得故人书。白发丝难理,新诗锦不如。虽无南过雁,看取北来鱼。"(《酬韦韶州见寄》)古乐府《饮马长城窟行》:"客从远方来,遗我双鲤鱼。呼童烹鲤鱼,中有尺素书。"后因有鱼书之说。为了藏拙我放浪于江湖之外,朝廷上想已不大能记得起我了。您枉驾见访令我深感惭愧,更没料到又得到您捎来的书信。我的满头白发简直像乱丝一样理不清,您的新诗可真的连锦绣也比不上。虽说南飞的鸿雁都不过衡阳的回雁峰,可您还得注意捞取江中自北游来捎信的鱼。李子德说:"养拙"句答"故人湖外客","朝廷"句答"白首尚为郎"。结正答韦末句。

---

[16] 颜延之《和谢监灵运》:"尽言非报章,聊用布所怀。""报章"即指和诗。

结构最密,而词意能宽然有余。

从以上这几首诗中,"可见古人酬答,取意不取韵"(邵子湘语)。取意较优于取韵,而且杜、韦这几首酬答诗写得都很有感情也很雅致,但仍嫌取"白首""江湖""鱼雁"等意反复做文章,稍露造作痕迹。

初秋又作《江阁卧病走笔寄呈崔卢两侍御》说:

"客子庖厨薄,江楼枕席清。衰年病只瘦,长夏想为情。滑忆雕胡饭,香闻锦带羹。溜匙兼暖腹,谁欲致杯罂?""雕胡"即菰米,作饭香而软。《本草》:莼或谓之锦带,生湖南者最美。顾注:临湘县有莼湖,在县东。老杜住在长沙城里临湘江的楼上,长夏卧病,倒也凉爽。只是深感客居饮食不丰,今见秋来菰熟莼鲜,不觉兴起,就写了这首诗想去叨扰崔、卢两位侍御一顿。小诗代简,颇见情趣。

同时前后作于这临江楼上的诗篇还有《楼上》《远游》。前诗说:

"天地空搔首,频抽白玉簪。皇舆三极北,身事五湖南。恋阙劳肝肺,论材愧杞楠。乱离难自救,终是老湘潭。"《西京杂记》:汉武帝取李夫人玉簪搔头。见古人有以簪搔头的习惯。古代男人亦用簪,借以连发于冠。仇注:地有四极,皇舆(指朝廷)在东、南、西之北,故云三极。古以具区、洮滆、彭蠡、青草、洞庭为五湖。这诗写登楼望远所引起的家国之忧和身世之感:孤楼之上,俯仰于天地之间,之所以频抽玉簪空搔头,正由于朝廷在北而身事在南的缘故。恋阙而不才沦弃,既未能济世;乱离而终老湘潭,又难以自救:这才是我内心深处的莫大悲哀。李子德评:"语淡而雄,雄而悲,于此见大家身份。"《远游》说:

"江阔浮高栋,云长出断山。尘沙连越巂,风雨暗荆蛮。雁矫衔芦内，猿啼失木间。敞裘苏季子，历国未知还。""越巂"，郡名。西汉元鼎六年（前一一一）置。治所在邛都（今四川西昌东南）。"荆蛮"，指荆州。仇注：诗言"江阔浮高栋"，必潭州江阁所作，此当与《楼上》诗同时。又解诗说：日色映江，故水光浮栋；岭腰云截，故断际露山，此见晴而忽云。遥瞻越巂，则尘沙连接；近望荆蛮，则风雨暗迷：此见阴而且雨。雁衔芦，前行已倦；猿失木，无处可依。故下有裘敝未还之感。论断与解说俱可采。

阴历八月初五，是玄宗的诞辰。《旧唐书·玄宗本纪》：开元十七年，八月，癸亥，上以降诞日宴百僚于花萼楼下，百僚表请以每年八月五日为千秋节，王公以下献镜及承露囊，天下诸州咸令宴乐休假三日，仍编为令。《资治通鉴》：寻又移社日就千秋节。八月到了，老杜念及玄宗崩后，千秋节罢，不胜今昔之感，遂作《千秋节有感二首》。其一是说赐宴之事虽编于帝纪，而龙池王气久已销亡，不但壮观早成灰烬；今遥望秦中，当日楼台下得宝镜之旧臣凋谢，为金吾者各国散归，独留白首书生，泪滴湘川而已：

"自罢千秋节，频伤八月来。先朝常宴会，壮观已尘埃。风纪编生日，龙池埋劫灰。湘川新涕泪，秦树远楼台。宝镜群臣得，金吾万国回，衢尊不重饮，白首独余哀。"其二是说忆昔御楼受贺，彩仗迎风，于是梨园奏乐，太真献桃，舞阶白马衔酒前来，走索宫人红蕖高露，凡此种种当年最为先帝所看重，岂料边愁从此而生？我今目送波涛，北望伤神无已：

"御气云楼敞，含风彩仗高。仙人张内乐，王母献宫桃。罗袜红蕖艳，金羁白雪毛；舞阶衔寿酒，走索背秋毫。圣主他年贵，边心此日劳。桂江流向北，满目送秋涛。""走索"句谓两艺妓对舞走于绳索之上，相逢比肩而过，不爽秋毫。《资治通鉴》卷二一八载："初，上皇每酺宴，先设大常雅乐坐部、立部，继以鼓吹、胡乐、教坊、府县散乐、杂戏；又以山车、陆船载乐往来；又出宫人舞《霓裳羽衣》；又教舞马百匹，衔杯上寿，又引犀象入场，或拜，或舞。安禄山见而悦之，既克长安，命搜捕乐工，运载乐器、舞衣，驱舞马、犀、象皆诣洛阳。"这恰可用作"圣主他年贵，边心此日劳"一联注脚。开元二十四年（七三六）千秋节，群臣皆献宝镜。张九龄以为以镜自照见形容，以人自照见吉凶。乃述前世兴废之源，为书五卷，谓之《千秋金镜录》，上之；上赐书褒美（见《资治通鉴》），但并不真以前世兴废为鉴，反委政于权奸，日耽逸乐。可见他的恣纵误国，咎由自取。每逢千秋节，天下诸州咸令宴乐休假三日。乱前老杜寄旅京华，当多次躬逢其盛。今流落湖湘，江楼卧病，偶因兹辰而缅怀旧事，这就无怪他感慨万千而伤心落泪了。王嗣奭说："玄宗席全盛而纵荒淫，致贼臣叛逆，干戈不息，肃、代继之，非无生日，而忧乱不暇，奚知乐生！故公之感有二：一感盛衰之异，故云'先朝常宴会，壮观已尘埃'；一感昔年之乐召后日之悲，故云'圣主他年贵，边心此日劳'。而己之流离因之，故云'湘川新涕泪''满眼送波涛'。"剖析颇中肯，可参看。

  长沙当南北交通要道，官绅往来经过的不少。老杜长夏卧病，秋后转凉，身心较爽，社交活动自会多一些。现存秋冬应酬之作不少，稍加爬梳，亦能见其逆旅生活的剪影，以及现实在其心扉上的投影：

  （一）《奉赠卢五丈参谋琚》题下原注："时丈人使自江陵，在长沙待恩旨，先支率钱米。"诗中专有一段记支率钱米事说："赐钱倾府待，争米驻船遥。邻好艰难薄，肬心杼轴焦。客星空伴使，寒水不成潮。""邻"，指潭州，相对江陵而言。"客星"，自谓。"使"，指卢。民困钱米难以输出，犹如寒水冻结而不再成潮。朱注：时必有长沙钱米应输江陵者，卢为之请旨交给本郡。老杜认为，天子施恩，而生民转困者，以朝有奸佞，如鹏鸮之不祥，指鹿为马，内多蒙蔽而外竞诛求。至于当时他与卢琚相遇的情状，也有颇为生动有趣的描绘："素发干垂领，银章破在腰。说诗能累夜，醉酒或连朝。藻翰唯牵率，湖山合动摇。"干枯的白发垂到衣领上，破旧的鱼袋挂在腰间；瞧这模样！可是他谈起诗来，喝起酒来，似乎几天几夜不歇都行，豪情真不减当年啊！谢瞻《答灵运》"牵率酬嘉藻"，"藻翰"句出此，连下句即太白《江上吟》"兴酣落笔摇五岳"意。杨伦说："亦此老自负语。"发端有云："恭惟同自出。"朱注："同自出"，盖参谋之母与公母皆同出于崔氏。黄鹤则引公祖母卢氏。总之是老杜的亲戚。"他乡遇故知"，喜不待言。今见卢五丈为民请命，做了这样一桩大好事，他当然会兴奋得连觉也不想睡了。

（二）这时山南东道节度使梁崇义[17]从襄阳派其属下刘判官来长沙市马充军用。杜、刘得以相识。刘将归，老杜作诗送行，前谓久战骐骥荡尽，龙媒多在京都，湖南凡马皆疲，此行恐无所得："而今西北自反胡，骐骥荡尽一匹无。龙媒真种在帝都，子孙未落东南隅。向非戎事备征伐，君肯辛苦越江湖？江湖凡马多憔悴，衣冠往往乘蹇驴。"（《惜别行送刘仆射判官》）仇兆鳌说："《义鹘行》以老鹘为其父，此诗以马驹为子孙，语近诙谐。"衣冠而乘蹇驴，试思之是何光景？可哂亦复可悯，且见乱世社会风貌。末段记相逢惜别情景与感慨亦佳："杜陵老翁秋系船，扶病相识长沙驿。强梳白发提胡卢，手把菊花路旁摘。九州兵革浩茫茫，三叹聚散临重阳。当杯对客忍流涕，不觉老夫神内伤。"浦起龙说：崇义臣节已失，括

---

[17] 朱鹤龄说：襄州襄阳郡，乃山南东道节度使所治。广德初，梁崇义据襄州，代宗不能讨，因拜山南东道节度，至建中元年始为李希烈所诛。则"梁公"即崇义。史称其以地褊兵少，法令最洽，折节遇士，自振襄汉间。观此诗所称"襄阳幕府天下异，主将俭省忧艰虞"，又云"梁公富贵于身疏，号令明白人安居"，其语正与史相合。

马岂无异志?故篇中着句,都非实笔,纯作悬拟反扑口气,一气转拓。"杜陵"四句,纪别筵。"九州"四句,诉别情。曰"兵革茫茫",曰"对客神伤",其中有欲明言而不可明言者在。刘、杜同出陶唐之后,席间二人又攀上了这段远古时代的关系,认了兄弟,自然更觉亲密。于是,作为兄长的老杜,又重新从敦族谊的角度另赋一诗送别。"他日临江待,长沙旧驿楼"(《重送刘十弟判官》),他还盼望刘十不久再来此相会呢。不必去笑话老杜的未能免俗,要是将之当作研究旧时社会习俗的原始资料看待,那倒也有点意思。

(三)《追酬故高蜀州人日见寄诗序》:"今海内忘形故人,独汉中王瑀与昭州敬使君超先在。"这年秋天[18],这两位现尚健在的忘形故人之一的敬超先,从昭州(今广西平乐)去扬州,途经长沙时,与老杜见后即别,老杜作《湖南送敬十使君适广陵》,感发既深,声情并茂,首四句殊悲壮,堪称高唱:"相见各头白,其如离别何!几年一会面,今日复悲歌。"同时又有宗室李曛[19]来看他,作《奉赠李八丈曛判官》(曛当是老杜母系瓜葛远亲,辈分居长,故称丈),末自伤淹泊,颇能见其境况:"所亲问淹泊,泛爱惜衰朽。垂白辞南翁,委身希北叟。真成穷辙鲋,或似丧家狗。秋枯洞庭石,风飒长沙柳。高兴激荆衡,知音为回首。"晚秋,长沙蔡五侍御设宴饯送殷六参军回澧州(今湖南澧县)省亲,老杜在座,作诗赠别。当时天气尚暖,他以为"湖南冬不雪,吾病得淹留"(《晚秋长沙蔡五侍御饮筵送殷六参军归澧州觐省》)。其实不久就下了雪(详后),日子也不像他想象的那样好过。大历元年老杜在夔州遇到了老友之子苏溪,先作《君不见简苏溪》劝他出仕用世,后作《别苏溪》送他赴

〈18〉诗中有"秋晚岳增翠"之句可证。
〈19〉诗中有"我丈特英特,宗枝神尧(指唐高祖)后"之句可证。

湖南幕（详第十七章第十四节）。没想到今冬他们又在长沙碰见了。这时苏已做了州府兵曹，这年十二月桂州人朱济时反（见《新唐书·代宗本纪》），苏前往桂林协同平乱，杜作《暮冬送苏四郎徯兵曹适桂州》，望其乘时建功立业。

（四）冬天，韦之晋的灵榇由卢侍御护送归京。卢初秋时曾与崔侍御来江阁探望老杜（见前）。卢为杜祖母卢氏娘家人，故称"十四弟"。杜作诗送卢护灵北归，勉励他上朝痛陈时政之弊："但促铜壶箭，休添玉帐旃。动询黄阁老，肯虑白登围？万姓疮痍合，群凶嗜欲肥。刺规多谏诤，端拱自光辉。俭约前王体，风流后代希。对扬期特达，衰朽再芳菲。"（《送卢十四弟侍御护韦尚书灵榇归上都二十四韵》）"但促"二句，言天子但当早朝勤政，无事添兵苑中，即《复愁》"任转江淮粟，休添苑囿兵。由来貔虎士，不满凤凰城"意。"动询"二句，言执政大臣不以主辱为忧。"群凶"句，言河北诸降将贪得无厌、心怀叵测，"刺规"以下，言主上当纳谏尚俭，励精图治，即前"不过行俭德，盗贼本王臣"（《有感》其三）及"借问悬车守，何如俭德临"（《提封》）意。"对扬"二句，叹己之不得归朝而期侍御以此入对。这段写得也好，对仗谨严而情辞恳切，讽诵一过，令人愤激。据诗中"从公伏事久，之子俊才稀。长路更执绋，此心犹倒衣"云云，原来卢是韦尚书门下最忠实的故吏。卢离湘北归稍后，一晚老杜在舟中对雪，忽起相思，作《舟中夜雪有怀卢十四侍御弟》说："朔风吹桂水，大雪夜纷纷。暗度南楼月，寒深北渚云。烛斜初近见，舟重竟无闻。不识山阴道，听鸡更忆君。"写景状物，不即不离，而深情幽境自见，格调亦高绝。黄生说："三、四不写雪之意，而写雪之神，如初月则曰'河汉不改色，关山空自寒'，嘉雨则曰'野径云俱黑，江船火独明'，皆传神之笔也。"仇兆鳌说："咏雪则云'烛斜初近见，舟重（谓船篷上积雪厚）竟无闻'，咏雨则云'随风潜入夜，润物细无声'，此画工所不能绘，直是化工之笔。"

（五）逢故人张玠子建封。《旧唐书·张建封传》载："大历初，道州刺史裴虬荐建封于观察使韦之晋，辟为参谋，奏授左清道兵曹，不乐吏役而去。"建封今离湘进京，老杜作《别张十三建封》，篇末勉其忧国济时，慎勿效羽人之入海："君臣各有分，管葛本时须。虽当霰雪严，未觉栝柏枯。高议在云台，嘶鸣望天衢。羽人扫碧海，功业竟何如？"建封后果建功立业，总算没辜负这位父执的厚望（详上卷六四、六五页）。

六　赋《变律》者之变

从前面的叙述中可以看出，老杜当时在长沙的社交活动还是较频繁的。而其中最值得一提的，又无过于同苏涣的交往。

关于苏涣的生平事迹，《新唐书·艺文志》有简略记载："《苏涣诗》一卷。涣少喜剽盗，善用白弩，巴蜀商人苦之，号'白跖'，以比庄蹻。后折节读书，进士及第。湖南崔瓘（灌）[20]辟从事，瓘遇害，涣走交广，与哥舒晃反，伏诛。"《唐才子传》载：涣为广德二年（七六四）杨栖梧榜进士。累迁侍御史。初尝为《变律》诗十九首，上广州节度李勉，故加待之。案：《旧唐书·代宗本纪》载：大历四年（七六九）七月，己丑，以澧州刺史崔瓘为潭州刺史、湖南都团练观察使。《资治通鉴》载：大历五年（七七〇）四月，庚子，湖南兵马使臧玠杀观察使崔瓘；澧州刺史杨子琳起

---

[20]《旧唐书·代宗本纪》作"瓘"，《新唐书·代宗本纪》《资治通鉴》作"灌"。两《唐书·崔瓘传》俱作"瓘"。

兵讨之，取赂而还。（杨子琳自峡州迁澧州。）八年（七七三）九月，壬午，循州刺史哥舒晃杀岭南节度使吕崇贲，据岭南反。十年（七七五）十一月，岭南节度使路嗣恭擢流人孟瑶、敬冕为将，讨哥舒晃。瑶以大军当其冲，冕自间道轻入，丁未，克广州，斩哥舒晃。据此知：（一）大历四年秋后苏涣当应新上任的湖南观察使崔瓘之召来潭州。（二）苏涣与哥舒晃被杀同在大历十年（七七五）。《全唐诗》存其《变律》三首（本十九首）、《赠零陵僧》一首。《变律》其二以少年捅马蜂窝遭蜇抒愤世之情，写得较好："毒蜂成一窠，高挂恶木枝。行人百步外，目断魂亦飞。长安大道边，挟弹谁家儿？右手持金丸，引满无所疑。一中纷下来，势若风雨随。身如万箭攒，宛转迷所之。徒有疾恶心，奈何不知几。"《中兴间气集》谓"其文意长于讽刺，亦有陈拾遗（子昂）一鳞半甲"。《容斋三笔》"苏涣诗"条可参看。

苏涣是老杜新近才结识的朋友。一天，没想到他突然坐了轿子到江边登舟相访。茶酒过后，老杜请诵其近日诗作，听了不觉倾倒之至，便写了《苏大侍御访江浦赋八韵[21]记异》。序记其事颇有趣：

"苏大侍御涣，静者也，旅于江侧，不交州府之客，人事都绝久矣。肩舆江浦，忽访老夫舟楫，已而茶酒内，余请诵近诗，肯吟数首，才力素壮，辞句动人。接对明日，忆其涌思雷出，书箧几杖之外，殷殷留金石声。赋八韵记异，亦见老夫倾倒于苏至矣。"诗说：

"庞公不浪出，苏氏今有之。再闻诵新作，突过黄初诗。乾坤几反覆，扬马宜同时。今晨清镜中，白间生黑丝。余发喜却变，胜食斋房芝。昨夜舟火灭，湘娥帘外悲。百灵未敢散，风破寒江迟。"

---

[21] 仇注："诗止七韵，而题云八韵，用韵取耦，不取奇也。"

后汉庞德公，居岘山之南，未尝入城府。仇兆鳌解此诗说："诗题'记异'，意凡四层：闭门不出，一异也；诗过前人，二异也；喜变颜色，三异也；感动神灵，四异也。黄初七子，魏文帝时诗人。'乾坤几反覆'，言两汉至魏，世凡几变。'扬马宜同时'，盖以苏匹己也。食芝可以返老，诵诗而变黑发，是胜于茹芝矣。旧本'清镜'下便接'斋房芝'，解者取其倒插，不如结食芝于下句，意味较长。"我以为这四异，都不过是诗人以言甚其辞的夸饰，表其对苏的倾折之情而已。不然，不惟后白发变黑、鬼神夜哭二异实无其事，即前闭门不出、诗过前人二异亦可商榷。如序所载，苏身为侍御，且此次来潭州，实应湖南观察使崔瓘之召，岂得谓"苏大侍御涣，静者也，旅于江侧，不交州府之客，人事都绝久矣"？从现存作品看，谓其诗仅"有陈拾遗一鳞半甲"，评价未免过低，但也不得说已"突过黄初诗"啊！老杜之所以如此倾倒于苏，我看主要还是因为他固守孤舟、百无聊赖，忽见此异人异行，不啻空谷足音，令人过于兴奋，于是作诗夸奖起人来，也就没定准了。——这不过是务实之论。若讲艺术，这种"没定准"的"夸奖"反倒是这诗写得最精彩的地方："本言诗泣鬼神，而说到湘娥悲、百灵集、江风驱之不去，如蜃楼海市，恍惚中变怪百出。而核其归存，总是形容其诗之妙而已。至诗序云：'涌思雷出，书箧几杖之外，殷殷留金石声。'又是一种形容，全不相涉。此老胸中真神灵之窟宅。"（王嗣奭语）

老杜与苏涣交往情事，尚可从《暮秋枉裴道州手札率尔遣兴寄递近[22]呈苏涣侍御》诗中见其一斑。浦起龙说："裴（虬）之官之始，公尝有《湘江宴饯》诗（详前）。裴到官后，致札来念，故复

---

[22] 钱注本有"近"无"递"，仇注、浦解本有"递"无"近"；《镜铨》本作"递近"，恐出于臆定，但较醒豁，姑从之。

作此寄递。其'呈苏涣'者，当饯裴时，涣亦在坐，今作此诗，省忆往事，遂连及之。盖公自呈苏，非托裴转寄，涣亦在潭故也。读者须认清。"这诗首段从道州来札叙起，言其书宝如珠玉，故无心饮酒对菊，而读之昼夜忘倦："久客多枉友朋书，素书一月凡一束。虚名但蒙寒暄问，泛爱不救沟壑辱。齿落未是无心人，舌存耻作穷途哭。道州手札适复至，纸长要自三过读。盈把那须沧海珠，入怀本倚昆山玉。拨弃潭州百斛酒，芜没潇岸千株菊。使我昼立烦儿孙，令我夜坐费灯烛。"老杜每月竟能收到成捆的信，可见老杜当时的名气已经很不小了。只是"虚名""泛爱"实无济于事，可叹亦复可悯！二段赞裴的飞黄腾达，并望其乘时大用："忆子初尉永嘉去，红颜白面花映肉。军符侯印取岂迟？紫燕骏耳行甚速。圣朝尚飞战斗尘，济世宜引英俊人。……"安史乱前，老杜曾送裴虬赴永嘉（今浙江温州市）任县尉，赋《送裴二虬尉永嘉》；此回忆旧事，以见裴飞腾之速。三段始由湘江宴饯叙及苏涣情事：

"倾壶箫管动白发，舞剑霜雪吹青春。宴筵曾语苏季子，后来杰出云孙比。茅斋定王城郭门，药物楚老渔商市。市北肩舆每联袂，郭南抱瓮亦隐几。无数将军西第成，早作丞相东山起。鸟雀苦肥秋粟菽，蛟龙欲蛰寒沙水。天下鼓角何时休？阵前部曲终日死。""霜雪"，指剑光。七世曰"云孙"。"宴筵"二句，誉涣乃苏秦之后，其才能的杰出堪与乃祖比肩。"定王城""渔商市"，皆在潭州。《后汉书·马融传》：融为《大将军西第颂》，颇为正直所羞。"倾壶""舞剑"，指前次湘江饯崔之宴，此时苏盖在坐，曾与交谈。[23] 苏卜宅定王城郭门，杜卖药渔商市上（"楚老"自指。杜所

---

[23]《杜臆》："……盖追述前日饯裴赴道州事。而群公之内，似苏亦预焉，故云'宴筵曾语苏季子'。"

到之处，多以卖药补助家计）。苏访杜于市北，则肩舆（轿子）频至；杜访苏于郭南，则见其抱瓮灌园或隐几静坐。"无数"句以下，慨叹当此多事之秋，将相任用非人，致令鼓角不休、部曲多亡，暗寓望苏当效蛟龙奋起而必不终困寒沙之意。由此可见老杜结识苏涣虽不久，过从颇密，对之期许确乎很高。故篇末结到裴、苏，重致以捐躯报国相劝勉之意："附书与裴因示苏，此生已愧须人扶。致君尧舜付公等，早据要路思捐躯。"

杜、苏交往始末大致如此。前人见苏涣以盗始以叛终，而老杜竟如此推重，恐累"诗圣"令名，故托辞巧为开脱，如说："裴本端人，借此引苏，欲使乱世奸雄，转为治世能臣也。"（仇注引《杜臆》，今本无）或说："必致身方能致君，故以捐躯告之。未几，苏以附叛见诛，有负公之明训矣。"（仇兆鳌语）或说："公之取苏，取其具冷眼、出奇句而已。至其起手结局，所谓不追既往，不逆将来，又何病焉？"（浦起龙语）在我看来，说老杜之所以如此对待苏涣，只是为了规之以正道，促使其转化，而所取于苏者，惟"其具冷眼、出奇句而已"，这都是与事实不尽相符的。因为只要读读这两首诗，自会觉出老杜当时对苏并不存任何戒心，而对他期望之大之殷切又确实出于本心，其中并未含有训导和引导的意味。至于说"所谓不追既往，不逆将来，又何病焉"，那倒不错。但须补充的是：（一）西晋周处，相传少年时横行乡里，父老把他和蛟、虎台称"三横"，后斩蛟射虎，发愤改过，终于成名。又当代人韦应物，少以三卫郎事明皇，仗势多为不法，其《逢杨开府》即自认"少事武皇帝，无赖恃恩私。身作里中横（与'三横'之'横'同义），家藏亡命儿。朝持樗蒲局，暮窃东邻姬。司隶不敢捕，立在白玉墀。……一字都不识，饮酒肆顽痴"。晚更折节读书，竟以诗著称，人比之陶潜。苏涣少喜剽盗，后折节读书，居然进士及第，为侍御，其行事恰类周处、韦应物。既然周处、韦应物都能得到世人的谅解和推重，那么为什么老杜就不可以对苏涣表示好感，要是表示了就必然是为了挽救他对他进行教育呢？再就世俗的观点而论，既然朝廷已不咎既往，且准其擢第入仕，那老杜对之仅稍表倾慕之情，又算得了什么？（二）虽说"不逆将来"，其实这几位好心替杜甫开脱的前代注家，始终在为苏涣"将来"的附叛见诛犯嘀咕。任何社会，犯上作乱总是不容许的。那为什么前有河北诸镇，后有梁崇义、崔旰等等，他们犯上作乱，不惟不见诛，反而加官晋爵呢？无他，这只是朝廷软弱，迫于形势，不得不妥协罢了。要是哥舒晃、苏涣后来的反叛，也像梁崇义他们那样不惟不见诛，反而加官晋爵，那么，即使是"忠君爱国"的老杜，仍可再一次"不追既往"，甚至还会对他弃恶从善后的某些"德政"加以颂扬，就像在《惜别行送刘仆射判官》中颂扬"梁公（崇义）富贵于身疏，号令明白人安居"一样。可见在王纲解纽、天下大乱的当时，无论朝野对各地大小军阀"翻手作云覆手雨"的叛而复降、降而复叛已司空见惯，只要不直接参与，一般交往也无所谓。那么，后人又何必老担心老杜会受牵连呢？

　　今天，担心老杜会受牵连的人恐怕不多了。可没想到坏事忽然变成了好事，人们居然从那同一个苏涣身上发现了他可贵的叛逆精神，并从而认识到老杜某种意想不到的思想高度。在我看来，这种看法虽然同样出于爱护老杜的好心，恐怕也同样站不住脚。（一）《南部新书》载：崔瓘中丞遇害，涣遂逾岭，煽动哥舒晃，跋扈交广，作变伏诛。权德舆《南充郡王伊慎神道碑》载：岭南神将哥舒晃作乱，晃谋主苏涣，屯据要害。这两条材料说这次叛乱是苏涣煽动起来的，他是谋主。可见他的叛逆精神确乎很强。不过，对于当时风雨飘摇的国家和困于战乱的人民来说，煽动起一场为满足个人野心而割据一方的军阀叛乱，无疑是罪恶的，这又有什么值得称道的呢？（二）钱谦益说："子美逆旅相遇，美其能诗，又以庞公比之，此过情之誉也。"老杜对苏既有好感，一时兴起，诗中难免有过情之誉。现杜诗俱在，如"致君尧舜付公等，早据要路思捐躯"云云，对裴、苏期望虽嫌过高，却是勉其为国捐躯，这又怎能从而看出老杜的思想与苏涣的叛乱有某种相通之处？

七 "终日忍饥西复东"

这年秋冬，老杜还写了一些其他的诗歌，可帮助我们了解他当时的境况和心情。如《北风》说：

"北风破南极，朱凤日威垂。洞庭秋欲雪，鸿雁将安归？十年杀气盛，六合人烟稀。吾慕汉初老，时清犹茹芝。"浦注以为"'朱凤'，借指南方，盖朱鸟为南方之神也"，这固然不错；但考虑到凤凰是诗人自己的"图腾"（详第二章第三节），此诗和后《朱凤行》中的朱凤都含有借喻南来的自我之意。朱凤低垂羽翼，鸿雁风雪无归，正是诗人流离失所境况的写照。世乱人稀，不知何往？想到汉初四皓退隐商山，犹有芝可茹，就更令人思慕清平时代了。

历来对《江汉》《地隅》二诗的编次有分歧：旧编在夔州，浦编在江陵，仇从蔡氏编在湖南诗内。浦注《江汉》说："公至江陵，本欲北归，此诗见志。"仇注《地隅》说："诗云'年年非故物'，盖大历三年出峡、四年又往潭衡也。又云'处处是穷途'，即《水宿遣兴》诗所谓'异县惊虚往'也。"但认为二诗乃同时所作则一。

比较起来，蔡氏将此二诗编入湖南诗内近是。"江汉"系泛指，不必拘看。《江汉》说：

"江汉思归客，乾坤一腐儒。片云天共远，永夜月同孤。落日心犹壮，秋风病欲苏。古来存老马，不必取长途。"我这身滞江汉以外的思归之客，不过是天地间一个腐儒而已。片云飘过天空，我的心不觉就随之飞向远方；通宵望月，我也像月一般的孤独。对落日此心犹壮，遇秋风久病欲苏。相传田子方出见老马于道，喟然叹曰："少尽其力，老弃其身，仁者不为也。"即束帛赎之（见《韩诗外传》）。可见古人的保存老马，并非要取它去驰骋长途。杨伦说：此自伤为国老臣而不见收恤。赵汸说：中四句，情景混合入化。他诗多以景对景、情对情，其以情对景者已鲜，若此之虚实一贯，不可分别，效之者尤鲜。近惟汪古逸有句云"年争飞鸟疾，云共此生浮"，近此四句。仇兆鳌按："东坡自岭外归，次江晦叔诗：'浮云时事改，孤月此心明。'诗意高妙，亦是善摹杜句者。诗家作法虽多，要在摹情写景，各极其胜。杜诗五律有景到之语，如'落雁浮寒水，饥乌集戍楼''星垂平野阔，月涌大江流'，是也。有情到之语，如'胜绝惊身老，情忘发兴奇''一时今夕会，万里故乡情'，是也。有景中含情者，如'感时花溅泪，恨别鸟惊心''岸花飞送客，樯燕语留人'，是也。有情中寓景者，如'影著啼猿树，魂飘结蜃楼''正愁闻塞笛，独立见江船'，是也。有情景相融不能区别者，如'水流心不竞，云在意俱迟''片云天共远，永夜月同孤'，是也。有一句说景一句说情者，如'悠悠照边塞，悄悄忆京华'，是也。有一句说情一句说景者，如'白首多年病，秋天昨夜凉'，是也。有一景一情两层叠叙者，如'野寺江天豁，山扉花竹幽。诗应有神助，吾得及春游。径石相萦带，川云自去留。禅枝宿众鸟，漂转暮归愁'，是也。其隽语名句，不胜枚举，名家诗集中，未有如此之独盛者。"(24)分类颇细，学诗者不宜亦步亦趋、照样模仿。但仍可从而见出老杜艺术感受的丰富多彩和表现手法的灵活多变，这还是很有启发性，可供借鉴。《地隅》亦写羁留愁绪：

"江汉山重阻，风云地一隅。年年非故物，处处是穷途。丧乱秦公子，悲凉楚大夫。平生心已折，行路日荒芜。"谢灵运《拟魏太子邺中集诗八首》"王粲"首小序："家本秦州，贵公子孙，遭乱流寓，自伤情多。"《离骚》序：屈原仕于怀王，为三闾大夫。去国投荒，穷途日暮，山川阻隔，战乱频仍，自思身世，真不胜王粲之悲、屈原之恨了。仇兆鳌说："杜诗用江汉有二处。未出峡以前所谓江汉者，乃西汉之水，注于涪江，如'江汉忽同流''无由出江汉'，是也。既出峡以后，所谓江汉者，乃东汉之水，入于长江，如'江汉思归客''江汉山重阻'，是也。"

《幽人》是游仙诗，从中亦能见出诗人流寓失所的苦痛心情：

"孤云亦群游，神物有所归。灵凤在赤霄，何当一来仪。往与惠询辈，中年沧洲期。天高无消息，弃我忽若遗。内惧非道流，幽

---

(24)《诗薮》："'飞星过水白，落月动沙虚'，吴均、何逊之精思。'春色浮山外，天河宿殿阴'，庾信、徐陵之妙境。'山河扶绣户，日月近雕梁''碧瓦初寒外，金茎一气旁'，高华秀杰，杨、卢下风。'冠冕通南极，文章落上台。诏从三殿去，碑到百蛮开'，典重冠裳，沈、宋退舍。'耕凿安时论，衣冠与世同。在家常早起，忧国愿年丰'。寓神奇于古澹，储、孟莫能为前。'片云天共远，永夜月同孤。落日心犹壮，秋风病欲苏'，含阔大于沉深，高、岑瞠乎其后。'退朝花底散，归院柳边迷''花动朱楼雪，城凝碧树烟'，王右丞失其秾丽。'地平江动蜀，天阔树浮秦''日月低秦树，乾坤绕汉宫'，李太白逊其豪雄。至'岸花飞送客，樯燕语留人'，则钱、刘圆畅之祖。'两行秦树直，万点蜀山尖'，则元、白平易之宗。'两边山木合，终日子规啼'，卢仝、马异之浑成。'山寒青兕叫，江晚白鸥饥'，孟郊、李贺之瑰僻。'冻泉依细石，晴雪落长松'，岛、可幽微所从出。'竹斋烧药灶，花屿读书床'，籍、建浅显所自来。'雨抛金锁甲，苔卧绿沉枪'，义山之组织纤新。'圆荷浮小叶，细麦落轻花'，用晦之推敲密切。杜集大成，五言律尤可见者。"从来龙去脉着眼论证杜诗的集大成，未必尽当，亦颇有所见。

人见瑕疵。洪涛隐笑语，鼓枻蓬莱池。崔嵬扶桑日，照曜珊瑚枝。风帆倚翠盖，暮把东皇衣。咽漱元和津，所思烟霞微。知名未足称，局促商山芝。五湖复浩荡，岁暮有余悲。"《杜臆》："惠询"必非往昔惠远、许询，且惠、询亦不相配。朱注：公有《送惠二过东溪》诗云"空谷滞斯人"，又云"黄绮未称臣"，与此诗"中年沧洲期"句合，询或其名。太一，星名，天之尊神。祠在楚东，以配东帝，故云"东皇"。《楚辞·九歌》有《东皇太一》。《黄庭经》："口为玉池太和官，漱咽灵液灾不干。"注：口中液水为玉津。《中黄经》："但服元和除五谷，必获寥天得真箓。"注：服元和，谓咽津液。《易》曰云从龙，孤云得龙亦群游，终有所归；凤翔赤霄而不下，可不知何时来仪。我往昔跟惠询辈有隐逸的期约而未果，岂非他们已得道升天，独把我遗弃？只恐怕身非道流，会给幽人们指摘瑕疵。洪涛中隐隐地传来了笑语，仙人们正划着桨奔赴蓬莱池。扶桑树上高高的太阳，照耀着海中的珊瑚枝。风帆倚着船上的翠盖，到日暮就能手把着东皇太一的衣。我也想学漱津，寄迹烟霞隐翠微。但惜劳智慧为名所误，致令我局促不安地空望商山芝。五湖的水又这么浩荡，当此岁暮我更加思念幽人而心有余悲。——除了见当时心情，这诗写得也很有特色。钟惺说：此绝妙游仙诗，非唯无丹药瓢笠气，并无云霞气，觉太白语滥而易。

老杜先以为"湖南冬不雪"，不久刮起北风感到"洞庭秋欲雪"，终于大雪纷飞，船篷上铺得厚厚的，"舟重竟无闻"了。原来湖南的雪下起来也很大呢。他对雪有所感发，便赋诗自遣说：

"北雪犯长沙，胡云冷万家。随风且间叶，带雨不成花。金错囊垂罄，银壶酒易赊。无人竭浮蚁，有待至昏鸦。"（《对雪》）南方少雪，此彤云、瑞雪系远从北国、胡地而来。雪飘间有叶落，皆随风而舞；雪有六出奇花，雨湿则难以成形。有酒无朋同饮，仍不无所待，直到寒林归尽昏鸦。这诗首联虽与鲍照《学刘公幹体》"胡风吹朔雪，千里度龙山"意近，亦含《古诗十九首》其一"胡马依北风"的怀乡之情。颔联描写自然，且见南雪特色。尾联写对雪凄凉之景，白居易《问刘十九》："绿蚁新醅酒，红泥小火炉。晚来天欲雪，能饮一杯无？"可与之参读。

这年还写了几首哀时自伤、意义深刻且富表现力的诗篇。《客从》为当时民困征敛而作，通首寓言，末露讽意：

"客从南溟来，遗我泉客珠。珠中有隐字，欲辨不成书。缄之箧笥久，以俟公家须。开视化为血，哀今征敛无。"《述异记》：南海中有鲛人室。鲛人水居如鱼，不废机织，其眼能泣则出珠。鲛人，即泉先，又名泉客。《酉阳杂俎·贝编》：摩尼珠中有金字偈。该书作者段成式虽是晚唐人，而此系佛教传说当早已有之。末"哀今"句谓哀无泪化之珠以应公家之征敛。这诗似无理而实有理，从摩尼珠中有偈想出有隐字，从鲛人泣则出珠想出珠化为血。血中隐字比民之隐痛上莫能知，而上之所征皆小民血泪所化。现在连这也没有，他们的痛苦就不忍言状了。卢世㴐评曰："情酸味厚，歌短泣长。"《蚕谷行》则直抒胸臆，从对承平的强烈渴望中反衬出对战乱现状的极端失望：

"天下郡国向万城，无有一城无甲兵。焉得铸甲作农器，一寸荒田牛得耕。牛尽耕，蚕亦成。不劳烈士泪滂沱，男谷女丝行复歌。"仇注：大历三年，商州兵马使刘洽反，幽州兵马使朱希彩反。四年，广州人冯崇道、桂州人朱济时反。又连年吐蕃入寇。浦按：河北又各拥兵。故有发端二句。此诗语言质朴而赤忱可感。

《朱凤行》和《白凫行》是寓言诗。前诗径以朱凤自拟，写朱凤高处山顶，见百鸟都坠入罗网，连最小的黄雀也难脱逃，自叹"翅垂口噤"，有心营救而无能为力，又找不到帮手，不觉悲鸣不已。但愿将自己所吃的竹实分与蝼蚁，哪管猫头鹰之类恶禽恼怒（详第二章第三节）。《白凫行》说：

"君不见黄鹄高于五尺童，化为白凫似老翁。故畦遗穗已荡尽，天寒岁暮波涛中。鳞介腥膻素不食，终日忍饥西复东。鲁门鶢鶋亦蹭蹬，闻道于今犹避风。"《国语·鲁语上》：海鸟曰爰居（鶢鶋），止于鲁东门之外三日，臧文仲使国人祭之。展禽曰："今兹海其有灾乎？夫广川之鸟兽恒知而避其灾也。"是岁海多大风。朱鹤龄解末二句说：鶢鶋今犹避风，则黄鹄蹭蹬在所难免，何必以忍饥西东为戚？董斯张说：屈原《卜居》："将泛泛若水中之凫乎？将与黄鹄比翼乎？"公借以自况：言作赋摩空，昔犹黄鹄；今行踪飘荡，泛泛若凫。而素心了不为变，任其波涛岁暮，腥膻者终不可以食我。结句鲁门爰居，隐然有不飨太牢、不乐钟鼓之态。此老倔强，真百折不回（仇注引）。

"终日忍饥西复东"，就这样，我们这位倔强的诗人又在旅途中熬过了一年。可叹的是，他同家人们在湖南过的这第二个年，谁知竟成了他一生中最后的一次过年了！

八 "落花时节又逢君"

新的一年，也是老杜活在人世间的最后一年是大历五年（七七○）。

这年正月，己巳，羌族酋长白对蓬等各帅部落内属。观军容宣慰处置使、左监门卫大将军兼神策军使、内侍监鱼朝恩，专典禁兵，宠任无比，上常与议军国大事，势倾朝野。朝恩好于广座恣谈时政，凌侮宰相，元载虽强辩，亦拱手沉默不敢答应。神策都虞候刘希暹、都知兵马使王驾鹤，皆有宠于朝恩；希暹说朝恩于北军置狱，使坊市恶少年罗告富室，诬以罪恶，捕系地牢，讯掠取服，籍没其家资入军，并分赏告捕者；地在禁密，人莫敢言。朝恩每奏事，务必获准；朝廷政事有不参预者，辄怒骂说："天下事有不由我者邪！"代宗闻之，由是不悦。朝恩养子令徽尚幼，为内给使，衣绿，与同列忿争，归告朝恩。朝恩明日见皇上请求说："臣子官卑，为侪辈所陵，乞赐之紫衣。"上未应，有司已执紫衣于前，令徽服之，拜谢。皇上勉强笑道："儿服紫，大宜称心。"愈不平。元载测知上意，乘间奏朝恩专恣不轨，请除之；上亦知天下共怨怒，遂令载设计除之。朝恩每入殿，常使射生将周皓将百人自卫，又使其党陕州节度使皇甫温握兵于外以为援；载皆以重赂收买，故朝恩阴谋密语，上一一闻之，而朝恩并未察觉。接着元载又调皇甫温为凤翔节度使，外重其权，实内温以自助。

二月，刘希暹颇觉上意有异，以告鱼朝恩，朝恩始疑惧。然上每见之，恩礼益隆，朝恩亦以此自安。皇甫温至京师，元载留之，因与温及周皓密谋诛朝恩。

三月，癸酉，寒食，上置酒宴贵近于禁中，载守中书省。宴罢，朝恩将还营，上留之议事，因责其异图。朝恩自辩，语颇悖慢，周皓与左右擒而缢杀之，外无知者。上下诏，罢朝恩观军容等使，内侍监如故。诈云"朝恩受诏乃自缢"，以尸还其家，赐钱六百万以葬。元载既诛鱼朝恩，上宠任益厚，载遂志气骄溢；每众中大言，自谓有文武才略，古今莫及，弄权舞智，政以贿成，僭侈无度，终于在大历十二年（七七七）获罪被杀。元载先与宦官李辅国相勾结，为政贪横，后又因诛杀鱼朝恩而盛极招祸。他们这样的一些权阉、显贵虽然前后都同归于尽，但腐败的朝政并不因此而有所好转，足见唐王朝危机之深。

四月，庚子，湖南兵马使臧玠杀观察使崔瓘；澧州刺史杨子琳起兵讨之，取略而还。庚申，王缙自太原入朝。癸未，以左羽林大将军辛京杲为湖南观察使。荆南节度使卫伯玉遭母丧。

六月，戊戌，以殿中监王昂代伯玉。伯玉讽大将杨猷等拒昂留己；甲寅，诏起复伯玉镇荆南如故。

七月，京畿饥，米斗千钱。

九月，吐蕃寇永寿。

十一月，郭子仪入朝。上悉知元载所为，以其任政日久，欲全始终，因独见，深戒之；载犹不悛，上由是稍恶之。元载以李泌有宠于上，忌之，言："泌常与亲故宴与北军，与鱼朝恩亲善，宜知其谋。"代宗说："北军，泌之故吏也，故朕使之就见亲故。朝恩之诛，泌亦预谋，卿勿以为疑。"载与其党攻之不已；会江西观察使魏少游求参佐，代宗就对李泌说："元载不容卿，朕今匿卿于魏少游所，俟朕决意除载，当有信报卿，可束装来。"乃以泌为江西观察判官，且嘱少游使善待之。后元载伏诛，即召泌还。德宗朝，泌位至宰相，有政绩，累封邺县侯。这是后话，按下不表。

且说过了旧历年关，不觉就到了新年（大历五年，七七〇）正月二十一日。这天老杜偶检文书帙，见到十年前（上元二年，七六一）人日高适题寄草堂的《人日寄杜二拾遗》（详第十三章第七节），有感亡友深情，不禁潸然泪下，因作《追酬故高蜀州人日见寄并序》以遣悲怀，并寄汉中王李瑀与昭州刺史敬超先。序说：

"开文书帙中，检所遗忘，因得故高常侍适（往居在成都时，高任蜀州刺史）人日相忆见寄诗，泪洒行间，读终篇末。自枉诗已十余年，莫记存没又六七年矣。老病怀旧，生意可知。今海内忘形故人，独汉中王瑀，与昭州敬使君超先在。爱而不见，情见乎辞。大历五年正月二十一日，却追酬高公此作，因寄王及敬弟。"汉中王也是我们的老熟人了,敬使君去年秋天从昭州(今广西平乐)去扬州,途经长沙时曾来探望过老杜,我们就仅仅同他见过这一面(详本章第五节)。没想到他竟是老杜当时尚存人世的二忘形故人之一,失敬!失敬!这时敬使君想早已公毕返回任所了。诗说:

"自柱蜀州人日作,不意清诗久零落。今晨散帙眼忽开,进泪幽吟事如昨。呜呼壮士多慷慨!合沓高名动寥廓。叹我凄凄求友篇,感君郁郁匡时略。锦里春光空烂熳,瑶墀侍臣已冥寞。潇湘水国傍鼋鼍,鄠杜秋天失雕鹗。东西南北更谁论,白首扁舟病独存。遥拱北辰缠寇盗,欲倾东海洗乾坤。边塞西羌最充斥,衣冠南渡多崩奔。鼓瑟至今悲帝子,曳裾何处觅王门?文章曹植波澜阔,服食刘安德业尊。长笛邻家乱愁思,昭州词翰与招魂。"自柱高公从蜀州寄给我那篇人日大作,没想到他不久身亡清诗就零落了。今早上开帙忽然又见到了不觉眼睛一亮,边哭边吟,往事历历在目,就像是昨天发生的一样。可叹他慷慨任气,大名鼎鼎震天动地。他说读了我寄去的诗很感动,我也为他的匡时之策未尽施展而深感惋惜。当年锦里的烂熳春光空留记忆,他入为常侍于今早已泯灭。我漂泊到这潇湘水国紧挨着鼋鼍为邻;他死后朝廷失去了直谏除奸的大臣,犹如鄠杜(二县相连,在长安城南)的秋空失去了击杀害鸟的雕鹗。他的人日诗说,"愧尔东西南北人",除了他更有谁还论到我,其奈他已作古,而我却白首扁舟病独存。遥望北斗有慨于叛将外夷相继为患,我恨不得翻倒东海来冲洗乾坤。这些年来羌戎、吐蕃充斥边塞,中土衣冠南渡崩奔。流落湖南,愁听湘灵鼓瑟;尚思曳裾,但悲远隔王门。汉中王您文如曹植波澜壮阔,又效刘安服食德业为世所尊。我思念高公,有似向秀在山阳,闻邻人长笛而倍思嵇、吕(见向秀《思旧赋》并序);今欲得敬使君您赋诗去哀悼他,就像宋玉的招屈原魂。[25]——开年偶见故人遗翰,发此哀音,悼高亦自悼。这哪里是什么"诗谶"?这是他对自己精力耗尽、大限将临的预感,有生理和心灵上的依据,是一点儿也不神秘啊!仇兆鳌说:"'衣冠南渡',虽用晋元帝渡江事,然《唐书》谓至德之后,中原多故,襄邓百姓、两京衣冠,尽投江湖,荆南井邑十倍于初,亦指实事言矣。"又引《容斋随笔》说:古人酬和诗,非若今人为次韵所局。高诗云"愧尔东西南北人",杜则云"东西南北更堪论"。适前诗又云"草《玄》今已毕,此外更何言",杜则云"草《玄》吾岂敢,赋或似相如"。钟磬在虡,叩之则应,往来反覆有余味。

第八章第四节中曾经谈到,天宝十五载(即至德元载,七五六)夏,老杜和他第四代表侄王砯两家当时都寄寓白水避安禄山乱,后又一同由此北逃。上路之初,老杜是骑着牲口的,哪知牲口给人抢走了,只得步行,一个人落在后面,不小心掉在蓬蒿坑里。亏得他这位重表侄心肠热,见他丢失了,便走回十里呼号着他的姓名寻找他;找到后又把自己的马让给他骑,还右手拿着刀,左手牵着缰绳,一路保护着他追赶前面的两家人(详该节有关叙述和注脚)。没想到十四年后,他俩又在潭州重逢了。这时王砯已做了评事,正奉命去岭南节度使府出差。临别,老杜作《送重表侄王砯评事使南海》,其中在回忆了前述当年逃难时承王砯救护,并表示终身铭感之意以后,接着写王评事奉使自北而南和诗人亦欲南游学仙等情事,这些虽有一定的认识价值,但在艺术上却不及前面叙太宗君臣遇合之缘和王珪夫人先见之明一大段文字精彩:

"我之曾老姑,尔之高祖母。尔祖未显时,归为尚书妇。隋朝

---

[25] 浦起龙说:"于王则泛称才德,于敬则寄意招魂。盖亦绝意还乡,弥思远去之苦衷耳。旧说以'招魂'为招蜀州之魂,非也。"浦说虽可通,但不一定就对。

大业末，房杜俱交友。长者来在门，荒年自糊口。家贫无供给，客位但箕帚。俄顷羞颇珍，寂寥人散后。入怪鬓发空，吁嗟为之久。自陈剪髻鬟，市鬻充杯酒。上云天下乱，宜与英俊厚。向窃窥数公，经纶亦俱有。次问最少年，虬髯十八九。子等成大名，皆因此人手。下云风云合，龙虎一吟吼。愿展丈夫雄，得辞儿女丑。秦王时在座，真气惊户牖。"王砅的高祖王珪，曾为礼部尚书，兼魏王泰师。"尔祖"，即"尔高祖"；因限于字数，无"高"字。首四句不过是说：我的曾祖姑就是你的高祖母；在你的高祖尚未出任尚书这一显要职位时，她早已嫁给他了。《新唐书·王珪传》载：珪始隐居时，与房玄龄、杜如晦善。母李尝曰："而必贵，然未知所与游者何如人，而试与偕来。"会玄龄等过其家，李窥大惊，敕具酒食，欢尽日，喜曰："二客公辅才，汝贵不疑。"《复斋漫录》说：房、杜旧不与太宗相识。太宗起兵，玄龄杖策谒军门，乃荐如晦。珪则建成诛后始见召。以史传参考，诗误。《西清诗话》说：以《新唐书》所载，质之子美是诗，则珪之妇杜，非其母李。且一妇人识真主于侧微，其事甚伟。史阙而不录，是诗载之为悉。世号"诗史"，信不诬也。《容斋随笔》考之颇详，末谓珪与太宗非素交明矣。《唐书》载李氏事，亦采之小说，恐未必然。而杜公称其祖姑事，不应不实。且太宗时宰相别无姓王者，真不可晓。《晋书·陶侃传》载：侃早孤贫，为县吏，鄱阳孝廉范逵尝过侃，侃时仓卒无以待宾，其母乃截发，得双发以易酒肴，乐饮极欢，虽仆从亦过所望。仇兆鳌按："范逵偶过，故侃母可截发以供酒食，若太原公子及房、杜并至，岂剪发所能供客乎？此特借用，恐非实事。"其中确乎有可置疑处，但就诗论诗，这一大段写得倒很有气势、很精彩。钟惺说：胸中潦倒，笔下淋漓，非独诗法之奇，即作一篇极奇文字看，亦可。申涵光说：此诗似传似记，声律中有此奇观，更足空人眼界。李子德说：前半太史公得意之文，后半亦直叙，如长江出蜀，当看其一往浩瀚。又说：真如巨鹿之战，读之神王。各有所见，可供参考。

不久又值清明佳节（这是老杜在长沙过的第二个清明），老杜再次出游湘江西岸的岳麓山，作《清明》说：

"著处繁华矜是日，长沙千人万人出。渡头翠柳艳明眉，争道朱蹄骄啮膝。此都好游湘西寺，诸将亦自军中至。马援征行在眼前，葛强亲近同心事。金镫下山红日晚，牙樯捩柁青楼远。古时丧乱皆可知，人世悲欢暂相遭。弟侄虽存不得书，干戈未息苦离居。逢迎少壮非吾道，况乃今朝更被除。"赵次公说：唐气朔，大历五年三月三日清明。以清明值上巳，则末句"更被除"之义犹明。王维《寒食城东即事》："少年分日作遨游，不用清明兼上巳。"意谓少年们兴致最高，用不着到三月的清明和上巳，二月春分日以来就在外面游玩了。可见古人好在清明、上巳郊游。现二者同在一天，到城外踏青的人就更多了。马怒有余气，常啮膝而行。或谓良马低头口至膝，故曰"啮膝"。此与"朱蹄"并指良马。"湘西寺"，即岳麓、道林二寺。王嗣奭串讲得最顺当：是日著处俱矜繁华，千人万人皆出，美人亦乘舟自渡头来。柳叶如眉，以翠柳相形，尤见明眉之艳。美人游人，跨朱蹄而争道，各骄其啮膝之马，繁华已极。此都邑之人，好游湘西寺（燉案：今日长沙人亦好游岳麓山），游人俱集于此，不意诸将亦自军中而至。曰"亦"，曰"自军中"，见其本不应至。下二句正发其意。"马援"比大将，此时出征已在眼前，而部将如葛强之亲近者，亦当同心以助之；乃兵凶战危，事关君国，而岂得佚游如是！未几日晚，则金镫下山，美人登舟，放帆捩柁，向青楼而远去，向来繁华，过眼俱空矣。于诸将之怠玩，而因叹古来丧乱，其故皆可知。在人臣以国事为戏，而慢不加惕者为之，而人世悲欢，谁能解免？逢场作戏，不过暂时消遣而已。因自念当时丧乱，干戈未息，弟侄离居，偕少壮驰逐非吾所宜。况今朝乃被除不祥之辰，岂宜行乐？

　　清明前后，他还写了几首即目抒情诗，俱清新可诵。

　　寒食在清明前两天（一说在清明前一天）。寒食后一天（亦即清明前一天）为小寒食。老杜这天作《小寒食舟中作》说："佳辰强饮食犹寒，隐几萧条戴鹖冠。春水船如天上坐，老年花似雾中看[26]。娟娟戏蝶过闲幔，片片轻鸥下急湍。云白山青万余里，愁看直北是长安。"这诗写寒食舟中闲酌流览所见，末抒望远思归之情。颔联状春水坐船、老眼看花绝妙。"春水"句曾引起过议论。黄庭坚说："船如天上坐，人似镜中行""船如天上坐，鱼似镜中悬"，此沈云卿诗也。云卿得意于此，故屡用之。老杜"春水船如天上坐"，乃祖述佺期语，继之以"老年花似雾中看"，盖触类而长之也。胡仔说：沈云卿之诗，原于王逸少《镜湖》诗所谓"山阴路上行，如在镜中游"之句。然李太白《入青溪山》诗云"人行明镜中，鸟度屏风里"，虽有所袭，语益工也。林时对说："春水"二句，非袭用前人句也，此用前人句而以己意损益之也。又有全用前人一句而以己意贴之者，如沈云卿诗"云白山青千万里，几时重谒圣明君"，杜云"云白山青万余里，愁看直北是长安"是也。范元实谓老杜不免蹈袭，斯言过矣。（均据仇注引）对此我不想说什么，且容我再一次引用歌德的话说："我的作品中的东西都是我自己的，至于我的根据是书本还是生活，那都是一样，关键在于我是否运用

---

[26] 五年前偶与迦陵先生谈到此诗。我说，年来我眼老花，始觉"雾中看"三字描状之切。迦陵以为，老眼看花，并不如在雾中，恐眼有他异。事后验光，得知我左眼视力果衰退。今（八四年六月二十七日）下午迦陵将枉驾蜗居，不觉忆及此事。因思老杜当年，除患消渴、肺气、耳聋诸疾外，眼或亦有病。

得恰当！"（详上卷四二七页）

《风雨看舟前落花戏为新句》，虽是戏为，诗句确乎很新：

"江上人家桃树枝，春寒细雨出疏篱。影遭碧水潜勾引，风妒红花却倒吹。吹花困懒傍舟楫，水光风力俱相怯。赤憎轻薄遮入怀，珍重分明不来接。湿久飞迟半欲高，萦沙惹草细于毛。蜜蜂蝴蝶生情性，偷眼蜻蜓避伯劳。"黄鹤注：公在潭只船居，观苏涣肩舆忽访老夫舟楫语可验。（焱案：老杜去夏卧病时曾在江阁住过，后来确乎是搬上船去住了，去冬作《舟中夜雪》亦可为旁证。）这诗先写舟中所见春寒细雨、花发疏篱野景，然后细致而又生动活泼地描状了落花之态之情，别饶风韵。

《燕子来舟中作》也写得很好：

"湖南为客动经春，燕子衔泥两度新。旧入故园尝识主，如今社日远看人。可怜处处巢君室，何异飘飘托此身？暂语船樯还起去，穿花贴水益沾巾。""旧时王谢堂前燕，飞入寻常百姓家。"此刘禹锡乌衣巷吊古名句。自晋至唐，时阅数百载，从王谢华堂飞入寻常民舍者，当然早非旧时之燕。但作如是观，便能变一般类别的燕为特定个别的燕，且仿佛具有麻姑阅尽沧桑之变的经历似的。这样，就巧妙地借这些想象中有情有识的旧时燕，将世事变迁之速之无情表现了出来，令人感叹不已。这飞到老杜舟中来的也正是这样的一种燕子。在天真而多情的诗人眼中，这燕子就是以往常在他故园筑巢寄寓的旧识，于今特意从远方来看望他，停在桅樯上呢喃若有所诉，临去又穿花贴水，似不忍别，这又怎教他不感伤落泪呢！卢世㴶说：只五十六字，比物连类，茫茫有身世无穷之感，但觉满纸是泪，其诗能动人如此。《文昌杂录》：燕从春社来，秋社去，谓之社燕。案：春社、秋社分别在立春、立秋后第五个戊日。据"如今社日远看人"云云，知此诗当作于春社后不久。

不须等到燕来舟中才起漂泊之叹，前不久见大雁北归，早已触动乡思了：

"万里衡阳雁，今年又北归。双双瞻客上，一一背人飞。云里相呼疾，沙边自宿稀。系书元浪语，愁寂故山薇。"（《归雁二首》其一）衡阳有回雁峰，雁至此不过，遇春而回。《汉书·苏武传》：匈奴诡言武死，常惠教使者谓单于言："天子射上林中得雁，足有系帛书，言武等在某泽中。"使者大喜，如惠语以让单于，单于视左右而惊，谢汉使曰："武等实在。"又见衡雁北归，叹已滞潭两春。雁去不能留，系书不可得，空有故山之慨。颔联见诗人翘首神逝情态。其二说：

"欲雪违胡地，先花别楚云。却过清渭影，高起洞庭群。塞北春阴暮，江南日色曛。伤弓流落羽，行断不堪闻。"浦起龙讲得最好："通首一气盘旋，言向之'违胡地'者，而今'别楚云'矣。彼将来'清渭'之'影'，即此日'洞庭'之'群'也，乐何如之！乃有以'南''北'迢遥，而'伤弓''行断'者，其声岂复忍'闻'哉！"

春天老杜还写了好几首应酬诗，其中有三首较有资料价值：（一）《奉赠萧十二使君》："昔在严公幕，俱为蜀使臣。艰危参大府，前后间清尘。起草鸣先路，乘槎动要津。王凫聊暂出，萧雉只相驯。终始任安义，荒芜孟母邻。联翩匍匐礼，意气死生亲。……不达长卿病，从来原宪贫。监河受贷粟，一起辙中鳞。""前后"句下原注："严再领成都，余复参幕府。"又"意气"句下原注："严公没后，老母在堂，使君温清之问、甘脆之礼，名数若己之庭闱焉。太夫人顷逝，丧事又首诸孙主典。抚孤之情，不减骨肉。则胶漆之契可知矣。"据此知：严武两次镇蜀，萧先在幕而杜后入；萧先为郎官，后出为县令，在严幕复为郎官；严及其母相继逝世，萧经纪两丧，保家恤孤，高义可嘉；萧现在湖南为刺史，老杜因赠此诗求助。萧之于严，正如卢侍御之于韦尚书（见前）。老杜对他们的古道热肠，都是很称许的。（二）故人寇锡侍御奉使巡按岭南，潭州重逢复别，寇寄杜四韵，杜赋诗作答说："往别郇瑕地，于今四十年。来簪御府笔，故泊洞庭船。诗忆伤心处，春深把臂前。南赡按百越，黄帽待君偏。"（《奉酬寇十侍御锡见寄四韵复寄寇》）汉百越地，即今广东、广西。浦注："黄帽"，顾氏云公自谓，引前《发刘郎浦》"黄帽青鞋归去来"为证，极是。或引《汉书》棹船人为黄头郎，或谓南人以水为黄帽，皆好奇之癖。诗平平，但据此与《哭韦大夫之晋》"凄怆郇瑕地，差池弱冠年"，可推知杜甫在十九岁那年（开元十八年，七三〇）去过郇瑕（今山西临猗县），在那里结识了韦之晋和寇锡（详第三章第三节）。（三）春送其二十三舅崔伟赴郴州（今湖南郴州市）任录事，作《奉送二十三舅录事之摄郴州》，有"气春江上别"之句。四月老杜避臧玠乱入衡州，因欲往郴州依崔伟。

他今春应酬场中所作最佳篇章当推《江南逢李龟年》：

"岐王宅里寻常见，崔九堂前几度闻。正是江南好风景，落花时节又逢君。"李龟年，唐代著名音乐家。善歌，又擅长羯鼓、觱篥。唐郑处诲《明皇杂录》载："唐开元中，乐工李龟年、彭年、鹤年兄弟三人皆有才学盛名，彭年善舞，鹤年、龟年能歌，尤妙制渭川。特承顾遇，于东都（洛阳）大起第宅，僭移之制，逾于公侯。宅在东都通运里，中堂制度，甲于都下。其后龟年流落江南，每遇良辰胜赏，为人歌数阕，座中闻之，莫不掩泣罢酒，则杜甫尝赠诗。"岐王李范，睿宗第四子。好学工书，雅爱文章之士。开元十四年卒。原注："崔九，即殿中监崔涤，中书令湜之弟。"涤与玄宗款密，用为秘书监，出入禁中。开元十四年卒。仇注引黄鹤说：

"开元十四年，公止十五岁，其时未有梨园弟子。公见李龟年，必在天宝十载后，诗云'岐王'，当指嗣岐王珍。据此，则所云'崔九堂前'者，亦当指崔氏旧堂耳。不然，岐王、崔九并卒于开元十四年，安得与龟年同游耶？"浦起龙驳之："如此，则崔九之自注为失实，而解益支离矣。尝考《明皇杂录》，梨园弟子之设，在天宝中。时有马仙期、李龟年、贺怀智，皆洞知律度者。是则龟年等乃曲师，非弟子也。曲师之得幸，岂在既开梨园后哉？明皇特举旧时供奉，为宜春助教耳。则开元以前，李何必不在京师？又公《壮游》诗云：'往者十四五，出游翰墨场。'开元十三四年间，正公十四五时，恰是年少游京之始。于'岐宅''崔堂'，更复暗合。"浦说不无道理，但须指出：（一）玄宗创建教坊、梨园实在开元二年春（见《资治通鉴》）而非天宝中，因此黄鹤所提出的问题根本不能成立。（二）杜甫十四五岁，学业有成，开始在洛阳文坛与名流交往，并几度在洛阳岐王、崔九宅听龟年歌（详上卷三五、三六页）。浦谓当时恰是杜甫少年游京之始，误。近人仍有重提黄鹤误说者[27]，故稍加评述如上。唐范摅《云溪友议》载："明皇幸岷山，百官皆窜辱。李龟年奔迫江潭。……龟年曾于湘中采访使筵上唱：'红豆生南国，秋来发几枝。赠（劝）君多采撷，此物最相思。'又曰：'清风明月苦相思，荡子从戎十载余。征人去日殷勤嘱，归雁

---

[27]《唐宋诗举要》高步瀛案："浦辨龟年开元前何必不在京，其说殆是。至据《壮游》诗'出游翰墨场'为往来岐宅崔堂，则实傅会不足信。岐王似以嗣王珍为是，崔九亦当指崔氏旧堂。黄、仇说是，浦氏谓杜公十四五已日游王公间，谬矣。"如此即是，不一而足，岂能无言！《唐音癸签·集录三》载：《江南逢李龟年》岐王、崔五（九）云云。岐王薨于开元十四年，崔五（九）涤亦卒于开元中，时子美方十五岁。天宝后子美又未尝至江南。他人诗无疑。"上古秦汉时所谓"江南"和唐开元二十一年所置"江南西道"，无不包括湖南在内。老杜在湖南前后三年，且卒于此，岂得谓"天宝后子美又未尝至江南"？此说更是无稽。

来时数附（寄）书。'此辞皆王右丞所制，至今梨园唱焉。歌阕，合座莫不望南幸而惨然。"如所载属实，则李龟年的"奔迫江潭"在"明皇幸岷山"而尚未回銮时。他现尚在潭州，前后有十五年了。黄生说："此诗与《剑器行》同意，今昔盛衰之感，言外黯然欲绝，见风韵于行间，寓感慨于字里，即使龙标、供奉操笔，亦无以过。乃知公于此体，非不能为正声，直不屑耳。……有目公七言绝句为别调者，亦可持此解嘲矣。"这确是脍炙人口的名篇，也是老杜创作生涯中殿后的绝唱，读之令人感慨不已。

九 "杀气吹沅湘"

今年（大历五年，七七〇）四月，湖南兵马使臧玠杀观察使崔瓘，据潭为乱。老杜携家避乱入衡州，且欲由衡赴郴，依舅氏崔伟。作《入衡州》，首叹安史乱后叛变频仍：

"兵革自久远，兴衰看帝王。汉仪甚照耀，胡马何猖狂！老将一失律，清边生战场。君臣忍瑕垢，河岳空金汤。重镇如割据，轻权绝纪纲。军州体不一，宽猛性所将。""汉仪"，喻唐法。"胡马"，指安史。"失律"，谓潼关不守。"清边"，谓四方俱扰。"忍瑕垢"，谓主忧臣辱。"空金汤"，谓两京俱陷。"重镇"，指河北叛将。"轻权"，慨制御无术。"体不一"，各自为政。"性所将"，不奉朝命。发端二句意谓国运兴衰主要看帝王的行事如何。接着便历数衰世的种种变化和危机，虽未明言，亦可窥见诗人有不满于先帝时君行事之意。次叹崔瓘贤而死于兵乱：

"嗟彼苦节士，素以圆凿方。寡妻从为郡，兀者安堵墙。凋弊惜邦本，哀矜存事常。旌麾非其任，府库实过防。恕己独在此，多忧增内伤。偏裨限酒肉，卒伍单衣裳。元恶迷是似，聚谋泄康庄。竟流帐下血，大降湖南殃。烈火发中夜，高烟燋上苍。至今分粟帛，杀气吹沅湘。福善理颠倒，明征天莽茫。"《旧唐书·崔瓘传》载："崔瓘，博陵人也，以士行闻。莅职清谨，累迁至澧州刺史，下车削去烦苛，以安人为务，居一年，风化大行，流亡襁负而至，增户数万。有司以闻，优诏特加五阶，至银青光禄大夫，以甄能政，迁潭州刺史，兼御史中丞，充湖南都团练观察处置使。瓘到官，政在简肃，恭守礼法。将吏自经时艰，久不奉法，多不便之。大历五年四月，会月给粮储，兵马使臧玠，与判官达奚觏忿争。觏曰：'今幸无事。'玠曰：'有事何逃？'厉色而去。是夜，玠遂构乱，犯州城，以杀达奚觏为名。瓘惶遽去，逢玠兵至，遂遇害。代宗闻其事，悼惜久之。""苦节"，指崔。"圆凿方"谓崔正直而不能应变。"寡妻"四句，见崔能克己爱民："寡妻从郡"，谓崔无姬妾之好；"兀（刖足）者安堵"，能使残疾者得所。[28] "旌麾"六句，言崔不能恤军："旌麾非任"，领军非其所长；"府库过防"，吝于赐予；"恕己"而不治人（《三略》"良将之统军也，恕己而治人"），致令将士不满，崔因此而"多忧"；"限酒肉""单衣裳"，克扣将士惯例所应得。"元恶"，指臧。"迷是似"，借缺饷以惑众听。"泄康庄"，泄愤于衢路。"竟流"六句，记入夜叛军烧杀掠夺的暴行。"颠倒"，谓崔不应死。"莽茫"，谓臧不应存。老杜亲身经历了这次叛乱，所记富于真实感，对崔瓘的评价也比史传全面。素称其作为"诗史"，原来他真具"史才"啊！次叙仓卒避乱再入衡州：

"销魂避飞镝，累足穿豺狼。隐忍枳棘刺，迁延胝趼疮。远归

〈28〉赵次公说："言寡妻平日遭扰，自从崔太守为郡之后，如兀足者之安于堵墙之下，不复惊动也。"此另一解。仇兆鳌按："寡妻有两说：《诗》'刑于寡妻'，此在位之妻；潘岳诗'夫行妻寡'，此民间寡妇。"

儿侍侧,犹乳女在旁。久客幸脱免,暮年惭激昂。萧条向水陆,汩没随渔商。报主身已老,入朝病见妨。悠悠委薄俗,郁郁回刚肠。参错走洲渚,春容转林篁。片帆左郴岸,通郭前衡阳。华表云鸟阵,名园花草香。旗亭壮邑屋,烽橹蟠城隍。"躲着飞箭走把魂都吓掉了,穿过豺狼般的叛军逃命真累了两条腿。隐忍着僻处的枸橘刺扎,脚上打起泡了还得挣扎着走。儿子陪着从城里绕远道儿回到一向寄寓的船上,妻子领着那个还没断奶的小女儿走在身旁。久客他乡幸得脱险免祸,自惭年老无力讨贼内心激动不已。悄悄地向着水陆洲边奔去,躲到船上且随渔商漂泊。可叹我想报主此身已老,想入朝又受到疾病的妨碍。那就只好悠悠荡荡地随俗浮沉,郁郁不乐地任刚肠百转。乘着船驶过参差错落的大小沙洲,离潭州远了便从从容容地转过片片竹林。扯起风篷驶向东南的郴州〈29〉,之前先来到了衡阳。华表旁排列着云鸟阵〈30〉,名园里的花草正芳香。旗亭〈31〉高耸市容壮观,城墙的望楼(橹)上已设置了烽燧以备战。——这一段记叙半夜兵变老杜从城里逃上船的情形,以及沿途和到达衡州时的所见所感,很具体很有意思。《杜臆》说:"逃难而兼携妻孥,尤见其苦,而以得免为幸。"(仇注引,今本异)从所述携妻孥逃难的苦况看,他家当时还是住在长沙城中的。可能是他总想北归,行李、

〈29〉《九域志》:郴州西北至衡州界一百三十七里。则郴在衡之东南。地理上以东为左。故云"左郴岸"。

〈30〉仇注:《说文》:亭邮表。徐曰:表,双立为桓。今邮亭立木交于其端,或谓之华表。原句中"云鸟阵"旧作"云鸟埠"。公诗"共说总戎云鸟阵",作"阵"字是。言华表之旁,皆列云鸟之阵。燉案:古代亦在桥梁、宫殿、城垣或陵墓等前设华表以为标志和装饰。多为石柱,柱身往往雕有蟠龙等纹饰,上为云板和蹲兽。北京天安门前后就有两对华表。

〈31〉张衡《西京赋》:"旗亭五重,俯察百隧。"《洛阳伽蓝记·城东龙华寺》:"里有土台,高三丈,上有二精舍。赵逸云,此台是中朝旗亭也,上有二层楼,悬鼓击之,以罢市。"罢市,谓散去市集。又酒楼亦称"旗亭"。

长物多放在长期包用的船上，人也不妨住上去，要是有条件租到房子，他们还是会住在城里的。案：元稹《唐检校工部员外郎杜君墓系铭》载："（甫）扁舟下荆楚间，竟以寓卒，旅殡岳阳。享年五十有九。夫人弘农杨氏女，父曰司农少卿怡，四十九年而终。"老杜同夫人感情甚笃，集无悼亡诗，他作中亦丝毫不露鼓盆之戚，可见杨氏当卒于后，且较老杜小十岁有余（开元二十九年他们结婚时杜甫三十岁，杨氏当在十九岁左右）。那么，假定头几年杨氏养了个老闺女，还惯着她一直没断奶（在旧社会，几岁的孩子还吃奶，并不罕见），这也不是不可能的。所以，我就在前面将"犹乳"句译成："妻子领着那个还没断奶的小女儿走在身旁。"《读杜诗说》："此云'犹乳女'，则公晚年又生一女也。后《风疾舟中》诗：'瘗夭追潘岳'，或即此女早殇。潘岳诗，亦殇女也。"可参看。当然这句也可以译成："那个还在奶孩子的女儿走在身旁。"这样一来，就变成是《北征》中那个"学母无不为，晓妆随手抹。移时施朱铅，狼藉画眉阔"的"痴女"在奶孩子了。从"北征"到"入衡州"已有十四年，那"痴女"现今也该有十八九岁了。只要嫁了人，这也同样是有可能的啊！如果真是这样，那这个由老杜率领的"水上吉卜赛家族"，不仅有夫有妻有弟有儿女，还有女婿、外孙子，成员不少，转移起来也就更不方便了。次记衡州刺史杨济，而兼及苏涣，喜御敌有人：

"中有古刺史，盛才冠岩廊。扶颠待柱石，独坐飞风霜。昨者间琼树，高谈随羽觞。无论再缱绻，已是安苍黄。剧孟七国畏，马卿四赋良。门阑苏生在，勇锐白起强。问罪富形势，凯歌悬否臧。氛埃期必扫，蚊蚋焉能当？"《旧唐书·代宗本纪》载：臧玠据潭州为乱，澧州刺史杨子琳、道州刺史裴虬、衡州刺史杨济出军讨玠。东汉光武帝改御史长史为中丞，与尚书令、司隶校尉，朝位皆专席而坐，京师号"三独坐"。"风霜"，御史之任。杨济兼御史中丞，今协同讨玠，故"中有"八句首赞之：城中这位有古人风的杨刺史，他是最卓越的廊庙大才。他扶颠济危为国柱石，朝班独坐凛凛威风。我昨日来此，与他并坐，犹如蒹葭倚玉树；又听他高谈阔论，陪着干了一杯又一杯。且不说他对我一再表示难分难舍的情意，他早已安下我那颗仓皇失措的心。剧孟，西汉洛阳（今河南洛阳东）人。以"任侠"闻名，在河南地区势力很大。吴楚七国之乱时，汉将周亚夫将至河南闻吴楚等叛乱势力未与他勾结，认为"吴楚举大事而不求剧孟，吾知其无能为已"。《汉书·司马相如传》载《子虚》《上林》《哀二世》《大人》四赋。白起（？—前二五七），一称公孙起。战国时秦国名将。郿（今陕西眉县）人。秦昭王时从左庶长官至大良造。屡战获胜，夺得韩、魏、赵、楚的很多土地。秦昭王二十九年（前二七八）攻克楚都郢（今湖北江陵西北），因功封武安君。长平之战大胜赵军，坑杀俘虏四十多万人。后为相国范雎所妒忌，意见不合，被逼自杀。仇注："苏涣少喜剽盗，善用白弩，巴蜀号为白跖，故以剧孟、白起比之。又公称其诗云'再闻诵新作，突过黄初时'，故以马卿四赋比之。旧注以剧孟、马卿比刺史，非也。阳（杨）济身为重臣，可云剧孟乎？时涣亦自潭州奔衡，公望当事收而用之，及阳（杨）济不能用，故又走交广而罹罪耳。""问罪"四句，是说澧、道、衡三州刺史联兵讨贼问罪，形势大好，敌我臧否悬殊，相信必奏凯歌，扫净妖氛，蛟蚋焉能抵挡？末思郴州舅氏崔伟，并及张劝，欲往依亲友：

"橘井旧地宅，仙山引舟航。此行怨暑雨，厥土闻清凉。诸舅剖符近，开缄书札光。频繁命屡及，磊落字百行。江总外家养，谢安乘兴长。下流匪珠玉，择木羞鸾凰。我师嵇叔夜，世贤张子房。柴荆寄乐土，鹏路观翱翔。"今湖南郴州市东五里有苏仙岭。相传西汉文帝时苏耽在此成仙，故名。"橘井"四句想郴州风土。《元和郡县志》载郴州东半里有苏耽旧宅遗迹。"诸舅"，犹诸侯、诸生，虽一人亦可称"诸"。此指其二十三舅郴州录事崔伟（见前赠诗）。"剖符近"，指崔摄州事。续述崔多次寄书相招。《陈书·江总传》：江总七岁而孤，依于外氏。幼聪敏，有至性。舅吴平光侯萧励，名重当时，特所钟爱。《晋书·谢安传》：谢安寓居会稽，出则渔弋山水，入则言咏属文，无处世意。此以江自况，以谢誉崔。"下流"二句意谓凤凰非梧桐不栖，而避地有同择木，但自愧非凤凰耳。嵇康《与山巨源绝交书》："又人伦有礼，朝廷有法，自惟至熟，有必不堪者七，甚不可者二。"借喻己性疏懒而不能偶俗。"世贤"句下原注："彼掾张劝。"《资治通鉴》载：建中四年（七八三）十一月，德宗在奉天，陕虢观察使姚明扬，以军事委都防御副使张劝，去诣行在。劝募兵得数万人。甲申，以劝为陕虢节度使。张确有才干，以张子房称之，也并非毫无根据。"乐土"，指郴州。"鹏路翱翔"，仇、浦二氏以为意谓崔、张将有事功。杨伦从旧说，谓末句仍合到衡州，"言将寄居郴土，以观衡守之讨贼立功，翱翔鹏路也"。《钱注杜诗》《读杜心解》均编此首入古诗类。王嗣奭却说："此亦五言排律，总叙目前情景，而一机流走，绝无滞碍。"杨伦说："此诗多用偶句，似古亦似排，与《桥陵诗》同格。"

他同时前后又作《逃难》说：

"五十白头翁，南北逃世难。疏布缠枯骨，奔走苦不暖。已哀病方入，四海一涂炭。乾坤万里内，莫见容身畔。妻孥复随我，回首共悲叹。故国莽丘墟，邻里各分散。归路从此迷，涕尽湘江岸。"前四句回忆从前的逃难。王嗣奭说："代宗上元二年，公五十，时东川节度使段子璋反，崔光远牙将花敬定斩之；而兵不戢，遂大掠，故公率妻子而逃。始则京师乱而逃蜀，既自北而南。今南又乱而逃，故云'南北逃世难'。"中六句记目前逃臧玠作乱之难。仇兆鳌说："此暮年衰病，又挈妻子而逃也。曰'四海'，曰'万里'，见随地皆乱矣。'回首悲叹'，起下'故国''邻里'。"末叹泪尽湘岸、无家可归。据此，则可断定此诗当作于避臧玠之乱时。《杜臆》因"五十白头翁"句而遽编此诗于上元二年，并解末句说："终当出三峡之楚之湘江，乃吾泪尽之处也。"《杜诗镜铨》因邵子湘说此诗"凡浅，定是赝作"而附于集外。均非定论，不足为据。

《白马》也是当时为臧玠之乱而作[32]：

"白马东北来，空鞍贯双箭。可怜马上郎，意气今谁见？近时主将戮，中夜伤于战。丧乱死多门，呜呼泪如霰！"仇兆鳌说：此为潭州之乱死于战斗者，记其事以哀之。马带箭而来，则马上者见害矣。"丧乱死多门"一语极惨：或死于寇贼，或死于官兵，或死于赋役，或死于饥馁，或死于奔窜流离，或死于寒暑暴露；惟身历患难，始知其情状。带箭伤马负死未离鞍战将急驰而来。——起得突兀，令人骇异不止。

过了几天，衡州刺史兼御史中丞杨（阳）济，筹划联兵讨臧之事有进展，但也出现些新情况。老杜作《舟中苦热遣怀奉呈阳中丞通简台省诸公》。首段说：

"愧为湖外客，看此戎马乱。中夜混黎甿，脱身亦奔窜。平生方寸心，反当帐下难。呜呼杀贤良，不叱白刃散。吾非丈夫特，没齿埋冰炭。"就中原而言，潭州在洞庭湖以外。这段抒逃难感愤：

---

[32] 该诗六句"伤於（于）"一作"商於"。黄鹤说："商於"，即张仪欺楚之地，唐为商州上洛郡。史云大历三年三月，商州兵马使刘洽杀防御使殷仲卿。此为仲卿而作。朱鹤龄说：鹤说似有据，但三年春，公自峡之江陵，商於在江陵西北，不当云"白马东北来"。考《九域志》，衡州北至潭州三百九十里，公自潭如衡，则所见之白马为自东北来明矣。臧玠与达奚觐忿争，是夜以兵杀瓘，所谓"中夜伤于战"也。梦弼、次公皆主此说。

惭愧我远客湖南,又亲眼得见这场兵乱。半夜里城中突然一片混乱,我也幸得脱身逃窜。可叹他崔公真心为民,反为部下所忌终于遭难。贤良被杀,却无人起来将兵灾驱散。我自恨不是救世的英雄,却终身愤恨不平就像胸怀冰炭。二段说:

"耻以风病辞,胡然泊湘岸。入舟虽苦热,垢腻可溉灌。痛彼道边人,形骸改昏旦。"这段因船中苦热而聊以自遣:我耻以老病辞官,如今何以还停泊在湘江之岸。住在船上虽然热得很,身子脏了倒可就近洗洗涮涮。可怜那横尸路边的遇难者,形骸旦夕间就会完全改变。三段说:

"中丞连帅职,封内权得按。身当问罪先,县实诸侯半。士卒既辑睦,启行促精悍。"《礼记》:"十国以为连,连有帅。"这段嘉许阳中丞兴师讨罪:中丞您身居连帅之职,境内有乱您权重足以按察。您身当问罪联军之先,因为南中军州大半受您统辖。各地士卒既已结集,精锐的部队马上就要出发。四段说:

"似闻上游兵,稍逼长沙馆。邻好彼克修,天机自明断。南图卷云水,北拱戴霄汉。美名光史臣,长策何壮观!""上游兵",指道州刺史裴虬所率之师。道州居湘水上游。这段喜裴道州领兵会讨:听说上游的部队,已逼近长沙驿馆。邻州刺史既能如此很好配合,中丞您临事自当明断。祝诸公南靖湖湘似卷云水,北尊天子如拱霄汉。美名光于史册,长策何其壮观!五段说:

"驱驰数公子,咸愿同伐叛。声节哀有余,夫何激衰懦?偏裨表三上,卤莽同一贯。始谋谁其间?回首增愤惋。"仇注解此段较切:"驱驰",谓中丞遣使连兵。"数公子",指裴虬、李勉、杨子琳。"上游"叙地,"端公"叙姓,于杨则隐讳其词,而归罪于偏裨。然曰"卤莽同一贯",则杨当并分其过。曰"始谋谁其间",则当时纵恶之罪,杨亦无所逃。钱笺:唐时藩镇有事,俱用偏裨将上表，假众论以胁制朝廷。《通鉴》谓杨子琳起兵讨玠，取赂而还。此咎其信偏裨之说而释兵不问。这段对杨子琳的讨玠取赂暗含愤慨：中丞您遣使联络诸公，大家都愿协同伐叛。风声节概，哀痛有余；竟使我也觉奋激，思自拔于衰懦。偏裨们再三上表，实则卤莽相同上下一贯。始约同谋讨贼，后来又是谁在挑拨离间？回过头来想一想，真教人顿增愤惋。末段说：

"宗英李端公，守职甚昭焕。变通迫胁地，谋画焉得算？王室不肯微，凶徒略无惮。此流须卒斩，神器资强干。扣寂豁烦襟，皇天照嗟叹！"《通典》：唐侍御史凡四员，内供二员号为台端，他人称"端公"。"李端公"，旧注皆云李勉，时在广州。勉本宗室，故有"资强干"之语。这段望济约勉以立功：李公是宗室的英俊，奉公守职政绩昭焕。要是他果能于贼党逼迫要挟之地而变通出奇，逆谋何得按原来的打算实现？他决不肯让王室衰微，而任凭凶徒肆无忌惮。⁽³³⁾这种叛乱的逆流必须截断，支持社稷须赖本支中的强干。《文赋》说"叩寂寞而求音"，我今扣寂赋诗，一豁烦闷的胸襟；皇天当鉴临我的呼天嗟叹。老杜始终坚持他们房琯一派主张恢复分封制，以为"此古之维城磐石之义""根固流长，国家万代之利"的保守想法（详第十五章第六节），这里又再一次得到表露。

臧玠之乱，史不详载。老杜亲身经历了这一兵变，且与杨济这样的封疆大吏有过接触，颇知内情，有所感发，作此数篇，犹如战地采访记，颇吸引人，亦富史料价值，弥足珍贵。

⟨33⟩ 仇兆鳌说："李公官方素著，必能变通出奇，其所谋画，岂同凡算？断不使王室终微，贼徒恣横也。"说有不同，可参看。

十　赞学与谢馈

道州刺史裴虬前来参战，住在行营里。裴虬行二，是老杜的前辈旧识。去年夏天，老杜在潭州参加饯送裴二赴道州任的盛会，曾作诗深情惜别（详前引《湘江宴饯裴二端公赴道州》）。可见二人关系非同一般。一天，老杜在江阁对雨，有所感发，作诗寄裴说：

"南纪风涛壮，阴晴屡不分。野流行地日，江入度山云。层阁凭雷殷，长空面水文。雨来铜柱北，应洗伏波军。"（《江阁对雨有怀行营裴二端公》）《广天文志》：循岭徼达瓯闽中，是谓"南纪"。《说苑》：武王伐纣，风霁而乘以大雨。散宜生曰："此非妖与？"王曰："非也，天洗兵也。"前半描状阁上所见江涛壮阔、雨晴不定景象极流转多变："流潦满道，日照其中，雨过而晴也。度山之云，下与江接，晴而又雨也。皆阴晴不分之象"（赵汸语）。接着说凭阁而隐隐雷动，面空而点点波纹，雨又下大了。仇注："末用'伏波军'，乃借形语，此铜柱在衡阳，不在交阯也。"浦注："道州近粤，故言'铜柱北'。"两说俱通。杨万里说：杜句有偶似古人者，亦有述古人语者，如《武侯庙》诗"映阶碧草自春色，隔叶黄鹂空好音"，此本何逊《行孙氏陵》"山莺空树响，垄月自秋晖"。杜云"薄云岩际宿，孤月浪中翻"，此本何逊"白云岩际出，清月波中上"，"宿""翻"胜"出""上"二字。杜云"月明垂叶露，云逐度溪风"；又云"水（野）流行地日，江入度山云"，此一联更胜。庾信云"永韬三尺剑，长卷一戎衣"，杜云"风尘三尺剑，社稷一戎衣"，亦胜于庾。燉案："野流"联巧而稍晦，似不及"月明"联明丽有韵致。

这时老杜还就近去了趟衡山县（今湖南衡山县），参观了县里的孔庙，作《题衡山县文宣王庙新学堂呈陆宰》。《新唐书·礼乐志五》：贞观四年诏州县学皆作孔子庙，开元二十七年谥文宣王。这诗首段言世乱文教不修：

"旄头彗紫微，无复俎豆事。金甲相排荡，青衿一憔悴。呜呼已十年，儒服敝于地。征夫不遑息，学者沦素志。""旄头"，星名，即昴宿。古人以为旄头星特别亮的时候，预兆有战争发生。"彗"，扫。"紫微"，即紫微垣，星官名。在北斗以北，按《步天歌》，有星十五颗，分两列，以北极为中枢，成屏藩的形状。东藩有上宰、少宰等八星，西藩有少尉、上辅等七星。古人以为象征朝廷和京城。"俎豆"，俎和豆都是古代祭祀用的器具。《史记·孔子世家》："常陈俎豆，设礼容。"引申为祭祀、崇奉之意。《杜臆》："自安史乱后，人皆弃文就武。公诗尝云'壮士耻为儒'，又云'儒衣山鸟怪'，此云'儒服敝于地'，儒之贱已极矣。"（仇注引，今本无）次段记衡山孔庙新学堂而归功于该县陆县令：

"我行洞庭野，欻得文翁肆。侁侁胄子行，若舞风雩至。周室宜中兴，孔门未应弃。是以资雅才，焕然立新意。衡山虽小邑，首唱恢大义。因见县尹心，根源旧宫閟。""文翁"，汉景帝末为蜀郡太守，兴办学校，教育人才。"侁侁"，众多貌。"胄子"，天子元子以下至卿大夫子。此指县学生员。《论语·先进》："（点）曰：'莫春者，春服既成，冠者五六人，童子六七人，浴乎沂，风乎舞雩，咏而归。'夫子喟然叹曰：'吾与点也！'"仇兆鳌说："上四言乐育人才。中四言有关国运。下四言留意斯文。'文翁'指宰，'周室'比唐。'恢大义'，谓恢廓文庙。'根源旧宫'，谓宰从宫墙而出，能追念本源也。"三段写新修学堂幽境与诸生学习情状：

"讲堂非曩构，大屋加涂塈。下可容万人，墙隅亦深邃。何必三千徒，始压戎马气？林木在庭户，密干叠苍翠。有井朱夏时，辘轳冻阶戺。耳闻读书声，杀伐灾仿佛。"县学的"大屋"果真"下可容万人"？作诗难免夸张。不过经过这次扩建，看来规模也确乎不小。这里有高墙深院，院内有树还有井，环境幽美，倒是个学习的好去处。只是当此乱世，学生们心里到底有点不踏实，你听，他们那琅琅的读书声中，不是仿佛带有杀伐之音么？[34] 末段言遇此盛举，有感而赋诗，但期传诸后世：

"故国延归望，衰颜减愁思。南纪改波澜，西河共风味。采诗倦跋涉，载笔尚可记。高歌激宇宙，凡百慎失坠！"孔子学生子夏居西河（济水、黄河间）教授，为魏文侯师。这段是说：正当我归乡延期不胜怅望之时，见此儒林盛事衰颜顿减愁思。[35] 在这风波不靖的南方，此地却弦歌不绝，颇有西河风味。我倦于跋涉不想去效古人采诗，遇到这等的好事还能援笔作记。歌声激荡宇宙，我呼吁世人可千万别让文教失坠！

老杜自幼有大志，"窃比稷与契"，欲"致君尧舜上"。契是传说中商的始祖，曾被舜任为司徒，掌管教化。他既取法于契，足见对教化的重视。今见陆宰兴学于乱世，宜有此过望之喜。以为教育足以销乱弭兵，恐未尽然。加之不同时代不同阶级的文教，各有其不同内容和要求。但是，要求振兴和发展文教的呼吁，至今仍不失其现实意义。

随后，老杜携家乘船离衡溯耒水而上，拟赴郴投奔其舅崔伟。

〈34〉此采仇兆鳌说："'三千徒'，与读书声相应，言文德宜足销乱，而声带杀伐者，时经臧玠之乱也。《杜臆》：下二句，暗用子路鼓瑟，有北鄙杀伐之音。"浦起龙说："（此段）见文教之兴，足以销弭兵气。言何必生徒众多，始能销乱？似此深林'苍翠'之中，凉井'辘轳'之畔，一闻'书声'，而杀气渐衰息矣。'仿佛'，作稀微将止之义解。此正与首段相照。"理解有所不同，可参看。

〈35〉仇注："'延归望'，国学难见。'减愁思'，州学新成。"恐非原意。

至耒阳（今湖南耒阳县）境内的方田驿，值江涨，即在此停泊半旬（五日），不得食。耒阳聂令闻讯，即驰书慰问，并送来牛炙白酒。老杜后曾从陆路去离方田驿四十里的县城拜访聂令，并面呈此诗致谢道：

"耒阳驰尺素，见访荒江渺。义士烈女家，风流吾贤绍。昨见狄相孙，许公人伦表。前朝翰林后，屈迹县邑小。知我碍湍涛，半旬获浩溔。麾下杀元戎，湖边有飞旐。孤舟增郁郁，僻路殊悄悄。侧惊猿猱捷，仰羡鹳鹤矫。礼过宰肥羊，愁当置清醥。人非西喻蜀，兴在北坑赵。方行郴岸静，未话长沙扰。崔师乞已至，澧卒用矜少。问罪消息真，开颜憩亭沼。"（《聂耒阳以仆阻水书致酒肉疗饥荒江诗得代怀兴尽本韵至县呈聂令陆路去方田驿四十里舟行一日时属江涨泊于方田》）[36]《史记·刺客列传》：聂政杀韩相侠累而自杀，其姊罃伏尸哭极哀，死政之旁。"狄相孙"，谓仁杰孙兼谟（仇注）。浦起龙以为公在夔，有《寄狄明府博济》诗，云梁公曾孙，或即此人。后就似近实。"翰林后"，聂祖父必尝为翰林（赵注）。首段因接聂令书而称其家世才望：聂耒阳您派人拿了您的信，到荒凉的江边来寻访我。您出身于义士烈女之家，您继承了祖先的高风亮节。以前我见到狄相的文孙，他称许您是士林表率。您是前朝翰林之后，如今可委屈您寄迹于这样的小县。史传载令尝馈牛炙白酒。牛为太牢，羊为少牢（见《大戴礼·曾子天圆》）。当然是"礼过宰肥羊"了。中段叙阻泊情事，以及聂之致馈：您得知我遇江涨被困在这里，已有五天总守着这一片汪洋大水。前不久潭州城里的麾下杀元戎，途中我曾看见飞

---

[36] 浦起龙说："题又云'至县'，则是受馈成诗后，仍登岸至县呈谢。"又于题"聂令"下加注："题当止此，下疑小注原文，盖以注明阻水之处耳。"如此，则"陆路去方田驿四十里"当就耒阳县城而言，"舟行一日"指平时坐船须一日之程。

旗引着崔公的灵榇打湖边经过。因此就增加我孤舟倦旅的抑郁；而且这阻水停泊的地方又不当路，更是静悄悄的。猿猱敏捷地打船边树枝间掠过真令人惊讶，仰见鹳鹤矫健地飞去更是不胜羡慕。这当口儿没想到您竟送来比宰头肥羊还重的厚礼，消愁遣闷正用得上这清纯的上等白酒。汉武帝时，唐蒙奉命通夜郎，征发巴蜀吏卒，并诛杀当地官民，巴蜀大为惊恐。于是武帝派司马相如作檄以谴责唐蒙，并且告喻巴蜀，说唐蒙的所作所为，非朝廷本意。"人非"句谓己非相如，无宣喻之责。"坑赵"，指秦白起破赵，坑其降卒。朱注：臧玠之徒，非可檄喻，必尽坑之乃快。"郴岸"，谓赴郴中途耒水之岸。"澧卒"句下原注："闻崔侍御溪，乞师于洪府，师已至袁州北；杨中丞琳问罪将士，自澧上达长沙。""矜少"，矜惜而兵少。仇注：时杨子琳已受臧玠之赂，故其卒矜少。浦起龙说："末段述传闻讨玠之喜，所以劝也。言我此行，虽非有传檄之责，实素有屠贼之兴者，乃方在中途，未遑告变，而问罪诸师，已一时俱发。则身虽阻泊，颜且为之一开耳。吾贤岂有意乎！"解说切当，不须重译了。

十一　"羁旅病年侵"

老杜阻水停泊方田驿，幸得聂令附书致酒肉疗饥，尔后复至县呈诗面谢，前后经过，诗及长题记之甚悉，本无疑义。岂意身后即为好事之徒编造出宰致牛酒、杜饮食过量、一夕而卒于耒阳的传说。此说唐郑处诲载之较早较完全："杜甫后漂寓湘潭间，旅于衡州耒阳县，颇为令长所厌。甫投诗于宰，宰遂牛炙白酒以遗。甫饮过多，一夕而卒。集中犹有赠聂耒阳诗也。"（《明皇杂录补遗》）又韩愈《题杜工部坟》："今春偶客耒阳路，凄惨去寻江上墓。……

招手借问骑牛儿，牧儿指我祠堂路。……当时处处多白酒，牛肉如今家家有。饮酒食肉今如此，何故常人无饱死。子美当日称才贤，聂侯见待诚非喜。洎乎圣意再搜求，奸臣以此欺天子。捉月走入千丈波，忠谏便沉汨罗底。固知天意有所存，三贤所归同一水。……坟空饫死已传闻，千古丑声竟谁洗！"（《集注草堂杜工部诗外集·酬唱附录》）亦载牛酒饫死之说，但表示怀疑，以为这是聂令为搪塞天子搜求而胡诌出来的谎话，而杜甫其实同屈原、李白一样，都是淹死的。[37] 蔡梦弼案："此退之题杜工部，惟见于刘斧撅遗小说，韩昌黎正集无之，似非退之所作。然大历、元和，时之相去，犹未为远，不当与本集抵牾若是，乃后之好事俗儒，托而为之，以厚诬退之，决非退之所作也明矣。"从艺术风格上看，这诗也不像出自韩愈手笔。故不得据此以为牛酒饫死之说中唐时已有之。戎昱有《耒阳溪夜行》，题下原注："为伤杜甫作。"但萧涤非先生已考证出此诗实为张九龄所作，所谓"自注"为后人伪托（详《文史哲》一九八五年第五期所载《〈耒阳溪夜行〉的作者是张九龄——它不可能是杜甫死于耒阳的"铁证"》），很可信，故亦不足为凭。到了晚唐，崔珏《道林寺》谓杜饥寒厄死于耒阳："白日不照耒阳县，皇天厄死饥寒躯。"（《文苑英华》卷三四二）裴说诗一首提及白酒寒江之恨："皇天高莫问，白酒恨难平。悒怏寒江上，谁人知此情。"孟宾于诗一首也说："一夜耒阳雨，……白酒至今闻。"（钱注本引自《耒阳祠志》）其余如郑谷《送田光》"耒阳江口春山绿，恸哭应寻杜甫坟"（《郑

---

[37] 此说详唐人李观《杜诗补遗》：公往耒阳，聂令不礼。一日过江上洲中，醉宿酒家。是夕江水暴涨，为惊湍漂没，其尸不知落于何处。洎玄宗还南内，诏天下求之，聂令乃积空土于江上曰："子美为牛肉白酒胀饫而死，葬于此矣。"仇兆鳌引此，复加按语说："此欲雪牛酒饫死之冤，而反加以水淹身溺之惨。子美何不幸罹此奇祸！且考泰陵升遐，以及少陵逝世，其间相去十载。《补传》颠倒先后，是全不见杜诗年次者。元宾博雅人，岂肯为此不根之说乎？此必后人伪托耳。"

守愚文集》)、罗隐《经耒阳今杜工部墓》"旅魂自是才相累,闲骨何妨冢更高"(《甲乙集》)、曹松《哭陈陶处士》"白日埋杜甫,皇天无耒阳"(《曹松诗集》)、齐己《次耒阳作》"因经杜公墓,惆怅学文章"(《白莲集》)等等,无不谓杜甫卒、葬于耒阳。可见耒阳杜墓无论真假,早为士林所公认,所以来此凭吊、题咏的,到晚唐以后就很多。既然当时社会上大多这样认为,这就无怪乎新旧《唐书》的作者习而不察,竟误采小说家言入杜甫传了。旧传说:"(甫)溯沿湘流,游衡山,寓居耒阳。甫尝游岳庙,为暴水所阻,旬日不得食。耒阳聂令知之,自棹舟迎甫而还。永泰二年,啖牛肉白酒,一夕而卒于耒阳,时年五十九。"新传只删去"永泰二年"这一明显的错误,又把"啖牛肉白酒,一夕而卒"改为"令尝馈牛炙白酒,大醉一昔卒",显得"醉死"比"撑死"高雅些。其余文字虽有所简练,而内容基本不变。可见他们都不怀疑这些内容的真实性。其实这是不可信的,北宋的王得臣早在《麈史》中已根据有关杜诗加以订正说:"(大历)五年之春,四月,遇臧玠之乱,仓皇往衡阳,至耒阳,舟中伏枕,又畏瘴,复沿湘而下,故有《回棹》之作。末云:'舟师烦尔送,朱夏汲(及)寒泉。'又《登舟将适汉阳》云:'春色(宅)弃汝去,秋帆催客归。'盖回棹在夏末,此篇已入秋矣。继之以《暮秋将归秦留别湖南幕府亲友》云:'北归冲雨雪,谁悯敝貂裘。'则子美北还之迹,见此三篇,安得卒于耒阳耶?要其卒当在潭岳之间、秋冬之际。按元微之子美墓志称:'子美孙嗣业,启子美柩,襄祔事于偃师。途次于荆,拜余为志,辞不能绝。'其系略曰:'严武状为检校工部员外郎参谋军事。旋又弃去,扁舟下荆楚,竟以寓卒,旅殡岳阳。'近时故丞相吕公为《杜诗年谱》云:'大历五年,辛亥,是年还襄汉,卒于岳阳。'以前诗及微之之志考之,为不妄,但言是年夏,非也。"

尔后耒阳一案，仍不免时有聚讼[38]，而从是说者居多，因所述行踪凿凿有据，教人没法不相信。

老杜并未在耒阳撑死或淹死，不久因不耐此间溽暑，亟思北归襄汉，就决计不去郴州，而掉转船头，顺流北返了。其时作《回

---

[38] 如钱谦益即坚持旧说："《旧书》本传：甫游衡山，寓居耒阳，啖牛肉白酒，一夕而卒于耒阳。元稹墓志：扁舟下荆楚间，竟以寓卒，旅殡岳阳。公卒于耒阳，殡于岳阳，史志皆可考据。自吕汲公《诗谱》不明旅殡之义，以谓是年夏还襄汉，卒于岳阳。于是王得臣、鲁訔、黄鹤之徒，纷纷聚讼，谓子美未尝卒于耒阳。又牵引《回棹》等诗，以为是夏还襄汉之证。按史：崔旰杀郭英乂，杨子琳攻西川，蜀中大乱，甫以其家避乱荆楚，扁舟下峡，此大历三年也。是年之江陵，移居公安，岁暮之岳阳，明年之潭州，此于诗可考也。大历五年夏，避臧玠之乱，入衡州。史云溯沿湘流，游衡山，寓居耒阳以卒。《明皇杂录》，亦与史合。安得反据《诗谱》而疑之？其所引《登舟》《归秦》诸诗，皆四年秋冬潭州诗也，断不在耒阳之后。《回棹》诗有'衡岳''蒸池'之句，盖五年夏入衡，苦其炎喝，思回棹为襄汉之游而不果也。此诗在耒阳之前明矣。安可据为北还之证乎？以诗考之，大历四年，公终岁居潭。而诸谱皆言是年春入潭，旋之衡，夏畏热，复还潭，则又误认《回棹》诗为是年作也。作年谱者，臆见猜度，遂奋笔而书之，其不可为典要如此。吾断以史志为证，曰：子美三年下峡，由江陵、公安之岳；四年之潭；五年之衡，卒于耒阳，殡于岳阳。其他支离傅会，尽削不载可也。当逆旅憔悴之日，涉旬不食，一饱无时，牛肉白酒，何足以为垢病！而杂然起为公讳，若夫刘斧之摭遗小说，韩退之、李元宾之伪诗、伪传，三尺童子皆知笑之。而诸人互相驳正，以为能事，又何足道哉！"黄生以为其说大有可议，驳之甚中肯綮："予按：微之墓志，出于公孙嗣业之请，一当以此为据。史文则撮取《杂录》与墓志而成，即其末云：'元和中，宗武子嗣业，自耒阳迁甫之柩，归葬于偃师。'已与志相抵牾。又况公以大历五年避臧玠之乱入衡，史书公卒乃在永泰二年。竟以武甍、蜀乱、公去成都、下峡、出江陵、过湖南，皆作一年之事，则其疏略纰缪、不可据信亦已明矣。若以卒耒殡岳，两存其实，则二地悬绝，更隔洞庭一湖，卒此殡彼，理不可信。何独《明皇杂录》为与史合而确据之也？详史所书牛酒饫死之说，实采之《杂录》。《录》叙此事而终之云：'今集中犹有赠耒阳诗。'即此勘破作者正因此诗，饰成其事，小说家伎俩毕露。今顾谓《杂录》与史合，岂知史正承《录》谬耶？观'牛肉白酒'四字，显是此诗题中'书致酒肉疗饥荒江'之句文致而成。诸家辩之固当，而反谓其曲为公讳，观钱之意，不过欲确明其卒于耒阳，不难尽扫诸家之说耳。然本传既难凭信，元述述公事虽略，犹赖'旅殡岳阳'四字，幸存一线，为《回棹》《登舟》《发潭》《过湖》诸诗左证，而顾必为耒阳争一杜公之遗蜕，其智不反出宋人下哉？予独惜此书有功于子美，而贻此挂漏，为通人之一蔽也。"此二说最有代表性，录以备考。

棹》⁽³⁹⁾说：

"宿昔试安命，自私犹畏天。劳生系一物，为客费多年。衡岳江湖大，蒸池疫疠偏。散才婴薄俗，有迹负前贤。巾拂那关眼，瓶罍易满船。火云滋垢腻，涷雨裹沉绵。强饭莼添滑，端居茗续煎。清思汉水上，凉忆岘山巅。顺浪翻堪倚，回帆又省牵。吾家碑不昧，王氏井依然。几杖将衰齿，茅茨寄短椽。灌园曾取适，游寺可终焉。遂性同渔父，成名异鲁连。篙师烦尔送，朱夏及寒泉。"仇兆鳌说："前《咏怀》诗云'衣食相拘阂'，即所云'劳生系一物'。赵注谓劳生之人，不免系著一物，是也。钱笺云系一物，言此生犹一物耳。于下句不相接。"薛梦符说：《茶录》：潭邵之间渠江中有茶乡，人每年采撷，其色如铁，芳香异常。黄希说：昔尝官郴，见其风土唯尚煎茶，客至继以六七，则知"茗续煎"者，湖南

〈39〉此诗旧编在大历五年。黄鹤疑诗中不言臧玠之乱，当是四年至衡州，畏热将回棹欲归襄阳，不果而竟留于潭。仇兆鳌按："杜诗凡纪行之作，其次第皆历然分明，不当以欲行未果之事载之诗集。考臧玠之乱在四月，公往衡山过耒阳俱在夏日。此云'火云垢腻'，殆耒阳回棹而作。词不及忧乱者，前后诸诗已详，不必每章叠见也。还依旧编为当。"樊维纲说："既言'回棹'，当然是由南而北了。诗中有'衡岳江湖大，蒸池疫疠偏'句，衡阳东傍湘江，北背蒸水，知此诗为由衡州北回时作。杜甫在湖南三年中由衡州北回有两次，一次在大历四年投书之晋扑空后，时在春梢；一次是在大历五年耒阳阻水后，时在盛夏。诗中有'火云''涷雨'二句，据旧注，火云，夏日旱气也；涷雨，夏日暴雨也。从时间上说，与大历五年那次情况相合。黄鹤注本以此诗未言及臧玠之乱，便编在大历四年，浦注本从之，谓为'四年夏畏热北回之作'。这在时间上都是说不过去的。其他旧注本编于大历五年应是可从的。"从时间上加以判断，这一条补充论证很有说服力。仇注本于《回棹》后编入《过洞庭湖》："蛟室围青草，龙堆隐白沙。护堤盘古木，迎棹舞神鸦。破浪南风正，回樯畏日斜。湖光与天远，直欲泛仙槎。"复加按语说："《潘子真诗话》：元丰中，有人得此诗刻于洞庭湖中，不载名氏，以示山谷，山谷曰：'此子美作也。'今蜀本收入。大历四年夏，公在潭州，此当是五年夏自衡州回棹，重过洞庭湖而作。今据郑印编次为正。或疑公卒于耒阳，不应又作此诗，不知耒阳之卒，原未可凭，而此诗之精练，非公断不能作。""破浪"句是夏景，既然夏过洞庭，何以暮秋仍在潭州赋诗留别湖南幕府亲友？臆断难凭，姑附录于此，不入正文。

多如此。《襄沔记》：王粲宅在襄阳岘山坡下，宅前有井，人呼为仲宣井。老杜《一室》："应同王粲宅，留井岘山前。"即咏此。这诗前半谓厌此间之热而欲回棹，后半谓欲托迹襄阳而终老：平素我本想随地自安，因为贪图安逸总怕老天不照看。可不其然为了谋生之故，客旅他乡一年又一年。[40] 更何况衡岳湖湘间盛夏酷热多病、世俗人情浇薄，前贤绝迹不至而我独来，真有负前贤了。巾拂不过是为了修饰仪容，在船上又没人瞧，天这么热正好不用；镇日只顾饮酒解愁，空瓶空罍倒很容易堆满一船。火云烤出一身脏汗，暴雨能稍起沉疴。勉力加餐，莼羹性寒堪解暑；闲坐无聊，只好连续煎茶喝。想到汉水之上的清幽和岘山之巅的凉爽，我决计回祖籍襄阳去。顺水的波浪反可依凭，转帆北去又可省去拉纤。我家当阳君那一立岘山一沉万山潭的纪绩碑至今不坏（详上卷六页），王粲宅前的古井依然存在。我回到那里将赖几杖扶老，寄迹于短椽茅屋之中。抱甕灌园意在取适，常游佛寺有终焉之志。我将遂性退隐如同沧浪渔父，决不学那功成不受赏而取名的鲁仲连。

　　老杜回到潭州，暂时住了下来，到秋天，才准备携家乘船去汉阳（在今湖北武汉市武昌西）、襄阳。作《登舟将适汉阳》说："春宅弃汝去，秋帆催客归。庭蔬犹在眼，浦浪已吹衣。生理飘荡拙，有心迟暮违。中原戎马盛，远道素书稀。塞雁与时集，樯乌终岁飞。鹿门自此住，永息汉阴机。"老杜去年春梢来潭寓居，故曰"春宅"。秋帆催客北归，我即将抛弃你这所从去春就寄寓的宅子而去。庭中的蔬菜还满眼青葱，别浦的风浪已在吹拂征衣了。

〈40〉浦注："'安命'，本欲随地自安也。'自私'者，贪安之谓。'畏天'，畏天之不与我安也。是何也？为'系物'谋生之故，长此'劳生'耳。'为客费年'，即所为'劳生'者。"译文采此说。

飘荡各地生计笨拙不堪,有心济世可惜到老无成。中原戎马倥偬,远道很少有信来。塞雁列阵征空尚有春秋之期,而樯乌却整年随着船飞。《庄子》载汉阴丈人说:"有机械者必有机事,有机事者必有机心。"从此我将效庞德公归隐鹿门,永息机心。

这时前后,同他一起避地同谷县(今甘肃成县)的李衔(详第十二章第二节)路过长沙,他们相逢即别,老杜作《长沙送李十一衔》说:

"与子避地西康州,洞庭相逢十二秋。远愧尚方曾赐履,竟非吾土倦登楼。久存胶漆应难并,一辱泥涂遂晚收。李杜齐名真忝窃,朔云寒菊倍离忧。""西康州"即同谷县。老杜以乾元二年(七五九)冬寓同谷,至今年(七七〇)为"十二秋"。《同谷七歌》其七"山中儒生旧相识,但话宿昔伤怀抱",即写二人当日相濡以沫之情,而老杜入蜀发同谷时,"临歧别数子,握手泪再滴。交情无旧深,穷老多惨戚"(《发同谷县》),这送行的"数子"中就有李衔在。岂料十二年后重逢仍在客中,这无疑会令他不胜感叹了。王粲《登楼赋》:"虽信美而非吾土兮,曾何足以少留!"后汉陈重、雷义交谊至笃,时人语曰:"胶漆虽坚,不如雷陈。""泥涂",犹言草野。比喻卑下的地位。《左传》襄公三十年:"使吾子辱在泥涂久矣。"《容斋四笔》:"汉太尉李固、杜乔,皆以为相守正,为梁冀所杀。故掾杨生上书,乞李杜二公骸骨,使得归葬。梁冀之诛,权势专归宦官,倾动中外。白马令李云露布上书,有帝欲不谛之语,桓帝得奏震怒,逮云下北寺狱。弘农五官掾杜众,伤云以忠谏获罪,上书愿与云同日死。帝愈怒,下延尉,皆死狱中。其后襄楷上言,亦称为李杜。灵帝再治钩党,范滂受诛,母就与之诀曰:汝今与李杜齐名,死亦何恨?谓李膺、杜密也。李太白、杜子美同时著名,故韩退之诗云:'李杜文章在,光焰万丈长。'

凡四李杜云。"《诗薮》:"李白、杜甫外,杜审言、李峤结友前朝,李商隐、杜牧之齐名晚季,咸称李杜,是唐有三李杜也。又杜赠李衔有'李杜齐名真忝窃'之句,衔亦当能诗耶!"这诗前半叙前次别后情事,后半感李相知之深而惜重逢即别:当年共寓同谷,不期十二年后又在长沙重逢。郎官遥受,终愧未蒙赐履入朝;这里究竟不是我的故土,所以就懒得登楼。你待我情同胶漆,义气过人;可叹我久辱泥涂,穷老莫振。古今"李杜"并称的不一而足,可我真不敢同你齐名;对此朔云寒菊,就越发增添我的别绪离忧。朱瀚说:"云菊离忧,别景别情,一语尽之。"李子德说:"浑朴有初唐气味。"

到了暮秋,一切准备就绪,即将解缆北归,作《暮秋将归秦留别湖南幕府亲友》说:

"水阔苍梧野,天高白帝秋。途穷那免哭,身老不禁愁。大府才能会,诸公德业优。北归冲雨雪,谁悯敝貂裘?"顾注:旧解谓"苍梧""白帝",皆公经历之地。公实未尝至苍梧。此言湘江之水甚阔,直接苍梧。《潭州图经》谓其地有舜之遗风。白帝司秋,盖言暮秋时令,如《望岳》诗云"高寻白帝问真源"。唐时巡属诸州,以节度使府为"大府"。黄生说:起法何等阔大!三句虽用阮籍车迹所穷辄恸哭而返事,然哭字又取湘江染泪意,故贴首句为精。四句以衰候映老景,故贴次句。后半意言亲友虽多,其能悯此敝貂裘冲雨雪而北归者谁乎?结处字字应转前半篇,章法精审。话虽这么说,这首诗写得不算太出色,但能见出他当时的心境,仍有参考价值。

秋尽冬来,老杜抱病躺在潭州开往岳阳的船上,百感交集,作《风疾舟中伏枕书怀三十六韵奉呈湖南亲友》。首段说:

"轩辕休制律,虞舜罢弹琴。尚错雄鸣管,犹伤半死心。圣贤名古邈,羁旅病年侵。舟泊常依震,湖平早见参。如闻马融笛,若倚仲宣襟。故国悲寒望,群云惨岁阴。水乡霾白屋,枫岸叠青岑。郁郁冬炎瘴,濛濛雨滞淫。鼓迎方祭鬼,弹落似鸮禽。"《汉书·律历志》:黄帝使伶伦取竹于嶰谷,断两节间而吹之,以为黄钟之宫。制十二筒以听凤鸣,其雄鸣六,雌鸣亦六,比黄钟之宫,而皆可以生之,是为律本。至治之世,天地之气合以生风,天地之风气正,十二律定。《孔子家语》:舜弹五弦之琴,歌南风之诗。枚乘《七发》:龙门之桐,高百尺而无枝,其根半死半生,使琴挚斫斩以为琴。"半死心",借琴自况。《杜臆》:"公时将适汉阳,而于潭、岳则在东北,故'舟泊常依震',盖先天东北方之卦(为震)也。马融《长笛赋序》云:'有洛客舍逆旅吹笛,融去京师逾年,暂闻甚悲。'公去京久,故云。"王粲《登楼赋》:"凭轩槛以遥望兮,向北风而开襟。"老杜病肺畏热,故用其语。头年作《北风》"气待北风苏""且知宽病肺",《江汉》"秋风病欲苏"可证。《汉书·吾丘寿王传》:"三公有司,或由穷巷,起白屋,裂地而封。"颜师古注:"白屋,以白茅覆屋也。"《岳阳风土记》:岳州地极热,十月犹单衣,或摇扇,震雷暴雨,如中州六七月间。又:荆湖民俗,岁时会集,或祷祠,多击鼓,令男女踏歌,谓之歌场。《庄子·齐物论》:"且汝亦大(太)早计,见卵而求时夜,见弹而求鸮炙。"时夜,谓鸡。鸮炙,谓炙鸮鸟(猫头鹰)为食。这段从风疾叙起,接写湖中行船所见所感:轩辕黄帝制出的律管且把它收起来,虞舜弹过的五弦也撤下去吧!我身患风疾已不再能演奏,还错将雄管当作雌管吹,听到弹出变了调的琴声伤透了我半死的心。古代圣贤的名声何其邈远,羁旅他乡病情一年比一年加重。船往汉阳每晚总停泊在东北的震方,湖面平阔很早就能见到报晓的参星。我苦忆京华如同马融闻笛,迎风凭眺若开王粲之襟。遥望寒空，悲故乡不见；群云惨淡，生岁暮层阴。从迷茫的雾气中露出水乡的茅屋，红叶枫林的岸后便是重叠的青山。冬天里炎方的瘴气仍然郁积不消，濛濛的细雨又总是下个不停。咚咚的鼓声，报道迎神歌舞刚开场；弓响弹落，似乎打下了土著爱烤着吃的猫头鹰。二段说：

"兴尽才无闷，愁来遽不禁。生涯相汨没，时物正萧森。疑惑樽中弩，淹留冠上簪。牵裾惊魏帝，投阁为刘歆。狂走终奚适？微才谢所钦。吾安藜不糁，汝贵玉为琛。乌几重重缚，鹑衣寸寸针。哀伤同庾信，述作异陈琳。十暑岷山葛，三霜楚户砧。叨陪锦帐坐，久放白头吟。反朴时难遇，忘机陆易沉。应过数粒食，得近四知金。"《晋书·乐广传》："尝有亲客，久阔不复来，广问其故，答曰：'前在坐，蒙赐酒，方欲饮，见杯中有蛇，意甚恶之，既饮而疾。'于时河南听事壁上有角弓，漆画作蛇，广意杯中蛇即角影也，复置酒于前处，谓客曰：'酒中复有所见不？'答曰：'所见如初。'广乃告其所以，客豁然意解，沉疴顿愈。"按《风俗通·怪神》记应郴请杜宣饮酒，杯中有形如蛇，宣得疾，后于故处设酒，蛇乃弩影。其事相同。后遂以"杯弓蛇影"比喻因疑虑而引起恐惧。辛毗谏，魏文帝不答，起入内，毗随而引其裾。扬雄被收，本为刘歆子棻狱辞连及，今云"为刘歆"，借以趁韵。《说苑·杂言》："七日不食，藜羹不糁。"庾信《哀江南赋序》："信年始二毛，即逢丧乱，藐是流离，至于暮齿。"赋云："天意人事，可为凄怆伤心者矣。"《三国志·魏书·王粲传》裴松之注引《典略》："琳作诸书及檄，草成呈太祖。太祖先苦头风，是日疾发，卧读琳所作，翕然而起曰：'此愈我病。'数加厚赐。"《庄子·则阳》："方且与世违，而心不屑与之俱，是陆沉者也。"陆地无水而沉，比喻隐于市朝中。也比喻不为人知，有埋没之意。张华《鹪鹩赋》:"巢林不过一枝,每食不过数粒。"《后汉书·杨震传》:王密怀金遗杨震曰:"暮夜无知者。"震曰:"天知、神知、我知、子知,何谓无知!"密愧而出。这段因漂泊而回顾往事:尽兴观赏刚刚忘了烦闷,谁知忽然又愁苦难禁。这主要是想到一生流离道路,眼下的景物又是这样的萧条。杯弓蛇影,疑畏多端因而得病;朝簪不缺,淹留各地却难归京。我曾为救房公廷诤忤旨,有如牵裾惊魏帝的辛毗;又像是受刘歆之子狱辞连累而投阁的扬子云。我这么奔走窜逐终将何往?微才谬承诸公所钦真令我感谢不尽。我倒安于喝不加糁子的野菜羹,你们诸位真说得上是"其人如玉,为国之琛"(晋代马岌铭宋纤壁语)。我那个随身携带的破乌皮几(详第十五章第十一节)缝了又缝,百结鹑衣更是补丁摞补丁。我的哀伤同庾信一样的深沉,不草书檄却有异于陈琳。十个暑天穿的都是岷山产的葛衣,霜期三度听厌了楚户的砧声。我曾做郎官叨陪锦帐(郎官有锦帐,见《汉书·百官志》),如今已有许久没摇晃着白头自长吟。反朴还真的时代难以遇到,若能做到忘机便易"陆沉于俗"(东方朔语)。只因为不能没有超过鹪鹩数粒的粮食,于是就强颜接受诸公清白得来的赠金。三段说:

"春草封归恨,源花费独寻。转蓬忧悄悄,行药病涔涔。瘗夭追潘岳,持危觅邓林。蹉跎翻学步,感激在知音。却假苏张舌,高夸周宋镡。纳流迷浩汗,峻址得嵚崟。城府开清旭,松筠起碧浔。披颜争倩倩,逸足竞駸駸。朗鉴存愚直,皇天实照临。"魏晋南北朝士大夫喜欢服食一种烈性药物,叫五石散(一名寒食散),服食后须漫步以散发药性,叫作"行药",也叫"行散"。鲍照有《行药至城东桥》诗。唐时还有行药的风气。除这诗写到外,元稹的《春病》也有"行药步墙阴"之句。潘岳《西征赋》:"夭赤子于新安,坎路侧而瘗之。"今年四月臧玠杀崔瓘作乱,老杜携家从长沙城中逃出时，有"犹乳女在旁"。"瘗夭追潘岳"，或即指此女早殇[41]（详本章第九节）。《山海经·海外北经》："夸父与日逐走，入日；渴，欲得饮，饮于河、渭；河、渭不足，北饮大泽。未至，道渴而死。弃其杖，化为邓林。"《庄子·秋水》："且子独不闻夫寿陵余子之学行于邯郸与？未得国行，又失其故行矣。直匍匐而归耳。"成玄英疏："寿陵，燕之邑；邯郸，赵之都。弱龄未壮，谓之余子。赵都之地，其俗能行，故燕国少年远来学步。"按《汉书·叙传上》引《庄子》，"学行"作"学步"。后因以"邯郸学步"比喻摹仿别人不成，反而丧失固有的技能。曹丕《与吴质书》：昔伯牙绝弦于钟期，痛知音之难遇。《庄子·说剑》：天子之剑，以周宋为镡。这段叙留滞湖南，感幕府亲友关照：原先满以为"即从巴峡穿巫峡，便下襄阳向洛阳"，哪知前年春天出峡却仍然回不去。那么，最好让萋萋春草将思归的愁恨封闭起来。[42] 可是来到湖南，又"多忧污桃源"（《咏怀二首》其二），寻不到栖遁之地。这就只得像转蓬般四处飘零，沿途还须服药行散，却没法减轻沉重的病情。跟在潘岳的后面，掩埋了早殇的幼女；真想到邓林中去寻找夸父扔掉的那根手杖，扶持我越过世途的艰险。可笑我邯郸学步拙于随俗，最感激诸公对我的知遇之恩。你们借来苏秦、张仪三寸不朽之舌，过高地夸奖我是天子剑上的周宋之镡。纳入众流的三江五湖浩汗无涯，高地之上更耸

---

[41] 黄鹤以"瘗夭"为葬宗文："元稹《墓志》云：'嗣子宗武，病不克葬'，则宗文为早世矣。考大历二年熟食日有诗示宗文宗武，是明年出峡，二子尚无恙也。意是年春自潭之衡时，乃丧宗文。公在衡畏热，舟复回潭，故下句又用渴死事。公与聂令有旧，当是瘗宗文于耒阳，后人遂误以为公坟耳。"仇兆鳌按："宗文若卒于耒阳，应有哭子诗，集中未尝见，亦黄氏意拟之词耳。"老杜散佚篇什不少，今集中未尝见哭子诗，亦不足证其必无，仇氏用来反驳的理由不充分。现既推断出"瘗夭"为葬其幼女，则黄氏意拟之词就很难成立了。
[42] 仇注："刘安《招隐》：'王孙游兮不归，春草生兮萋萋。''封'，犹增也。"说亦通。只是采此解即成眼前景，与时令不合。

立着高高的山峰。城府的大门冲着朝阳敞开，苍松翠竹掩映着清清的流水。人们都带着倩倩的笑脸，骑着骎骎的快马来投奔诸公。你们都具有慧眼能赏识像我这样既愚且直的人，惟愿皇天后地能照临我感激诸公的赤诚。末段说：

"公孙仍恃险，侯景未生擒。书信中原阔，干戈北斗深。畏人千里井，问俗九州箴。战血流依旧，军声动至今。葛洪尸定解，许靖力难任。家事丹砂诀，无成涕作霖。"仇注："公孙恃险"，应指蜀中事。永泰元年，崔旰杀郭英乂，据成都。大历四年，杨子琳杀夔州别驾张忠，据其城。"侯景未擒"，臧玠失讨也。《南史》：侯景与慕容绍宗战，败渡淮，绍宗追之，景使人谓之曰："景若就擒，公复何用？"绍宗乃纵之。臧玠杀崔瓘，三州刺史合兵讨之，杨子琳受赂而还，与绍宗之纵侯景无异，故云"未生擒"。曹丕《代刘勋出妻王氏作二首》其二："千里不唾井，况乃昔所奉。"虞人之箴："芒芒禹迹，画为九州。"（载《左传》）《晋中兴书》：葛洪止罗浮山中炼丹，在山积年，忽与广州刺史邓岱书云："当欲远行。"岱得书，狼狈而往，洪已亡，时年八十一，颜色如平生，体亦软弱，举尸入棺，其轻如空衣，时咸以为尸解得仙。尸解，言将登仙，假托为尸以解化。这段叹战乱不息而伤己之将卒于道路：蜀将割据，仿佛公孙述仍在恃险；杨子琳受赂而还，当今的侯景所以就未被生擒。洛阳久无信来，长安还未解除战争的威胁。畏人、问俗，到处可忧；战血、军声，南北伤乱。像许靖的远去交州（详本章第四节《咏怀二首》其二评注），这已非我的体力所能胜任；自知定如葛洪的尸解，将死途中。若论家事，空有丹砂诀而炼不成金，思想起来，不觉泪如雨下。仇兆鳌说："此诗作于耒阳阻水之后，其不殒于牛肉白酒明矣。但云'葛洪尸定解'，盖亦自知不久将殁也。编年者当以此章为绝笔。"这确乎是老杜的绝笔，也是他预为自己草就的行状和祭文。张惕庵说："此亦杜集大文章,曾子易箦之词,留守渡河之志。"千载以下,读之犹令人感动不已。

而今而后,我们再也读不到老杜的新诗了。不久,他终于走完了他艰难苦恨的人生历程,怀着忧国忧民的莫大悲痛,割舍了陪伴他流离道路、苦难同经的杨氏夫人,抛下他那些旅泊异乡、谋生乏术的弱男幼女,在这年冬天,赍志而没于潭岳途中。他身后境况的凄凉可想而知,幸亏四十年后宗武之子嗣业请元稹作《唐检校工部员外郎杜君墓系铭并序》,虽简而粗存梗概。叙曰:

"……适子美之孙嗣业,启子美之柩,襄祔事于偃师,途次于荆,雅知余爱言其大父之为文,拜余为志。辞不能绝,余因系其官阀而铭其卒葬云。"系曰:

"……扁舟下荆楚间,竟以寓卒,旅殡岳阳。享年五十有九。夫人弘农杨氏女,父曰司农少卿怡,四十九年而终。嗣子曰宗武,病不克葬,殁,命其子嗣业。嗣业以家贫,无以给丧,收拾乞丐,焦劳昼夜,去子美殁余四十年,然后卒先人之志,亦足为难矣。"铭曰:

"维元和之癸巳,粤某月某日之佳辰,合窆我杜子美于首阳之山前。呜呼!千载而下,曰:此文先生之古坟[43]。"而叙中如下一段评价杜诗的文字,则恰可借来作为本书的结束语:

"至于子美,盖所谓上薄风骚,下该沈宋,言夺苏李,气吞曹刘,掩颜谢之孤高,杂徐庾之流丽,尽得古今之体势,而兼文人之所独专矣。使仲尼考锻其旨要,尚不知贵,其多乎哉!苟以为能所不能,无可无不可,则诗人以来,未有如子美者。"

---

[43] 据元稹《墓系铭并序》所载,杜甫墓当在今河南偃师。此外尚有三墓:一在今湖南耒阳,一在今湖南平江,一在今河南巩县。四墓真伪,至今聚讼纷纭,可从长探讨,但都寄托了后人缅怀杜甫的无限深情,都应受到同样的重视和保护。《访古学诗万里行》记述四墓颇详,可参看。

跋

陈先生的《杜甫评传》刚动笔的时候,我正在紧张地准备报考他的研究生。忽忽五年过去,这部百万巨帙方始告成,我也在他的指导下完成了学业,并已留系任教。近年来,每当问学之暇,便与先生对坐清谈,或听先生兴致勃勃地讲一则《评传》中的趣话,或就庆粤师母手中看两节誊清的稿子,常常乐而忘倦,不知不觉就被带进了杜甫的生活。久而久之,逐渐悟出研究诗史本应有这样一种生动活泼的境界,对先生治学的路数和写作的甘苦也多少有些领会。《评传》中卷、下卷付梓之前,我能有幸成为第一个读者并为之作跋,实出于先生对晚辈的信任和厚望。自思根底尚浅,怎敢妄加评议?不过借此记下点滴学习的感想,以飨读者而已。

先生从小喜欢作诗填词,逃难时口袋里揣一本薄薄的杜诗,对杜甫自然格外感到亲切。四六年上北大念书,对外国文学也很感兴趣,写过一些散文、小说,这就促使他萌生了为杜甫作传的念头。第一篇关于杜甫的短文仅一千字,曾发表在当时一家报纸的副刊上,这可算是他最早的一篇完整的杜甫传记。五三年留校后,随林庚先生进修魏晋南北朝隋唐五代文学史。五六年前后,第二次尝试为杜甫作传,写了五六千字,觉得拿不出去,只好放弃这个打算。此后在深入研究六朝文学和唐代诗歌的基础上,撰写了数十篇学术论文。但关于杜诗却是看得多而写得少,总认为前人的研究已经取得很大成就,功夫不到是很难有所突破的。

三十年来,先生爱好写小说的兴趣始终不衰,而研究唐诗的心得也愈积愈多,这就形成了他自己的治学路子:习惯于从根本上思考问题,特别重视研究作家的生活和思想感情,尽可能设身处地,从理解一个人的角度出发,把古人还原成活生生的社会现实中的人;像修复一个打碎了的古董花瓶那样,完整地展现作家的生活背景和时代风貌。先生所著《唐诗论丛》中有关孟浩然、李白、王维、李商隐的论文,都本于这一指导思想。《杜甫评传》博采前代和当代学者研究杜甫的众多成果,借助政治、经济、宗教、哲学、绘画、建筑、音乐、舞蹈、风土人情、官场礼俗等各方面的丰富知识,详尽地描绘出安史之乱前后的历史画卷,并将唐代几十位诗人编织在这张社会的大网之中,乃至上挂汉魏六朝、下连宋元明清许多作家,运用综合考察、纵横比较的方法塑造出杜甫的真实形象和复杂性格,可说是集中体现了先生治学的特色。若无多年潜心钻研古典文学的深厚功力,要完成从千字短文到百万巨著的飞跃是难以想象的。而随着先生学问的老成,《评传》立论行文也愈加通脱恣肆,较之中年为文的严谨精美,又更臻于老境矣。

《评传》上卷写到杜甫在精神上经受了最强烈的震动之后,弃官离开华州。后两卷从客居秦州写起,展开了诗人后半世漂泊西南的人生道路。由于杜甫前后期生活经历的变化,上卷同后两卷的写法也有所不同。在上卷中,杜甫卷入了政治斗争的漩涡,这一时期的诗歌有一百七八十首,集中反映了大唐帝国由盛而衰的转变过程,因此便于作者从宏观的角度将历史背景与作家作品密切结合起来,综述时代、社会和创作的大问题,气魄大、议论多,关于作品思想艺术的分析也较完整。在后两卷中,杜甫离开了政治斗争的中心。尽管诗人毕生不忘忧国忧民,究竟因为远离中原和前线,消息传得慢，诗歌反映时事不很及时，加上多发议论而较少记实，内容就不如前期充实具体。为了帮助读者了解诗人所处的时代及其诗歌创作的背景，后两卷每章开头撮述《通鉴》和两《唐书》有关史料，对每年的大事做了一些必要的交代。但两京收复以后，政治形势愈趋复杂，历史事件也较散乱，与作家的个人经历没有多少直接的关系，因此时代背景和作家作品之间的联系就不可能像上卷那样紧密无间。杜甫后期的诗作数量达一千二百余首之多，除了忧时的感叹、历史的总结、人生的回顾以外，大多描写西南的山川风物、琐细的生活情绪和朋友间的应酬交际。如果用上卷的高标准来衡量它们，那么这些作品就没有多少可取的了——生活如此而已，岂有他哉？然而只听见黄钟大吕，听不见山泉细响，也会遗失许多美的东西。倘要了解杜甫的全人，其实后期的作品倒是更全面地反映了诗人处于日常生活状态中的性情面目。何况他的诗歌也是到这时才达到集大成的境界，形成前人所说的多种"变态"的。关于杜甫后期的事迹，前人的研究还遗留着许多尚待解决的枝节问题。因此，后两卷的难处在于要从庞杂的诗作中理出头绪，搞清诗人行踪的来龙去脉，更深入地探求诗人的生活、心境与其创作的关系。上卷粗线条的勾勒方法已不适于具体亲切地表现后期比较平静的日常生活，于是中、下卷采用细致的刻画和放达的笔调，以杜甫居秦、入蜀、出峡的经历和观感为主线，偏重于对他生活风貌的描述，以及思想性格情绪的分析。有关时代、社会、文学方面的大块议论减少了，而生活气息则比上卷更浓厚了。

　　杜甫在秦州、入蜀和定居草堂初期的诗歌创作形成一大高峰，到夔州之后又是一大高峰，往返梓、阆之间以及江陵、潇湘之游的诗作相对形成低潮，名篇不多。而那些即景应时之作又都大同小异，光是春诗、秋诗、雨诗就不下数十首以至上百首，这就造成了取舍的困难。《评传》既要照顾到传记的连续性和密度的适中，又要始终保持浓厚的兴味，防止读者感觉疲劳，就必须把握诗人在每个不同时期的生活情绪和诗歌创作的主要特点，按照题材内容和时间顺序加以分类组合，将零散的诗作团成几个大球，同时着重表现出同中之异，还要不断变换讲诗的方法，以求明晰地勾勒出诗人的喜怒哀乐随着生活境遇和时事的变化而波动起伏的曲线。比如秦州诗题材繁多，除了对忧国忧民、警世讽时、谈古道今、即事遣兴、咏物寓意、登临凭吊、求田问舍的各类内容分别给予评述以外，《评传》还特别注意到家人父子处于忧患之中相濡以沫的温情，从而更加亲切地表现出诗人暗淡的羁旅生活、乱世离人的复杂感情和痛苦的精神面貌。又如杜甫初到草堂定居的第一年，心情比较闲适，作了不少清新的小诗，《评传》准确地把握住这一段生活比较和平宁静的节奏，同时又指出在他貌似幽雅潇洒的篇章中，沉重的心情仍如一股泉脉时有涌现，并通过与陶渊明的比较，具体分析了杜甫的闲适自有他聊假此销忧而难消垒块的特点。杜甫这一年行止虽不出成都、蜀州，读者却可以从他与朋友邻里交往的情事中看到诗人丰富的精神生活、思想感情的各个方面及其表现形式的多样化。第二年春天杜甫的情绪比较低落，所作诗歌也水平不齐，但作者善于从这些比较平常的诗篇中体察诗人的心境，挖掘生活中的情趣，如第十四章第二节将老杜无故受到"马上谁家白面郎"骚扰的处境和严武前呼后拥来访的热闹场面对照描写，就给传记平添了不少趣味。蜀中乱起以后，杜甫避难往来于梓州、绵州、阆州、盐亭、汉州、涪城等地，行踪不定，头绪纷乱。这一时期的诗作大多平平，读之难免有沉闷之感，《评传》在理清巴东之行的路线之时，侧重探讨他这一时期的政治活动和思想状况，又不时点缀一些小有趣味的生活情节，如参观房琯西湖、在盐亭向严氏兄弟打秋风等等，再加上对于《闻官军收河南河北》等名篇的精彩分析，便足以教人提神。诗人在夔州时，情绪低沉，生活寂寞，组诗和长篇巨制特多，已进入回顾总结一生的阶段。其中有些长篇忆旧诗，作者已在上卷用来说明他的青少年时代，后面就不再重复，但其余部分数量仍很可观，创作时间亦未可全定。《评传》按照春夏秋冬的季节顺序，根据诗人情绪从苦旱的烦躁、到喜雨的兴奋、到悲秋的忧闷这一变化过程，将相同题材组织在一起，在沉郁的总体情调中表现出心绪的起落，又时时注意其刚直挺拔的内在骨力，避免陷入感伤主义。尤其是在评论《秋兴八首》之前，先汇集了许多忆旧怀人和描写秋夜的诗篇，将秋意酝酿充足，然后才一气讲出《秋兴八首》的思想艺术特点，使人从这种烘云托月的编排上就感到这组诗是情绪和创作的最高潮，是对这一阶段悲秋怀旧之情的更高的概括和提炼。由此可以见出有关章节组织结构的苦心。

先生向来主张研究古典文学应当考据、义理、辞章、时代、作家、作品相结合，但不是几大块的拼合，而是有机的化合，使考据为理解作家、分析作品所用。《评传》有不少考证和辨析澄清了以前比较模糊的看法，以后两卷而论，像秦州行止、同谷居处、旅梓游踪、巴东行迹、东屯营田等等，都有助于进一步了解诗人的生活环境和思想状况。比如关于秦州行止的探索就融会在诗人游览、交往、卜居等种种生活琐事的描写中，不但弄清了诗人离秦入蜀的原因，而且令人读来有身临其境之感。又如第十五章用打围的办法，通过对杜甫《为阆州王使君进论巴蜀安危表》的研究，考证出他与阆州王刺史的密切关系，从中发现他对高适和章彝的不满，对自己政治前途的幻想，以及坚持房琯一党政见的保守态度，顺便还判断了《通鉴》和两《唐书》有关剑南东西两川的分合及阆州属郡的记载的正误，提供了唐代情报活动的情况。第十八章借用山东大学中文系实地考察的材料，搞清了杜甫在夔州东屯承包田地、在瀼西封殖柑林的详情，他与行官张望的人事关系，还有瀼西住宅周围东南西北的环境，又插进杜甫为防老虎带剑上山、为防小偷骑马巡查柑林等富有趣味性的细节描写，这就使枯燥的考据带有浓厚的小说情调，更接近杜甫的生活原貌了。

杜甫后期虽然远离朝廷，但积极入世、执着人生的精神是始终不渝的。《评传》后两卷牢牢把握住这一基本精神，更加深入地探索了杜甫复杂的内心世界，总结了这位伟大作家成长的曲折道路，不做简单的肯定或否定。杜甫当然不是贫下中农，也不是一般的地主士大夫，他所结交的都是朝廷和地方最高级的官吏，但他的一生遭遇又使他始终处于寄人篱下的地位。中、下卷在综合研究了杜甫所有讽时论政的诗歌之后指出，杜甫是忠于太宗社稷的正统派，他赞扬狄仁杰在武后统治下保存了唐朝的正统，又用太宗的文治武功来衡量时君时政的功过得失，所以他对玄宗的荒淫误国有所腹非，对肃宗、代宗也不满意，而且敢于对皇帝提意见，这就是他的忠君思想的内涵。维护太宗正统是他的政治理想所在，唐太宗在历史上是进步的，这也是杜甫所以有进步性的原因，但从中又可以看出他在实质上的保守，归根到底他的进步性仍不能超出维护封建统治秩序的局限。这一结论无疑是《评传》科学地历史地正确评价杜甫而获得的可喜成果。本着这一辩证的观点，中、下卷在分析若干脍炙人口的名篇时提出了一些值得重视的见解。如第十三章针对有人用极左思想贬低《茅屋为秋风所破歌》的偏激看法，辨析了诗中"盗贼""寒士"的确切含义，比较科学地掌握了评价这首诗的分寸，为它掸掉了十年思想混乱时期难免沾上的灰尘。第十四章认为《遭田父泥饮诗》的背景是杜甫因田父大儿被遣归一事得知他在《说旱》一文中所提轻赋、敬老的建议得到采纳，从而作诗反映严武下车伊始初步改革所产生的良好影响，赞其为善，勉其报国，这不止见老杜对待友人的真诚，更见他对待人民和国家的无限热爱和强烈责任感，其意义不止是显示杜甫对野老平等相待的精神，更不能说是为封疆大吏涂脂抹粉。第十五章指出《喜雨》诗结尾确乎表示希望平定袁晁所领导的农民起义，标志着杜甫同情人民所不能逾越的限度，不应回避这个棘手的问题，但也应看到他能认识到天下动乱、盗贼丛生的本源在于统治者的骄奢淫逸，全诗所忧仍在巴人为天灾人祸所困，这是主要倾向。《评传》充分肯定了杜甫与人民大众在生活遭遇和思想感情上千丝万缕的联系，又生动地再现了他与当地官僚豪绅来往的生活图景和社交气氛，令人从中具体地感受到杜甫的社会地位和阶级属性，见出他在为人处世中表现的一贯忠厚、耿直、热诚之外，也有违心地应酬世俗交际、比较世故的一面。由于《评传》不厌其详地从各个生活侧面塑造了杜甫的丰满形象，因而能够令人信服地证明这位伟大诗人的一切进步性和局限性都植根于他的时代。

　　后两卷翻译串讲之多也是它有别于上卷的一大特色。读杜诗"十首以前较难入"，因文字较深，典故又多，读者须有一定的文学修养和人生经验才能解悟。如采用一般的笺释，既索然无味，又容易将诗意弄得支离破碎。《评传》将注解、典故、赏析、翻译融为一体，凡是名篇佳作和生活情趣浓厚的诗歌都做了丰富多彩的串讲。陈先生说诗重妙悟，讲究巧于表达，最不喜剔抉入里、把苦水都抠出来的分析方法。认为前人论诗凭直觉印象，今人说诗擅长剖析，二者应当结合起来。他在《评传》中说，解说不外乎顺解、断制二法，"所谓顺解就是顺着原诗的意思加以串讲，所谓断制就是通过征引、考校、分析断定诗意应作何理解为当。我评杜多兼采此二法"。因而他的串讲既能准确而又空灵地说明艺术给人的感受和联想，又能还诗歌以活泼泼的生活气息。杜甫由秦州入蜀的二十四首纪行诗随物肖形，笔力多变，像蜀中山水一样挺特奇崛、各具特色，说诗者也能屡出屡变，使境界立呈，突现出原诗容易为人忽略的精彩之处。如讲《万丈潭》就将一首跳跃性很强的诗演绎成一篇完整的山水游记，在传达出原作神秘冥漠、大气磅礴的意境之时，还钩稽出诗中并未显露的山水脉理。后两卷中译文大都精美确切，富于节奏感，甚至能步原韵，《古柏行》《白帝城最高楼》《禹庙》《旅夜书怀》《秋兴八首》《咏怀古迹五首》《奉酬薛十二丈判官见赠》等都有极见文字功力的译作。不少译文语调口吻因诗而异，毕肖原作，如《绝句漫兴九首》《江畔独步寻花七绝句》《喜观即到复题短篇二首》等能将杜甫浪漫癫狂的风趣神情摹仿得惟妙惟肖。《遭田父泥饮》纯用通俗的土话，切合诗中人物声口，读来亲切有味。《百忧集行》原作稍带漫画笔触，译诗便以谐谑的口气表达出诗中忆昔伤今、苦乐迥异的悲哀。有些诗虽未见大好，经过译作适当的发挥，当时的生活情景便生动如见。如《秦州杂诗》其十七的串讲用小说家的手笔活现出杜甫居处潮湿的环境和雨天的气氛，《陪郑公秋晚北池临眺》的诠释将方镇大员设宴的排场描绘得如此热闹、气派，显然包括了说诗者对诗外之意和创作背景的理解和想象。阅读这些译文，本身就是一种艺术享受，外行将乐其活泼有趣、明晰易懂，内行亦可赏其通达浑成，能得原诗神韵。

《评传》上卷比较集中地讨论了有关文学创作方面的一些大问题，如李、杜优劣之争，杜诗对盛唐"旧法"的突破，盛唐与中唐"奇思"的差别，兼及比兴形象、艺术想象和生活实感的关系，作家的文学素养对创作潜移默化的作用，前后代艺术表现的继承发展规律，等等。这些精辟的论述使《评传》达到了一定的理论深度。中、下卷类似的大块议论相对减少，往往由词义笺释或分析诗境随时生发出评点式的三言两语，如第十一章由说《贻阮隐居》诗而论及艺术之成功与否并非以"形象""比兴"为惟一准的；由说《秦州杂诗》其五阐述象征与诗意的关系；第十节比较杜甫与庾信的异同；第十三节因解《佳人》而兼评清代笺注家的得失；第十三章论草堂诗多写幽事细物、词语近俚、往往于精微处见境界的趋向对长庆一派以及晚唐温、李的不同影响；第十六章论杜诗表现的天真出奇；第十七章就《秋兴八首》论杜甫七律的异味等等，大都精彩透辟，能立片言之警策。但对杜诗创作的几个高峰，则不惜篇幅，辟出专章重点论述，如第十二章通过回顾中国山水诗从六朝到盛唐的发展过程，阐明了二十四首入蜀纪行诗在山水诗表现艺术上的发展及其对传统美学思想的突破；第十四章从各家成说中吸取合理成分，剖析《戏为六绝句》的理论意义，辨明初、盛唐重风雅轻六朝的文艺思潮的功过等等，见解都有突过前人之处。第十九章对夔州诗的艺术特点所做的全面总结，体现了贯串在整部《评传》中的重要美学思想。夔州诗这一创作高潮出现在杜甫生活比较寂寞沉闷的时期，显示了他当时的精神面貌，以及艺术已到晚期的成就，这是一生的回顾和总结，也是艺术的总结和提高。《秋兴八首》一类诗用美丽的浮想联翩的印象刻画他对过去的回忆，内容的概括力很高，是对一般格律诗的突破，往往被人们看作夔州诗的代表。但还有一种直率的不大修饰的诗，当文章随便写，在特定的情境中表达他的心情，有的苦涩，有的古拙，有的粗放，也很有诗意，标志着杜甫已达到艺术的老境，可见其自由运用诗歌艺术的功力。杜甫早就在提炼他"变态"的美和"破体"的美，"晚节渐于诗律细"，不仅指格律的精细，也是各种表现艺术的总结，杜诗在艺术上的大变主要就体现在这里。明清不少文人对杜诗颇有訾议，多责其缺少清空流丽的风韵姿态，至今仍有一些人认为只有诗情画意、温厚和平的一类风格才是美。如果按照满脸是美、甜得发腻的口味来品评诗歌，那么对于《巴西驿亭观江涨》那种粗犷雄浑的美，对于入蜀山水诗那种突兀宏肆的美就不能理解，更不会欣赏。《评传》有关杜诗艺术的见解或可为这类艺术趣味上的偏嗜之病下一帖良药。

这几年随着文学研究的繁荣发展，出现了各种类型的作家评传和传论，《杜甫评传》将因其体例的新颖、内容的赡博和风格的活泼而引起人们的瞩目。以上所谈只是我个人的浅见。对于这部杜甫研究的新著，相信广大读者和学术界将做出他们的评定。

葛晓音

作者赘语

本书第十一章到第二十章，从一九八一年十月十五日写起，到一九八四年七月十九日完成。上卷写完后暂停五个月除外，全书前后共写了整五年。

今年五月，我得有机会参观了瑶湾笔架山下的杜甫诞生窑（当地叫"工部窑"）。归后哦成一绝，题说："余撰《杜甫评传》，时阅五载，字逾百万，黾勉从事，曷胜劳苦！今谒其故里，岂能无感？"诗说："学塑真容不惮劳，五年雕刻费文刀（昌黎句：雕刻文刀利）。今趋土室寻遗迹，仰止三峰笔架高。"诗不佳，记实情而已。今全书完成，通读誊清稿，深感为力虽勤，而水平有限，谬误实多。万望专家和读者赐教是幸！

趁此书结束之际，我谨向出版社王勉、邓长风二位同志表示由衷的感谢。要是没有他们的关怀和帮助，这部拙著的出版，不会如此顺利。

感谢葛晓音同志为本书作跋！晓音在本书开始写作后几月的一九七九年秋季入北京大学中文系做研究生，随我学习古典文学，却早在本书完成的两年前，以优异的成绩获得了学位，并在教学和科研上做出了可喜的贡献。我本也有心为祖国古典文学的教学和科研稍尽绵薄，其奈岁月蹉跎，所成无几。这几年全民大干四化，形势越来越好。我受到鼓舞，尚思振奋，不敢懈怠；但总是将最大的希望寄托于年轻的一代。因此，我觉得晓音的为本书作跋，是很有意义的。至于她的过奖，只能看作是对我的鼓励。

为了让我有更多的时间从事写作，这几年庆粤主动承担了全部家务，又长期坚持不懈地挤出休息时间为我抄稿，甚至手腕得了腱鞘炎也从不间断。我常想，要是没有她的支持，这部书不知道要写到何年何月才能写完。

陈贻焮
一九八四年七月二十五日于镜春园

再 版 后 记

先师一新先生已于二〇〇〇年十一月十九日仙逝，《杜甫评传》竟成遗著。二十年前，先生焚油继晷、兀兀穷年的情景犹在眼前，如今却都已化为前尘旧梦。人事难料，曷胜悲慨！近来余应上海古籍出版社之约，选评杜诗七十余首，《杜甫评传》朝夕置于案头。时时翻检，先生之音容笑貌恍然浮现在字里行间，深幸先生之精神与杜甫同在。初版前余曾为先生作跋，管窥蠡测，仅限于发明其理论创见。待字斟句酌细释杜诗之时，始觉千余首杜诗集于此书，篇篇皆求精解定评之不易。前人谓文章乃不朽之盛事，重读《杜甫评传》，方悟不朽之真义。今北大出版社决定重版此书，先生闻知，定会感荷盛德，含笑于九泉矣！

葛晓音

二〇〇二年三月六日于燕园

三联版跋

　　陈贻焮先生的《杜甫评传》自一九八五年和一九八八年由上海古籍出版社分别出版上卷和中下卷以来，已有三十多年了。二〇〇三年由北京大学出版社再版，至今也近二十年了。两种版本均早已售罄。而读书人对这本著作的阅读热情并未随岁月流逝而稍减，只苦于学术著作向来难以像普及著作一样多次印刷，于是只能以高价到旧书网上寻觅。感谢三联书店慨然以推介高品质学术著作为己任，决定再版此书，实在是作者和读者的大幸。

　　其实在陈先生《杜甫评传》出版后的三十多年里，杜甫研究又经历了两代学者的推进，很多不同类型的相关研究乃至同名著作始终没有断绝，其中也不乏有新的研究高度和研究视角的佳作，更有两部大型的杜诗全注面世，标志着新时期杜诗注释的重要成就。但是在众多的杜诗研究新著中，能够替代陈先生《杜甫评传》的著作却很难找到，因为这部书在全面考订杜甫一生行迹的基础上，细腻深刻地展示出杜甫的心迹和性情，并对大量杜诗的内涵和艺术特点做出了精彩分析，已经成为二十世纪杜甫研究的里程碑，也是当今学者研究杜甫不可或缺的必读参考书。最难得的是，以如此生动活泼的文字使杜甫的形象鲜活地浮现在书中，并能让读者随着作者一起下泪的论著，恐怕以后也不可能再有了！这就是陈先生这部《杜甫评传》值得一版再版的原因。

感谢三联书店的大力支持。中国社会科学院文学研究所刘宁研究员也为此做了不少工作，杨照、郑韵扬、韩潇三位北大、中国社会科学院大学的博士分别为上、中、下三卷做了细心校对，在此一并致以衷心的谢意！

葛晓音

二〇二二年一月三日

"当代学术" 第一辑

美的历程
李泽厚著

中国古代思想史论
李泽厚著

古代宗教与伦理
儒家思想的根源
陈 来著

从爵本位到官本位（增补本）
秦汉官僚品位结构研究
阎步克著

天朝的崩溃（修订版）
鸦片战争再研究
茅海建著

晚清的士人与世相（增订本）
杨国强著

傅斯年
中国近代历史与政治中的个体生命
王汎森著

法律与文学
以中国传统戏剧为材料
苏 力著

刺桐城
滨海中国的地方与世界
王铭铭著

第一哲学的支点
赵汀阳著

生活·讀書·新知 三联书店 刊行

"当代学术"第二辑

七缀集
钱锺书著

杜诗杂说全编
曹慕樊著

商文明
张光直著

西周史（增补二版）
许倬云著

拓跋史探（修订本）
田余庆著

近代中国社会的新陈代谢
陈旭麓著

甲午战争前后之晚清政局
石　泉著

民主四讲
王绍光著

心灵秩序与世界历史（增订本）
奥古斯丁对西方古典文明的终结
吴　飞著

海德格尔与伦理学问题（修订版）
韩　潮著

生活・讀書・新知 三联书店 刊行

"当代学术" 第三辑

《三松堂自序》
冯友兰

《中国文明起源新探》
苏秉琦

《美术、神话与祭祀》
张光直

《杜甫评传》
陈贻焮

《中国历史通论》
王家范

《清代政治论稿》
郭成康

《无法直面的人生：鲁迅传》（增订版）
王晓明

《反抗绝望：鲁迅及其文学》（修订版）
汪　晖

《竹内好的悖论》（增订版）
孙　歌

《跨语际实践》（修订版）
刘　禾

生活・讀書・新知 三联书店 刊行